本书受中国历史研究院学术出版经费资助

中国历史研究院
Chinese Academy of History
学 术 出 版 资 助

1936—1941年
日本对德同盟政策研究

武向平 著

社会科学文献出版社
SOCIAL SCIENCES ACADEMIC PRESS (CHINA)

中国历史研究院学术出版资助项目
出版说明

为了贯彻落实习近平总书记致中国社会科学院中国历史研究院成立贺信精神，切实履行好统筹指导全国史学研究的职责，中国历史研究院设立"学术出版资助项目"，面向全国史学界，每年遴选资助出版坚持历史唯物主义立场、观点、方法，系统研究中国历史和文化，深刻把握人类发展历史规律的高质量史学类学术成果。入选成果经过了同行专家严格评审，能够展现当前我国史学相关领域最新研究进展，体现我国史学研究的学术水平。

中国历史研究院愿与全国史学工作者共同努力，把"中国历史研究院学术出版资助项目"打造成为中国史学学术成果出版的高端平台；在传承、弘扬中国优秀史学传统的基础上，加快构建具有中国特色的历史学学科体系、学术体系、话语体系，推动新时代中国史学繁荣发展，为实现"两个一百年"奋斗目标、实现中华民族伟大复兴的中国梦贡献史学智慧。

中国历史研究院

2020 年 3 月

目　录

绪　章

　　20 世纪三四十年代，日本发动的侵华战争给中国社会发展带来了严重影响。从九一八事变爆发到日本战败投降，这场长达 14 年之久的侵华战争，给中国社会的发展、人民的生命和财产带来了巨大灾难。在这场规模巨大的侵略战争中，日本为了实现独霸中国和太平洋地区的扩张计划，同德国和意大利结成了法西斯军事同盟。"日德意三国军事同盟"① 的形成，对当时世界格局和国际关系都产生了重大影响，从根本上改变了当时东北亚国际关系的发展轨迹，在一定程度上影响了当时远东国际关系发展和变化的进程。从日德缔结"防共协定"② 到三国军事同盟的形成，日本对德军事同盟政策的发展和演变轨迹始终围绕着在对外侵略和扩张中获取最大利益而展开。本书主要利用日文原始档案资料，并借鉴国内外相关研究成果，详细分析从日德缔结防共协定到三国军事同盟形成过程中，日本对德同盟政策的发展和演变，揭示日本对德同盟政策的真实意图，展现日本对德同盟政策的真实状态。

---

　　① 　本书主要是以日本对德同盟政策为中心，关于"三国同盟"的称呼主要依据日本外交文书中所使用的"日德意三国军事同盟"这一用法，国内学术界一般称之为"德意日三国同盟"。

　　② 　"防共协定"国内学界一般称作"反共产国际协定"，在本书中均依照日本外交文书称作"防共协定"。

一　研究的目标与方法

本书研究目的主要是从日本对德同盟政策的目的性和策略性的视角出发并结合当时的国际背景，通过搜集和整理大量的日文原始档案资料，对 1936—1941 年日本对德同盟政策进行历史研究和逻辑思考，力图阐释日本对德同盟政策的真实状态。本书解决的主要问题是从九一八事变到太平洋战争爆发这段历史时期，日德两国防共协定交涉与缔结问题、三国军事同盟交涉与形成问题、日德意苏"四国同盟"构想及演变问题、日德联合军事作战问题、日德两国战略分歧问题，以及日德两国最终未进行实质性联合军事作战的原因，这是以往相关研究中未彻底解决的重要问题。本书通过对这些历史事实进行详细梳理和分析，揭示日本对德同盟政策的真实状态，填补国内二战历史研究的局部缺口。

历史学研究的最终目的是还原历史真相，并能够为现实提供历史借鉴。世界反法西斯战争胜利虽然已经过去了 70 多年，但日德意法西斯军事同盟的形成，严重地破坏了当时的世界和平体系。前联邦德国总理勃兰特曾经告诫我们：谁忘记历史，谁就在灵魂上有病。日本和德国虽然对外都发动了侵略战争，但日德两国在对侵略战争和侵略历史的认识上，却表现出截然不同的态度。德国政府和民众能够正视纳粹德国时期的侵略罪行和侵略历史，并能够深刻地反省和反思纳粹德国对侵略国家所犯下的罪行。日本却杜撰出所谓的"殉国论""解放战争论""自卫战争论""英美同罪论"等错误历史观，为否定侵华历史和推卸战争责任进行辩护。[①] 关于日德两国对侵略战争和侵略历史的不同认识态度，国内外学者从日德两国的文化因素、宗教信仰、政权基础、占领政策、地域环境等，多角度进行了深刻的剖析和研究。笔者认为，在众多的因素中，不可忽视的重要因素是文化形态和民族性格对日德两国战争史观的影

---

① 　江口圭一『日本の侵略と日本人の戦争観』岩波書店、1995、12—62 頁。

响。日德两国由于具有完全不同的宗教信仰、伦理道德、教育思想，形成了不同的民族性格和文化形态，这是日德两国对侵略战争表现出不同的认知心理的根本原因。德意志民族所特有的批判、理性、思辨、自我意识等民族性格，使德意志民众面对纳粹德国所犯下的滔天罪行，能够理性地反思、坦白认罪；日本民族性格所折射出的一个现象是压抑负罪意识，在集团主义精神的强制下，个性认识变得极为暧昧，正是这种文化背景下所形成的民族性格，使日本政府和民众不能够勇敢地站出来否定以天皇名义发动的侵华战争。[1]

　　在对待侵略战争和侵略历史上，日德两国虽然表现出了截然不同的认识态度，但在20世纪三四十年代，日德两国为了实现各自的对外侵略目标结成了军事同盟。那么，日德两国是出于何种外交目的结成军事同盟，从缔结防共协定到三国军事同盟形成过程中，日本对德同盟政策具有怎样的目的性和策略性，谋求的最终目标是什么？从苏德开战到太平洋战争爆发，日本与德国都曾试图进行联合军事作战，但在苏德战场和太平洋战争中，日德两国最终并没有进行实质性的联合军事作战。关于日德两国最终并未进行实质性联合军事作战的原因，日本学者对其进行了研究和探讨。有的学者认为，从1936年11月日德缔结防共协定到1940年9月日德意结成三国军事同盟，其间历时四年之久，日本和德国并没有进行真正的联合军事作战，三国同盟实际是一种"虚假的同盟"。[2] 这种"虚假的同盟"论，从某种意义上来说是对日本所发动的侵略战争进行的一种否定和辩护。

　　基于此，笔者认为有必要通过日本的原始档案资料，理清1936—1941年日本对德同盟政策的真实状态和发展脉络，还历史

---

　　① 武向平：《日德两国不同战争史观的文化分析》，《东北师大学报》（哲学社会科学版）2006年第5期。

　　② 鹿島平和研究所編『日本外交史21 日独伊同盟・日ソ中立条約』鹿島平和研究出版会、1971、74頁；日本国際政治学会太平洋戦争原因研究部編『太平洋戦争への道 開戦外交史5 三国同盟・日ソ中立条約』朝日新聞社、1963、54—55頁。上述两部著作都认为日德从签订防共协定到缔结三国军事同盟，日德关系没有实质性的进展。

以原貌，并站在客观历史的角度，运用理性、公正的思维方法，对1936—1941 年日本对德同盟政策的真实状态进行详细阐述和分析，这对于回击当代日本右翼势力歪曲侵华历史和否定侵略战争的错误历史观，具有重要的历史意义和现实意义。在远东国际军事法庭审判时，中国法官梅汝璈曾经指出："我不是复仇主义者，我无意于把日本帝国主义欠下我们的血债写在日本人民的头上。但是，我相信：忘记过去的苦难，可能会招致未来的灾祸。"①

本书研究的目标主要是探讨 1936 年日德缔结防共协定到太平洋战争爆发这段历史时期，日本对德同盟政策的发展和演变轨迹，揭示在对华侵略战争和太平洋地区扩张战略中，日本谋求对德结盟的目的性和策略性，从而展现日德军事同盟关系的真实状态。本书选定的时间段为 1936 年到 1941 年，即从日德缔结防共协定到太平洋战争爆发这段历史时期。之所以要选定这一时间段，主要是由于从日德缔结防共协定到太平洋战争爆发这段历史时期，是日本对外侵略扩张政策在政治、军事、思想、外交上集中体现的时期。正是日本同德国缔结了防共协定和军事同盟，才使日本的外交决策高层认为日本已经具备了在太平洋地区同英美相抗衡的实力，同时也认为是解决中国战场问题最重要的条件。于是，日本毅然选择把南进政策作为对外侵略扩张的最终目标。可以说，无论是同德国缔结防共协定，还是同德意缔结三国军事同盟，日本对德同盟政策的最终目标都是实现对外侵略扩张计划，而为了实现独霸中国和太平洋地区扩张政策，利用日德意三国军事同盟力量压制美国，使美国放弃参战，最终实现所谓的"大东亚共荣"。这是 1936—1941 年日本对德同盟政策的最终目标。

1936—1941 年日本对德同盟政策有极为浓厚的国际环境和国内背景。日本为了实现独霸中国和太平洋地区的扩张计划，在选择德国作为同盟对象时，陆军、海军和外务三省之间存在很大的矛盾和斗争。

---

①　梅汝璈：《东京大审判——远东国际军事法庭中国法官梅汝璈日记》，江西教育出版社 2005 年版，序言。

从广田弘毅内阁时期的对德防共协定交涉及最终缔结防共协定，从第一次近卫文麿内阁时期的强化防共协定交涉到日德防共伙伴关系的确立，从平沼骐一郎内阁时期的强化防共协定交涉到第二次近卫文麿内阁时期正式缔结三国军事同盟，当时，日本陆军、海军和外务三省之间在对德结盟问题上存在意见分歧。但是，在无限膨胀的侵略和扩张欲望的驱使下，陆军、海军和外务三省最终在南进和北进政策选择上意见趋同，这是日德军事同盟最终能够形成的根本原因。为了更好地理解 1936—1941 年日本对德同盟政策，要梳理和分析以下历史事实。

　　首先，从 1936 年日德缔结防共协定到太平洋战争爆发这段历史时期，日本对德同盟政策并不是一个凝固不变的过程，无论是从缔结防共协定到强化防共协定交涉，还是从三国军事同盟交涉到日德意苏"四国同盟"构想，以及太平洋战争爆发后日德两国的联合军事作战计划，都始终围绕着日本对外侵略扩张目标而展开。具体而言，日本与德国缔结防共协定的主要目的体现在以下两个方面：一是希望借助德国的力量在远东地区牵制苏联，阻止苏联干涉日本对中国的侵略，最终实现独霸中国的目的；二是日本为了实现以中国大陆为腹地向西伯利亚地区入侵的北进政策，急于联合德国来制约苏联对北进政策的干涉，这是日本最终同德国缔结防共协定的主要原因。但是，在经过了 1938 年 7 月张鼓峰事件和 1939 年 5 月诺门坎事件后①，日本改变了对德同盟政策，而是以强化防共协

---

①　在国内，关于张鼓峰事件和诺门坎事件与日本的南进和北进战略转换问题的研究存在争议。赵聪在《张鼓峰事件研究》中指出，张鼓峰事件的发生是苏日利益碰撞的必然结果，该事件对日本、苏联、中国都产生了重大影响，使日本的北进战略严重受挫，使苏联在远东地区的安全得到保障，张鼓峰事件改变了当时东北亚国际关系的格局（《张鼓峰事件研究》，博士学位论文，吉林大学，2016 年）；曲晓范、智利疆在《1938 年日苏张鼓峰新论》中指出，张鼓峰事件是日苏两国为了争夺图们江地区战略要塞而引发的局部有限战争，在整体性质上体现了极端民族扩张主义和民族复仇主义 [《东北师大学报》（哲学社会科学版）2012 年第 5 期]；张捷在《张鼓峰事件是日本北进的试探吗？——兼论日本北进战略的畸变》中指出，张鼓峰事件不是一场纯粹的边境之争，也不是一次北进的试探，而是日本陆军为了配合侵华战争而发动的一次局部试探性侵略行动（《中山大学学报》1988 年第 4 期）；高培在《对张鼓（转下页注）

定为名再次对德进行军事同盟交涉。对德强化防共协定交涉主要体现在第一次近卫文麿内阁和平沼骐一郎内阁时期，这一时期对德交涉同广田弘毅内阁时期的日德防共协定交涉相比，最为突出的特点是日德两国表面上打着强化防共协定的幌子，但在具体的防卫对象上不仅包括苏联在内的共产国际社会，实际上还将英法美等国列入其中。在防卫对象上之所以会有如此明显的变化，主要是由于日本在张鼓峰事件和诺门坎事件中并没有达到北进苏联的预期目标，这就使日本在对外侵略扩张政策上不得不进行调整，即由积极北进向消极北进转换。于是，在日本的外交决策中，以陆军为首的强化对德同盟交涉论开始成为当时日本的外交主流。但是，日本海军省担心进一步强化对德同盟交涉会加剧日美矛盾，便极力主张日德同盟的防卫对象不应包含英美两国，这与日本陆军省积极主张对德强化交涉存在意见分歧；再加之与德国的同盟交涉案中的防卫对象没有达成一致，日德间的强化防共协定交涉在第一次近卫文麿内阁和平沼骐一郎内阁时期都没有最终实现。

　　第二、三次近卫文麿内阁的成立，是日本对德同盟政策的转折点。近卫文麿第二次上台后，迅速地调整了对外侵略扩张政策，确立了把南进政策作为基本国策的战略思想，仅同德意进行了三周左右的交涉便迅速地缔结了三国军事同盟。三国同盟形成后，日本又在外相松冈洋右的主导下与德国外交部长里宾特洛甫积极进行策划，提出了日德意苏"四国同盟"构想①，并企图通过日德意苏

　　（接上页注①）峰和诺门坎事件的再认识》中认为，这两次事件的挑起者是苏联而不是日本，其目的在于乘中日战争之机扩张领土，争夺中苏边境的军事要塞（《军事历史》1994 年第 2 期）。笔者认为张鼓峰事件和诺门坎事件是日本北进战略的产物，是日本为了向西伯利亚地区扩张对苏联展开的两次试探性军事进攻。

　　①　所谓的"四国同盟"构想是 1940 年 9 月日本和德国缔结军事同盟后，经过松冈洋右和里宾特洛甫的谋划，德国居间调停，企图把苏联拉入日德意三国军事同盟中，最终实现所谓的日德意苏"四国同盟"，借助"四国同盟"的力量压制美国，阻止美国参战，实现日本独霸中国和太平洋地区扩张计划，1941 年 6 月苏德战争爆发，标志着该计划破产。

"四国同盟"的力量压制美国，阻止美国参加太平洋战争，从而完成日本对外侵略扩张计划，实现所谓的"大东亚共荣"。这是第二次近卫文麿内阁为了解决中日战争胶着化状态及实行南进战略，与德国缔结军事同盟的真正目的。

其次，从日德缔结防共协定到太平洋战争爆发，日德两国之间存在一定的战略分歧，这是苏德战争爆发后日本最终未有效地策应德国，从西伯利亚出兵进攻苏联的主要原因。对日本而言，虽然同德国缔结了防共协定和军事同盟，但日本最终的目的是实现对外侵略扩张目标，并不是帮助德国去进攻苏联，更不可能抽调大部分侵华日军从西伯利亚出兵参加欧洲战争。所以，无论是同德国缔结防共协定还是军事同盟，日本的最终目的就是想借助德国的力量压制苏联和英美势力，最终完成日本对中国和太平洋地区的侵略扩张计划，这是 1936—1941 年日本对德同盟政策的根本意图。

对德国来说，同日本缔结军事同盟的最终目的是利用日本军事力量在远东和太平洋地区牵制苏联和英法美等国，从而使德国能够有效地在欧洲和非洲等地区进行侵略和扩张。关于这一点，里宾特洛甫在 1938 年 1 月给希特勒的信函中曾指出："德国争取生存空间的斗争必然要触犯法国与东欧诸盟国的利益，法国为了东欧盟国必然要与德国发生战争，法德战争的最终结果必然要引发英德战争，作为防范这一趋势发展的策略就是同日本和意大利缔结军事同盟。如果德国同日本和意大利能够在军事上紧密合作，就能够起到牵制英国在太平洋地区的军事力量。这样，英国在欧洲也不可能对法国给予充分的援助。"[1] 从里宾特洛甫给希特勒的信函内容可以看出，不仅日本同德国结盟具有强烈的目的性和策略性，德国同样也对日本的结盟具有明显的目的性和战略性，双方结成军事同盟的根本动机就是要互相利用对方，达到各自侵略和扩张的目的。正因为如

---

① 〔日〕法眼晋作：《二战期间日本外交内幕》，袁靖等译，中国文史出版社 1993 年版，第 54 页。

此，苏德战争爆发后，德国曾多次要求日本履行盟国义务，在军事上策应德国，从西伯利亚出兵进攻苏联，[①] 但是，日本却从自身的战略利益出发拒绝了德国的要求。

日本之所以不肯从西伯利亚出兵进攻苏联，主要可以从以下几方面进行分析。一是在张鼓峰事件和诺门坎事件中，日本曾对苏联进行的两次试探性进攻均以失败而告终，这对日本关东军来说是极为惨痛的教训。因此，在进攻苏联上，除非德国在苏德战场上具有决定性的胜算，否则日本不会轻易地进攻苏联。二是苏德战争爆发后，日本认为苏联的军事重心已经转移到了欧洲战场，在中国战场和东北亚地区基本上已经没有了后顾之忧，这是日本实现南进目标的大好时机。因此，1941 年春天，松冈洋右在访问柏林时，向德国信誓旦旦地保证日本一定会忠于同盟国的利益，在未来的战争中与德国共同采取军事行动，会不断地调整在中苏边境的军事部署，并强化在该地区的军事防御力量，尤其会加大在中国东北的军事部署力量。[②] 但是，日本最终并没有实质性地履行盟国义务，从西伯利亚出兵进攻苏联。三是近卫文麿第二次组阁后，日本已经充分地意识到即使实现了北进战略，也根本无法解决日本在侵华战争和太平洋地区扩张中所需要的石油、有色金属、橡胶和棉花等战略资源上的困难。所以，第二次近卫文麿内阁在 1940 年 7 月制定了《适应世界局势演变时局处理要纲》，毅然将南进战略作为日本对外侵略扩张的重点。[③] 这是日本在苏德战场上未有效地策应德国的根本原因。

再次，日德两国虽然在具体的侵略战争中并未进行实质性的联合军事作战，但是，日德缔结防共协定和日德意三国军事同盟的形

---

① 参謀本部編『杉山メモ（上）——大本営・政府連絡会議等筆記』原書房、1967、229—252 頁。

② 防衛庁防衛研究所戦史室編『戦史叢書 8 大本営陸軍部＜1＞』朝雲新聞社、1967、550—551 頁。

③ 日本外務省編『日本外交年表竝主要文書』（下）原書房、1965、437—438 頁。

成，对当时的远东国际关系和第二次世界大战的影响是非常深刻
的。因此，在考察 1936—1941 年日本对德同盟政策的影响时，一
定要从历史学和国际关系的视角出发，并结合当时的历史背景和国
际环境的变化，对日德同盟关系的实态进行深入分析和探讨。其
中，不能忽视的问题主要有以下几个方面。一是日德防共协定和军
事同盟形成后，日本和德国曾为了有效地牵制苏联，以打击共产国
际为名设立了日德军事委员会，积极实施日德空军提携计划，并不
断地针对苏联进行军事情报交换。日德两国在上述方面的军事合作
已经远远超出了日德防共协定规定的范围。二是日德防共协定的缔
结，对日本侵华战争也产生了重要的影响，尤其是在伪满洲国的承
认问题上，德国最终还是从对远东战略考虑，应日本之请求对伪满
洲国予以承认，这对二战期间的中德关系的影响是非常深刻的。三
是在苏德战场上，虽然日本最终并未从西伯利亚出兵有效地策应德
国，但日本在中苏边境集结了大批关东军，这无形当中对当时的苏
联产生了一定的威慑作用。从以上事实来看，尽管日本并没有从西
伯利亚出兵进攻苏联，但日本在中苏边界驻扎大批的关东军，对德
国赢得苏德战场初期胜利起到了一定的作用。①

　　通过上述分析可以看出，1936—1941 年日本对德同盟政策具
有以下几个特点。第一，日本对德同盟政策具有潜在的目的性和计
划性的特点。从广田弘毅内阁时期的对德"薄墨外交"到第一次
近卫文麿内阁时期的日德防共伙伴关系的确立，从平沼骐一郎、阿
部信行、米内光政内阁时期的对德强化防共协定的交涉，到第二次
近卫文麿内阁时期的日德同盟关系的确立及日德意苏"四国同盟"
构想的交涉，都是围绕着日本对外侵略扩张计划而展开的。第二，
日本对德同盟政策具有始终服务于其对外侵略扩张的战略性和策略
性的特点。具体而言，日本对德同盟政策始终与日本的北进战略和

---

　　① 〔日〕信夫清三郎：《日本外交史》（下），天津社会科学院日本问题研究所
译，商务印书馆 1980 年版，第 667 页。

南进战略并行，同时谋求在独霸中国和太平洋地区扩张中对德结盟的最大利益需求，这是日本对德同盟政策的根本目的。第三，日本对德同盟政策具有双重外交的特点。日本同德国缔结军事同盟，一方面从侵华战争和太平洋地区的扩张战略出发，急于借助日德军事同盟的力量，达到牵制英法美等国在太平洋地区诸势力的目的；另一方面，日本又想利用德国力量实现日德意苏"四国同盟"构想，并企图利用日德意苏"四国同盟"力量压制美国，迫使美国放弃参战，最终实现日本独霸中国和太平洋地区扩张计划，这是日本对德同盟政策中所体现出来的双重外交的特点。

本书的研究方法主要是通过大量的日文原始档案资料，详细梳理 1936—1941 年日本对德同盟政策的基本线索和脉络，探讨从日德缔结防共协定到太平洋战争爆发这段历史时期日本对德同盟政策的演变轨迹，从而进一步揭示日本对德同盟政策的本质特征。

首先，历史文献史料的分析、整理与研究相统一，将 1936—1941 年日本对德同盟政策放到东北亚国际关系和第二次世界大战史中进行全面考察。本书在对大量日文原始文献资料进行详细梳理和分析的基础上，运用个案研究、对比分析等方法，通过对日文原始档案资料全面分析和论证，考察日本对德同盟政策的国内背景和国际环境，阐述从广田弘毅内阁到东条英机内阁时期，日本各内阁对德同盟政策的决策理论、论证过程、决策过程、实施效果，以及不同内阁时期对德同盟政策的变化过程和产生的影响。同时，还借助对当时国际环境和国际背景的分析，阐释日本对外侵略扩张政策变化对东北亚国际关系和第二次世界大战产生的影响，从整体上考察从日德缔结防共协定到太平洋战争爆发整个历史时期内，日本对德同盟政策的整体目标和战略思想，从而进一步阐释日本对德同盟政策的实质特征。

其次，历史史实与史学理论并重，将日本外务、陆军和海军三省对德同盟政策的战略思想与日本整体对德同盟政策有机结合起来，通过史实对其展开全面的阐述和分析。通过对日文原始档案资料的整理和分析可以看出，从广田弘毅内阁到东条英机内阁时期，日本对德同盟政策的决策过程包含着错综复杂的矛盾和斗争，集中体现在日本外务、陆军和海军三省间的矛盾和斗争。因此，本书突破了以往研究的界限，既注重日本对德同盟政策外交决策机制的整体把握，更注重对日本外务、陆军和海军三省的对德战略思想进行局部分析，以做到历史史实与史学理论相结合，全方位研究与动态分析相结合。

再次，历史学与国际关系学、政治学等学科理论相结合的跨学科研究方法。本书在具体研究过程中将历史学的研究方法与国际关系学、政治学等相关理论结合起来，综合运用历史文献研究、比较研究、个案研究、实证研究和宏观分析等方法，全面考察1936—1941年日本对德同盟政策的发展和演变。通过对历史文献的整理和研究，依据日文原始档案资料对日德军事同盟的交涉过程进行详细分析，在梳理清楚历史脉络的基础上，把日本对德同盟政策研究放在一个动态的国际背景下进行综合比较和考察，避免静止和孤立的分析，力图使研究内容由点及面、由浅至深、由个案到综合，既全面又多角度地还原1936—1941年日本对德同盟政策的历史全貌，这样才能得出深层次的认识。例如，本书借鉴了国际关系学中有关外交决策与国家力量关系、国家战略与对外关系等理论，深入分析1936—1941年日本对德同盟政策与日本对外战略目标、国家利益需求，以及国际制约因素等相互依赖的国际现实之间的关系。另外，本书还通过一些会谈记录、日记、回忆录等原始档案资料，并借鉴了心理学中的某些理论和知识，阐释日本不同内阁时期对德同盟政策的外交决策要素，分析在日本对德同盟政策的交涉过程中陆军、海军和外务三省当时的外交决策心理，尤其是外相有田八郎、松冈洋右等个人外交理念对当时日本外交政策所产生的重要影响。

二　研究的价值与着眼点

关于1936—1941年日本对德同盟政策研究，日本和中国的学者都进行过研究和探讨，使本书能够站在前人研究的基础上进行深入思考。在日本，对上述问题的研究主要体现在以下两个方面：一是当时日本外交政策的当局者对日德同盟关系发表的时事评论性文章和外交记录，二是历史学者、国际关系学者、军事学者和社会学者对日德同盟关系进行的深入研究。从时事性评论文章和外交记录来看，由于这些文章的作者大部分在当时日本外交决策机构中身居要职，他们当中的大部分人直接参与了日德防共协定和军事同盟的交涉，有的甚至是日本对德同盟政策的制定者和执行者，所以，这些时事性评论文章所涉及的内容大部分是从日本对外侵略扩张政策的视角来阐述日德同盟关系。正是这种国际背景和国内环境的影响，决定了这些时事评论性文章在阐述日德防共协定和军事同盟时，并不可能完全站在客观的立场对这段历史事实进行公正的评价，但他们的观点和记录却鲜明地反映出当时日本对德同盟政策的利益需求和变化过程。[1] 历史学者、国际关系学者、军事学者和社会学者对日德同盟关系的研究成果较多，从 20 世纪 50 年代到 21 世纪初期都有相关成果公开发表。日本国际政治学会太平洋战争原因研究部编《太平洋战争之路 开战外交史 5 三国同盟・日苏中立条约》，对日本同德国缔结防共协定和军事同盟的原因进行了阐述。[2]鹿岛和平研究所编《日本外交史 21 日德意同盟・日苏中立条约》，认为日本外务省、海军省最终与陆军省在对外战略上意见趋同，这是最终确立积极南进政策的主要原因。[3] 三宅正树著《日德意三国同盟研究》，是日本学界关于日德意三国同盟专题研究的先驱之作，

---

[1]　東郷実「世界三分説と南進論」『外交時報』1941 年第 867 号；木村鋭市「三国共通の厄難——日独伊三国同盟の根本原因（上、下）」『外交時報』1941 年第 874、875 号；大淵仁右衛門「日独提携の基礎」『外交時報』1944 年第 952 号；三宅哲一郎「松岡外相に期待するもの」『外交時報』1941 年第 874 号；大橋忠一『太平洋戦争由来記——松岡外交の真相』要書房、1952；齋藤良衛『欺かれた歴史——松岡と三国同盟の裏面』読売新聞社、1955。

[2]　日本国際政治学会太平洋戦争原因研究部編『太平洋戦争への道 開戦外交 5 三国同盟・日ソ中立条約』朝日新聞社、1963、8—12 頁。

[3]　鹿島平和研究所編『日本外交史 21 日独伊同盟・日ソ中立条約』鹿島平和研究出版会、1971、序言。

该书对日德缔结防共协定、防共协定强化问题、三国同盟交涉过程等进行了详细分析和阐述，并指出日本同德意缔结军事同盟的最大动因是希望通过德国居间调停改善日苏关系，从而实现日德意苏"四国协约"。[①] 在日本学界，还有一些学者对日德意苏"四国同盟"问题进行了专题研究，在表述形式上也存在不同的说法。[②] 国内外学者虽然对 20 世纪三四十年代日德同盟关系进行了一定程度的研究，但一些外交档案的解密受到了一定程度的限制，加之前期研究成果的积累较为薄弱，这就使得关于这一主题的研究存在明显的局限性和不足，有的研究主要是在国际关系史、世界史和军事史研究中对日德同盟关系进行了概述，并未形成专题研究，也没有对日德缔结防共协定后到太平洋战争爆发这段时期内日本对德同盟政策的策略性和目的性进行深入研究。陈仁霞著《中德日三角关系研究（1936—1938）》，是目前国内研究中德日三国关系的代表著作，该书利用大量的德国和民国原始档案资料，阐述了 1936—1938 年中

---

① 三宅正樹『日独伊三国同盟の研究』南窓社、1975、序言 22—23 頁。

② "四国同盟"说的代表主要有尾上正男，他在《日德意苏四国同盟问题》（『神戸法学雑誌』1964 年 14 卷 2 号）中指出，德国为了实现在欧洲的扩张和侵略计划，希望把苏联拉入三国同盟形成"四国同盟"，并通过"四国同盟"力量压制美国，阻止美国参战，对里宾特洛甫与莫洛托夫间举行的四次秘密会谈进行了详细阐述；清水良三在《日德意苏四国同盟构想的崩溃》（『国士館大学政経論叢』1971 年 14 号）中也持此种观点，指出日德意苏"四国同盟"构想最终没有实现的主要原因是里宾特洛甫与莫洛托夫在交涉过程中对划分势力范围问题没有达成一致意见，最终导致了该交涉的失败；义井博《日德意三国同盟与日美关系》（南窓社，2007 年）一书也明确提出了"四国同盟"说。"四国协商"说在一些研究成果中也曾被多次使用，义井博在《日德意苏四国协商构想的起源》（『西洋史学』1973 年第 90 号）中指出，日本与德国缔结军事同盟所期待的目标是可以利用三国同盟的力量实现所谓的日德意苏"四国协商"；服部聪在《松冈外交与南进政策——以四国协商构想为视角》（『神戸法学雑誌』1999 年 48 卷 4 号）中指出，第二次近卫文麿内阁成立后把南进政策作为基本国策，并希望利用德国居间调停把苏联拉入三国同盟，形成日德意苏"四国协商"，并利用"四国协商"力量压制美国，从而实现日本的"大东亚共荣"。"四国联合"说的主要代表是三宅正树，他在《斯大林、希特勒与日苏德意联合构想》（朝日新聞社、2007 年）中指出，日本对德同盟政策的最终目标是期待借助日德军事同盟的力量实现日德意苏的军事联合。

德日三国关系的发展和变化，并深刻剖析了这种变化对当时中国抗日战争和东北亚国际关系产生的重要影响。① 另外，还有一些学术论文公开发表，不一一赘述。②

基于此，本书在国内外相关研究的基础上，通过日文原始档案资料，深入考察 1936—1941 年这段历史时期日本对德同盟政策的阶段性变化特点，解读在对外侵略扩张战略的不断演变过程中日本对德结盟政策的不同角色定位，这对于日本外交史和国际关系史的研究都大有裨益。从学术价值上来看，本书通过大量日文原始档案资料对 1936—1941 年日本对德同盟政策进行深入分析和研究，理清从广田弘毅内阁到东条英机内阁时期各届内阁对德同盟政策的演变轨迹，展现日德同盟关系的实态。国内外学者虽然都曾对日德军事同盟问题这一主题进行了探讨和研究，但大部分研究成果仅对日德防共协定和军事同盟的交涉过程进行了阐述，对当时日本对德同盟政策的真实状态的研究还不够深入和详细。本书重点探讨了从广田弘毅内阁到东条英机内阁时期日本对德同盟政策的变化过程，尤其是围绕日德军事同盟的缔结问题日本外交决策机制中的矛盾和斗争。本书还对三国军事同盟形成后

---

① 陈仁霞：《中德日三角关系研究（1936—1938）》，生活·读书·新知三联书店 2003 年版，序言。

② 王德仁：《从日德意"反共协定"到日德意三国同盟》，《外交学院学报》1985 年第 1 期；陈仁霞：《反共产国际协定背后的中德日角逐》，《民国档案》2003 年第 3 期；谯大俊：《三国同盟与太平洋战争》，《西南师范大学学报》（人文社会科学版）1987 年第 2 期；周希奋：《"四国同盟"的幻想与希特勒对苏外交策略》，《史林》1987 年第 4 期；罗志刚：《德意日三国同盟的签订对世界格局的影响》，《武汉大学学报》（社会科学版）1988 年第 2 期；张捷：《德日意三国同盟条约探析》，《暨南学报》（哲学社会科学）1989 年第 4 期；罗志刚：《三国同盟条约缔结后德日对苏政略之分歧》，《史学月刊》1995 年第 4 期；李广民：《松冈洋右与三国同盟关系浅析》，《山西师大学报》（社会科学版）1998 年第 1 期；武向平：《日德意苏"四国同盟"构想及演进述考》，《东北师大学报》（哲学社会科学版）2012 年第 6 期；鹿锡俊：《蒋介石对日德意三国同盟的反应》，《近代史研究》2013 年第 3 期；萧李居：《国民政府对德意日三国同盟的观察》，《抗日战争研究》2016 年第 3 期。

日德两国联合军事作战问题、战略部署问题，以及在具体的侵略战争中未进行实质性联合军事作战的原因进行了分析，通过对这些问题进行深入分析和阐述来揭示日本对德同盟政策的真实状态。从东北亚国际关系史研究的视角出发考察 1936—1941 年日本对德同盟政策，一方面可以全面解读从日德缔结防共协定到太平洋战争爆发这段历史时期，日本与中英美苏四国关系的发展和变化对日德同盟关系产生的重要影响，尤其是这一时期东北亚国际形势的发展变化对日本外交政策产生的重大影响。另一方面通过日本对德同盟政策的研究，可以全面了解从日德缔结防共协定到三国军事同盟形成这段时期东北亚国际关系的发展和变化过程。日德缔结防共协定和军事同盟，对远东国际关系史和第二次世界大战史来说，都是具有重大影响的历史事件。从某种意义上来说，日德军事同盟的发展和演变过程预示了第二次世界大战的不可避免性。1936—1941 年日本对德同盟政策的发展和变化，对 20 世纪三四十年代东北亚国际关系的影响是极为深刻的。但是，由于原始档案资料的公布有一定的期限，一些原始档案资料的搜集和整理受到一定的限制，在一定程度上使 1936—1941 年日本对德同盟政策研究受到了不同程度的制约，这是当前学界对这一主题的研究存在不足的主要原因之一。本书通过搜集大量原始档案资料，全面解读 1936—1941 年这一特定历史时期日本对德同盟政策的变化过程，在对日文原始档案资料搜集的过程中力求通过实证性的梳理和分析来阐释日本对德同盟政策的真实目的，希望本书的研究是对东北亚国际关系史、近代中日关系史和日本外交史研究的一份有益贡献。

本书研究具有一定的历史文献学整理价值。历史学的研究对原始档案资料的搜集和整理有更高的要求。本书运用的文献史料主要包括三部分。第一部分文献资料是日本外务省档案缩微胶卷，主要有 MT2、MT515、MT520、REEL106、S1、S26、S89 - 94、SP141、SP142、S487、SP144、WT7、WT27、WT44、WT48 等，这些缩微胶卷详细记录了从日德缔结防共协定到太平洋战争爆发这段历史时期日德两国军事的交涉过程及变化结果，凸显了在整个交涉过程中日本不同内阁时期对德同盟政策的决策过程的变化和矛盾斗争，这些原始档案资料为 1936—1941 年日本对德同盟政策的研究提供了重要文献支撑。第二部分文献资料主要是日本亚洲历史资料中心（アジア歴史資料センター）① 对外公布的有关日德防共协定、强化防共协定，以及三国军事同盟交涉过程和日德意苏"四国同盟"构想等原始档案。亚洲历史资料中心涉及 1936 年日德缔结防共协定到太平洋战争爆发这段历史时期日德同盟关系的档案资料有 1000 余件。这些档案资料主要保存在日本国立公文书馆、外务省外交史料馆、防卫省防卫研究所图书馆内，并通过亚洲历史资料中心以数字化形式对外进行公布。其中，国立公文书馆中保存的关于日德同盟关系的资料主要是日德防共协定交涉和缔结问题、日德意海军共同作战问题、日德意经济提携问题、日德军事同盟与日本南进问题、太平洋地区日德航空基地建立问题等。外务省外交史料馆保存的关于日德关系的资料主要是日德防共协定和军事同盟交涉的档案资料，这些档案资料主要记录了日德防共协定交涉过程、强化防共协定交涉过程和三国军事同盟交涉过程，是研究 1936—1941 年日本对德同盟政策重要的文献资料。防卫省防卫研究所图书馆保存的关于日德关系的资料主要有日德在华航空提携问题、日德亚欧航空协定、日德陆军协定、日德航空联络关系协定、日德航空器材

---

① 日本亚洲历史资料中心是设在日本国立公文书馆内的数字化档案库，该中心主要是把保存在日本国立公文书馆、外务省外交史料馆、防卫省防卫研究所图书馆的档案资料进行数字化后通过互联网向外界进行公布。这些档案资料主要是从明治维新后到第二次世界大战结束这一时期内日本与亚洲各国间相关的重要资料，也包括日本与欧美西方诸国间相关的档案资料，内容涉及政治、经济、军事、外交、文化、社会等各方面。该中心是根据日本首相村山富市在 1994 年 8 月发表的为了纪念战后 50 周年讲话《和平友好交流计划》而建立的。1999 年 11 月的内阁会议决定通过互联网以数字化形式公布日本政府各机构所保管和公开的有关亚洲历史的档案资料。2001 年 11 月该中心作为国立公文书馆的一个部门正式成立。

购入协定等，这些档案资料为进一步探讨和研究日德两国军事合作和共同军事行动等问题提供了重要的文献支撑。第三部分文献资料是新公开出版的外交文书、会议记录、议事录、日记、档案资料汇编等。这些新公开出版的文献资料可以与新公布的档案资料起到互相印证、相互补充的作用。这部分文献资料主要包括以下几方面内容。一是日本外务省编的《外交文书》，例如《日本外交文书 日德意三国同盟关系文件集》（2005 年），《日本外交文书 太平洋战争》（1—3 册，2010 年），《日本外交文书 第二次欧洲大战与日本》第一册《日德意三国同盟·日苏中立条约》（2012 年）、第二册《大战的诸相与对南方对策》（上、下，2013 年）。二是会议速记录和国际法庭速记录，如《远东国际军事审判速记录》（1946 年）、《东京审判辩护方资料》（1995 年）、《帝国会议众议院议事速记录》（1936—1940 年）、《历代内阁总理大臣演说集》（1985 年）。三是当时日本外交政策的执行者与决策者的日记和回忆录等，如广田弘毅内阁外相有田八郎著《看人眼中之尘埃——外交问题回忆录》（讲谈社，1948 年）、《人称愚蠢八郎——一个外交官的回忆》（光和堂，1959 年），第二次近卫文麿内阁外务次官大桥忠一著《太平洋战争由来记——松冈外交的真相》（原书房，1952 年；读卖新闻社，1955 年），松冈洋右助手斋藤良卫①著《被欺骗的历史——松冈与三国同盟的内幕》（读卖新闻社，1955 年），林铣十郎内阁外相佐藤尚武著《回顾八十年》（时事通讯社，1963 年），原奎一郎编《原敬日记》（福村出版，1965 年），参谋本部编《杉山日记》（上、下，1967 年），日本陆军省军务局长武藤章著《军务局长武藤章回忆录》（上法快男编，芙蓉书房，1981 年），日本驻前苏联大使东乡茂德著《时代的一面——东乡茂德外交手记》（原书房，

---

① 斋藤良卫（1880—1956），日本外交官。东京帝国大学毕业后，1910 年通过外交官考试，先后任外务省通商局课长、局长、满铁理事、关东军外交顾问、外务省外交顾问。1940 年作为松冈洋右的助手，掌握着日本同德国谈判的秘密文件。中国有的学者将"斋藤良卫"误译为"齐藤良卫"，在此予以说明。

1985 年），荻原延寿著《东乡茂德——传记与解说》（原书房，1985 年）等。

从应用价值来看，首先，本书的研究可以为日本侵华史和抗日战争史研究提供借鉴。日本发动侵华战争，给中国人民的生命和财产带来了巨大的灾难，是中华民族历史进程中的重大事件。从日本发动九一八事变到 1945 年战败投降，在长达 14 年之久的侵华战争中，整个中华民族几乎都被卷入这场侵略战争中。在这场史无前例的侵华战争中，又交织着错综复杂的国际关系和国际背景。日本为了实现独霸中国和太平洋地区扩张计划，向凡尔赛－华盛顿体系发起严厉挑战，并最终退出国联和世界裁军条约，同德国和意大利结成法西斯军事同盟，造成了太平洋地区的"无条约时代"。[①] 从九一八事变到太平洋战争爆发，日本对德同盟政策始终围绕对外侵略扩张目标而展开，同时交织着错综复杂的国际关系和国际形势。从广田弘毅内阁到东条英机内阁时期，日本对德同盟政策存在不同时期的矛盾和变化。所以，从日本对德同盟政策的视角来考察这段历史过程，对日本侵华史和抗日战争史的研究都具有重要的历史意义。通过本书的研究，可以较全面理清 1936 年日德缔结防共协定到太平洋战争爆发这段历史时期，日本外交决策的发展和变化过程，以及在不同内阁时期的外交决策过程中，日本外务省、陆军省和海军省的矛盾斗争和变化，从而为日本侵华史和中国抗战史研究提供大量的佐证。其次，本书的研究可以为东北亚国际关系史和第二次世界大战史研究提供历史借鉴。通过对 1936—1941 年日本对德同盟政策的研究，一方面，可以进一步诠释从日德缔结防共协定到三国军事同盟形成，以及从日德意苏"四国同盟"构想到日苏中立条约缔结的过程中，日本对华侵略战争和太平洋地区的扩张目标始终是在东北亚国际关系发展和变化过程中展开的；另一方面，

---

① 鹿岛平和研究所编『日本外交史 21 日独伊同盟・日ソ中立条約』鹿岛平和研究出版会、1971、序言 3—4 頁。

可以看到从 1939 年德国占领波兰到 1940 年法国投降，德国在欧洲
侵略势头的发展和变化，对日本外务省、海军省与陆军省在对德同
盟政策上意见趋同起到了一定的推动作用。因此，通过对 1936—
1941 年日本对德同盟政策的研究，可以全面地解读这一特定的历
史时期内东北亚国际关系的发展和变化轨迹，以及三国军事同盟的
形成对第二次世界大战产生的重要影响。再次，本书本着"前事
不忘，后世之师"的原则，通过对 1936—1941 年日本对德同盟政
策的变化过程进行全面解读，进一步揭示日德军事同盟关系的真实
状态。日本为了实现独霸中国和太平洋地区扩张政策，毅然放弃了
协调外交路线，向凡尔赛－华盛顿体系发起严厉挑战，最终同德国
和意大利结成法西斯军事同盟，并企图借助德国的力量实现日德意
苏"四国同盟"构想，以期借助日德意苏"四国同盟"的力量压
制美国，使美国放弃参加战争，最终完成对太平洋地区的侵略扩
张。① 本书通过对 1936—1941 年日本对德同盟政策进行全面解读，
深刻地揭露了日本对外侵略扩张的野心和无限膨胀的侵略欲望，以
此可以回击当代日本政府和右翼势力歪曲历史的言论，从而戳穿日
本右翼势力对侵略历史和侵华战争进行翻案的谬论，使人们能够吸
取历史经验教训，真正做到以史为鉴。

　　同以往相关研究相比，本书研究视角的选择和着眼点较为新
颖，并突破了单一的日本外交史研究的界限。本书的研究视角从日
本独霸中国和太平洋地区扩张计划入手，围绕这一战略目标阐述
1936—1941 年日本对德同盟政策，并根据日文原始档案资料考察
日本在北进和南进战略转换中谋求对德结盟的最大利益需求，并通
过实证分析从苏德开战到太平洋战争爆发这段历史时期，日本对德
结盟的目的性和策略性，进一步论证日本对德同盟政策中的竞争、
对抗心理，从而说明帝国主义间结盟的利益至上原则。本书研究与

---

　　① 武向平:《日德意苏"四国同盟"构想及演进述考》,《东北师大学报》(哲学
社会科学版) 2012 年第 6 期。

以往研究的不同之处有三个方面。一是在考察 1936—1941 年日本对德同盟政策时，将日本对外侵略扩张政策中的北进和南进战略有机结合起来，并在北进和南进战略的转换中深入分析和考察日本对德同盟政策的阶段性变化特点，对北进和南进战略思想的形成和转换过程进行了深入分析和阐述。二是本书通过日本原始档案资料，对日德意苏"四国同盟"问题进行了详细考察，并对日德意苏"四国同盟"问题的起源、交涉和演变过程进行了详细分析和阐述，理清了在日德意苏"四国同盟"构想交涉中日本对德同盟政策的真实目的和战略目标，从而进一步阐释日德军事同盟关系的实态。关于日德意苏"四国同盟"问题的研究，目前国内外学界对其表述并不统一，从当前国内外研究现状来看，大体有"四国协约""四国联合""四国协商""四国同盟"等几种表述形式。① 本书在对大量日文原始档案资料的整理和研究的基础上，并通过对松冈－里宾特洛甫计划和对日德、日苏交涉过程进行详细分析，认为"四国同盟"构想这一称谓更符合当时的历史原貌，提出了日德意苏"四国同盟"构想说。② 日德意苏"四国同盟"虽然作为战略构想最终并未实现，但 1941 年 4 月日本同苏联订立的《日苏中立条约》却是日德意苏"四国同盟"构想的一个畸变。而且，日德意苏"四国同盟"对当时远东国际关系和中日战争的影响是极为深刻的。基于此，本书通过日本原始档案资料对日德意苏"四国同盟"问题进行了详细考察，并对这一军事同盟构想的影响进行了详细分析和阐述，这是国内以往世界史研究中并未彻底解决的重

---

① 　关于日德意苏"四国同盟"国内外学界对其称呼和表述形式并不统一，大体有以下几种说法，徐勇在《征服之梦：日本侵华战略》中将其称为"四国协约"（广西师范大学出版社，1993 年版，第 278 页）；三宅正树在《斯大林、希特勒与日苏德意联合构想》中将其称为"四国联合"；服部聪在《松冈外交与南进政策——以四国协商构想为视角》中将其称为"四国协商"；清水良三在《日德意苏四国同盟构想的崩溃》、尾上正男在《日德意苏四国同盟问题》中则将其称为"四国同盟"。

② 　武向平：《日德意苏"四国同盟"构想及演进述考》，《东北师大学报》（哲学社会科学版）2012 年第 6 期。

要问题。三是在本书研究中，通过对日德两国的联合军事作战问题，以及最终未进行实质性联合军事作战原因的分析，阐述日本对德同盟政策中的竞争、对抗心理，从而说明帝国主义间结盟的利益至上原则。这也是以往国内研究中并未根本解决的重要问题。

三　本书研究内容与框架结构

全书紧紧围绕 1936—1941 年日本对德同盟政策的外交思想、战略目标和角色定位等基本线索，把不同内阁时期的对外侵略扩张目标与对德同盟政策有机地结合起来，全面阐述了从日德缔结防共协定到三国军事同盟形成过程中日本对德同盟政策的真实状态。

绪章是本书的总括部分，主要包括三部分内容：一是研究的目标、方法和价值，二是国内外研究现状，三是本书各个章节研究的主要内容。

第一章重点阐述日德防共协定缔结前日本对外政策的大体脉络，尤其是在凡尔赛 - 华盛顿体系下日本与西方列强之间所展开的从竞争侵略到协调侵略的变化过程，以及在整个变化过程中日本所体现出的外交战略的有限克制原则，但在无限膨胀的侵略扩张欲望的驱使下，日本最终还是通过发动侵华战争、退出国联、退出世界裁军条约等一系列行动，向凡尔赛 - 华盛顿体系发起严厉挑战，并最终脱离这一体系，造成了太平洋地区的"无条约时代"，这也是日本与德国缔结军事同盟的历史背景。

第二章重点阐述广田弘毅内阁时期的对德同盟政策。本章共包括三节内容。第一节重点阐述大岛浩作为陆军武官代表赴柏林进行试探，拉开了日德防共协定交涉的序幕。而广田弘毅内阁的成立及南北并行二元外交路线的确立，则是日本选择德国作为战略盟友的主要原因。第二节重点阐述在外相有田八郎对德"薄墨外交"论的主导下，同德国进行交涉并缔结了日德防共协定。这一时期的日德同盟关系被限定在防共协定的框架内，日德防共协定的目标从表面上来看，主要是针对苏联及共产国际的"破坏"活动。第三节重点阐述防共协定缔结后日德两国进行的航空提携计划和防共协定扩张等问题。防共协定缔结后，日德两国设置了军事委员会，并针对苏联进行军事情报交换及间谍活动，还以打击共产国际为诱饵，将意大利、匈牙利、西班牙、伪满洲国等拉入日德防共协定当中，企图在世界范围内形成所谓的防共体系，来对抗凡尔赛－华盛顿体系。

第三章重点阐述第一次近卫文麿内阁时期的对德同盟政策。第一次近卫文麿内阁对德同盟政策与广田弘毅内阁时期相比具有明显的变化，主要体现在全面侵华战争爆发后日本要求德国对其侵略行动予以支持，并要求把日德关系从防共协定的形式向军事同盟过渡。本章共包括三节内容。第一节重点阐述全面侵华战争爆发后，日本要求德国履行盟国义务，对日本的侵略行动予以精神上和道义上的支持，并把侵华战争称作在防共框架内打击共产主义，但德国从对华经济利益考虑在中日之间推行中立政策，并拒绝了日本的要求。第二节重点阐述在日本的利诱下，德国充当了对华进行政治诱降的中介，并企图通过驻华大使陶德曼的调停达到对华政治诱降的目的。第三节重点阐述对德强化防共协定交涉的发端问题。随着侵华战争不断扩大，日本急于通过所谓的强化防共协定交涉使日德关系向公开的军事同盟转变，但由于这一时期日本陆军、海军和外务三省在军事同盟的防卫对象和参战义务上存在意见分歧，最终强化防共协定的交涉以失败告终。

第四章重点阐述平沼骐一郎、阿部信行和米内光政三届内阁对德同盟政策。本章共包括两节内容。第一节重点阐述平沼骐一郎内阁时期对德强化防共协定的交涉及挫败。在平沼骐一郎内阁时期，虽然对德同盟交涉仍然被冠以强化防共协定之名，实际上日本已经开始同德国进行军事同盟交涉，但最终也是由于当时陆军、海军和外务三省之间在防卫对象和参战义务上存在意见分歧，加之苏德两国于1939年8月缔结了互不侵犯条约，日德两国的强化防共协定交涉暂时被搁置下来。第二节重点阐述阿部信行、米内光政两届内阁时期的对德同盟政策。在这两届内阁时期，由于《苏德互不侵犯条约》的缔结导致日德两国的关系处于僵化的状态，所以这两届内阁都打出自主外交和不介入欧洲战争的口号，企图重新回归对英美协调的外交路线。但是，这两届内阁由于不能按照军部的意图行事最终也被迫下台。

第五章重点阐述第二、三次近卫文麿内阁对德同盟政策。本章共包括三节内容。第一节重点阐述第二次近卫文麿内阁成立后制定了一系列对德同盟政策交涉方针及要领，并在外相松冈洋右的主导下仅同德国特使斯塔玛进行了三周左右的交涉，便缔结了三国军事同盟。第二节重点阐述在松冈洋右和里宾特洛甫的策划下进行的日德意苏"四国同盟"构想及挫败，以及《日苏中立条约》缔结的大体过程。第三节重点阐述第二次近卫文麿内阁时期三国军事同盟形成的原因，主要是这一时期日本陆军、海军和外务三省在对德同盟政策上意见趋同，这是日本对外侵略扩张政策发展的必然结果。

第六章重点阐述日德两国的联合军事作战计划及战略分歧的主要原因。本章共包括两节内容。第一节重点阐述苏德战争爆发后日本对德同盟政策的变化过程，日本从自身的对外战略目标出发，并未有效地从西伯利亚地区支援德国，仅以关东军特别大演习的形式对德国进行了策应。第二节重点阐述太平洋战争爆发后，日德两国的联合作战计划及战略分歧原因，由于日德两国在对外侵略扩张中首先考虑的是自身的利益得失，这种竞争对抗意识使日德两国不可能进行有效的联合军事作战，从而进一步论证了帝国主义间的竞争和对抗才是永恒的原则。

结语部分是对全书内容做出的总结，在前六章研究内容的基础上进一步分析从日德缔结防共协定到三国军事同盟形成的过程中，日本对德同盟政策的战略思想、角色定位和利益需求等变化过程，从而揭示1936—1941年日本对德同盟政策的真实状态。

总之，本书研究不但突破了以往研究的视角，而且还历史学、政治学、国际关系学和心理学的角度全面地考察了这一时期日本对德同盟政策真实状态。本书的研究特色主要体现在以下几个方面。其一是把日本对德同盟政策放到日本对外侵略扩张战略的总体构想中进行考察，展现日德军事同盟关系的真实状态。在以往的相关研究中，虽然对日德防共协定和三国军事同盟的缔结过程进行了大体的探讨，但对不同内阁时期对德同盟政策的角色定位却阐述得不够深刻，尤其是太平洋战争爆发后日德两国的联合军事作战计划及战略分歧等内容，更是缺少详细的研究和论述，这些内容在本书中得到了较全面的分析和阐述。其二是本书在研究过程中运用了大量的日文原始档案资料，这些原始档案资料包括日本外务省的缩微胶卷，亚洲历史文献中心公开的外务省外交史料馆、国立公文书馆和防卫省防卫研究所的档案资料，以及当时日本陆军省、海军省和外务省中的外交决策者的日记、回忆录等，这些原始档案资料在国内以往的研究中并不多见。所以，本书在忠实于原始档案资料的基础上并结合学界的相关研究成果，提出自己的学术观点，希望本书的研究是对东北亚国际关系史、近代中日关系史和日本外交史研究的一份有益贡献。

第一章

太平洋地区"无条约时代"

1868 年，日本通过明治维新确立了"殖产兴业"、"文明开化"和"富国强兵"三大政策，在向资本主义近代化变革的同时也步入了对外侵略扩张的道路。而这种对外侵略扩张政策的最终目标，则是要通过发动一系列侵略战争来实现独霸中国和太平洋地区扩张计划。[①] 日本通过发动甲午战争和日俄战争为军国主义势力的进一步扩张奠定了基础，日本随之成为亚洲第一大军事强国，并跻身于世界军事大国行列。[②] 甲午战争和日俄战争的胜利，更加刺激了日本的对外侵略扩张欲望，为了实现无限膨胀的对外侵略扩张目标，日本制定了新的世界性战略，即通过参加第一次世界大战与西方列强一起瓜分世界，并在协调外交的掩盖下开始了新的外交图谋。但是，在英法美等西方大国操纵下的凡尔赛－华盛顿体系，很难使日本独霸中国和太平洋地区扩张计划得以实现。于是，日本便通过发动九一八事变、退出国联、退出世界裁军条约等一系列行动，向凡尔赛－华盛顿体系发起严重挑战，造成了太平洋地区处于"无条约时代"。由此，日本也陷入了国际孤立的局面。

---

① 武向平：《日本对德政策研究（1936—1941）》，博士学位论文，东北师范大学，2008 年，摘要。

② 徐勇：《征服之梦——日本侵华战略》，广西师范大学出版社，1993 年版，第11 页。

打破挑战凡尔赛－华盛顿体系后陷入的国际孤立的局面，寻求新的战略盟友，就成了 20 世纪三四十年代日本迫切需要解决的外交新课题。

全面抉择之后，日本最终把在对外侵略扩张中同样有着强烈野心的德国作为新的结盟对象。在 19 世纪末期西方列强掀起的瓜分中国狂潮中，日本和德国在对华利益争夺中有很深的矛盾和冲突，加之一战中日本对德宣战并攫取了德国在山东的各项权益，且以委任统治的形式取得了德国在太平洋地区的属地及诸岛屿的领有权，可以说，这一时期日德两国的关系很不友好。尽管日本和德国曾经在中国利益纷争中存在严重的矛盾和冲突，但在所谓的对外生存空间需求上却有相同的侵略扩张欲望，正是在这种无限膨胀的侵略扩张欲望的驱使下，日本和德国最终成了战争盟友。关于日本同德国结盟的原因，笔者认为应该从以下几个方面进行梳理。一是理清一战后至 1936 年 11 月日德缔结防共协定这段历史时期中，日本对外侵略扩张时其外交战略的发展和变化轨迹。这一时期，日本为了实现独霸中国和太平洋地区扩张计划，通过协调外交在对华利益需求上把与西方列强间的竞争侵略变成了协调侵略，开始了凡尔赛－华盛顿体系下的外交新图谋。当这种协调侵略无法满足日本军国主义无限膨胀的侵略扩张欲望时，日本便通过发动九一八事变、退出国联、退出世界裁军条约向凡尔赛－华盛顿体系发起严重挑战；德国在同一时期为了所谓的生存空间也需要打破凡尔赛－华盛顿体系的束缚，这是日德两国结盟的国际背景，也是两国最终结盟的根本原因。二是通过武力掠夺中国及东南亚的战略资源，依靠新的同盟集团的力量与英法美等国在中国和太平洋地区相抗衡，这是日本选择德国作为战略盟友的主要原因。就人类社会历史发展变化的过程而言，资源问题是一个民族生存和发展的前提与基础，对战略资源的充分获取与保障，是一个国家经济发展乃至军事行动的首要条件。在获取资源的途径方面，既可以通过产业革命获取，也可以通过对外贸易获取，甚至可以通过武力掠夺获取。日本由于自身资源贫乏，觅取海外资源就成为近代以来日本朝野上下的共识，而在获取海外资源的途径上，日本却选择了武力征服和侵略扩张。① 三是无论英法美等大国所操纵的凡尔赛－华盛顿体系，还是打着民主、自由、公正口号诞生的国联，都没有从根本上解决所谓的世界和平问题，战胜国与战胜国之间以及战胜国与战败国之间都存在不可调和的矛盾和斗争。其中，德国作为战败国，在凡尔赛－华盛顿体系下受到严厉的经济和军事制裁，不但背负巨额的战争赔偿债务，还在英法美等国的压制下，在军事和外交发展方面暂时处于劣势。但是，德国从未真正放弃争夺生存空间的发展欲望。日本也早就对独霸中国和在太平洋地区扩张图谋已久，夺取英法等国在东南亚的属地及资源是日本南进的主要目标。为了实现上述目标，日本急于与同样有着侵略欲望的德国建立同盟关系。

第一节　从竞争侵略到协调侵略

一战的爆发，给日本的对外侵略扩张提供了重要的契机。一战期间，日本经历了大隈重信和寺内正毅两届内阁，② 这两届内阁都把一战看成日本进一步侵略中国和向太平洋地区扩张的天赐良机。日本参加一战的最大目的就是夺取德国在山东的一切权益，并提出了旨在灭亡中国的"二十一条"；这是日本实现独霸中国和太平洋地区扩张计划的首要目标。基于上述目标，日本于 1914 年 8 月 15 日向德国发出最后通牒，要求德国将在山东的一切权益让与日本，并向中国做了通告。通牒的主要内容为：①德国在日本及中国海洋方面的舰队解除全部武装；②德国政府将胶州湾租借地

---

① 陈丰祥：《近代日本的大陆政策》，金禾出版社 1992 年版，第 262 页。
② 大隈内阁（第二次组阁）时间为 1914 年 4 月至 1916 年 10 月；寺内内阁时间为 1916 年 10 月至 1918 年 9 月。

以全部归还中国为目的，但在 1914 年 9 月 15 日前无偿无条件地交给日本；③上述两项内容，如德国至 1914 年 8 月 23 日正午并无全部之答复，日本将对德国采取武力行动。① 对于日本提出的强硬要求，德国自然不会答应。8 月 23 日，日本向德国宣战，但不是向欧洲派兵，而是从山东龙口登陆将胶州半岛作为交战区，占领沿途所经过的全部城镇。至此，日本与德国开始了在山东权益问题上的争夺。面对日本的步步紧逼，袁世凯政府却不做任何抵抗，这更助长了日本进一步侵略中国的嚣张气焰，加之欧美各国无暇东顾，日本便进一步向袁世凯政府提出了旨在灭亡中国的"二十一条"。

一　"二十一条"与日本独霸中国计划

1914 年 12 月 3 日，加藤高明外相给驻华公使日置益发来训令，明确提出了"二十一条"的交涉内容和日本的具体利益要求。该训令大体如下："帝国政府为图时局之善后处理，并巩固帝国将来之地位，以确保东亚之永久和平，际此欲与中国政府缔结大体如附件第一号至第四号所述趣旨之条约及协定。附件第一号，系有关山东问题之处理。附件第二号，其宗旨大体为我方在南满洲及东部内蒙古地区之地位日趋之巩固；盖因帝国在南满洲及东部内蒙古之地位及中国在两地区之地位尚有不明确之处，中日两国间不断地发生毫无意义的误解和猜忌，致使两国国民的感情受到了不良的影响，故帝国际此欲使中国政府承认帝国在南满洲及东部内蒙古既成事实之地位的同时，表明帝国政府并没有瓜分满洲及该地的任何领土之野心。附件第三号，为顾及我方对汉冶萍公司之关系，以图最善解决之方案。总之，以上三项内容均非想要另生新事态者。至于附件第四号，是为了进一步说明帝国

---

① 「對獨最後通牒」（1914 年 8 月 15 日）日本外務省編『日本外交年表竝主要文書』（上）原書房、1965、380—381 頁。

政府已经多次对外宣布的为了保全中国的领土之原则。值此机会，对帝国政府而言，为了确保帝国在东亚之地位，以及保全中国领土为大局，实行上述各条款实为绝对之必要。帝国政府具有巩固之决心，将通过各种手段以图各条款之贯彻，贵使善体察政府之意图，为国之效忠。附件第五号所说之问题，与附件第一号及第四号各条款截然不同，系际此劝告中国实行之事项，为谋求增进中日两国之国交，维护共同之利益，以上各项均为紧要之事项。其中，有的已成为中日两国间的悬案，请务必尽力，以实现我方之意愿。另，在交涉中，中国政府定将表示愿闻帝国政府关于胶州湾处理之意见，帝国政府应提出，中国政府若答应我方之全部要求，亦不妨可通过协议归还该地，但在归还时绝对之必要条件为应开放此地为商埠地，并设置日本专管租借地。在协议声明归还时，须另行请训遵行。特此训令。"① 以上是外相加藤高明给日本驻华公使日置益发去的训令，该训令中不但明确地提出了日本要求无偿地攫取德国在山东的各项权益，还提出要在南满洲及内蒙古东部地区享有各项特权；此外，该训令还就如何交涉提出了具体的方案和手段。在该训令的后面还附有五号附件，总计二十一条交涉案，即所谓的"二十一条"。

　　附件第一号是关于山东各项权益的转让问题，共计四条，主要内容为：①中国政府承诺，对日本政府拟向德国政府协定之所有德国关于山东省根据条约及其他关系对中国政府享有的一切权利与利益让与等处理，概行承认；②中国政府承诺，对凡在山东省内及沿海一带的土地及各岛屿，无论以何名目，概不让与或租与他国；③中国政府允许日本建造烟台及龙口与胶济线连接之铁路；④中国政府承诺，为外国人居住及贸易起见，从速自开山东省内各主要城

---

① 「对华要求に关する加藤外相训令」（1914 年 8 月 15 日）日本外务省编『日本外交年表竝主要文书』（上）原书房、1965、381—382 页。

市作为商埠，其应开之地区，另行协定。①

附件第二号是关于日本在南满洲及内蒙古东部地区所享有的特权问题，分为甲乙两种方案。甲方案的主要内容如下。①两缔约国相互约定，将旅顺、大连租借期限以及南满洲及安奉两条铁路期限，均延至 99 年。②日本国民在南满洲及内蒙古东部，为各种工商业建造厂房之用，或为耕作之需，有获得土地使用的租借权及所有权。③日本国民有权在南满洲及内蒙古东部自由居住往来，以及从事各种工商业及其他活动。④中国政府允许日本国民有在南满洲及内蒙古东部诸矿山的采矿权。② ⑤中国政府承诺，他国在南满洲及内蒙古东部建造铁路或为在此地建造铁路向他国借款时，或以南满洲及内蒙古东部各项课税做抵押向他国借款时，须先经日本政府同意，而后办理。⑥中国政府承诺，如在南满洲及内蒙古东部聘任政治、财政、军事顾问和教官时，须事先与日本国进行协商。⑦中国政府允将吉长铁路之管理经营事宜委任于日本，期限为自本条约画押之日起 99 年。③ 乙方案中，第一、四条内容分别与甲方案第一、四条相同，余下内容如下。第二条内容为，中国政府为外国人居住及贸易起见，自开南满洲及内蒙古东部诸城市为商埠；第三条内容为，中国政府承诺两缔约国国民合办经营南满洲及内蒙古东部的农业及工商业。

---

① 以上四条，参见「对華要求に関する加藤外相訓令」（1914 年 8 月 15 日）日本外務省編『日本外交年表竝主要文書』（上）原書房、1965、381—382 頁。其中的第四条，最初在日本外务省与驻华公使馆往复电报中的内容为：中国政府承诺，为外国人居住及贸易起见，应从速开放本条约附属议定书中所列之山东省内诸城市为商埠地。上文是在此基础上修改而成。

② 该条款是在最初日本向中国提出的交涉基础上形成的，最初的条款内容为：中国政府允许日本国民有权在南满洲及东部内蒙古地区开采矿山，其应开之矿山，另行协商。

③ 以上各条均见「对華要求に関する加藤外相訓令」（1914 年 8 月 15 日）日本外務省編『日本外交年表竝主要文書』（上）原書房、1965、383 頁。并参考复旦大学历史系中国近代史教研室《中国近代对外关系史资料选辑（1840—1949）》上卷第二分册，上海人民出版社 1977 年版，第 365 页。

　　附件第三号是关于日本攫取汉冶萍公司的各项权益的问题，共计两条，具体内容如下。①两缔约国相互约定，在将来适当之时机将汉冶萍公司作为两国合办之事业，未经日本政府的同意，所有属于该公司的一切权利财产中国政府不得擅自处理。②中国政府承诺，所有属于汉冶萍公司的附近各矿山，如未经该公司同意，一概不许以外之人进行开采，其他任何直接或间接对该公司产生影响的举措，须先经该公司同意。①

　　附件第四号是关于日本独霸中国沿海、岛屿和港湾的权益问题，具体内容为：中国政府承诺，中国沿海岸的港湾及岛屿不得让与或租借他国。②

　　附件第五号是关于日本在中国享有的各项特权的问题，具体内容如下。①中国中央政府须聘任有力的日本人担任政治、财政、军事顾问。②所有在中国内地的日本医院、寺院及学校，概允许有土地所有权。③鉴于中日两国屡次发生警察事件而导致诸多不愉快之事，故须将必要地区之警察机关由中日合办，或在此处警察官署须聘用多数日本人，以图对中国的警察机关进行改良。④由日本人采办一定数量的军械（比如，中国政府所需军械之半数），或在中国开设中日合办军械厂，由日本提供技术人员及原材料。⑤连接武昌与九江、南昌之铁路，以及从南昌至杭州、南昌至潮州间铁路的铺设权，让与日本。⑥在福建省内筹建铁路、矿山，以及整顿海防（船厂在内），如需外国资金时，须同日本协商；允许日本人在中

---

　　①　上述两条均见「対華要求に関する加藤外相訓令」（1914 年 8 月 15 日）日本外務省編『日本外交年表竝主要文書』（上）原書房、1965、文書 383 頁。并参考复旦大学历史系中国近代史教研室编《中国近代对外关系史资料选辑（1840—1949）》上卷第二分册，上海人民出版社 1977 年版，第 363—364 页。

　　②　「対華要求に関する加藤外相訓令」（1914 年 8 月 15 日）日本外務省編『日本外交年表竝主要文書』（上）原書房、1965、文書 384 頁。并参考复旦大学历史系中国近代史教研室编《中国近代对外关系史资料选辑（1840—1949）》上卷第二分册，上海人民出版社 1977 年版，第 366 页。

国有传教权。①

　　1915 年 1 月 18 日，日本驻中国公使便将此"二十一条"向袁世凯政府提出。此条约中任何一条款项都严重地损害了中国的主权，日本向袁世凯提出"二十一条"的真正目的，就是企图通过条约的形式巩固日本在中国东北及内蒙古东部地区的统治地位，以中日合办为名吞并汉冶萍公司，攫取从武昌至九江、南昌各条铁路，以及南昌与杭州、南昌与潮州间各条铁路的建造权。② 但是，袁世凯在国内舆论的压力下，并没有同意"二十一条"的全部内容。日本便于 5 月 7 日又向袁世凯发出了最后通牒，声称如果 5 月 9 日下午 6 点前，中国不能对日本提出的"二十一条"做出满意答复的话，日本就将采取必要之措施。面对日本的步步紧逼，袁世凯最后做出了让步，除了上述附件第五号条款，其余的全部接受。5 月 25 日，袁世凯政府与日本签订了所谓的《中日条约》。该条约的大体内容如下。①日本取得德国在山东的一切权利及其让与，日本日后有条件地将胶州湾租借地归还中国。②旅大租借期限并南满洲安奉铁路之让与期限，延至 99 年；允许日本国民在南满洲内拥有居住权；开放内蒙古东部某地为商埠，以便外国人经商贸易。③另有换文多件，分别说明某条款之意义，给予日本的某项特权，建造满蒙新路的优先权，以及规定聘用日本人为政治、财政、军事、警察等顾问。③ 该条约签字及换文后，袁世凯政府立即对外宣布交

---

　　① 　以上各条均见「対華要求に関する加藤外相訓令」（1914 年 8 月 15 日）日本外務省編『日本外交年表竝主要文書』（上）原書房、1965、文書 384 頁。并参考复旦大学历史系中国近代史教研室编《中国近代对外关系史资料选辑（1840—1949）》上卷第二分册，上海人民出版社 1977 年版，第 366 页。

　　② 　「対華要求に関する加藤外相訓令」（1914 年 8 月 15 日）日本外務省編『日本外交年表竝主要文書』（上）原書房、1965、381—382 頁。并参考复旦大学历史系中国近代史教研室编《中国近代对外关系史资料选辑（1840—1949）》上卷第二分册，上海人民出版社 1977 年版，第 363—364 页。

　　③ 　以上三条均见顾维钧《参与国际联合会调查委员会中国代表处说贴》，沈云龙编《近代中国史料丛刊续编》第 49 辑，文海出版社 1974 年版，第 9—10 页。

涉情形，声明中国系因被迫签约，并称中国政府虽忍受日本要求，然各国维持中国独立、领土完整，以及保全现状与各国在华工商业机会均等原则所签订之各条约；此次日本要求而受事实上修改之影响，非中国之所愿。[①] 通过上述内容可以看出，袁世凯政府虽在日本的逼迫下签订了"二十一条"及换文，但忌惮国内外的舆论压力，遂将其交涉过程对外宣布，以图通过各国在华势力的角逐来达到抵制日本独霸中国的目的，并以此来减轻国内外对袁世凯政府的责难。于是，日本就独霸中国政策的实施计划，在巴黎和会上与西方列强展开了新一轮的角逐。

二　巴黎和会与日本扩张触角

日本企图借一战期间西方列强无暇东顾之际，通过"二十一条"来实现独霸中国的野心，但迫于国内外舆论的压力，袁世凯政府并没有完全接受日本的侵略要求。于是，为了进一步实现独霸中国和太平洋地区扩张计划，日本开始了在凡尔赛－华盛顿体系下与西方列强的新角逐。1918 年 9 月，原敬内阁[②]成立。在对华政策上，原敬内阁仍延续大隈重信和寺内正毅两届内阁时期的战略思想，即在攫取德国在中国和太平洋地区的一切权益的同时，为日本进一步实施独霸中国和太平洋地区扩张计划创造条件。为了在巴黎和会上达到预期目的，1919 年 1 月 18 日，原敬内阁会议通过了《与日本有单独利害关系媾和条约之条约案》，并将该决议案作为训令致电巴黎和会的日本大使牧野伸显，要求按照此决议案同西方各国进行交涉。该训令明确指出，德国在中国山东的各项权益及德属南太平洋领地问题，是与日本有最直接利害关系的问题，日本要通过交涉力争全部继承德国在山东的各项权益，并

---

① 顾维钧：《参与国际联合会调查委员会中国代表处说贴》，沈云龙编《近代中国史料丛刊续编》第 49 辑，文海出版社 1974 年版，第 10 页。

② 原敬内阁时间是 1918 年 9 月至 1921 年 11 月。

以委任统治形式接管德国在南太平洋的属地及诸岛屿。该训令总计七项内容，均是围绕着山东问题和德国在南太平洋属地及诸岛屿领有权问题而展开。该训令的具体内容为：①德属南太平洋诸岛屿及属地的主权归日本所有；②德国在山东的领土、领水、铁路、矿山等一切权利，以及与此相关的山东以外的一切权利全部让与日本；③德国让与日本前诸岛屿和租借地的一切公共设施及官有财产全部归日本所有；④德国在青岛至济南间的铁路及其所有支线，以及属于该铁路附属经营范围之内的矿山等一切利益、特权和财产归日本所有；⑤德国在青岛连接上海、山东其他各地的海底电缆及其相关的利益、特权和财产无偿归日本所有；⑥德国在南太平洋属地的南洋磷矿株式会社所属的利益、特权和财产让与日本；⑦德国在南太平洋属地的雅鹿特会社所属的利益、特权和财产让与日本。①

　　为了达到上述目的，日本由前首相西园寺公望为首席全权代表组成代表团赴巴黎参加媾和会议。日本代表牧野伸显于巴黎和会期间，在由英法美日意代表组成的"十人会议"②上直接提出，德国在山东的一切权利全部让与日本，以委任统治的形式接管德国在南太平洋地区诸岛屿及属地。对日本来说，攫取德国在山东的特权并占领其在南太平洋地区诸岛屿及属地，是实现独霸中国和太平洋地区扩张计划的关键步骤，同时也是向太平洋地区扩建军事基地，以及同英法美等列强在凡尔赛－华盛顿体系下进行角逐的战略目

---

①　「日本の単独に利害関係を有する講和条約に関する條約案」日本外務省編『日本外交年表竝主要文書』（上）原書房、1965、478 頁。

②　在巴黎和会上，对操纵起决定作用的是英法美日意五大国，一切重大问题均由上述五国讨论决定，并由各选派两名代表组成所谓的"十人会议"，这十人为英国的劳合·乔治和贝尔福，法国的克里孟梭和毕盛，美国的威尔逊和兰辛，日本的西园寺公望和牧野伸显，意大利的奥兰多和桑尼诺。后来，"十人会议"变成英法美意四国首脑直接控制的"四人会议"，最后成了英法美三国首脑直接控制局面的"三人会议"。

标。① 关于这一点，牧野伸显在巴黎和会上的陈述中明确指出："巴黎和会召开前日本政府曾举行了调查会，日本参加巴黎和会的目标十分明确，就是要最大限度地无条件地从德国手中获得在山东的一切特权，并多次重申这是日本政府的最后决定，不会有丝毫的改变和退让，一旦日本的主张在巴黎和会中不能满足就拒绝在和约中签字。"② 在巴黎和会上，面对日本对华的种种无理要求，以顾维钧为首的中国代表丝毫不肯退让，向巴黎和会提出意见书，请求废除袁世凯时期与日本缔结的"二十一条"及换文，其理由为"此条约系为日本与德国在大战中所发生之事，并有不可分裂之连带关系"，严正要求国际社会对此给予公判。③ 巴黎和会被英法美日意五大国所操纵，对于中国代表提出的正义要求根本不予理睬，并认为中国代表所陈述的因果关系并不存在。尽管中国代表的意见没有被巴黎和会的各国代表所采纳，但中国政府还是立场鲜明地向世界各国正式声明，废除日本政府强加给中国的"二十一条"及换文。

在巴黎和会上，经过几个月的争吵后，日本最后以日英同盟为基础，联合英法两国迫使美国做出让步，顺利地攫取了德国在山东的一切特权，并接管了德国在南太平洋地区的诸岛屿及属地。德国在南太平洋地区的诸岛屿及属地主要包括马绍尔群岛、加罗林群岛和马里亚纳群岛，日本获取这些岛屿及属地的最终目的就是利用这些军事要塞进行扩军备战，以期实现太平洋地区的扩张计划。其后，这些岛屿及属地成了日本对抗英美的军事要塞，为日本最终发动太平洋战争提供了军事保障。总之，日本通过巴黎和会，攫取了德国在山东的一切特权和利益，并从德国手中接管了南太平洋诸岛屿及属地，这为日本实现独霸中国和太平洋地区

① 大畑篤四郎『日本外交史』成文堂、1986、110 頁。

② 「日本の単独に利害関係を有する講和条約に関する條約案」日本外務省編『日本外交年表竝主要文書』（上）原書房、1965、480 頁。

③ 顾维钧：《参与国际联合会调查委员会中国代表处说贴》，沈云龙编《近代中国史料丛刊续编》第 49 辑，文海出版社 1974 年版，第 10 页。

扩张计划奠定了基础，也进一步促生了日本独霸中国和在太平洋地区扩张的触角。[①]

三 华盛顿会议与日本新图谋

日本通过参加巴黎和会，不但攫取了德国在山东的一切特权和利益，还以委任统治的形式接管了德国在南太平洋的诸岛屿及属地，为独霸中国和太平洋地区扩张计划的实施迈出了第一步。日本在加紧对外侵略扩张的同时，也与西方列强的矛盾不断激化。日本对华侵略目标的不断扩大，进一步激化了日本同中国的矛盾，严重地威胁了日本在中国的侵略政策。另外，俄国"十月革命"的爆发，使日俄之间以侵华为基础的"日俄协约"[②]陷入了崩溃的境地；而德国在一战中战败，沙俄发生革命，英国感到在欧洲和远东地区的强大对手不复存在，日英同盟[③]也就没有继续存在下去的基础。对美国来说，日本不断地扩大对华利益需求，已经严重地侵犯了美国的在华利益。为了遏制日本在华势力的发展，1918 年 10 月，由美国发起成立了一个以中国为对象的国际借款团，对日元在华的影响力发动攻势。[④] 一战后，诸多国际矛盾日益变化，日本越来越感到依靠秘密结盟为后盾，推行对外侵略扩张的战略难以维持。在动荡激烈的国际背景下，日本为了保全在中国和太平洋地区已经获得的特权与利益，不得不变换对外侵略扩张政策，这才在凡

---

① 武向平：《"凡尔赛 – 华盛顿"体制下日本亚太地区扩张"触角"》，《历史教学》2012 年第 5 期。

② 日俄战争后，俄国大伤元气，日本虽作为战胜国也付出了沉重的代价，无力将俄国势力赶出远东地区。为了维护各自在中国的势力范围，日俄两国秘密四次订立了损华协定。四次"日俄协约"订立的时间为：第一次是 1907 年 7 月，第二次是 1910 年 7 月，第三次是 1912 年 7 月，第四次是 1916 年 7 月。

③ 日英同盟，是日俄战争后日本和英国为了对抗俄国在远东地区的扩张，维护各自在中国和朝鲜的利益而结成的利益同盟。三次日英同盟订立的时间为：第一次是 1902 年 1 月，第二次是 1905 年 8 月，第三次是 1912 年 7 月。

④ 「対華新借款団組織に関する米国覚書」日本外務省編『日本外交年表竝主要文書』（上）原書房、1965、文書 468 頁。

尔赛－华盛顿体系下开始了外交新图谋。[①]

　　日本的独霸中国和太平洋地区扩张计划，引起了美国的极大不满，为了进一步遏制日本在太平洋地区的扩张，美国极力要求在太平洋地区压制日本军事力量的发展和扩张。1921 年 8 月，在美国的提议下，列强决定召开国际会议，讨论海军军备问题和远东国际关系问题。对日本来说，参加华盛顿会议事关日本独霸中国和太平洋地区扩张计划的进一步实施，也与今后日本在远东地区霸权地位的确立具有重要的利害关系。对外，最重要的是扩充海军军备，加强在太平洋及远东地区的防卫，以及在中国山东的各项权益及财产继承和对德国在太平洋地区诸岛屿及属地的占有等问题；对内，日本还希望通过参加华盛顿会议，解决因巨额军费开支所造成的国内财政困境。一战后，日本为了实施独霸中国和太平洋地区的扩张计划，不断扩大军费支出，给政府的财政带来了严重的负担。根据相关统计数据，1917—1921 年日本 5 年来海军军费支出与年度支出占比如下：1917 年占年度总支出的 15.2%，1918 年占年度总支出的 20.5%，1919 年占年度总支出的 23.4%，1920 年占年度总支出的 26.5%，1921 年占年度总支出的 31.6%。从上述的数据可以看出，1917—1921 年日本海军军费支出呈逐年递增趋势。1917—1921 年日本 5 年内陆海军军费总支出占日本年度支出的 43.5%，占国民总收入的 7.72%。[②]

　　由此可以看出，日本参加华盛顿会议的目的就是，最大限度地强化海军军备力量，在太平洋地区建成一支可以与英美两国相抗衡的海军舰队，从而加强在太平洋及远东地区的军事防御力量。为了在华盛顿会议上能够实现上述目的，日本便在华盛顿会议召开前就开始做充分的准备。1922 年 1 月 14 日，原敬内阁给驻华盛顿日本

---

　　①　〔日〕信夫清三郎：《日本外交史》（下），天津社会科学院日本问题研究所译，商务印书馆 1980 年版，第 443—444 页。

　　②　日本防衛庁防衛研究所戦史室編『戦史叢書 31 海軍軍戦備 1』朝雲新聞社、1980、741 頁。

全权代表币原喜重郎①发去《关于限制军备问题之训令》，要求他务必在华盛顿会议上使日本的各项要求得到满足。该训令指出："为了维护太平洋地区的永久和平，对以防卫为目标的限制海军军备问题，日本政府应当予以提倡；但英美两国如果对属于日本本土岛屿的防卫问题进行限制的话，日本不应答应英美两国的要求；并要保证在赤道至北纬 30°及东经 110°—180°之间的范围内，英美两国不得在该地建设军事设施；由于日本在小笠原岛及奄美大岛等地担负着防卫任务，所以该地区不得限制海军军备；此外，日本还要承担九州以南至赤道一带各岛屿的防卫任务。"② 通过该训令的内容可以看出，日本参加华盛顿会议的目的已经非常清楚，就是要最大限度地巩固在巴黎和会中所获得的利益，并将对外扩张的新目标选择在南太平洋地区，通过在南太平洋地区承担防卫任务，达到与英美军事力量相抗衡的目的。

对于美国来说，召开华盛顿会议的目标就是通过缔结限制海军军备条约，最大限度地抑制日本海军势力向太平洋地区扩张，并废除日英同盟。从 1921 年 11 月至 1922 年 2 月，英、法、美、日、中、意、荷、比、葡 9 个国家在华盛顿举行了国际会议，会议的议题主要是海军军备问题及远东和太平洋军事防卫问题。由于英美法日意五国都企图在该会议上使本国的军备力量达到最大化，因此经过两个半月的争吵会议才宣告结束。会议最后采纳了美国国务卿休

---

① 　币原喜重郎（1872—1951），日本著名外交家。日本东京帝国大学法科毕业后进入外务省工作。曾任外务省书记官、驻荷公使、驻美大使馆参事官等。1915 年起分任第二次大隈重信内阁、寺内正毅内阁、原敬内阁的外务次官，其后任驻美大使、华盛顿会议日方全权代表。1924 年起任加藤高明、若槻礼次郎、滨口雄幸等内阁的外相，历经五次内阁变更，故有"币原时代"之称。在对华政策上因主张同英美协调以及"尊重"中国的合理要求，受到军部责难，被称为"软弱外交"。1945 年 10 月组阁，按盟军总司令要求实行确保人权的五大改革，发表《天皇人间宣言》，1946 年 4 月总选举后辞职。1947 年当选众议院议员。后任第一次吉田茂内阁的副首相、进步党总裁。1949 年任众议院议长。

② 　「軍備制限問題に関する訓令」日本外務省編『日本外交年表竝主要文書』（下）原書房、1965、1 頁。

斯提出的具体方案：①各缔约国在今后 10 年内放弃建造主力舰计划，正在建造的主力舰也包括在内；②废除一部分老旧的军舰；③按照各国现有的海军力量来重新确定各国军舰的保有量：英国和美国分别为 52.5 万吨，日本为 31.5 万吨，法国和意大利分别为 17.5 万吨。① 对于美国的提案，日本最初持反对意见，但在经过激烈的争吵后，决定按照美国的方案缔结条约。1922 年 2 月 6 日，英法美日意五国缔结了《限制海军军备条约》。按照条约的规定，英美日法意五国的主力舰的比例为 5∶5∶3∶1.75∶1.75。② 通过上述比例可以看出，在限制日本军舰建造和主力舰保有量上美国暂时处于优势；但该条约中又明确规定，太平洋中的千岛群岛、小笠原岛、奄美大岛、琉球群岛、台湾和彭湖列岛等各岛屿及属地的领有权归日本所有，并且日本将来在太平洋中取得的一切岛屿和属地也具有领有权，美国不得在靠近日本海域附近的阿留申群岛、菲律宾和关岛等地建立海军基地，英国不得在香港及东经 110°以东地区建立海军基地。③ 从表面上看，华盛顿会议使日本在主力舰保有量的比例上遭到了英美两国的压制，但从太平洋地区各岛屿及属地的军舰分布区域上来看，日本却远比英美两国要占优势，这就为日本在太平洋地区扩张计划的进一步实施提供了充分的条件。④

在华盛顿会议上，美国又一项压制日本的措施就是要求废除日英同盟。日俄战争后，日本为了抑制俄国在远东地区的扩张，实现独霸中国和太平洋地区扩张计划，同英国缔结了三次日英同盟，该条约中不但共同维护日英两国在远东地区的特权和利益，同时还互

---

① 日本外务省档案（缩微胶卷）：SP141 号、「1930 年ロンドン海军条约と1922 年ワシントン海军条约関係条文対照」、19—25 页。
② 日本外务省档案（缩微胶卷）：SP141 号、「1930 年ロンドン海军条约と1922 年ワシントン海军条约関係条文対照」、19—25 页。
③ 「海军军备制限问题に关する条约」日本外务省编『日本外交年表竝主要文书』（下）原书房、1965、10—11 页。
④ 大畑笃四郎『日本外交史』成文堂、1986、112—113 页。

相承认日英两国在太平洋地区的特殊权利。可以说，日英同盟其实是日本实现独霸中国和太平洋地区扩张计划的国际支柱。因此，对美国来说，废止日英同盟是华盛顿会议的重要任务，也是压制日本在太平洋地区进一步扩张的必要战略。基于以上目的，在美国的倡议下，英美法日四国于 1921 年 12 月 13 日缔结了《关于太平洋区域岛屿属地和领地的条约》，即《四国条约》。《四国条约》中明确规定，英美法日四国尊重彼此在太平洋地区的岛屿和属地的各项权利，当四国间各项权利发生冲突，通过外交途径不能圆满解决时，四国将通过协商予以解决；当四国各项权利受到任何国家的威胁时，四国共同协商采取何种措施以应对。① 《四国条约》与日英同盟的性质完全不同，日英同盟是日本和英国彼此承认在亚洲大陆的特殊权利，实质上是具有鲜明攻守性质的同盟，而《四国条约》则通过相互维护英美法日在太平洋地区的权利来瓦解日英两国的特殊利益，并最终以一种完整的体面的形式埋葬了日俄战争以来，日本在大陆侵略、扩张中所依赖的国际支柱日英同盟。

　　从表面上来看，《四国条约》的缔结暂时对日本在太平洋地区的扩张战略有了一定程度的约束，但美国并不满足于在太平洋地区对日本进行遏制，在对中国的利益角逐上，美国仍然没有放弃对日本发动进攻。面对美国的遏制战略，日本也丝毫没有放弃独霸中国的战略目标，在华盛顿体系下，一面尽量维持着同列强的协调关系，一面又运用各种手段谋求对华侵略中获得的最大利益。于是，日美两国围绕对华的利益追逐展开了新一轮的较量。华盛顿会议召开时，中国正值颜惠庆内阁时期，派出以施肇基、顾维钧、王宠惠三人为全权代表由 130 多人组成的代表团赴华盛顿参加会议。为了抵制日本对中国的进一步侵略，并废除袁世凯时期同日本签订的条约及换文，1921 年 11 月 26 日，中国代表团在华盛顿会议上提出了"十原则"。具体内容如下。①各国

---

① 「ャップ島及他の赤道以北の太平洋委任統治諸島に関する日米条約」日本外務省編『日本外交年表竝主要文書』（下）原書房、1965、20—21 頁。

应尊重及遵守中国的领土完整及政治和行政之独立；中国不以本国领土或沿海的任何地方割让或租借与他国。②中国赞同"门户开放"政策及各国在华工商业机会均等之原则，愿意将此原则适用于中国民国各地，并无例外。③各国为增进彼此信赖及维持太平洋与远东和平起见，议定不事先通知中国参加时，不得缔结直接与中国有关的太平洋及远东和平之条约或协定。④任何国家在中国或对中国要求的特权、优越权、特免权及一切成约，不论其性质如何，契约根依据均应予以公布；凡此等权利在将来有所要求时，若未经宣布，一概无效。⑤凡中国政治、司法、行政之自由受到限制时，应立即废除或形势允许时废除。⑥中国现在之成约无期限者，应附以确定之期限。⑦在解释让与特权和利益的条文时，应依照国际惯例的解释原则并以有利于让与他者严格解释之。⑧将来发生战争时，中国如不参加战争，应尊重中国独立之权利。⑨订立条约，以便和平解决太平洋与远东国际纷争。⑩订立条约，以便随时召开会议，讨论太平洋及远东国际问题，并为缔约国决定共同政策之基础。①

　　但是，中国代表提出的"十原则"，并没有得到其他各国代表的认同，尤其是遭到了日本的极力反对。1922年2月2日，日本全权代表币原喜重郎就"二十一条"发表了声明书。该声明书指出，在太平洋及远东预备会中，中国代表团主张重新审议1915年的中日条约及换文并取消之，日本代表团理解中国代表团所处位置之困难，但日本对于中国想要取消以自由主权国之地位而缔结的条约及手续不能同意，因为1915年的中日条约是由两国正式派遣代表进行了签字及换文，并已发生了效力，与现存的国际惯例相符合，具有国际法效力。② 同时，币原喜重郎还提出了日本在华的利益要求——①在南满洲及内蒙古东部享有建造铁路的借款权；在南

　　① 复旦大学历史系中国近代史教研组编《中国近代对外关系史资料选辑（1840—1949）》下卷第一分册，上海人民出版社1977年版，第41—43页。
　　② 「二十一箇條問題に關する幣原全権陳述」日本外務省編『日本外交年表竝主要文書』（下）原書房、1965、2頁。

满洲及内蒙古东部地区以关税为担保，开放并组织国际财团共同经营，各国应对此达成谅解。②关于在南满洲中国聘任日本人担任政治、军事、警察顾问或教官，日本对于此项优先权并无再坚持之意。③1915 年中日条约及换文未进行签字前，日本保留了政府提案中第五项以备将来进行交涉，现将该项保留撤回。① 是日，对于币原喜重郎的声明书，中国代表王宠惠在华盛顿会议上进行了回击，并发表了声明书，严正要求对"二十一条"进行公正审查并废除。该声明书的主要内容为：①协定中的各项特权及利益完全为片面的；②协定所规定内容破坏了中国与他国的条约；③协定与会议通过的中国之原则不能相容；④协定已经导致中日两国有很久的误解，如不立即废除，将来可能导致扰乱两国的亲善关系，并有可能引起各国的猜疑而降低日本的权威，且该协定不足为建立远东和平之基础，可能是造成将来乱事之根源，这是日本前任首相原敬在 1915 年 6 月提出的议会决议案中所阐述之观点。② 中日两国代表在华盛顿会议上各不相让，最后双方于 2 月 4 日缔结了《中日关于解决山东悬案之条约》。该条约主要内容如下。①关于胶州湾租借地的归还问题，条约规定日本归还德国在胶州湾租借地，该地的政权及公共财产一并归还中国，日本在归还胶州湾租借地时一并将该地的档案、图样、册籍、契约及其他证书、副本交还中国。②公共财产的移交问题，条约规定日本将胶州湾租借地所有的土地、房舍、工程及一切设施等，无论原德国官厅所有还是日本官厅所购置或建造的，全部移交给中国政府，且移交时日本不得向中国索要偿价；中国政府则对于日本官厅购置、建造的及原德国官厅中由日本增修的设施，进行折旧后，采取以现价估价的原则。③关于日本军队撤退问题，条约规定日本的军队、宪兵，包括驻青岛沿海、济南铁路及支线的

① 「二十一箇條問題に關する幣原全権陳述」日本外務省編『日本外交年表竝主要文書』（下）原書房、1965、文書 3 頁。

② 复旦大学历史系中国近代史教研组编《中国近代对外关系史资料选辑（1840—1949）》下卷第一分册，上海人民出版社 1977 年版，第 44—46 页。

各部队，在中国派军队接防时应立即撤退。④关于青岛海关问题，条约规定青岛海关完全成为中国海关一部分，本条约实施之日起中日 1915 年所订立之条约无效。⑤关于青岛至济南铁路问题，条约规定日本将青岛至济南铁路及包括码头、货栈在内的一切附属产业全部移交给中国；济顺线、高徐线等延长线，应由中国政府自行与国际财团协商经营。⑥盐场、海底电缆、无线电台等均归还中国。①

从表面上来看，《中日关于解决山东悬案之条约》的签订使日本暂时放弃了在山东的一些特权及利益，实际上这只不过是日本在同西方列强争夺在华利益过程中体现的一种外交变换形式，日本并没有真正放弃对中国的侵略。而英美等西方国家也希望借此机会分解日本独霸中国的局面。在美国的主导下，英、法、美、日、意、荷、比、葡、中九国于 2 月 6 日签订了《九国关于中国事件应适用各原则及政策之条约》，即《九国公约》。该条约从表面上看，是尊重中国主权的独立及领土完整，并废除了"二十一条"；实质上是强迫中国在所谓"门户开放、机会均等"原则下，把日本独霸中国的侵略政策变成了八国共同占有的局面。

由此可以看出，在美国主导下的华盛顿会议，通过签订一系列条约，暂时压制了日本独霸中国和在太平洋地区的扩张；在华盛顿体系下，日本也不得不在对英美等国的协调下调整对外侵略扩张战略。从一定意义上来说，美国对日本的遏制战略在华盛顿会议上取得了暂时胜利，由《限制海军军备条约》、《四国条约》和《九国公约》等一系列条约所构成的华盛顿体系，否定了一战期间日本以武力威胁为后盾在中国所攫取的特权地位。可以说，在凡尔赛－华盛顿体系下，日本不得不把在太平洋及远东地区同西方列强之间的争夺侵略变成协调侵略。②

---

①　「山東懸案解決に關する條約」日本外務省編『日本外交年表竝主要文書』（下）原書房、1965、5—8 頁。

②　大畑篤四郎『日本外交の発展と調整』成文堂、1989、198 頁。

四　协调外交下的侵略与扩张

从表面上看，帝国主义通过《凡尔赛条约》和华盛顿会议完成了对世界的重新瓜分，战胜国的利益需求暂时得到了满足，并重新确立了"一战"后太平洋及远东地区的国际关系体系。但是，事实上凡尔赛－华盛顿体系内部又孕育着新的矛盾和斗争。其中，战败国由于海外领土被瓜分并要承担繁重的军事赔偿义务，导致其国内各种矛盾不断激化，与战胜国之间已经埋下了不可调和的矛盾与斗争。在太平洋及远东地区，日本始终没有放弃独霸中国和在太平洋地区的扩张计划，即使在华盛顿体系下也没有放弃与美国在对华利益上的争夺，只不过是变换了侵略扩张方式而已。因此，围绕在中国的利益及太平洋地区的军事基地的争夺，日美之间的矛盾、斗争也达到了不可调和的程度，并随着矛盾斗争的不断加剧，为太平洋战争的最终爆发埋下了火种。[①]

1924 年 5 月，日本政友会[②]、宪政会、革新俱乐部[③]结成护宪三派。6 月 11 日，三党联合推选宪政会总裁加藤高明[④]担任内阁首相，外相则由加藤高明的连襟、三菱财阀岩崎弥之助的女婿、驻美大使币原喜重郎担任。币原喜重郎担任外相期间，日本的对外侵略扩张政策都是在与英美协调外交下展开的。币原喜重郎出任外相

---

① 大畑篤四郎『日本外交の発展と調整』成立堂、1989、80 頁。

② "政友会"为"立宪政友会"的简称，是近代日本的政党，1900 年由伊藤博文创立，代表日本封建地主和财阀集团的利益，并受三井财阀的直接支持。该政党曾先后组织了第四次伊藤博文内阁（1900—1901 年），第一次西园寺公望内阁（1906—1908 年），第二次西园寺公望内阁（1911—1912 年），原敬内阁（1918—1921 年），高桥是清内阁（1921—1922 年），田中义一内阁（1927—1929 年），犬养毅内阁（1931—1932 年）。1940 年解散。

③ 革新俱乐部，即革新派、革新官僚，是 20 世纪 20 年代日本出现的类似右翼的政治阶层。日本当前学界的研究将日本的革新官僚按照其从事的职业范围又划分为外务革新官僚、陆军革新官僚、工商革新官僚、递信革新官僚、农林革新官僚、内务革新官僚、大藏革新官僚、铁道革新官僚等。

④ 第一次加藤高明内阁是 1924 年 6 月至 1925 年 7 月，第二次加藤高明内阁是 1925 年 8 月至 1926 年 8 月。

时，曾在国会演说中阐述了日本今后的外交基调要在对英美的协调下展开。他指出："日本将遵循并扩充巴黎和约以及华盛顿会议诸条约、诸决议之精神，努力完成日本帝国之使命。"[①] 币原喜重郎所推行的协调外交原则，可以概括为以下几个方面：①在尊重各国正当权益的前提下，维护日本的合理权益；②尊重外交上的前后相承原则，保持同各国的信任关系；③改善日美和日苏关系；④在对华政策上，提倡不干涉内政的原则以求两国的共存与共荣，并实行经济合作。[②] 这就是币原喜重郎协调外交政策的主要内容。通过上述内容可以看出，币原喜重郎所谓的"正当权益"，不是在特定区域内谋求排他性的独霸及侵略扩张，而是以国际条约为依据来维护日本已经获得的和将要获得的特殊权益；维护日本的特殊权益和利益才是币原外交的根本目的。而同英美等各国保持协调，执行不干涉中国内政的原则，则是实现日本对外侵略扩张目标的一种手段。日本之所以在凡尔赛－华盛顿体系下能够旗帜鲜明地提倡所谓的不干涉中国内政的原则，其原因就是日本在一战期间露骨地干涉中国内政而使中日民族矛盾不断激化，并且遭到了西方各国的强烈反对。在此情况下，日本不得不自我克制而实行另一种外交战略方式。基于以上认知，币原喜重郎认为，只有这种新的与列强协调的外交手段，才是实现日本在中国及太平洋地区正当权益的最好方法。[③] 由此可以看出，日本推行协调外交政策的最终目的仍然是实现日本独霸中国和太平洋地区扩张计划。

日本对外虽然表示要尊重与各国的协调，并提倡不干涉中国内政的原则，但在对华政策上依然继续谋取在"满蒙"地区的特殊权益。日本一面强化对南满的入侵，一面又进一步向北满进行扩张，

① 幣原喜重郎「第五十一議会に於ける外務大臣の演説」（1926 年 1 月 21 日）日本外務省編『日本外交年表竝主要文書』（下）原書房、1965、83—84 頁。

② 幣原喜重郎「第五十一議会に於ける外務大臣の演説」（1926 年 1 月 21 日）日本外務省編『日本外交年表竝主要文書』（下）原書房、1965、84—87 頁。

③ 〔日〕信夫清三郎：《日本外交史》（下），天津社会科学院日本问题研究所译，商务印书馆 1980 年版，第 501—502 页。

并不断以武力干涉中国内政。从华盛顿会议结束到九一八事变爆发，日本直接或间接参与的侵华事件接连不断。其中，1925 年 5 月 30 日，日本勾结北洋政府制造了震惊世界的"五卅惨案"。同年 11 月，日本当局又通过关东军和满铁，秘密策划对郭奉战争的武力干涉，并动用满铁在附属地的特权给张作霖的奉军提供支援，最后导致郭松龄战败被杀，冯玉祥的西北军被迫向西北撤退，张作霖在东北的统治地位得到巩固。这是日本希望通过扶植张作霖来达到维护日本在中国东北的各项侵略权益的目的。[①] 九一八事变前，为了做好对中国东北军事情报的探查，从 1927 年 7 月至 1929 年 4 月，满铁和关东军共同策划了长达一年多的以刺探中国东北军事情报为目的的"参谋旅行"，通过这次"参谋旅行"，关东军全面掌握了东北军的布防和铁路运输情况，为发动九一八事变做好了前期的准备工作。[②] 在"参谋旅行"过程中，由于满铁掌握了张作霖自行修筑的铁路运输情况，日本便以中国自行修筑的铁路对满铁的运输造成了严重的竞争和影响为由，多次向张作霖提出抗议，向张作霖索要东北的铁路修筑权，并要求解决"满蒙悬案"。由于张作霖没有满足日本在东北建造铁路、开办工厂、土地商租、移民等各项权利，日本与张作霖的矛盾不断激化，最后于 1928 年 6 月制造了"皇姑屯事件"炸死张作霖。

　　从 1925 年的"五卅惨案"到 1928 年的"皇姑屯事件"，这都足以说明日本从未真正放弃对中国的侵略，这些对中国武力干涉的行径，彻底戳穿了币原喜重郎不干涉中国内政的假面具；也进一步说明，日本实际上并没有真正放弃独霸中国和在太平洋地区的扩张计划。所谓的"协调外交"，只不过是在新的国际形势下为了实现独霸中国和太平洋地区扩张计划，在外交策略上采取的一种变换形式，是为了适应凡尔赛－华盛顿体系而进行的新的外交图谋。

---

　　① 武向平：《满铁与国联调查团研究》，社会科学文献出版社 2015 年版，第 22 页。
　　② 武向平：《满铁与国联调查团研究》，社会科学文献出版社 2015 年版，第 22—25 页。

第二节　挑战凡尔赛–华盛顿体系

一战后，日本作为战胜国同英美法意一起作为五大国参加巴黎和会，又作为国际联盟的发起国成为常任理事国，其国际地位迅速窜升。从某种意义上来说，一战的结果，使日本自明治维新以来确立的独霸中国和太平洋地区扩张计划，在执行上，迈出了第一步。一方面，日本作为战胜国攫取了德国在中国山东的各种特权，并以委任统治形式，获取了德国在太平洋地区诸岛屿和属地的领有权。可以说，在凡尔赛–华盛顿体系下，对山东及太平洋地区各项权利的获得，暂时满足了日本无限膨胀的对外侵略扩张的欲望。所以，从原敬内阁到加藤内阁，都主张暂时适应一战后的国际形势，在外交上推行同英美相克制的协调外交路线。1919 年 9 月，在给从巴黎和会归来的牧野伸显举行的欢迎会上，原敬首相曾着重强调日本今后将适应一战后的国际形势，在远东及太平洋地区避免单独行动，采取与西方各国相协调的外交政策。[①]

但是，随着日本对外侵略欲望继续无限膨胀，对中国的利益追求并不能真正在同英美相协调的外交下进行，在日本陆军方面尤其如此。日本陆军一直把第一次世界大战看成日本实现独霸中国和在太平洋地区扩张的天佑良机，主张在对华政策上要采取强硬的措施，对原敬、加藤内阁推行的"协调外交"路线表现了极大的不满。正是由于日本国内始终有一股积极主张在远东和太平洋地区推行侵略扩张政策的革新势力，日本不可能真正地放弃独霸中国和太平洋地区侵略扩张计划，最终向凡尔赛–华盛顿体系发起了严厉的挑战。[②]

---

① 原奎一郎編『原敬日記第五卷 首相時代』福村出版株式会社、1981、142 頁。
② 細谷千博『両大戦間の日本外交 1914—1945』岩波書店、1988、3 頁。

一　田中内阁的"满蒙"分离与对华的强硬政策

可以说，币原喜重郎推行的对英美协调的外交政策，是日本对一战后国际形势进行判断后而采取的有效措施。但是，这种"协调外交"的有效性不久便遭到了日本国内革新势力的攻击，他们主张在对华政策上不要过于软弱，应采取强硬态度。1926 年 1 月，加藤高明首相病故，宪政会的若槻礼次郎①继任首相。若槻内阁成立后不久，由于靠外运黄金来换取外汇及"震灾票据处理法案"②引发了日本金融危机，在混乱的局势下，政友会的势力在内阁中占据了主导地位。1927 年 3 月，在众议院会议中，许多议员开始猛烈地攻击币原外交为软弱外交，要求重新确立在太平洋和远东地区的外交政策，尤其主张在中国进一步扩大侵略和利益需求。1927 年 4 月，政友会总裁田中义一③在上台前对币原喜重郎的"协调外交"展开了强烈攻击，他首先批判了日本在第二次直奉战争、郭奉战争中的政策软弱无力，认为这两个事件都是发生在日本势力所控制的特殊地区的叛乱，日本政府不应该对上述两个事件反应如此冷淡，应该趁此机会运用武力进行干涉，以便获得更大的利益。其

---

① 若槻礼次郎（1866—1949），日本岛根县人，历任藏相、陆相、首相等职。1930 年曾作为日本首席全权代表出席伦敦裁军会议。第一次内阁是 1926 年 1 月至 1927 年 4 月，第二次内阁是 1931 年 4 月至 1931 年 12 月。

② 所谓的"震灾票据处理法案"是 1923 年 9 月山本权兵卫内阁为了解决关东大地震而颁布的一项法令，主要是允许企业延期偿还贷款，并通过发放"震灾票据"的方式来缓解金融危机。但是，在"震灾票据补偿令"发布后，出现了金融混乱的局面。据统计，1923 年 4 月通用的"震灾票据"为 4.3 亿日元，到 1926 年底尚未付清的"震灾票据"仍有 2 亿多日元。若槻礼次郎担任首相后，为了整顿混乱的金融秩序，便颁布"震灾票据善后处理法案"和"震灾票据损失补偿公债法案"，着手治理在萧条中恶性膨胀的金融危机。但是，遭到了政友会的极力反对，政友会要求公布持有"震灾票据"的银行名单。

③ 田中义一（1864—1929），日本山口县人，是日本对华侵略政策的积极倡导者。曾历任军务局长、参谋次长、陆军大臣等要职。1927 年 4 月担任日本首相，在对华政策上主张强硬，提出旨在独霸"满蒙"和征服中国的《对华政策纲领》。

次，他批驳了日本在凡尔赛－华盛顿体系下所坚持的不干涉中国内政的原则，强调"满蒙"是与日本工商业发展具有特殊利害关系的地区，日本应该在"满蒙"享有特殊的权利。最后，他对日本政府对中国共产党的态度进行了批判，认为日本政府把中国共产党的"叛乱"看作中国的国内之争，是极为荒谬的态度。面对种种压力，4月17日，若槻内阁总辞职。4月20日，田中义一内阁成立，陆相由白川义则担任，海相由冈田启介担任，外相由田中义一兼任。田中义一上台后，日本的对华政策发生了巨大变化，即从凡尔赛－华盛顿体系下与英美协调的对华政策，向单独对华强硬的政策转换。关于对华强硬政策，田中义一在施政演说中进一步指出，中国局势的发展变化对日本和远东局势来说是最重大的问题，在维持远东局势方面日本具有重大的责任，从日本的切身利益来说，对中国共产党的活动是不能置之不理的。从上述内容可以看出，田中内阁在对华政策上的表现与币原外交时期具有明显的差别。在币原外交时期，日本把对中国的侵略和利益需求，放在与英美等国协调的背景下进行，掩盖在太平洋及远东地区的扩张野心，弱化日本与西方各国在争夺中国利益中的矛盾和斗争。但是，田中内阁却对上述外交路线展开猛烈攻击，积极主张对中国的态度要以强硬为主要手段，尤其是在"满蒙"政策上，田中义一向来认为"满蒙"地区是独立于中国领土之外的，是与日本利益密切相关的特殊地区，日本为了获得在"满蒙"地区的特殊权利，必要时将采取强硬措施，实施武力。可以说，田中内阁的成立，标志着日本对华的侵略政策，开始从与英美等协调下的隐蔽"巧取"，变为明目张胆的公开"豪夺"。

为了最大限度地获取在"满蒙"地区的特殊权利，田中内阁在对华政策上采取了武力干涉与战略转换并行的外交路线。1927年7月7日，田中内阁在对华政策上制定了具有决定性的政策文件《对华政策纲领》。该纲领强调，"满蒙"地区与日本具有特殊的利益关系，由于在国防和国民生存上对日本具有重大的利害关系，在日本工商业发展中占据特殊地位，日本对中国本土和"满蒙"的政策应该有所不同；日本对"满蒙"地区负有特殊责任，对于尊重日本在"满蒙"地区具有特殊地位者，日本将大力支持，而因动乱波及"满蒙"并使日本特殊权益受到侵害之时，日本决心为防卫而采取必要之行动。① 对华政策方面，田中内阁提出了以下几个方面内容。①当务之急，是恢复中国国内政局的安定与秩序的稳定，这对中国国民来说是最好的解决办法。②对于中国稳健者自发形成的基于正义的国民诉求，日本给予了满腔的同情，日本将与列国共同努力促成其合理诉求的满足，列国将与中国国民共同努力维护中国经济的和平发展。③为了达成上述目的，最初的设想是建立中央政权，但从眼下的时局来看，成立独立的政府比较困难，现在要与各地稳健的政权相接洽，以俟全国之统一。④随着时局的推移，中国南北政权对立并地方政权林立，日本政府对各地方政权持相同的态度，期待在当前的局势下能够促成对外关系上联合政府的产生，并欢迎列国与日本一起助力统一政府的形成。⑤眼下中国政局不安导致不法分子猖獗，给治安带来了混乱，并不断引发国际事件，帝国政府将对不法分子进行镇压以维持秩序之安定，并期待中国政权按照国民之意愿执政，一旦帝国的利益及在华日本国民的生命财产受到不法的侵害，日本将断然采取必要之自卫措施，特别是对于一些在中日关系上通过捏造事实散布谣言，并引发抵制日货事件之行为，日本将采取必要之措施。⑥"满蒙"特别是东三省地区，与日本国防及国民生存具有重大利害关系，作为临近之邦的日本，在维护"满蒙"地区经济的和平发展及内外人民的安居方面，具有特殊责任；日本主张以"门户开放、机会均等"之原则贯通于"满蒙"南北，以达到迅速地促进内外人民经济活动及该地和平发展之目的，以图日本既得利益得到维护及"悬案"得以解决。

---

① 「東方會議『對支政策綱領』に關する田中外相訓令」日本外務省編『日本外交年表竝主要文書』（下）原書房、1965、102 頁。

⑦通过东三省人民自身之努力，达到东三省政情之稳定，日本认为这是最好的解决办法；东三省有力之士如能真诚尊重日本在东三省之利益及政情之稳定，帝国政府将给予适当之支持。⑧万一因动乱波及"满蒙"造成该地治安混乱，使日本在"满蒙"特殊地位及权益受到侵害之时，无论动乱来自何方，帝国政府均会采取适当之必要措施。①田中内阁《对华政策纲领》的发表，表明日本在对华政策上已经撕下与英美等协调外交的假面具，标志着日本在对华政策上开始向凡尔赛－华盛顿体系发起挑战。至九一八事变爆发，日本的对华侵略政策均围绕"满蒙"特权及利益同英美等国展开新一轮的角逐。武力干涉是日本对华强硬政策的主要手段。

策划"满蒙分离"，从张作霖手中攫取东北三省铁路的建造权，是田中内阁对华强硬政策的具体实施步骤之一。其实，田中义一未上台前，日本就已经开始谋划攫取在"满蒙"的特殊权利。根据满铁调查员田中清手记《国际联盟调查委员会的满洲视察》原始档案，从1926年9月开始至张作霖被炸身亡，日本一直同其进行秘密交涉，目的就是攫取在中国东北的铁路建造权、矿山开采权、土地商租权、国民的永久居留权等各项权益。其中，9月17日，日本驻奉天总领事吉田茂致信张作霖，以1905年《日清满洲善后条约议定书》为凭证，要求张作霖取消打虎山、新立屯经由彰武至白音图拉的铁路铺设计划。11月15日吉田茂再次致函张作霖，要求取消吉林至海龙的铁路铺设计划。该信函中写道："吉林省官府在《吉林公报》上发表了修筑吉林—海龙铁路的计划，而本铁路的铺设计划早在1915年中国政府与日本政府的关于满蒙四铁路借款换文中，已经明确规定中国要通过向日本借款修筑；并且在1905年的北京会议上贵方已经与我方达成了谅解，不得铺设与满铁并行的铁路，我方在维护满铁利益方面是给予高度重视的，这

---

① 「東方會議『對支政策綱領』に關する田中外相訓令」日本外務省編『日本外交年表竝主要文書』（下）原書房、1965、101—102頁。

次贵方的铁路计划并没有按照双方之间的既得条约进行处理，多半是贵方无视上述之条约，情况如我方所了解的那样，望终止其筹备计划，并按帝国政府之命令予以照会。"① 对于日本提出的各项权利要求，张作霖都予以拒绝。田中义一上台后不久，为了使日本进一步获得在"满蒙"地区的特殊权利，便通过软硬兼施两种手段多次派人向张作霖施加压力，要求取得在中国东北铁路的筑路权，取消张作霖修筑的打虎山一通辽、吉林一海龙两条铁路，并要求把吉林和黑龙江两省的森林经营权和土地商租权转让给日本，以及日本人在中国东北享有永久居住的特权。日本对华的种种苛刻的侵略要求，遭到了当时东北三省民众的强烈抗议，张作霖也不愿意将东北三省拱手让与日本，最终导致双方谈判破产。但是，田中内阁并未放弃侵略"满蒙"地区各项权益的图谋。在武力威胁的前提下，经过与张作霖的几个月交涉，终于攫取了敦化经老头沟至图们江线、长春至大赉线、吉林至五常线、洮南至索伦线和延吉至海林线5 条铁路的建造权，并迫使张作霖同意由满铁来承办上述 5 条铁路的建造。

田中内阁在北方向张作霖施压的同时，也通过与蒋介石会谈阐述了其侵华的主张。1927 年 11 月 5 日，蒋介石在张群的陪同下在田中义一的私人官邸举行了两个小时的会谈。在会谈中，田中义一就中国的局势及其发展与蒋介石的政权范围，提出了具体意见。他指出："从当前中国的局势来看，解决长江以南的问题是当务之急，除了蒋介石，没有其他人能够收拾当前的局势。如果长江以南的问题没有得到妥善解决，共产党的势力成长起来后就会萌发新的问题。无论现在还是将来，首先解决的问题都应该在长江以南地区，待基础巩固后再开始北伐方是最好的办法。"田中义一还进一步向蒋介石阐明了日本对中国共产党的态度，他认为："各国中与中国最具利害关系的是日本，日本对中国的内争本不应一切都进行干涉，但对于

---

① 田中清「国際聯盟調査委員会の満洲視察」、1932、181—189 頁。

共产党的跋扈不能袖手旁观；从这个意义上来说，日本对反共产主义的蒋介石巩固南方政权是寄予很大希望的，在国际允许的范围内，且日本的权利不作更大牺牲的情况下，对蒋介石是不惜充分援助的。"蒋介石也向田中义一表明了态度，他指出："首相在谈话中提到不得牺牲日本的利益，我相信，如果日本在中国的利益安全的话，中国的国民福利也安全，毕竟两国的利益是共通的。为此，中国必须早日完成革命，排除国民的误解，如果能这样做，满蒙问题也容易解决，反日运动也会绝迹。现在与中国交涉的各国虽然很多，但真正有亲密关系的只是日苏两国，苏联在此意义之下对中国进行干涉，日本岂有不参加干涉援助之理。作为革命党人的我，如果这样讲话必然招致国人的怨恨，骂我是卖国贼，但因阁下是我信赖的前辈，所以才披肝沥胆向阁下诉说。我离开后，张群会留在东京，阁下有意见可直接指示给张群，或经过佐藤少将予以指示。"①

以上是田中义一同蒋介石会谈的具体内容。从上述内容可以看出，田中内阁对华推行强硬政策的主要手段是在政治上加大威逼利诱的同时，还通过武力来干涉中国的内政。田中内阁在对华政策上表现出的强硬态度，对日本的对外政策产生了深刻影响，具体表现在以下几个方面。

首先，田中内阁在对华政策上采取的强硬态度，打破了一战后日本所标榜和推行的与英美等国协调的外交路线，标志着日本已经不满足凡尔赛－华盛顿体系下的侵略和扩张政策。一战后，日本为了实现独霸中国和太平洋地区扩张计划，企图通过协调外交把对外侵略和扩张的野心隐藏起来，在对华政策上佯作尊重西方各国的利益，倡导不干涉中国内政原则，但是，只要日本不放弃独霸中国和太平洋地区扩张计划，就无法真正做到同英美各国协调。

其次，田中内阁在对华政策上表现的强硬态度及武力干涉，表

---

① 以上田中与蒋的会谈，见「田中首相蒋介石會談録」（1927年11月5日）日本外務省編『日本外交年表竝主要文書』（下）原書房、1965、103—106頁。

明日本不愿再受制于一战后的凡尔赛－华盛顿体系，深刻地触动了英美各国在华的利益，同时也进一步激化了中日民族矛盾，标志着日本将要陷入国际孤立的局面。为了遏制日本对华侵略政策，1928年7月，南京国民政府与美国缔结了关税协定，促使美国承认中国的关税自主权。随后，英法等国相继也同中国缔结了关税协定，对中国的关税自主权予以承认。同年11月，美国政府正式承认南京国民政府。不久，英国也对南京国民政府予以承认并建立了国交。以上情况表明，英美等西方各国在对华政策上主张"门户开放、机会均等"原则，对日本独霸中国的政策是遏制的。因此，田中内阁对华强硬政策及武力干涉，已经赤裸裸地暴露了日本企图独霸中国的野心，必然使日本陷入外交孤立的境地。

最后，田中内阁执行"满蒙"分离及对华强硬政策的根本目的，就是获得在"满蒙"地区的各项特权及利益；这是自日俄战争以来日本追寻的侵略目标。日俄战争后，日本为了巩固从俄国手中攫取的在中国东北南部的各项权益，在后藤新平"文装武备"殖民政策思想的指导下，于1906年11月设立南满洲铁道株式会社（简称"满铁"），并以中国东北为中心对华实施政治侵略和经济掠夺。为了实现上述目标，满铁不但控制了中国东北铁路的修筑权和经营权，攫取了矿山开采权、土地商租权和森林采伐权，还通过对华借款及合办等方式，在中国东北扩建港湾，开办工厂，开设农业实验所和地质调查所，逐步实现对华侵略的目的。[1] 因此，一旦日本在凡尔赛－华盛顿体系下无法实现其侵略目标，必然会向凡尔赛－华盛顿体系发起严厉挑战，而所谓的与英美各国协调，只不过是日本侵华政策不断变换和升级的短暂花招而已。

总之，从田中内阁的"满蒙"分离及对华强硬政策可以看出，日本已经不再满足于在凡尔赛－华盛顿体系下同英美等国在协调外

---

[1]   武向平：《满铁与国联调查团研究》，社会科学文献出版社2015年版，摘要第1页。

交下的竞争，在无限膨胀的侵略扩张欲望的驱使下，日本陆军省内有一股势力始终积极主张对外通过武力获得更多的利益，时刻等待着国内外新时机的到来，以便向凡尔赛－华盛顿体系发起更为严厉的挑战。

二　九一八事变前的舆论造势

1929 年 10 月，从美国开始的经济危机席卷了整个资本主义世界。1930 年春天，日本也爆发了经济危机，1931 年达到高峰。经济危机不仅加剧了日本国内的各种矛盾，而且使日本经济陷入了自一战以来最为严重的恐慌期。经济危机爆发时，正值滨口内阁推行金解禁①、产业合理化和财政紧缩等各项改革政策，这些政策不但没有缓解日本的经济危机，而且使日本资本主义的发展犹如雪上加霜，遭受致命的打击。根据相关研究，在 1931 年，日本工业总产值为 51 亿日元，比 1929 年下降了约 30%；对外贸易总额为 23.8 亿日元，比 1929 年减少了一半以上；由于日本黄金不断外流，国际收支出现巨额赤字；工业商品价格不断下跌，中小企业纷纷倒闭；许多资本家为了转嫁经济危机，大批地解雇工人或大幅度地降低工人工资，致使失业、半失业人数仅 1931 年一年就多达 300 万人。② 在农业上，在经济危机的打击下，农产品价格大幅度下跌，许多农民陷入艰难的困境中。经济危机造成日本国内矛盾不断加剧、激化，从而导致了严重政治危机。在城市，由于经济危机，资本家与雇用工人之间的矛盾不断激化。在产业部门，资本家为了减少经济损失，大批解雇工人，导致大批失业工人为了生活与资本家不断发生冲突；1930—1931 年，工人为争取工资而引发的事件多达 5000 余起。在农村，经济危机也引发了农民暴动，各地农民为了最低的生活保障不断发动起义。在台湾及朝鲜等被日本殖民统治

---

①　1930 年 1 月，滨口内阁发布解除对黄金的管制令。

②　長幸男『昭和恐慌——日本ファシズム前夜』岩波書店、2001、61—73 頁。

的地区，受日本殖民压迫而引发的民族解放斗争接连不断。可以说，在资本主义经济危机的打击下，日本军国主义陷入无比的困境之中。

为了解决经济危机带来的严重后果，日本急于通过对外侵略扩张来缓解国内各种矛盾，于是，以军部为首的对华强硬派再次在政府中占据主导地位。在对华政策上，军部中的少壮军官极力主张继续推行田中内阁制定的"满蒙"分离政策，强烈要求占领"满蒙"，以便攫取中国东北及华北地区的资源来解决日本国内的经济危机，实现独霸中国和太平洋地区的扩张计划。当时在日本，上到军部，下到民间团体、大学教授、报刊媒介等，纷纷著书立说，阐述"满蒙"与日本的利益关系，"满蒙"分离论和"满蒙"占有论在当时已经由上而下形成了一股强大的舆论势头。

为了在发动侵华战争前形成一种强大的舆论势头，关东军极力鼓吹、煽动"满蒙非中国领土"论、"满洲是日本不可分割的一部分"等侵略思想进行舆论造势。并且，在关东军和满铁的支持下，于 1928 年 5 月在大连成立了满洲青年联盟，以其作为侵华战争前的舆论宣传工具。该组织的主要负责人是河本大作和金井章次，他们负责对会员进行特殊培训，然后将其输送到东北各地和日本国内进行舆论宣传，其活动的经费均由满铁提供。满洲青年联盟成立后，其规模不断扩大，至九一八事变前已经达 2600 多人。1929 年 5 月，满洲青年联盟理事长小日山直登向满铁总裁山本条太郎汇报工作时称："为了使在满日本同胞尤其是青年人能够充分认识到满蒙的重要性，唤起日本民族的责任心和自觉性，使其了解满蒙的内外形势，在联盟内培养朴实刚强之风气，齐心协力抵抗外势之侵扰，巩固产业之发展，以完成我先辈大陆开拓之责任，为我帝国所期待的满蒙开发做出贡献。"① 九一八事变前夕，满洲青年联盟不

---

① 解学诗主编《关东军满铁与伪满洲国的建立》，社会科学文献出版社 2015 年版，第 101—102 页。

断在东北、华北和日本进行"满蒙"问题的宣传活动，再加上有关东军和满铁的大力支持，一种对华发动侵略战争的强大舆论势头已然形成了。1931 年 11 月，满洲青年联盟、立宪政友会、全解时局大会、对外同志会、相爱会等联合举行了有 1.5 万人参加的"满蒙问题国民大会"，各派代表纷纷发表宣言，就"满蒙"问题进行舆论煽动。满洲青年联盟发表了《国家兴亡之歧路，告九千万同胞之檄文》阐述侵华理论。该宣言指出，日本发动九一八事变是由于张学良政权的反日政策威胁了日本在"满蒙"的各项权益，应"满蒙"3000 万民众之愿应，与南京国民政府断绝关系，建立新政权；应确保日本在华北、华南地区日本侨民的生命及财产安全；解决华盛顿会议规定之山东各悬案。上述问题如不能妥善解决，日本决不能从东北撤兵，并要继续在"满洲"增兵做自卫准备。[①]

满洲青年联盟关于"满蒙"问题的舆论宣传，在当时的日本有一定的社会基础。朝日新闻社政治经济部编《满蒙的诸问题——朝日政治经济丛书（11）·满蒙诸问题》就是上述观点的代表著作之一。该书指出，"满蒙"与日本的发展具有重大的利害关系，"满蒙"政策是否有效推进，事关日本在国际外交中的势力消长；日本在"满蒙"特殊权益和特殊地位能否得到维持及扩展，是事关日本国家自身独立、生存和发展的最重大的问题。[②] 关于日本在"满蒙"的具体利益需求，该书提出以下几个方面的内容。一是"满蒙"问题在日本的外交上占有重要地位，"满蒙"的核心问题是铁道问题，"满蒙"的发展是日本生存的必需条件；为了解决日本的人口和粮食两大问题，其根本途径就是商业立国，要把日

---

① 日本外务省档案（缩微胶卷）：WT14 号、「満蒙問題国民大会開催ニ関スル件報告」、403—405 頁。

② 朝日新聞政治経済部編『朝日政治経済叢書 11 満蒙の諸問題』朝日新聞社、1931、2 頁。

本的产业范围向"满蒙"地区扩张。① 二是"满蒙"在日本发展
中占据特殊地位，从满铁建立到 1931 年，"满蒙"地区有日本人
20 余万人，朝鲜人 80 余万人，投资多达 14 亿日元，在贸易、粮
食等方面与日本经济发展具有事实上基础性关系，日本已经通过各
种条约、条款获得了在"满蒙"的既得利益及特权。② 三是日本要
在"满洲"获取的利益包括领土权、铁路权、产业权、关税权；
在铁路权方面除了满铁，还要获得新奉线、吉长线、吉会线、天图
线、吉敦线、满蒙五路、满蒙四路、满蒙新五路等铁路的修造权，
以及对"间岛"的领有权等。③ 在当时，满铁中的人士也极力主张
日本向海外发展，必须获取中国东北的资源。

当时日本的军部，更是积极主张"满蒙"占有论。至 1931 年
春，日本军部中主张对华采取强硬政策的势力已经占据上风，并由
一些所谓的中坚力量结成法西斯组织——樱会，提出革新政治、昭
和维新等口号；在对华外交上，主张放弃软弱的币原外交，提出
"满蒙"是日本的生命线和利益线，并且以大川周明为首的法西斯
团体制造了以推翻现政府为目的的"三月事件"。④ 与日本国内的
政治气氛相呼应，日本驻中国东北的关东军，也在侵略中国东北方
面提出了具体的扩张理论。当时，日本驻中国东北的关东军参谋板
垣征四郎和作战部主任石原莞尔的积极扩张论，对日本发动侵华战
争起到了舆论宣传作用。1931 年 4 月，关东军为了进一步探查中

---

① 朝日新聞政治経済部編『朝日政治経済叢書 11 満蒙の諸問題』朝日新聞社、
1931、4—10 頁。

② 朝日新聞政治経済部編『朝日政治経済叢書 11 満蒙の諸問題』朝日新聞社、
1931、10—15 頁。

③ 朝日新聞政治経済部編『朝日政治経済叢書 11 満蒙の諸問題』朝日新聞社、
1931、15—49 頁。

④ "三月事件"是九一八事变前在军部的支持下，以大川周明和桥本欣五郎为首
的法西斯团体于 1931 年 3 月发动的以推翻现行政府为目的的政治事件，即九一八事变
后，日本军部对若槻内阁的对华政策不满，纠集以大川周明等为首的法西斯团体策划
袭击内阁、斩杀首相的恐怖事件。

国东北军事情报，新增设了调查班，任命关东军作战部主任石原莞尔为负责人，对中国东北地区展开全面的军事探查，为发动九一八事变做好前期准备工作。为了在关东军中形成对"满蒙"政策的统一论调，石原莞尔便将东北"参谋旅行"时所形成的关于"满蒙"问题的意见书进行整理，起草了名为《现在及将来日本之国防》①的意见书，并向调查班人员下发。该意见书由世界之大形势、日本的使命及日本的武力、现在的战争及将来、现在日本之国防、将来日本之国防等几个部分构成。石原莞尔在该意见书中提出了如下观点。①当前日本解决粮食、人口等问题的唯一途径是开发"满蒙"，但日本的"满蒙"开发政策受到了中国军阀的极力阻挠及国际列强的嫉妒，中国国内也存在反对日本扩张的势力。②从历史上来说，"满蒙"自古以来并不是中国汉族的领土，从其关系上来说与日本更为接近，"满洲"的蒙古人与大和民族更为接近；从经济关系来说，现在"满洲"居住的多数汉族居民也与日本关系密切。③无论从历史的还是从经济的角度考虑，都应开发"满蒙"，并凭借日本的势力来维护"满蒙"的治安。④为了维护日本在"满蒙"正当的既得权利，不排除诉诸战争。②从石原莞尔的阐述中可以看出，自日俄战争后，日本便将"满蒙"看成其实现独霸中国和太平洋地区扩张计划的重要的基础性保障；从远东地区的扩张战略来看，"满蒙"对日本来说战略地位非常重要，一旦日苏开战，"满洲"将作为主要战场；从太平洋地区扩张战略来说，"满蒙"可以为其提供重要的战略资源。所以，日本无时无刻不在强调"满蒙"地区在日本对外侵略扩张中的重要意义。为了进一步在关东军中做舆论造势活动，石原莞尔在下发《现在及将来日本之国防》

①　《现在及将来日本之国防》这份意见书，其实是石原莞尔在1927年参加关东军和满铁组织的对中国东北探查军情的"参谋旅行"时提出的，主要是在关东军新增设的调查班中宣传其侵略扩张理论，以便在关东军中起到统一扩张思想的作用。

②　「現在及将来に於ける日本の国防」日本国際政治学会太平洋戦争原因研究部編『太平洋戦争への道　開戦外交　別巻資料編』朝日新聞社、1963、79—82頁。

的第二日，便又将《战争史大观》下发给关东军调查班，以便阐述其侵略思想。在其书第七部分"现在我国之国防"中，他再次强调"当下日本国防的基本国策，就是以军事实力扫除满蒙问题的一切障碍"①。第三日，石原莞尔又向关东军调查班下发了《国运回转之根本国策之满蒙问题解决案》，进一步阐述"满蒙"问题与日本国防的密切关系。石原莞尔在此决案中提出了如下观点。①"满蒙"问题的重要性：解决"满蒙"问题是日本发展的唯一途径；要通过武力扩张来消除日本国内不安因素；"满蒙"重要价值已被多数日本人所理解；"满蒙"问题解决的同时中国反日运动也将随之消失。②"满蒙"问题解决的关键：日本要完全占领"满蒙"；对华外交即为对美外交，要强化对美战争觉悟；对美持久战日本没有胜算可能，要联合俄国制衡美国。③解决"满蒙"问题的方针：完成对美开战准备，一旦对美国开战要将"满蒙"政权控制在日本手中；为了防止开战时东亚被封锁，要适时通过武力占领中国本土要塞，使经济自足，为长期战争做好准备。④对美开战之调查方针：对东亚被封锁时经济状况进行立案调查；对"满蒙"及中国本土占领方式进行立案调查。② 关于"满蒙"问题，石原莞尔不但自己在关东军中进行舆论煽动，还将《关于满蒙占领地统治研究之拔萃》③ 在关东调查班中进行宣传。该拔萃从"满蒙"占领之目的及统治方针的确立、军政实施纲要、治安维持、立法及司法、财政、交通及通信、产业、

---

① 「戦争史大観」日本国際政治学会太平洋戦争原因研究部編『太平洋戦争への道 開戦外交 別巻資料編』朝日新聞社、1963、85—86 頁。

② 「国運転回ノ根本国策タル満蒙問題解決案」日本国際政治学会太平洋戦争原因研究部編『太平洋戦争への道 開戦外交 別巻資料編』朝日新聞社、1963、86 頁。

③ 1929 年 7 月，在关东军与满铁组织的东北"参谋旅行"期间，石原莞尔和板垣征四郎派关东军司令部兵要地志主任幕僚佐久间亮三从事"满蒙"调查研究。经过一年的调查，佐久间亮三于 1930 年 9 月完成了本册和拔萃，于同年 12 月付印，石原莞尔对此文很满意。但本册仅保留了其中的一部分。此处所说石原莞尔在关东军中所用的《关于满蒙占领地统治研究之拔萃》宣传稿，就是从佐久间亮三的《关于满蒙占领地统治研究》中节选的。

教育及宗教等几个方面，对如何加强对"满蒙"统治提出了具体的意见；从具体内容来看，其实质是强化对"满蒙"地区统治的一份预案。[①]

可以说，以石原莞尔、板垣征四郎为首的关东军作战部，在九一八事变前就已经做好了侵占"满蒙"的准备。石原莞尔上述一系列煽动言论，形成了日本侵略中国东北的"满蒙构想案"，这些极具鼓动性的煽动言论为日本发动九一八事变起到了巨大的蛊惑作用。石原莞尔在《为解决满蒙问题之战争计划大纲》中指出："日本对外发动战争的目的就是要将满蒙变成日本的领土并确保太平洋西部的制海权，充分发挥日本人大规模的企业和军事、中国人农商业和劳动力、朝鲜人的水田及蒙古人的畜牧业优势，真正达到日华满蒙共存共荣。"[②] 1931 年 5 月，板垣征四郎在《满蒙问题之己见》中也进一步指出："从国防战略上来看，日本解决满蒙问题的主要目标是将其作为国防战略的据点，实现的唯一对策就是将其作为日本的领土，并利用满蒙的地理优势起到防御俄国向东亚扩张的作用。从经济价值上来看，满蒙的农业能够解决日本的粮食问题，鞍山的铁矿、抚顺的煤矿能够为日本重工业的发展提供基础性保障，满蒙的各种企业能够为日本失业者提供就业市场。"[③] 石原莞尔、板垣征四郎的"满蒙"政策论，实质是主张通过武力侵占中国东北，并将其作为日本向太平洋地区扩张军事势力的原料基地。这种主张通过武力维持日本在"满蒙"地区特殊权益的论调，得到了

---

① 「満蒙ニ於ケル占領地統治ニ関スル研究ノ抜萃」日本国際政治学会太平洋戦争原因研究部編『太平洋戦争への道 開戦外交 別巻資料編』朝日新聞社、1963、91—95 頁。

② 「満蒙問題解決ノ為ノ戦争計画大綱」日本国際政治学会太平洋戦争原因研究部編『太平洋戦争への道 開戦外交 別巻資料編』朝日新聞社、1963、97—98 頁。

③ 「満蒙問題私見」日本国際政治学会太平洋戦争原因研究部編『太平洋戦争への道 開戦外交 別巻資料編』朝日新聞社、1963、99—100 頁。

军部和关东军的大力支持。① 由此可见，日本所谓"满蒙"问题，其中心目标就是实现独霸中国和太平洋地区扩张政策。占领"满蒙"地区，不但可以为日本发动侵略战争提供粮食、工业原料、劳动力市场、国防资源等，还可以在国防战略上起到防范俄国向东亚扩张的作用。所以，自明治维新以来，日本一直强调"满蒙"在国防上具有重要战略地位，是与日本民族生存、发展息息相关的。

三　九一八事变与退出国联

石原莞尔的"满蒙"政策论提出不到半年，在军部的大力支持下关东军便开始策划发动侵华战争。在九一八事变爆发前，军部向关东军发出命令，要求充分做好事变前的军事准备。1931 年 8 月 2 日，军部下令任命本庄繁为关东军司令官。从 9 月 7 日至 9 月 16 日，本庄繁先后到日本驻中国东北各地守备部队训示，做事变前的军事总动员。在做好了充分的动员工作后，9 月 18 日夜 10 时 30 分许，在作战部主任石原莞尔和高级参谋板垣征四郎等人的秘密策划下，关东军炸毁了位于沈阳北大营附近柳条湖一段南满铁路，污蔑东北军所为，并以自卫为名，借机进攻北大营，发动九一八事变。

关于九一八事变爆发前后的历史背景，可以从《中日共同历史研究日方报告书》中看到更为清晰的分析和说明。其中，在该报告书的第二部分"战争的年代""第一章九一八事变和中日战争主题探讨"中，日方代表户部良一指出，在陆军和参谋本部的设想中，为了得到国内外的理解和支持，发动战争需要进行一年左右的舆论宣传工作，"柳条湖"事件发生过早些了，但既然关东军断然行使了武力，支持关东军的行动也被视为理所当然了，当时的媒

① 　内山正熊「満洲事変と国際連盟脱退」三宅正樹編『軍部支配の開幕 昭和史の軍部と政治①』第一法規出版株式会社、1983、127 頁。

体舆论也是非常强硬的，各报直接采用了关东军的说法向读者解说，是中国方面有计划的行动所致，背景则是中国的屡次反日行为和积累的权益侵害，把关东军的行动当成行使自卫权而发动的战争。① 户部良一的研究进一步揭示了日本发动九一八事变是蓄谋已久的侵略行动，这也是日本对外侵略欲望无限膨胀和发展的必然结果。以九一八事变为开端，日本对东北的侵略行动一发不可收拾，加之得到了军部的大力支持，关东军的侵略行动更是有恃无恐。1931 年 10 月占领了锦州，11 月占领齐齐哈尔；1932 年 1 月占领哈尔滨。在不到半年的时间里，日本便控制了整个东北。随后，关东军和满铁又开始策划炮制伪满洲国，以期通过扶植傀儡政权达到控制东北的目的。

日本发动九一八事变这一行动，不仅破坏了中国的主权和领土的完整，也大大地改变了东北亚国际关系的格局，引起了国际社会的关注。事变爆发后的第二日，中国政府便向国联理事会控诉日本侵略中国领土，破坏国联盟约，强烈要求国联对日本采取制止行为。1931 年 9 月 30 日，国联召开理事会，要求日本限期从中国撤兵，通过谈判方式解决中日战争。② 可以说，国联理事会的此项决议，表明国际社会对日本发动侵华战争不满。但是，国联理事会的决议并没有从根本上阻止日本进一步侵略中国。日本一面通过外交途径与中国政府进行交涉，一面又把侵略的矛头指向了华北地区。面对日本的步步紧逼，国民政府再次向国联理事会进行控诉，极力主张由国联出面解决中日战争。但是，关于中日战争问题，国联理事会经过了两个多月的争论，于 12 月 10 日形成了最后决议案，决定通过派遣国联调查团到中国东北进行实地调查来解决中日战争问题。

国联调查团于 1932 年 1 月正式成立，由李顿担任团长。国联调

---

① 中日共同历史研究中方委员会编《中日共同历史研究日方报告书翻译稿》（未刊），2010，第 199—200 页。

② 「満洲事変に関する国際連盟理事会決議」（1931 年 9 月 30 日）日本外務省編『日本外交年表竝主要文書』（下）、183—184 頁。

查团有 5 名委员，分别为英国人李顿、法国人克劳德、美国人麦考益、德国人希尼、意大利人马柯迪，随员 28 名，再加上中日两国的随员，共计 140 人。2 月 29 日，国联调查团首先抵达日本，至 3 月 10 日分别同日本天皇、总理大臣、陆军大臣、海军大臣、外务大臣，以及实业代表和民间团体进行了会谈。3 月 14 日到达上海，同日本驻该地代表进行了会谈。3 月 27 日到达南京，同南京国民政府首脑进行了会谈。4 月 12 日，同张学良等东北军首脑进行了会谈。4 月 20 日，进入东北进行调查。经过近半年的调查，9 月 4 日完成了调查报告书，即《李顿调查团报告书》。10 月 2 日，该报告书在东京、南京和日内瓦同时发表。1933 年 2 月 24 日，国联举行大会，以 42 票赞成、1 票反对（日本自己投的）的结果通过理事会决议，承认伪满洲国是中国领土，日本发动九一八事变及后期的一系列行动是侵略行为，要求日本限期从中国撤兵。[1] 可以说，该报告书从国际法的角度肯定东北是中国的领土，认定日本的侵略行为破坏了国际公约对中国主权的维护，对伪满洲国不予承认。该报告书虽然肯定东北是中国的领土，并对日本发动侵华战争进行了批判，但把中日战争爆发的原因说成是中国对日本抵抗而引发的中日冲突，要求中日两国军队都从中国东北撤军，并提出了东北由西方列强各国共管的主张。这自然不可能得到中国方面的积极响应。[2]

对国联理事会的决议，日本表现了极大的不满，通过内阁会议反对国联大会决议案，决定以武力入侵热河。在国联大会公布结果的当日，松冈洋右当即发表了演说，阐述了日本炮制伪满洲国的根本目的，大体内容如下。①日本希望把满洲建成法律并有序之"国"、和平并富饶之地，这不仅是东亚而且是全世界的幸福，无

---

① 详见「国際連盟規約第十五条第四項に依る国際連盟総會報告書」（1933 年 2 月 24 日）日本外務省編『日本外交年表竝主要文書』（下）原書房、1965、236—264 頁。

② 武向平：《满铁与国联调查团研究》，社会科学文献出版社 2015 年版，步平先生序第 1 页。

论过去还是现在，日本向来都把维护远东的和平与发展作为基本目标，"满洲国"的独立是维护远东和平的唯一保障。②《李顿调查团报告书》并未揭露满洲的本质问题，"满洲国"的人民与中国人具有本质的不同，满洲人是旧满洲人与蒙古人同化的人种，这与《李顿调查团报告书》的记述完全不同，对此，对19人委员会通过的报告书不得不提出反对和批评意见。③报告书宽恕了中国政府所应承担的一切责任，而对日本却依旧采取蔑视的态度并加以批评，这将导致中日两国人民的感情进一步恶化，中日两国人民本应如友人般为了共同的安宁互相帮助，国联大会并没有为了实现上述目标而努力，也没有为了东亚和平大业和中国受难大众的利益而做出贡献。④报告书要求将整个满洲通过国际共管的形式加以管理，这种管理形式在满洲无论过去还是现在，都是不存在的。⑤从眼下的形势和报告书的草案来看，日本已经没有可以选择的道路，所以不得不对此做出否定的回答。① 从松冈洋右在国联大会上的演说可以看出，日本把发动九一八事变宣称是行使"自卫权"；把炮制伪满洲说成是应东北万千民众之所愿；把对中国东北的侵略，诡辩成日本并无侵占中国领土的企图，是建设"满蒙"和基于远东地区的"防共"意识的考虑；把九一八事变的根本原因归结为中国共产党势力的不断扩大及南京国民政府不断制造的反日事件，威胁了日本国民在"满蒙"地区的生命及财产安全。松冈洋右在国联大会发表演说后，又代表日本政府发表了宣言书，批评国联大会并没有按照日本的意图解决中日战争；在解决方法上，没有尽到最大的责任；将日本发动侵略战争狡辩为维护远东国际关系的永久和平，是为了人类世界的永久和平。② 1933年3月27日，日本政府发表了退出国联的宣告文，天皇也发表了退出国联诏书。这就标志着从

---

① 「国際連盟総會に於ける松岡代表の演説」（1933年2月24日）日本外務省編『日本外交年表竝主要文書』（下）原書房、1965、264—266頁。

② 「松岡代表宣言書」（1933年2月24日）日本外務省編『日本外交年表竝主要文書』（下）原書房、1965、267—268頁。

此日本将脱离凡尔赛－华盛顿体系，陷入孤立的外交境地。

日本退出国联，不但对侵华战争产生了重大影响，而且在一定意义上也改变了东北亚国际关系的发展轨迹，促使日本加快了独霸中国和太平洋地区扩张计划的实施。关于日本退出国联的原因，需要客观地从日本当时国内政局变化和国际背景进行全面分析，因为这一事件已经不单纯是日本的外交决策问题，其变化和发展过程对远东国际关系产生了重大影响。日本最终之所以敢于挑战凡尔赛－华盛顿体系并退出国联，军部在整个过程中起到了决定性作用。自明治维新以来，日本军部一直积极主张对外扩张领土，并把吞并"满蒙"作为实现对外扩张的首要目标。所以，要探讨日本退出国联的原因，必须弄清军部对国联的看法。从巴黎和会召开到国联成立，日本军部一直认为在英美等国操纵下的凡尔赛－华盛顿体系遏制了日本向海外扩张领土的目标，尤其在军备发展上日本受到了极为不公正的待遇；军部中的激进派认为，华盛顿会议规定的主力舰总吨位英美各为 52.5 万吨，日本为 31.5 万吨，同英美两国相比相差四成，这对日本军部来说简直受了奇耻大辱。当国联大会宣布东北是中国的领土，日本发动九一八事变是侵略行为，不承认伪满洲国具有合法性时，这更加重了日本军部对国联的不满情绪。于是，松冈洋右便在国联大会通过调查报告书草案时发表演说，宣布退出国联；日本政府随后也发表宣告文，天皇也发表诏书，向国际社会公布日本退出国际联盟。

另外，日本外务省中也有一部分强硬派支持军部的意见，主要代表人物是外相内田康哉①和日本驻国联的全权代表松冈洋右。在

---

① 内田康哉（1865—1936），日本外交官和政治家，是日本外务省中唯一一位在明治、大正、昭和三个历史时期都担任外相的外交官，曾先后担任第二次西园寺公望内阁、原敬内阁、高桥是清内阁、加藤友三郎内阁的外相。1925 年担任枢密院顾问官，1930 年成为贵族院议员。1931 年担任满铁总裁，九一八事变后在扩大派十河信二的斡旋下与关东军司令官本庄繁密切接触后成为扩大派，并动用满铁的所有机构大力支持关东军的军事行动。1932 年 5 月担任斋藤实内阁的外相，在众议院演说中提出为了"满洲国"的利益不惜化国家为焦土的"焦土外交"论。在 1936 年 2 月爆发的"二二六"事件后不久去世。

国联大会尚未通过调查报告草案时，日本外务省就已经形成了统一论调，一旦《李顿调查团报告书》在国联大会上通过，日本就宣布退出国联。所以，当该调查报告书草案在国联大会上通过时，松冈洋右当场便发表演说，阐述对国联的不满，并叫嚣国联大会并没有站在公正的立场上坚持正义，日本作为国联创始国之一受到的是不公正的待遇。可以说，松冈洋右的论调与日本国内军部的想法一拍即合。

日本军部之所以在对外政策中具有绝对的发言权，这主要是由于日本近代所确立的"统帅权独立"[①]的"二元制"外交路线；此外交路线，也是军部在对外决策中能够飞扬跋扈的根结之所在。在日本内阁中，在对外政策中起到决策作用的是由日本的首相、外相、陆相、海相、藏相组成的五相会议，但其中的对外决策权基本掌握在陆相和外相手中，一旦外相与陆相意见趋同，任何重要决策几乎没有通不过的可能，日本退出国联就说明了这一点。关于日本发动九一八事变和退出国联的根本原因大体应从以下几个方面进行深入分析。

首先，明治维新后，日本为了实现独霸中国和太平洋地区扩张计划，确立了称霸亚洲的国防战略。这种以武力为后盾的侵略扩张政策的最终目标是把"满蒙"地区作为日本对外侵略扩张的原料供应地和人力市场，对中国东北进行政治侵略和经济掠夺。随着对外扩张欲望的无限膨胀，凡尔赛－华盛顿体系下的外交图谋已经无法满足日本对外侵略扩张的欲望；于是，日本便不断通过对华侵略政策来挑战凡尔赛－华盛顿体系，其对华政策的变化过程，是由明

---

① 所谓的"统帅权独立"是指西南战争爆发后，明治政府为了强化军部力量而推行的军制改革举措。1878 年 8 月，日本仿效德国进行军制改革，在陆军省设置参谋局，直属于陆军省并归太政官管辖。后来，日本颁布参谋本部条例，使参谋本部从陆军中独立，成为直属于天皇并掌管军令事项的独立机关。1889 年在《明治宪法》（又称《大日本帝国宪法》）第 11 条又进一步规定"陆海军独立于政府之外，直属于天皇"。这就是日本明治维新后所确立的"统帅权独立"制度。

治维新后日本所确立的独霸中国和太平洋地区扩张战略所决定的。

其次，通过发动九一八事变和退出国联等行动可以看出，日本只要不放弃独霸中国、称霸亚洲的野心，就必然要打破凡尔赛－华盛顿体系的束缚，撕下协调外交这块遮羞布，走向所谓"光荣孤立"的外交路线。

再次，日本通过发动九一八事变、炮制伪满洲国等一系列侵略行动，不但要把"满蒙"变成日本实现对外侵略扩张的政治、经济和军事基地，还要把伪满洲国建成所谓的"东洋王道乐土"，实现所谓的"日满一体"的大东亚共荣。

最后，日本发动九一八事变和退出国联不是两个偶然的、没有必然联系的事件，日本通过发动九一八事变向凡尔赛－华盛顿体系发起挑战，这是日本为了实现向太平洋地区扩张进行的前期准备，也是为了实现称霸亚洲战略的关键一环，而退出国联则是日本为了向凡尔赛－华盛顿体系发起更为严厉挑战的必然结果。日本通过发动九一八事变、退出国联等行动，使自己陷入了国际孤立的局面。在日本树立武力侵略的恶例之后不久，意大利通过武力侵占了埃塞俄比亚，德国也在欧洲为了所谓的"生存空间"不断进行武力扩张。日本发动九一八事变、退出国联，为的是实现独霸中国和太平洋地区扩张计划，为的是向太平洋战争之路大步疾进;[1] 这必然促使日本在国际上要寻求新的战略盟友获得支持。从某种意义上来说，日本发动九一八事变、退出国联则预示着日本必然要同德国和意大利这两个同样有着扩展欲望的法西斯国家结成军事同盟。[2]

四　退出裁军条约和裁军大会

退出国联后不久，日本又向凡尔赛－华盛顿体系发起了更为严

① 内山正熊「満洲事変と国際連盟脱退」三宅正樹編『軍部支配の開幕 昭和史の軍部と政治①』第一法規出版株式会社、1983、119—120 頁。
② 大畑篤四郎『日本外交史』成文堂、1986、136—142 頁。

厉的挑战，即退出了华盛顿裁军条约和伦敦裁军大会，这标志着太平洋地区"无条约时代"的到来。[①] 一战后，日本以战胜国的身份参加巴黎和会，使其国际地位得以迅速提升，不但以委任统治形式获得了德国在南太平洋诸岛屿及属地的领有权，还攫取了德国在中国山东各项特权，对外侵略扩张的欲望暂时获得满足。但是，日本这种在无限扩张欲望驱使下的独霸中国和太平洋地区扩张计划，已经逐渐威胁到英美等国在中国及太平洋地区的利益。所以，为了遏制日本的独霸中国和太平洋地区扩张计划，美国于 1921 年 11 月主导召开了华盛顿会议，并通过缔结《限制海军军备条约》《四国条约》《九国公约》等一系列条约，意图打破日本的独霸中国和太平洋地区扩张计划。但是，英美日法意五国在华盛顿会议所签订的《限制海军军备条约》，是针对五国军舰主力舰的建造计划比例达成的协议，辅助舰的建造却没有形成统一比例。正因为如此，各国的军备竞赛便由主力舰建造向辅助舰建造转移。于是，各国之间为了在辅助舰的建造上占据优势，不断加大军费投入，这不仅加深了各国自身的财政负担，也加剧了各帝国主义国家之间的矛盾。随着矛盾的不断加深，以英国为首的老牌帝国主义国家不想在军备竞赛中被拖垮，便主张召开新一轮的海军会议来解决各国之间的矛盾。1929 年 10 月，英国率先向美日法意四国发出邀请，1930年 1 月，英美日法意五国在伦敦举行了第二次海军会议。

　　第二次海军会议召开时，日本正处于经济危机时期。在经济危机打击下，日本的财政也出现了困难。此时，滨口内阁也希望通过裁减海军和缩减军费开支的方式来缓解财政紧张，主张日本参加伦敦裁军大会。内阁会议经过讨论后，决定由前首相若槻礼次郎、海相财部彪等人组成代表团参加第二次海军会议。在出发前，滨口内阁又通过了《对伦敦海军会议全权委员之训令案》，该训令案对参

---

① 鹿島平和研究所編『日本外交史 21 日独伊同盟・日ソ中立条約』鹿島平和研究出版会、1971、序言。

会的主要目的、参会原则、具体目标等提出了如下内容。①日本参会的目的是通过缩减海军军备以减轻国民负担，并与列国增进和平外交关系。②从日本国防安全上考虑，应根据日本及四国的形势，在海军自卫兵力上要确保绝对必要之比例及数量。③军队的实力包括正规兵力资源、商船队及工业力等一些潜在的实力构成要素，日本在这些潜在的要素上同列国相比处于劣势，在订立限制海军军备条约时，应对上述情况加以特殊考虑。④英美两国在辅助舰上势力均等的原则，日本政府并没有异议；根据两国协定所制定的势力测度标准是否适用于与日本政府所订立的协定，以及对上述测度标准的探讨，应取决于日本政府的态度。⑤法国和意大利两国要求的比例与日本也具有利害关系，一定要注意两国交涉的变化过程。⑥在所缔结的条约中应设定，当缔约国中因任何一国海军力量的变化导致其他缔约国国防安全受到威胁时，缔约国就采取的措施进行协议的款项。⑦会议的中心议题是关于海军军备问题，一旦触及陆军和空军问题时，应留意国际联盟军备缩减会议筹备委员会的决定事项。⑧英美与法意之间，或者法意两国之间因意见不一致引起冲突时，日本全权委员会应在坚持自身利益的前提下进行斡旋，为会议的圆满推进而努力。⑨日英美法意 5 个主要海军国缔结协定时，一旦当事国的要求不能得到满足，日本将求其次，与英美两国缔结协定。⑩关于辅助舰的比例及兵力数量，应在预备会及非正式会谈上表达日本政府的要求，以便在正式会议上就上述要求达成谅解。⑪日本政府在会议上的态度及措施，应基于日本的国家前途及对世界的政局不会带来大的影响；日本政府对帝国全权委员深切信赖并委以此重任。① 在训令中，滨口雄幸还就日本的海军军备提出了具体的要求：①在辅助舰所要求兵力及占比方面：辅助舰兵力总数为美国的 70%，大型巡洋舰总吨位占美国的 70%，潜水艇总吨位占美国

---

① 「倫敦海軍會議全権委員に対する訓令案」（1929 年 11 月 26 日）日本外務省編『日本外交年表竝主要文書』（下）原書房、1965、139—141 頁。

的 70%；②在主力舰方面：为了减少军费开支，在主力舰上采取的措施为延长更换期限，缩小舰型，延长舰龄；③在航空母舰方面：废除华盛顿条约所规定的辅助航空母舰不得超过一万吨的规定，并延长舰龄和缩小舰型。[①] 从上述训令案的内容可以看出，日本参加伦敦海军会议的基本方针就是不但要在辅助舰的总量上达到美国的 70%，而且在大型巡洋舰、潜水艇等方面，总量也要达到美国的 70%；此外，辅助航空母舰要突破华盛顿条约中规定的不得超过 1 万吨的限制。

在伦敦海军会议上，以若槻礼次郎、财部彪为首的全权代表坚决主张日本辅助舰的总保有量应该为美国的 70%，并且要建造 1 万吨的大型巡洋舰 1 艘，古鹰级 4 艘都改造成 1 万吨级别，潜水艇达到 6 万吨。[②] 但是，日本代表的要求遭到了美国的坚决反对，最后经过激烈的争吵，于 1930 年 4 月 1 日英美日三国就海军军备问题达成了如下妥协案。①至 1936 年，英美日三国辅助舰的保有总量为：8 英寸主炮口径的巡洋舰，日本 12 艘 10.84 万吨，英国 15 艘 14.6 万吨，美国 18 艘 18 万吨；轻型巡洋舰，日本为 10.045 万吨，英国为 18.87 万吨，美国为 14.35 万吨；驱逐舰，日本为 10.55 万吨，英美各 15 万吨；潜水艇，英美日三国相同，各为 5.27 万吨；辅助舰队总吨位，日本为 36.705 万吨，英国为 53.74 万吨，美国为 52.62 万吨。②条约的有效期限至 1936 年 12 月 31 日，期限以后事项在 1935 年缔约国召开会议期间进行协商。[③] 从上述妥协案的内容可以看出，与美国相比，日本各类舰艇的总吨位占比如下：辅助舰合计约占 69.8%，大型巡洋舰约占 60.2%，

---

① 「倫敦海軍會議全権委員に対する訓令案」（1929 年 11 月 26 日）日本外務省編『日本外交年表竝主要文書』（下）原書房、1965、141—142 頁。

② 「米國案受諾に關する倫敦會議全権の請訓」（1930 年 3 月 14 日）日本外務省編『日本外交年表竝主要文書』（下）原書房、1965、143—145 頁。

③ 「倫敦會議に於ける我最終態度決定の全権の顛末訓令」日本外務省編『日本外交年表竝主要文書』（下）原書房、1965、156 頁。

轻型巡洋舰约占 70%，驱逐舰约占 70.3%，潜水艇相同。

　　日本全权代表若槻礼次郎立即将此妥协案电告日本政府，滨口雄幸海相①让海军次官山梨胜之进召开海军会议，统一海军内部意见。但是，此时日本海军中就此妥协案的具体内容存在严重的意见分歧。以军令部长加藤宽治、次长末次信正为中心的舰队派，坚决反对此妥协案。他们认为从内容上来看，该妥协案对日本不太重视的舰种给了有利的占比，但对日本今后需要重点发展的巡洋舰和潜水艇的占比，却加以限制，尤其是在妥协案中，将潜水艇的现有吨位减少了 30%；大型巡洋舰在 1935 年以前虽然保有量可以达到美国的 70%，但 1935 年以后将会低于 70%，因为巡洋舰建造至少需要三年以上时间，在此期间日本在海军发展上会处于劣势的地位，从日本未来国防安全上考虑，这是非常不利的。与加藤宽治、末次信正等舰队派的观点相反，以海军次官山梨胜之进、军务局次长堀悌吉等为代表的条约派，则从减轻国家财政负担、缓解财政矛盾等角度出发，认为此方案是解决日本经济危机的有效手段。舰队派和条约派发生激烈争吵，始终各不相让；最后，滨口雄幸请出海军元老冈田启介出面调停，并劝告反对派要从国家的政策出发，同意该妥协案。滨口雄幸再次召开内阁会议，决定接受上述妥协案，在上奏天皇后，将日本阁议决议结果电告伦敦的日本代表。4 月 22 日，日本代表团正式在伦敦海军条约上签字。

　　从表面上来看，日本代表团在伦敦海军条约上签了字，日本政府似乎可以通过限制海军军备来解决日本国内的财政问题。但是，日本海军内部却因伦敦海军条约引发了激烈的矛盾和斗争。反对派借机勾结政友会向政府发动攻击，认为政府不顾军令部的反对强行通过妥协案的做法，违反了《大日本帝国宪法》中"统帅权独立"

---

①　1929 年 10 月，由于海相财部彪作为日本全权代表参加伦敦海军会议，海相之职暂时由滨口雄幸首相临时代理。滨口雄幸（1870—1931），日本高知县人，曾任日本藏相、内相、首相等职。1929 年 7 月至 1931 年 4 月担任首相。

的原则，并集结反对派组成了裁军海军国民同志会等团体，举行废除裁军条约的运动。

由此可以看出，由裁军条约而引发的矛盾和斗争，便从伦敦转移到日本国内，并在日本海军内部酝酿着一场更为严重的争斗。其中，最主要的矛盾就是在海军内部舰队派和条约派之间的矛盾，他们的意见不可能从根本上进行调和，这也将预示着日本根本不可能按照伦敦海军条约的规定削减海军力量，退出伦敦海军条约是日本对外扩张的必然结果。九一八事变后，日本军部在对外政策决策上的发言权力越来越大，加之1921—1922年的华盛顿会议和1930年的伦敦海军会议，都没有使日本的海军扩张计划达到预期目标，尤其是没有达到同美国竞争的预期目标，这进一步挫败了日本军部企图通过增强军备来强化对外侵略扩张的计划；于是，日本军部中的反对派，便以此为借口，相互联合起来要求废除1922年达成的华盛顿海军条约和1930年达成的伦敦海军条约。1932年5月，日本爆发了以推翻现行内阁为目标的"五一五"事件。① 这次事件后，日本政府中的所谓革新势力，不但遏制了政党政治的发展，还破坏了协调外交的每项成果，这进一步表明日本的政党政治即将走向末路，取而代之的将是以独霸中国和在太平洋地区扩张为目标的军人法西斯政治。

1934年，海军大臣大角岑生同海军联合舰队司令末次信正等，联合海军中的反对派，要求日本的海军发展计划应该同英美两国的相同，并极力主张废除在华盛顿和伦敦签署的两个屈辱的海军条约。他们的主张立即得到了日本陆军及右翼团体的全面支持，政友会也出面要求政府召开特别会议，正式废除华盛顿海军条约。1934年9月，冈田启介内阁②迫于各种压力召开内阁会议，讨论废除华盛顿海军条约。同年12月29日，其决议经过枢密院审议后，正式

---

① 1932年5月15日，以三上卓、古贺清志等为代表的一批少壮派法西斯军官、学生，同大川周明等民间法西斯势力勾结起来，在东京发动武装政变，企图推翻内阁，确立以荒木贞夫为核心的法西斯军人政治。

② 冈田启介内阁时间是1934年7月至1936年3月。

通告美国废除华盛顿海军条约。

日本在考虑废除华盛顿海军条约的同时，废除伦敦海军条约的争论也在进行。1934 年 8 月，冈田启介内阁通过内阁会议，重新确定了日本参加第二次伦敦海军会议的方针，即反对日英美三国现行的军舰比例，主张日本主力舰和辅助舰的吨位数应同英美两国一律平等，并要求重新规定主要国家的海军兵力标准，废除现有的海军条约。[①] 10 月，在伦敦举行第二次海军会议预备会议时，日本代表便向大会提出了上述主张，但当即遭到了英美两国的反对，导致会谈失败。1935 年 12 月，第二次伦敦海军会议正式召开，日本代表又提出了上述主张，但再次遭到英美两国的反对，导致会议谈判陷入僵局。伦敦第二次海军会议谈判失败的消息传到东京后，日本国内的舆论一边倒地支持日本海军的意见。在国内强大的舆论压力下，1936 年 1 月 15 日，日本宣布退出伦敦海军会议。由此，标志着华盛顿和伦敦签署的两个海军条约相继于 1935 年和 1936 年失效，这标志着日本完全脱离了凡尔赛－华盛顿体系，彻底造成了太平洋地区"无条约时代"的到来。

从日本退出世界裁军条约的过程可以看出，日本就是实现独霸中国和太平洋地区扩张计划，不断向凡尔赛－华盛顿体系发起严厉挑战。彻底摆脱凡尔赛－华盛顿体系的束缚，是日本实现对外无限膨胀的侵略欲望的必然结果。对此，我们可以从以下几个方面进行分析。

首先，日本海军内部的矛盾斗争，是导致日本最终退出裁军条约的主要因素。从 1921 年的华盛顿军缩会议到 1930 年的伦敦裁军会议，日本海军内部的舰队派和条约派，始终在海军发展力量的占比上存在意见分歧。舰队派一直认为日本在海军发展上受到英美两国的压制，主力舰和辅助舰的占比如果低于美国的七成，在太平洋地区的海防上将对日本不利，因此一直把华盛顿会议上签订的

---

① 「華府海軍軍備制限条約廃止通告文及外務当局談」日本外務省編『日本外交年表竝主要文書』（下）原書房、1965、287—288 頁。

《限制海军军备条约》看作日本签署的屈辱条约。从一定意义上来说，日本最后退出华盛顿海军条约和伦敦海军条约是日本军部对外扩张欲望不断膨胀的必然结果。[1]

其次，九一八事变后，日本军部在对外政策决策中的发言权越来越大，动辄以"下克上"的风气压制政府，军部的意见不断左右政府的外交决策，尤其是在太平洋地区的海军发展战略上，政府的决策有时不得不与军部论调保持一致。

最后，日本通过废除华盛顿海军条约和伦敦海军条约，并退出世界裁军大会，摆脱了凡尔赛－华盛顿体系的限制，破坏了协调外交取得的一切成果，开始向太平洋战争之路大步前进。

总之，一战后的日本，为了在中国获得最大的特权和利益，在凡尔赛－华盛顿体系下，将其独霸中国和太平洋地区扩张计划，用协调外交政策掩盖起来，与西方列强一起协调侵略中国。但是，只要不放弃独霸中国和太平洋地区扩张计划，日本就根本无法同企图抑制日本在太平洋地区侵略扩张的美国保持协调。所以，日本实现上述计划，在对华政策上，用强硬政策取代所谓的不干涉中国内政的原则，并以实际行动破坏了协调外交时取得的各项成果。在国际上，日本先后于1933年和1936年退出国联与世界裁军大会，造成了太平洋地区进入"无条约时代"。

小　结

通过参加第一次世界大战，日本以战胜国的身份参加了巴黎和会，又作为国联的发起国及常任理事国，其国际地位得以迅速窜升，从而实现了自明治维新以来苦苦追求的大国梦。在巴黎和

---

[1]　秦郁彦「艦隊派と条約派──海軍の派閥系譜」三宅正樹編『軍部支配の開幕 昭和史の軍部と政治①』第一法規出版株式会社、194—196 頁。

会上，日本从德国手中攫取了德国在中国山东的特权，以及德国在南太平洋地区诸岛屿和属地的领有权。为了维护在中国及太平洋地区的既得利益，日本以期通过协调外交与英美等在对华利益争夺中表现有限的协调和克制。但是，只要日本不放弃独霸中国和在太平洋地区扩张的政策，就不可能真正与企图遏制日本在华利益及在太平洋地区扩张的美国保持协调。所以，随着日本对外侵略扩张野心的不断膨胀以及对中国侵略的不断加深，日美之间的矛盾日渐尖锐。

日本为了在中国和太平洋地区获得更大利益，必然要摆脱凡尔赛－华盛顿体系的束缚。以田中内阁对华强硬政策为开端，日本随后通过一系列行动如发动九一八事变、退出国联、退出世界裁军条约等，向凡尔赛－华盛顿体系发起严厉挑战，并完全脱离这一体系，最终造成了太平洋地区进入"无条约时代"，这标志着日本在国际上完全陷入了外交孤立的境地。于是，为了寻求新的战略盟友，日本向德国和意大利发出了结盟的信号，从广田弘毅内阁时期到近卫文麿第二次内阁时期，日本同德国展开了军事同盟的交涉。

从九一八事变到日本退出国联和世界裁军条约，日本的中心目标就是实现独霸中国和太平洋地区扩张计划，占领"满蒙"并掠夺中国东北的资源，在日本颇具扩张野心的政治家、外交家和学者眼里，这不仅关系到日本民族的生存问题，还是关系到日本国防发展的重要问题。①

---

① 鎌田澤一郎『宇垣一成』中央公論社、1937、289 頁。

第二章

有田八郎对德"薄墨外交"
与《日德防共协定》

　　历史学家在对两次世界大战爆发的起因做调查时发现，以对外侵略扩张为目标的帝国主义间的军备竞赛和结盟，是两次世界大战爆发的主要原因。从一定意义上来说，结盟是潜在的战争共同体，虽然结盟的基础是总体合作，但合作有时不拘泥于结盟，因为在具体的结盟过程中，各国要不断地根据利益需求来权衡结盟的利弊与得失，都希望通过结盟来实现某种预期的政治目标或军事目的。帝国主义国家在对外侵略扩张中之所以会选择结盟的方式，主要是因为结盟后，作为结盟成员国所获得的利益要大于单独行动所获得的利益，且各结盟成员国可以通过结盟构筑所谓的安全防御联合战线。因此，国家间的结盟，实质就是满足各自的政治需求和提升自身的军事效力。[1]

　　日俄战争后，结盟成了日本对外侵略扩张的根本手段。日本发动九一八事变、退出国联和世界裁军条约后，日益陷入国际孤立的境地；为此，日本便迫切需要寻求新的战略盟友，以图打破摆脱凡尔赛－华盛顿体系后所陷入的国际孤立局面。实现这一目标是日本摆脱凡尔赛－华盛顿体系后，首先要解决的外交新课题。另外，俄

---

　　① 〔美〕詹姆斯·多尔蒂、小罗伯特·普法尔茨格拉夫：《争论中的国际关系理论》，阎学通、陈寒溪等译，世界知识出版社 2003 年版，第 573—579 页。

国"十月革命"后诞生的苏俄以及此后的苏联，不断支持中国的共产主义运动，使日本越来越感到远东的局势难以应付。九一八事变后，苏联又在中苏边境不断增强军事防御力量，无形当中给日本的关东军造成了巨大的军事压力，使日本越来越感到在安全防卫上受到了威胁。从亚洲地区战略防御上考虑，联合新的国际政治力量来对抗苏联，是日本急于同德国结盟的根本原因。

1933 年 1 月，希特勒在德国建立了法西斯政权。为了争夺所谓的新的生存空间，德国继日本后也向凡尔赛 – 华盛顿体系发起挑战，并于当年 10 月宣布退出国联。德国退出国联后，也越来越陷入国际孤立的境地。于是，德国希望日本能够成为在远东地区的战略伙伴，并想借助日本的力量在远东地区牵制苏联，以解决德国在欧洲进行扩张的后顾之忧。希特勒也多次向德国驻日大使狄克逊发出指示，要求进一步密切同日本的关系。

对于德国发出的结盟信号，日本陆军首先积极响应。可以说，在退出国联和裁军条约后，日本的国际地位越来越孤立，一旦日德结盟，既可以借助德国力量在远东地区牵制苏联，又可以在太平洋地区达到与英美势力相抗衡的目的；所以，日本迫切希望联合德国消除独霸中国和在太平洋地区进行侵略扩张的障碍。在防苏问题上，日德两国寻找到了共同的利益需求点。[①] 这也是日德两国能够缔结防共协定的根本原因。

第一节   日本外交新选择与日德结盟序幕

一战后，日本作为战胜国不但攫取了德国在山东的各项特权和利益，还通过委任统治形式接管了德国在南太平洋地区的诸岛屿及

---

① テオ・ゾンマー著、金森誠也訳『ナチスドイツと軍国日本 ―防共協定から三国同盟まで』時事通信社、1964、29 頁。

属地的领有权。可以说，这一时期日本和德国的关系不是很友好，两国之间存在着很大矛盾和斗争。但是，到了 20 世纪 30 年代初，日本和德国这两个曾经敌对的国家却为了实现各自的对外侵略扩张目标，最终结成了军事同盟。继日本宣布退出国联后，德国也为了实现所谓的生存空间宣布退出国联，这是日德两国缔结防共协定的国际背景。

日本与德国由敌对到结盟，其矛盾化解的过程中，不可忽视的一个重要因素是德国在伪满洲国的承认问题上的态度变化，这也是日德关系逐渐升温的直接催化剂。因此，全面考察德国在伪满洲国的承认问题上的态度变化，不但可以理清当时远东国际关系发展变化的大体脉络，而且也可以对 20 世纪三四十年代日本与英美关系变化过程做出清晰的判断，从而进一步揭示日本与德国从敌对到结盟的发展和变化过程。

1936 年 3 月，广田弘毅①在军部的支持下进行组阁，并确立了南北并行的二元外交路线，为日本和德国最终缔结防共协定提供了重要契机。

一　大岛浩使德与日德关系的升温

1933 年 2 月，国联大会以 42 票赞成、1 票反对（日本自己投的）的结果通过理事会决议，承认伪满洲国是中国的领土，认为日本发动九一八事变及一系列行动是侵略行为，要求日本限期从中国撤兵。当时，作为 42 票之一的赞成国，德国是支持国联大会多数国家立场的，对日本的侵略行为是持反对意见的。但是，在德国宣布退出国联后，日德两国的关系开始急剧升温，德国转而在伪满洲国的承认问

---

①　广田弘毅（1878—1948），日本政治家、外交家和右翼组织的代表。1907 年在北京任日本驻清公使馆外交官候补，后任日本驻伦敦大使馆三等书记官；1926—1927 年任日本驻荷兰公使；1930—1932 年任日本驻苏联特命全权大使；1933 年 9 月出任斋藤实内阁外相；1934 年 7 月担任冈田启介内阁外相；1936 年 3 月担任内阁首相，在组阁期间同德国缔结《日德防共协定》，在对华政策上推行"广田三原则"；1937 年 6 月出任第一次近卫文麿内阁外相；1948 年作为甲级战犯被处以绞刑。

题上表现暧昧。德国对日本的态度之所以会发生如此变化，主要是因为德国此时急于寻找新的战略伙伴，加之日本不断诱劝德国开发满洲，这进一步促使德国借伪满洲国的承认问题来改善同日本的关系。

1933 年 7 月，广田弘毅接替内田康哉担任斋藤实内阁的外相，提出了通过与希特勒政权交好来促使其对伪满洲国政权予以承认的外交意向。10 月，德国派前驻苏大使狄克逊担任驻日大使，这为日德关系的恢复起到了一定的促进作用。12 月 28 日，广田弘毅在霞关会见狄克逊时提出要增进日德两国的关系，并向狄克逊发出到"满洲国"实地考察的邀请。随后，狄克逊把日本打算同德国交好的意图向柏林进行了汇报。此时的德国也希望进一步同日本建立战略伙伴关系。但是，最初交往，并不是由日本外务省同德国外交部直接开启的，而是由日德两国的陆军武官开启的。1934 年 3 月，日本陆军省派大岛浩[①]作为驻德陆军武官、全权代表赴柏林进行私人交涉。大岛浩此次出使德国主要有两个目的：一是全面考察德国在欧洲的陆军实力及在远东地区的军事配置情况；二是对德国同日本结盟的意图进行试探，一旦日苏开战，德国是否会站在盟国的立场对日本进行军事援助。同年 9 月，冈田启介内阁成立，广田弘毅继续担任外相。这一时期的日德交涉，没有进入外交的层面，仍然通过日本驻德大使馆陆军武官大岛浩和德国陆军武官里宾特洛甫[②]之间的私人关系交往，双方继续对彼此的结盟意图进行试探。可以说，正是由于大岛浩和里宾特洛甫之间的私人交往与试探，拉开了日本与德国之间的交涉序幕。

---

① 大岛浩（1886—1975），日本陆军中将、外交官。1915 年毕业于日本陆军学校；1934 年 3 月任驻德武官；1938 年直升驻德大使，是日德同盟的策划者；1946 年在远东国际军事法庭作为甲级战犯被审讯，被判处无期徒刑；1955 年出狱；1975 年病逝。

② 约阿希姆·冯·里宾特洛甫（1893—1946），纳粹德国政治人物。1893 年出生于德国韦塞尔军人家庭；1914 年入陆军服役，后晋升为中尉；1920 年与德国香槟大王之女结婚，开始步入上流社会；1932 年加入纳粹党；1934 年担任"里宾特洛甫机关"负责人；1935 年赴伦敦与英国签订海军协定；1936 年 8 月任德国驻英国大使，同年 11 月与日本缔结防共协定；1938—1945 年任纳粹德国外交部部长，是日德军事同盟德国方面的主要策划者。

1934 年 12 月，日本外务省派武者小路公共①担任驻德大使，负责日本与柏林之间的交涉事宜，日德两国间的交涉正式进入外交层面。但是，关于同德国如何进行交涉及确立何种同盟关系，当时日本外务省的意向并不是很明确，并且在此问题上，外务省与陆军省之间也存在着很大的意见分歧。对日本来说，发动九一八事变、退出国联和裁军条约，导致了与美关系的进一步恶化，国际地位也越来越孤立，日本外务省清楚地意识到很难继续再同英美保持一种良性的协调关系。所以，在日德结盟问题上，日本外务省并不持反对意见，只是主张不要立即同德国确立实质性的同盟关系。② 如此一来，一方面可以对恢复发展与英美两国的关系留有余地，另一方面则可以对德国的结盟意图继续深入考察。

日本陆军省与外务省的态度截然不同。日本陆军省一向认为，日本既要在亚洲的防卫安全上加强对苏联的防范，又要在太平洋地区形成与英美两国相抗衡的军事实力，所以，极力主张尽早同德国确立同盟关系。大岛浩在远东国际军事法庭供述中承认，1935 年 5 月，他是通过德国亨克尔航空公司的哈克③，就日德同盟问题开始与里宾特洛甫进行交往的。当时，里宾特洛甫也曾委托哈克向大岛浩进行探询，日德两国之间是否可以缔结以苏联为对象的军事同盟。④ 后来，大岛浩与里宾特洛甫在哈克的私宅就日德同盟问题再次进行了会谈。当时，里宾特洛甫与大岛浩交谈时提出，从他个人的意见考虑，

---

① 武者小路公共（1882—1962），日本外交官。东京帝国大学法学部毕业后直接入外务省任职，先后在上海领事馆以及罗马尼亚、南斯拉夫、丹麦、瑞典等公使馆任职；1933 年任日本驻土耳其大使；1934 年任驻德大使；1936 年代表日本在《日德防共协定》上签字；1938 年从外务省退职；1945 年入宫内省任宗秩寮总裁；1951 年任日德协会会长。

② 「防共協定ヲ中心トシタ日独関係座談会記録」（B04013489100）、1949 年 4 月 4 日第一回会談（有田談）日本外務省外交史料館档案（アジア歴史資料センター）『日独伊防共協定関係一件』（B - 0058）。

③ 哈克是德国亨克尔航空公司的主要负责人，曾做过日本南满铁路株式会社的顾问，致力于日德间军火贸易，与大岛浩交情颇深。

④ 「大島浩訊問調書」極東国際軍事裁判所編『極東国際軍事裁判速記録』第 72 号、法廷書証 477 号、検察文書 2157 号 - B 雄松堂書店、1968、15—16 頁。

德国打算同日本缔结以苏联为对象的军事同盟，并委托大岛浩向国内
发电报征求日本陆军省意见。大岛浩当时表示，从日德两国当前所面
临的国际形势来看，缔结以苏联为对象的军事同盟恐怕很难实现，但
两国可以缔结日德一方同苏联开战时，另一方不采取任何对苏有利措
施的协定。① 从大岛浩的表述可以看出，由于日德两国当时都面临着
国际孤立的局面，寻求新的战略盟友是日本和德国的共同需求，所以，
日本陆军省便派大岛浩作为全权代表先赴柏林，私下里就日德同盟问
题同里宾特洛甫进行交涉，试探德国在日德结盟问题上的态度。当大
岛浩与里宾特洛甫进行会谈时，里宾特洛甫首先向大岛浩提出德国有
同日本结盟的意向，要大岛浩将德国的意图向日本陆军省进行说明，
并进一步表示德国打算同日本缔结以苏联为对象的军事同盟。②

　　同里宾特洛甫会谈后，大岛浩立即把里宾特洛甫的意图向陆军
省做汇报。1935 年 9 月，日本陆军省经过多次讨论后给大岛浩回
电，表示在原则上不反对同德国缔结以苏联为对象的军事同盟，但
在具体内容上需要认真研究。为了更进一步了解德国的意图，以及
把日本陆军省的意见和亲德热情向德国传达，10 月下旬，日本陆
军省又把欧美局情报处德国班班长若松只一③派往德国。若松只一

---

① 「大岛浩讯问调书」极东国际军事裁判所编『极东国际军事裁判速记录』第
72 号、法廷书证 477 号、检察文书 2157 号 – B 雄松堂书店、1968、16 页。
　　② 关于《日德防共协定》最初的提议在日本学界有不同的看法：一种认为，首
先是由德国的里宾特洛甫提出的；一种认为，首先是由日本的大岛浩提出的；一种认
为，是由中间人哈克在里宾特洛甫的授意下向大岛浩提出的。此三种说法详见日本国
际政治学会太平洋战争原因研究部编『太平洋战争への道 开战外交 5 三国同盟・日ソ
中立条约』朝日新闻社、1963、18—20 页。此处，笔者采用第一种说法。
　　③ 若松只一（1893—1959），日本陆军军官。1914 年从日本陆军士官学校第 26
期毕业；1926 年从陆军大学校第 38 期毕业；1932 年后曾任步兵第 33 联队大队长、参
谋本部课员、陆军省军务课课员等；1937 年 6 月，任日本驻澳大利亚和匈牙利武官；
1939 年 8 月晋升为陆军少将，10 月任陆军省第 38 步兵团兵团长参加侵华战争，在广东
一带作战；1940 年 2 月任第 22 军参谋长。太平洋战争爆发时，任参谋本部总务部部
长。1942 年晋升为陆军中将，后任参谋本部第三部部长。1943 年 10 月任第 46 师团师
团长。1944 年 11 月任南方军副总参谋长。1945 年 4 月任第 2 军参谋长。

此次访问德国的目的主要有以下几个方面：①弄清德国对日德结盟的根本目的和要求；②日德两国缔结以苏联为对象的军事同盟的可能性到底有多大；③里宾特洛甫所处的地位及同德国政府各机构之间的关系。① 若松只一在德国停留将近两周时间，同里宾特洛甫多次进行会谈。里宾特洛甫再三表示，共产国际代表大会的召开，实际上主要针对的是德日两国。所以，德国和日本要从防共意识出发，两国之间应该缔结反苏防共协定。若松只一也表示，日本陆军也积极主张同德国缔结以苏联为对象的同盟协定，并表示一定会把里宾特洛甫的意图向日本陆军省转达。里宾特洛甫便将事先拟定好的同盟协定议案交由若松只一带回，请其向日本陆军省转达。以上就是日本陆军省派大岛浩与若松只一同里宾特洛甫，就日德两国同盟协定的对象问题进行的初步交涉。从上述内容可以看出，日本陆军省对于同德国缔结同盟协定的态度比较积极，并且日本和德国基本上已经达成了缔结以苏联为对象的同盟协定意向。

1935 年 11 月，里宾特洛甫同大岛浩会谈时，还就日德协定的名称问题进行了探讨。里宾特洛甫向大岛浩建议，从当前的国际形势来看，日德协定的名称定为"防共协定"比较合适。对于里宾特洛甫的这个提议，大岛浩也表示赞同，并立即向日本参谋本部做汇报。日本陆军省在给大岛浩的回电中表示，同意日德协定的名称为"防共协定"。关于日德两国将协定的名称定为"防共协定"的原因，可以从以下几个方面进行分析。

首先，在大岛浩赴柏林同里宾特洛甫进行私人交涉时，共产国际第七次代表大会正在莫斯科召开，并且共产国际公开表示对西班牙革命给予支持。所以，如果日德协定的名称定为"防共协定"，一旦向国际社会公开时，从形式上来看，该协定的对象不

---

① 「防共協定ヲ中心トシタ日独関係座談会記録」（B04013489100）、1949 年 4 月 4 日第一回会談（有田談）日本外務省外交史料館档案（アジア歴史資料センター）『日独伊防共協定関係一件』（B-0058）。

是指向具体的国家苏联，而是指向"共产主义"这样一个内容抽象的概念。也就是说，从表面上来看，以"防共协定"来命名，就是把同盟所针对的对象模糊地设定为信仰共产主义的群体。这里的共产主义群体，除了苏联，还既可以包括英法美中等国家中的信仰共产主义的群体，也可以包含日德两国自身内部信仰共产主义的群体，这样就把日德同盟的性质设定在政治领域，而实际上同盟的对象却是苏联。[①]

其次，一方面，由于德国于 1922 年同苏联缔结了《拉巴洛条约》[②]，如果日德同盟协定直接以反苏的形式来命名，必然会破坏德国和苏联签订的《拉巴洛条约》，使德国与苏联的矛盾激化；另一方面，德国在继日本后退出了国联，后又撕毁了《凡尔赛和约》《洛迦诺公约》，迅速向外进行扩张，这些举动引起了英法等其他欧洲国家的警惕，使德国在欧洲越来越陷入孤立的境地。基于以上原因，在一切时机尚未成熟之前，德国不打算过度刺激苏联。[③] 也不打算与日本缔结的同盟直接以苏联或英法为对象。

最后，企图通过日德同盟关系来解决中国问题，这是日本希望同德国结盟的又一重要原因。对日本来说，对外扩张的最终目标是实现独霸中国和太平洋地区扩张计划，而苏联对中国共产党的活动给予了大力支持，从意识形态上来说，反对共产主义是日本的政治原则，也是日本解决中国问题的前提条件。关于这一点，在战后 1949 年 4 月日本外务省举行的以防共协定为中心的日德关

---

① 読売新聞社編『昭和史の天皇 20 日独伊防共協定』読売新聞社、1981、132—147 頁。

② 《拉巴洛条约》也译作《拉帕洛条约》，是德国魏玛政府与苏联于 1922 年 4 月 16 日在意大利利古里亚省拉巴洛签署的条约。该协定中双方表示放弃"一战"后向对方提出的领土要求及对战争的赔偿权利，两国同意在外交上正常化，并在经济领域互利互惠。

③ テオ・ゾンマー著、金森誠也訳『ナチスドイツと軍国日本—防共協定から三国同盟まで』時事通信社、1964、31 頁。

系座谈会上，广田弘毅内阁时的外相有田八郎[1]，在谈到广田弘毅内阁对外政策时指出，广田弘毅内阁推行的外交政策实质是以中国为中心的三边外交并行的政策，在这三边外交政策中对华政策是中心内容，而对苏联和欧美的政策的最终目标其实也是为了解决中国问题。广田弘毅认为，日本以中国为敌人的最终结果是以中国 4 亿民众为敌，从意识形态上来看，如果以苏联为对手，可能会得到英美等西方国家的支持，至少不会招致英美等国的反感。[2] 所以，大岛浩与里宾特洛甫进行私人交涉时，大体上也是想打着防共的旗号进行结盟。

从严格意义上来说，大岛浩在柏林同里宾特洛甫进行私人交涉时，日本外务省并不是完全不知情的，只是在与德结盟问题上，表现得不是很积极、主动。当时，日本驻德大使馆曾就日德同盟协定的一些问题进行过激烈的论争。1935 年 7 月，大使武者小路公共、陆军武官大岛浩、外务省参事官井上庚二郎[3]、海军武官横井忠雄[4]

---

①　有田八郎（1884—1965），日本外交官、政治家。1909 年从东京帝国大学德法科毕业后入外务省，先后任亚洲局长、奥地利公使、外务次官、比利时大使、中国大使等。1936 年担任广田弘毅内阁外相，在其主导下缔结了《日德防共协定》。1938 年担任第一次近卫文麿内阁外相。1939 年担任平沼骐一郎内阁外相。1940 年担任米内光政内阁外相。1953 年在新潟县当选众议院议员。

②　「防共協定ヲ中心トシタ日独関係座談会記録」（B04013489100）、1949 年 4 月 4 日第一回会談（有田談）日本外務省外交史料館档案（アジア歴史資料センター）『日独伊防共協定関係一件』（B‑0058）。

③　井上庚二郎（1890—1969），日本外交官。1917 年从东京帝国大学政治科毕业后，曾任外交官候补、领事官候补、英国大使馆三等书记官、外务事务官、亚洲局第三课勤务、厦门领事、台湾都督府事务官、波兰领事、悉尼总领事、外务书记官、工商书记官、通商局第一课长、德国大使馆参事官、外务省亚欧局长等；1939 年任匈牙利公使；1942 年任海军司政长官。

④　横井忠雄（1895—1965），日本海军军官。1915 年从日本海军学校毕业，1918 年任海军中尉，1925 年任海军战舰分队长，1928 年从日本海军大学甲种毕业，1929 年任海军第三战队司令部参谋，1932 年任日本驻德国大使馆海军武官候补，1934 年任日本驻德国大使馆海军武官，1937 年任大本营参谋，1942 年任海军少将，1945 年任第六特攻战队司令官。

等曾专门就日德同盟问题召开协商会议，想就日德缔结同盟协定达成统一意见，但始终没有达成。当时，大岛浩的意见基本同日本陆军省的意见一致，极力主张立即同德国缔结同盟协定，并且同盟针对的是苏联。井上庚二郎认为，同德国缔结同盟协定时不能过分地刺激英美等国，也应该平行地推进同英美等国的外交关系。武者小路公共和横井忠雄都不主张立即同德国缔结军事协定，认为一旦按照德国的意图缔结了以苏联为对象的同盟协定，日本就必将很快被卷入欧洲战争；认为日本同德国缔结同盟协定的最终目的是希望利用德国牵制苏联，来解决中日战争的问题。正是由于日本驻德大使、陆军武官和海军武官之间在日德同盟问题上没有达成统一意见，武者小路公共决定回国请示。在武者小路公共回国期间，大岛浩便越过日本驻德大使单独同里宾特洛甫进行交涉。

武者小路公共回国后，立即把日本驻德大使馆各代表的意见进行了说明。日本外务省立即召开会议，商讨日德同盟问题。武者小路公共还以私人身份多次同外务次官重光葵进行会谈，了解外务省内及陆海军两省对日德结盟的态度。重光葵指出，以苏联为对象来强化军备，向来是日本陆军省的意见，与陆军省同调也是日本政府的外交基调。从重光葵与武者小路公共的谈话中可以看出，日本陆军省在对外政策中的发言权越来越大，九一八事变后，日本外务省有一些对外决策更需要与陆军省保持一致才能实施，这是 20 世纪三四十年代日本外交史上的一个特征。所以，对于日德同盟协定的具体表现形式，日本外务省基本上也要同陆军省保持一致。1936年 1 月，大岛浩再次从柏林发来电报，在电报中他再次强调德国迫切要求同日本缔结以苏联为对象的同盟协定。对于德国的提议，日本陆军省表示没有任何异议。日本外务省则表示基本同意与德国缔结同盟协定，但在具体细节上需要进行认真推敲。

以上就是大岛浩同里宾特洛甫就日德同盟问题初步交涉的大致情况。从上述内容可以看出如下几点。①在日本就同盟问题同德国交涉的初期阶段，对德交涉主要是在日本陆军省主导下进行的；日本外务省并没有完全介入其中，具体交涉的过程主要是在大岛浩和里宾特洛甫之间进行的。以上情况说明，在对德结盟问题上，日本陆军省同外务省相比，更为积极、主动，这也充分说明在日本的外交决策中陆军省具有决定性的发言权，在一些对外重要决策上，外务省有时需要同陆军省同调才能推行。②在大岛浩同里宾特洛甫进行私人交涉中，日德两国已经确立要缔结同盟协定，德国非常明确地要求把同盟对象指向苏联，日本陆军省对此则表示完全赞同，但日本外务省主张不要把同盟所针对的国家明确化。③从交涉的目的来看，日本同德国虽然对外侵略扩张目标不同，但双方都需要利用彼此来达到牵制苏联的目的，这是日德两国最终缔结防苏反共同盟协定的根本原因。对日本来说，苏联是其实现独霸中国战略目标最大的潜在威胁，而英美则是日本实现太平洋地区扩张计划的最大障碍。所以，日本陆军一向把北攻苏联看成日本实现安全防卫的最大战略目标。但对于德国来说，实现称霸欧洲战略的最大敌人不是苏联，而是英法两国，德国所担心的是一旦德国同英法开战，苏联将从其背后进攻，这必然使德国腹背受敌。所以，德国急于借助日本的力量达到牵制苏联的目的。

二　陆海军国防战略的对立

武者小路公共回国后，从与外务次官重光葵的谈话中了解到日本外务省和陆军省对日德结盟问题所存在的意见分歧。并且，当时日本国内的形势是法西斯势力逐步在军部中占据统治地位。1936年2月，日本爆发了震惊世界的法西斯军事政变"二二六"事件。①此

---

①　1936年2月26日，一批少壮派法西斯青年军官在北一辉、西田税等民间法西斯势力的支持下，率领1400多名近卫军在东京发动武装军事政变。他们沿途袭击首相、内相、教育总督、藏相、侍从长住宅及警视厅、新闻报社等地，提出"昭和维新"等口号，要求任命荒木贞夫为关东军总司令，并要求罢免一切反对派官员。在此次事件中，前首相斋藤实、藏相高桥是清、教育总监渡边锭太郎被杀。

次事件后，虽然参与政变的一些皇道派①少壮军官被处以死刑，皇道派的势力也随之被瓦解，但当时皇道派要求建立法西斯专政来实现对外侵略扩张政策的愿望，并没有因其垮台而消失，而是由其政治对手统制派②予以实现了。1936 年 3 月 9 日，在军部的支持下，广田弘毅内阁成立。广田弘毅内阁的成立，标志着法西斯政权在日本的确立，从此军部法西斯势力控制了整个日本。在广田弘毅内阁时期，日本不仅恢复了军部大臣现役武官制，还进一步提升了军部在政治决策上的发言权，内阁的大政方针要由军部来决定，就连内阁的人事安排和变动，也要基本听命于军部。一旦政府中有人同军部的意见不一致，军部便会以自由主义分子的名义，将其排斥于内阁之外。从广田弘毅内阁开始，日本完全进入了法西斯军事政治时代。③

由于广田弘毅是被军部推上首相之位的，广田弘毅内阁自然要按照军部的要求，打着"庶政一新，广义国防"的口号，在内政和外交上采取了一系列措施来加强法西斯军事统治。在对内政策上，由于军部在政府中的发言权力不断强化，内阁的各项政策也要完全听命于军部的意见，尤其在国防方针和国策大纲的制定上，广田弘毅内阁也必须按照军部的意见行事。在对外政策上，要以国防战略为中心来制定外交政策，但由于日本陆军省和海军省都从各自防卫战略考虑并存在意见分歧，所以广田内阁在制定对外政策时，就既要考虑陆军省意见，也要

---

① 皇道派，是日本陆军中的一系派阀，因受北一辉思想的影响，对内主张在天皇亲政下进行国家改造运动，对外则主张同苏联决战。因陆军大将荒木贞夫将日军称作"皇军"，主张清除天皇身边的政界和财界"奸佞小人"，要求天皇亲政来进行国家改造而得名。

② 统制派，是日本陆军中的一系派阀，与皇道派相对。以永田铁山为核心，对内主张在军部的统制下，由陆军大臣通过自上而下的合法途径来实现国家的平稳、和缓的改革；对外主张与列强相对抗，以建设高度国防国家为目标。

③ 筒井清忠「二・二六事件の政治力学」三宅正樹編『軍部支配の開幕 昭和史の軍部と政治①』第一法規出版株式会社、1983、269—270 頁。

考虑海军省的要求。1936 年 4 月，日本军令部制定了《国策要纲》。该要纲指出，日本的国策要纲对内革新政治，对外确保日本在亚洲大陆的霸权地位；与此同时，要把南进作为军事力量发展的根本方针，以图充实国力，扩张国权，确立东洋之和平，增进人类之福利，完成东亚安定之基业；国防战略之基调，应树立自主的必要之对策；在推行对外政策时，应不要过早地动用实力刺激列国或与之形成对抗。此外，《国策要纲》还就主要国际关系提出了具体的对策。对"满洲国"的政策，就是要通过独立国家的形式将其培养成日本帝国不可分割的一部分；在使其迅速成为经济独立地区的同时，还要在军备和经济两方面扶植帝国势力，以达到共同防卫，共存共荣之目的。对中国的政策，就是要以日本帝国为中心，依靠"日满中"三国的相互提携，确保东亚安定与发展；为了达成上述之目的，在对华政策上要使中国承认对华"三原则"，通过恩威并施以实现真正的共存同荣，并通过经济和技术的援助来培养日本之势力。华北五省及内蒙古地区，是强化对苏防御和经济发展的特殊区域，要将其培养成在中国中央政权或地方政权指导下的自治政权。日本对中国大陆的政策一向遭到列国的猜忌，日本对中国政策的最大障碍是欧美诸国对日形成统一战线；鉴于此，应在对华政策上不要给第三国留下干涉的借口，应确保列国在华的既得利益和经济发展，这方为日本政策之重要手段。[①] 对南方诸国的政策，应把强化帝国防卫、解决人口问题、促进经济发展作为重要目标，以皇道之精神培养并促进日本势力的发展。对台湾及委任统治地区，要通过移民和发展经济两方面的措施，防止英美荷等国进行抑制，以渐进方式充实实力。对苏联的政策，为了遏制苏联势力向远东扩张，在加强军备的同时，在大陆经营正当的限度内推进大陆政策，防止共产主义势力的蔓

---

① 「国策要綱」（1936 年 4 月）岛田俊彦・稲葉正夫编『現代史資料 8 日中戦争 1』みすず書房、1982、354—355 頁。

延；通过解决日苏间诸悬案以图确立亲善关系。对英国的政策，要防备英国利用美苏中对日本进行遏制；要利用欧洲政局及英国殖民地的政情变化，推动日本在东亚势力的发展；对英属殖民地要加强经济和文化的密切联系，以牵制其对日政策。对美国的政策，以充实的军备来对抗美国在远东地区的传统政策，在促使其承认日本在东北亚地位的同时，以经济相互依存关系为基础，同其确立友好关系。①

　　日本陆军的国防政策与海军不同，日本陆军基本上主张通过北进苏联来实现东亚的霸主地位。1936 年 6 月，陆军参谋本部第二课制定了《国防国策大纲》。该大纲就日本的国防战略方面提出了具体的措施。具体内容为：①帝国之国策首先要确保在东北亚之主导地位，要具备在东北亚地区排除白人压迫之实力；②为对抗苏联和英美之压迫，在充实军备特别是充实航空兵力的同时，当务之急就是要在"日满"及中国东北的范围内做好持久的万全防范；③目前倾注全力使苏联屈服并进行持久战准备尚有许多不足之处，如果不能保持同英美尤其是同美国友好，对苏开战非常困难，应在军备充实之时，通过外交手段努力缓和同苏联的对抗关系；④一旦完成了军备充实及持久战争的准备，就应该在远东地区断然展开对苏联的攻势，并为达成上述目的积极做好各项工作；⑤一旦苏联降服，就要在适当时机与之建立友好关系，以此将英国的势力从东亚驱逐出去，要借助这一大好时机夺取英国在东亚的根据地，使受其压迫的东亚诸民族获得独立，把澳大利亚、新西兰变为日本的领土，并努力使美国维持其中立政策；⑥中日亲善是东亚和平的基础，对中国的新建设是日本的天职，但日本现在并不具备全力应对白俄压迫的实力，为了对苏开战，眼下在做好对华政治工作与南洋诸工作的同时，要特别保持同美国的友好关系，并在此范围内全力

---

　　① 「国策要綱」（1936 年 4 月）岛田俊彦・稲葉正夫編『現代史資料 8 日中戦争1』みすず書房、1982、355 頁。

推进新中国的建设准备；⑦一旦苏联降服，以中日亲善为基础，联合其对东亚诸国进行指导，迅速联合东亚诸势力与美国进行决战。①

以上是日本海军和陆军制定的国防战略的主要内容。通过上述内容可以看出，海军国防战略的核心是南进政策，并把英美两国作为国防的第一号假想敌人，第二号假想敌人是苏联；其国防战略的主要目标是在确保大陆霸权地位后，再向南太平洋地区扩张势力。这种南进战略的最终目的是把英美等势力从亚洲及太平洋地区驱逐出去，实现日本独霸中国和太平洋地区扩张计划。陆军国防战略的核心是北进政策，并把苏联作为国防的第一号假想敌人，第二号假想敌人是英美两国；其国防战略的主要目标是倾注所有兵力以中国大陆为基地北进苏联，在迫使苏联屈服并消除北方威胁后，再向太平洋地区进行扩张，要把英国势力从东亚驱逐出去，然后结集亚洲诸势力与美国进行决战。其实，九一八事变后，日本陆军便开始在中苏边境加强军备投入，并制订了对苏作战计划。而苏联也加紧在中苏边境构筑军事要塞，进行军事布防。至 1934 年，苏联在中苏边境屯驻的兵力为：步兵 11 个师，骑兵 2 个师，战车 600 多辆，飞机 500 多架；在符拉迪沃斯托克（海参崴）港口的军舰达 14 艘；预计总兵力可达 23 万人。而日本在中苏边境的兵力为：步兵 3 个师，机械装备 1 个旅，骑兵 1 个团，独立守卫队 3 个，飞机大约 80 架，总兵力约为苏联的 1/3。② 所以，日本陆军省一向认为，在东亚地区加强军备，是实现日本防卫战略的必要条件。

三　"南北并行"二元外交路线

由于陆海军两省都从各自的国防战略出发，分别制定了《国防国策大纲》和《国策要纲》，提出了不同的对外防御战略，并在

---

① 「国防国策大綱」（1936 年 6 月 30 日）島田俊彦・稲葉正夫編『現代史資料 8 日中戦争 1』みすず書房、1982、357 頁。

② 防衛庁防衛研究所戦史室編『戦史叢書 8 大本営陸軍部 1』朝雲新聞社、1967、353—356 頁。

阁议中进行了激烈的争论，彼此各不相让，日本的国防方针及用兵纲领进行了多次修改。1936 年 6 月 8 日，广田弘毅内阁通过了《帝国国防方针·用兵纲领第三次修订案》，该修订案主要包括日本国防方针和用兵纲领两方面的内容。国防方针的主要内容为：①日本国防之根本以建国之皇谟为大义之本，彰显国威，增进国利民福；②充实军备以确保东北亚之安定，外交政策要与国防相适应，确保国家之发展，以防不虞之时能迅速实行战争之目的；③日本国防的主要目标是，具有强大的武备防卫与日本具有很大冲突可能性的美国和俄国，同时也要防备英国与中国，国防用兵以控制东亚大陆和西太平洋地区为主要目标。用兵纲领的主要内容为：①陆军兵力的主力为 50 个师及 142 个飞行中队；②海军兵力为主力舰 12 艘、航空母舰 12 艘、巡洋舰 28 艘、驱逐舰 96 艘、潜水艇 70 艘，海军航空兵 65 队。[1]

以上是广田弘毅内阁的国防方针及用兵纲领的第三次修订案的大体内容，这次修订案是在海军提出《国策要纲》后进行修改的。从上述内容可以看出，广田弘毅内阁在国防上，既没有以陆军省的国防战略也没有以海军省的国防战略为主要目标，采取一元化的国防方针，而是采取了陆海军兼顾的二元国防方针。这种二元国防方针的确立，主要是由于军部在外交政策中的发言权越来越大，在"统帅权独立"的制度下，广田弘毅内阁所确立的国防方针只能同时兼顾陆海军两省的国防战略，国防的对象仍主要是美苏，同时防备中英。由此，日本陆海军根据各自的国防目标提出了庞大的用兵计划。这种二元国防方针的确立，实际上是退出国联和世界裁军条约后，应对国际孤立的必然结果。[2] 尽管广田弘毅内阁的国防方针进行了第三次修订，并在用兵纲领中兼顾了陆海军的兵力投入，但

---

① 「帝国国防方針·用兵綱領第三次改訂」（1936 年 6 月 8 日）島田俊彦·稲葉正夫編『現代史資料 8 日中戦争 1』みすず書房、1982、356 頁。

② 〔日〕信夫清三郎：《日本外交史》（下），天津社会科学院日本问题研究所译，商务印书馆 1980 年版，第 610 页。

陆军省对此并不完全认可，要求把国防战略和外交政策结合起来，确立新的国防战略。

1936 年 8 月 7 日，广田弘毅内阁召开五相会议，根据陆海军两省的国防战略制定了《国策基准》。在国家战略方面：①国策的根本在于外交与国防相统一，把外交和国防结合起来，将确保日本在东北亚大陆地位的同时，向太平洋地区发展，作为日本的根本国策；②在东亚排除列强的霸权政策，以皇道精神为指导，实现共存共荣；③充实国防军备，以确保东亚的局势稳定及国家安定；④实现“满洲国”的健全发展及日“满”国防之稳定，在扫除苏联对北方威胁的同时，通过日“满”华三“国”的紧密提携，防范英美两国，将推动经济的发展作为日本大陆政策的基准；⑤在南洋方面，应努力推进日本民族经济的发展，并通过渐进的和平手段导入日本势力，以完成“满洲国”国力的充实及强化。在《国策基准》中又确立了内外政策，具体如下。①在国防军备方面，陆军军备是在远东地区对抗苏联，特别要充实在朝鲜及“满洲”的兵力；海军军备主要是对抗美国海军，确保在西太平洋的制海权。②在外交方面，以国策的圆满实现为根本，为了使外交机构的活动能圆满推进，军部应做好内部的协调工作。在内政改革方面，主要是通过改革政治行政机构、确立财政经济政策以及运营其他诸设施，以适应国策之根本，具体内容为：①对国内舆论进行统一指导，在非常时期开启国民之觉悟；②振兴产业及贸易，对行政机构及经济组织进行适当改革；③使国民生活安定，增强国民体力，健全国民思想；④采取措施以活跃航空及航海事业；⑤保障国防及产业所需原料的自给自足；⑥革新外交机构，完善外交宣传组织，促使外交机能及对外文化交流活跃。①

在《国策基准》出台的同一日，广田弘毅内阁又召开总理、

---

① 以上见「国策の基準」（1936 年 8 月 7 日）岛田俊彦・稲葉正夫編『現代史資料 8 日中戦争 1』みすず書房、1982、361—362 頁。

外务、陆军和海军四大臣会议，通过了《帝国外交方针》，确定了一系列的外交政策。具体内容如下。①在解决诸悬案方面，设立国境纷争处理委员会，解决兴凯湖至图们江的苏联及"满蒙""国境"划定纷争；在适当时机设置非武装地区；与苏联缔结互不侵犯条约，解决日苏诸悬案；采取适当措施遏制苏联对"日满中"进行思想渗透。②对中国中央及地方政权方面，对中国东北通过日"满"两国经济与文化的相互融合及提携，防止苏联共产主义的侵入；鉴于日苏关系的现在状态，在防共亲日"满"的特殊地区内获取国防资源、扩充交通设施的同时，要把反苏亲日工作作为对华政策的重点。③对美国方面，在增进日美友好关系的同时，加大对英苏的防范，并要警惕美国锐意扩充军备和传统的远东政策变化，在不妨碍日本对东亚政策推行的同时，以经济上的相互依存关系为基础，增进与美国之间的友好关系。④对欧洲方面，英国与日本在东亚具有不相容的利害关系，且英国在欧洲具有举足轻重的地位，此时日本要积极地同英国建立自主的友好关系；德国对日本来说，在防御苏联方面具有重要的利害关系，要强化日德提携关系。⑤对南洋方面，南洋是世界上商贸要塞，是日本商业及国防不可或缺的地区，将来要成为日本民族经济发展的自贸地区，故不可刺激与诸国的关系，要通过渐进的、和平的方式发展关系。⑥在海外贸易方面，改善财政及国际借贷，协调与各国的利害关系，确保重要资源的获取。①

以上是广田弘毅内阁所确立的《国策基准》和《帝国外交方针》。从上述内容可以看出，广田弘毅内阁的国策基准和外交方针，实际上是按照陆海军两省的不同国防策略而制定的，兼顾了海军省所主张的"南进"论和陆军省的"北进"论，同时还把阻止共产主义的发展作为当前的外交重点。实际上，广田弘毅内阁是在

---

① 「帝国外交方針」(1936 年 8 月 7 日) 島田俊彦・稲葉正夫編『現代史資料 8 日中戦争 1』みすず書房、1982、361—362 頁。

兼收并蓄陆海军两省对立的国防战略的基础上，确立"南北并行"二元外交路线的。从广田弘毅内阁的《国策基准》和《帝国外交方针》可以看出，这是在应对脱离凡尔赛－华盛顿体系及太平洋地区"无条约"时代时，日本所确立的新的外交战略，也是日本应对国际和国内形势所采取的必然措施。这种以对外侵略扩张为目标的"南北并行"二元外交政策的推行，为日德同盟的形成产生了重要影响。关于这一点，应该从以下几个方面进行分析。

首先，从当时日本国内的政治形势来看，从"五一五"事件到"二二六"事件，日本国内不断发生右翼团体和法西斯军官的暗杀事件，使军部在对外发言权中占据主导地位。在军部的控制下，日本社会发展进程受到诸多主观因素的制约，日本无法恢复宪政常道，从而拐入了以侵略扩张为目的的法西斯军国主义的歧途。①

其次，从日本外务省的主导地位来看，革新外交②逐渐成为日本外交的主流。其中，以松冈洋右、白鸟敏夫为代表的革新派，主张日本要通过"昭和维新"在未来的国际事务中采取独立自主的外交行动。在对华政策上，主张排除一切外来阻力，破除各国的干涉，尤其是排除英美两国的干涉，实现独霸中国的外交政策。主张对苏采取强硬政策，趁苏联政权未稳之际，通过战争来解决日苏问题。革新外交把自"一战"后日本所推行的对英美等国的协调外交称为媚态外交，认为这种外交政策是一种消极的外交，很难实现日本对外侵略扩张计划。③

再次，从思想意识形态来看，日本军部同纳粹德国在对外侵略扩张政策中具有共同性。希特勒在德国建立法西斯政权后，便继日

---

① 周颂伦：《近代日本社会转型期研究》，东北师范大学出版社 1998 年版，第 240 页。

② "革新外交"，主要是以松冈洋右、白鸟敏夫等为代表的外务省中的革新派所主张的提倡"昭和维新"、放弃"协调外交"、与德国缔结军事协定的外交路线。

③ 日本外務省档案（縮微胶卷）：WT7 号、松冈洋右「興亜の大業 革新断行と青年の力」、7—14 頁。

本后退出国际联盟。这对当时陷入国际孤立地位的日本来说是一个
结盟的信号，也向日本暗示德国可以成为日本对外侵略扩张的战略
伙伴。

最后，从德国方面来说，利用日本在远东牵制苏联，这对德国
在欧洲侵略扩张具有重要作用。希特勒曾经指出，要在苏联背后插
入一个钉子，日本就是苏联远东的钉子。[①] 对德国来说，欧洲战略的
重心并不在于苏联，而在于对抗英法两国；一旦德国同英法发生战
争，如苏联对德进攻，德国就会腹背受敌；如果德国同日本缔结了以
苏联为对象的军事同盟，就可以利用日本在远东起到牵制苏联的作用。

通过以上的分析可以看出，日本和德国之所以在 1936 年能够
缔结防共协定，最主要的原因是日本和德国都从自己的战略目标出
发，需要寻求新的战略盟友来应付国际孤立局面。对日本来说，德
国是日本退出国际联盟和世界裁军条约后最合适的战略伙伴。日本
海军省一直主张应向太平洋地区扩张势力，陆军省为了实现以中国
大陆为腹地的北进战略，也需要一种新的国际力量来支撑。所以，
广田弘毅内阁确立的 "南北并行" 的二元外交路线，对日德两国
缔结同盟协定起到了积极的推动作用。所以，日德两国虽然在一战
后宿怨很深，但在以侵略扩张为目标的对外政策推动下，最终能够
成为盟友，这绝非历史的偶然。

第二节　有田八郎对德 "薄墨外交" 论

如上所述，在日本同德国就同盟协定的交涉初期，日本外务省
并没有完全介入其中，只是由陆军省派出武官大岛浩同里宾特洛甫
通过私人关系进行交涉。在大岛浩同里宾特洛甫私人交涉中，日德

---

① 　鈴木健二『駐独大使大島浩——ナチス傾斜の急先鋒』芙蓉書房、1979、53
頁。

两国已经就协定对象和协定名称初步达成了一致意见。武者小路公
共大使回东京汇报，正当日德两国打算就同盟问题进一步交涉时，
却因日本发生的"二二六"事件而中断交涉。广田弘毅上台后，
按照陆海军两省的国防战略制定了国策基准和外交方针。在外相有
田八郎对德"薄墨外交"的主导下，外务省从陆军省手中收回对
德交涉的主动权，由驻德大使直接同德国进行同盟协定的交涉，并
缔结了《日德防共协定》。

一　有田八郎对德"薄墨外交"的涵义

　　1936 年 4 月，有田八郎担任广田弘毅内阁外相。有田八郎在
出任广田弘毅内阁外相之前，曾担任日本驻华大使。在有田八郎担
任驻华大使期间，日本为了获取共产国际和苏联的军事情报，派他
出访波兰和德国。有田八郎出访欧洲期间，分别会见了日本驻波兰
公使伊藤述史和陆军武官山胁正路，以及驻德武官大岛浩。伊藤述
史、山胁正路一致认为苏联的军事实力不可轻视，日本此时不可对
苏联采取过激行动。大岛浩也指出，苏联的军事力量比较强大，德
国对苏联在远东的军事防御也非常关注。可以说，有田八郎的欧洲
之行，对德国及苏联的情况有了深刻了解，这对他担任外相后的对
德政策产生了重要影响。

　　在苏联问题上，有田八郎虽然不主张对苏联采取过激的军事行
动，但九一八事变后苏联加大了在中苏边境的军事防御力量，由原
来的八九万兵力增加到了二三十万，并不断构筑军事和情报设施，
引起了日本陆军省的高度重视；再加之关东军不断向日本国内传递
苏联向"南满"进军的信息，导致陆军省积极要求对苏联进行军
事备战，所以，从消除日本国际孤立局面和在远东加强对苏军事警
备上来说，有田八郎认为有必要同德国缔结同盟协定。① 基于以上

---

① 　日本国際政治学会太平洋戦争原因研究部編『太平洋戦争への道 開戦外交 5
三国同盟・日ソ中立条約』朝日新聞社、1963、21—22 頁。

原因，有田八郎对陆军省主导下的对德同盟交涉，基本上是不反对的。有田八郎担任外相后，在与德结盟问题上，综合了日本陆军省的国防战略思想，确立了以防共为中心的日德同盟交涉策略。

　　尽管有田八郎不反对同德国缔结以苏联为对象的同盟协定，但又同日本陆军省所主张的与德国结成同盟的政策有所不同。有田八郎从当时日本所处的国际形势考虑，反复强调日本应该同德国缔结模糊的协定，主张同德国应该建立"薄墨外交"。有田八郎指出，现在日本同德国的关系如同画山水画一样，如果在一开始就用浓墨勾勒，一旦想修改就很难；如果在最初用淡墨勾画，随着需要再逐步加深，这样到最后就不会有大的障碍。① 这是有田对德外交的"薄墨外交"论。关于对德"薄墨外交"思想，在战后日本外务省举行的以防共协定为中心的日德关系座谈会上，有田八郎的发言可以进一步佐证："我所说的薄墨外交思想，是就日本现在对一些西方国家的外交政策而言的，这就如同画山水画一般，如果在最初就用浓墨去勾画同这些国家的政治关系，一旦想要变更却是很难的，如果最初用淡墨去处理同这些国家的关系，有需要时再进一步加深，就不会有太大的麻烦。日本对德国的同盟关系，要用薄墨方式去处理。"② 从有田八郎的表述可以看出，在日本与德结盟的问题上，有田八郎实际上主张采取"薄墨外交"思想，以此来限定日本同德国的关系。此后，日本同德国就防共协定及在后来的强化防共协定的正式交涉中，对德国采取的都是"薄墨外交"，这也主要是由于广田弘毅、平沼骐一郎和米内光政三届内阁的外相都由有田八郎担任。

　　有田八郎担任外相后，所采取的一项重要措施就是把对德交涉

---

　　① 有田八郎『馬鹿八と人は言う—— 一外交官の回想』光和堂、1959、75—80 頁。

　　② 「防共協定ヲ中心トシタ日独関係座談会記録」（B04013489100）、1949 年 4 月 4 日第一回会談（有田談）日本外務省外交史料館档案（アジア歴史資料センター）『日独伊防共協定関係一件』(B - 0058)。

的主动权从陆军省手中收回，并让日本驻德大使武者小路公共重新归任，在日本外务省的主导下对德进行同盟交涉。有田八郎同武者小路公共多次商讨后，确定对德交涉不拘于陆军省的非正式交涉原则，应由外务省直接根据需要来确定同德国交涉的各项内容，陆军省驻德武官大岛浩对此协助。

1936 年 5 月 8 日，有田八郎给武者小路公共大使发去训电，要求日本现在只能同德国缔结模糊的协定。该训令主要有三项内容：①对德国提出的要求不做正面回答，只是同德国保持在一种模糊关系状态；②同里宾特洛甫进行沟通，探询德国所要缔结同盟协定的具体内容；③同德国外交部中的重要官员进行会谈，了解德国外交部和陆军对日德同盟的态度。① 从有田八郎发给武者小路公共大使的训令内容可以看出，日本外务省主张同德国缔结的只是一种模糊协定。这主要是由于在对德"薄墨外交"思想的指导下，有田八郎主张同德国的关系不要过于亲密，以免把日本卷入欧洲战争。因为日本同德国缔结同盟协定的最大目的是，借助德国的力量在东亚地区形成对苏联的压制，以便日本可以全力解决中国问题。基于以上原因，日本外务省又指示武者小路公共大使在同德国交涉具体问题时，要把日德双方没有确定的事项做淡化处理，并要进一步了解德国外交部及陆军对日德结盟的态度变化。随后，外务省与陆军省进行沟通，由陆军省致电大岛浩，由武者小路公共大使全权负责日德两国的下一步交涉，要求大岛浩将同里宾特洛甫私人交涉的情况向武者小路公共大使说明，并协助驻德大使馆进行交涉。从表面上看，有田八郎成功地将对德交涉的主动权从陆军省手中收回，但这并不意味着日本外务省可以跳过陆军省单独同德国进行交涉，实际上陆军省在对外决策中仍具有很大的发言权。

---

① 「防共協定ヲ中心トシタ日独関係座談会記録」（B04013489100）、1949 年 4 月 4 日第一回会談（有田談）日本外務省外交史料館档案（アジア歴史資料センター）『日独伊防共協定関係一件』(B‐0058)。

关于这一点，当时外务省亚欧局长东乡茂德在他的回忆录中指出："德国同日本缔结同盟协定的诚意，他向来表示怀疑，所以不同意日本同德国缔结同盟协定。虽然有田外相的对德同盟政策与日本陆军的主张有一定的区别，但有一些决策往往在陆军的压制下，有田外相也不得不表示同意。为了同陆军的压制相抵抗，有田外相主张同德国的关系不宜过于亲密，只提倡与德国缔结模糊协定，对德国采取'薄墨外交'政策，这就如同水墨画中的薄墨色调一样。"①

武者小路公共到达柏林后，立即同大岛浩进行会谈，了解大岛浩同里宾特洛甫私人交涉的情况以及德国的意向。随后，武者小路公共与里宾特洛甫进行了会谈，在确定里宾特洛甫希望同日本缔结同盟协定的意向后，向他提出建议，先由德国草拟一份同盟协定。随后，德国就协定向日本提供了一份议定书及附属议定书的草案。这份议定书及附属议定书的草案，被看作《日德防共协定》的原案，是由里宾特洛甫的私人秘书加伍斯起草后，由希特勒修改而成的。当时，加伍斯起草后，便与大岛浩一起去拜见希特勒。希特勒看完协定草案后，提出了具体的修改意见，他认为该协定在发表时既要体现牵制苏联也要达到威迫英法两国的目的。当时，希特勒非常露骨地指出："欧洲此时如同是山间的峡谷，苏联就像峡谷斜坡上的巨石，一旦岩石跌落，峡谷中的居民必将失去生命，德国除了把苏联这块巨石毁灭，别无选择。"②

于是，希特勒便要求加伍斯在草案的前文中，加上反苏和遏制英法的内容。德国所提出的草案的主要内容为：①日德两国防卫的对象为共产国际；②日德两国中的任何一方同苏联开战时，另一方不采取对苏联有利的措施，严守中立；③在反苏的同时，还要对英

---

① 東郷茂德『時代の一面——東郷茂德外交手記』原書房、1985、109—110 頁。
② 鈴木健二『駐独大使大岛浩——ナチス傾斜の急先鋒』芙蓉書房、1979、68 頁。

法两国形成威慑，缔约国任何一方同英法爆发战争时，另一方给予援助。① 从德国拟订的草案内容可以看出，德国希望日德缔结的同盟协定不但要达到反苏的目的，还要达到抑制英法两国的目的，最终想把日本拉入欧洲战争中去。随后，日本驻德大使馆便把德国草拟协定向日本外务省进行汇报。

德国拟定的草案到达日本后，外务省和陆军省之间围绕日德同盟的防卫对象问题展开了激烈论争。有田八郎对德国草案前文中的露骨表述很不满意，他认为如果日本同意德国草案前文中的规定，那么日本就会被迫卷入欧洲战争。于是，有田八郎立即主张在外务省内召开会议，对德国的草案进行讨论。就外务省省内的讨论结果，7月24日，有田八郎在其官邸召开了有陆海外三省首脑参加的会议，主要是想就日德同盟问题在陆海外三省中形成统一意见，并商讨同德国缔结同盟协定的具体内容。其实，这次陆海外三省会议的召开，有田八郎的最大目的就是说服陆军省放弃反对意见，最终达到意见的统一。日本陆军省在对外政策尤其是在日德结盟问题上，始终与外务省存在意见分歧；陆军省一向主张同盟协定所针对的国家既要包括苏联，也包括英法美等国。但是，以有田八郎为首的外务省则主张日德同盟协定的针对方仅限于苏联，不应把英法美等国也列入其中。经过多次的讨论后，外务省和陆军省就日德同盟问题达成如下协议。

第一，由于苏联在中苏边境加大了军事部署，并对中国共产党政权予以支持，给日本的防卫安全造成了严重的威胁，为了确保日本的防卫安全及大陆政策的顺利实施，有必要同德国缔结同盟协定达到对苏联牵制的目的。

第二，日本同德国缔结同盟协定，主要是为了在东亚地区牵制苏联，但不可过分地刺激苏联引发日苏战争。因为日德关系同日苏

① 鈴木健二『駐独大使大島浩——ナチス傾斜の急先鋒』芙蓉書房、1979、68—69頁。

关系相比，日苏关系既复杂又微妙，尤其是日苏两国还有许多"悬案"没有解决，苏联在某种程度上具有一定的主动权，过分地刺激苏联，会对日本的防卫安全产生威胁。

第三，日德两国缔结同盟协定时，也不能过分地刺激英国，日本和英国由于中国及东亚的经济等问题，关系已经非常紧张，如果日本再过分地刺激英国，就无法真正改善日本的国际地位。所以，日本要改善同英国的紧张关系，即便不能真正同英国保持友好关系，也不想将英国变成敌人，这是日本外交的一贯原则。①

在陆海外三省协调的基础上，日本外务省形成了日德同盟协议案，并以训令形式发往柏林大使馆。

以上是德国协定案到达日本后，日本外务省和陆军省、海军省就日德同盟协定问题达成的统一意见。通过上述内容可以看出，日本同德国结盟的最大目的就是利用德国遏制苏联，但又不想过分地刺激英国，仍然希望与英国保持一种友好关系。具体来说就是，日本与德国结盟，利用德国在东亚地区牵制苏联，以便有效地解决中日战争问题，但日本不打算激化与英法美等国的矛盾，尤其是不打算介入欧洲战争。对德国来说，同日本结盟的目的，不仅是利用日本在远东牵制苏联，还借助日德同盟的力量牵制英法两国在太平洋地区的势力，因此把英法等国也列为防卫对象。所以，当日本的训令案到达柏林后，德国非常失望。对希特勒来说，完全没有达到德国所要的效果。德国认为，日德同盟协定的内容只有过于露骨才能在公布时起到预期的效果，但日本却不想与德国的关系过于亲密，也不打算过分地刺激苏联，更不打算使日本与英法美等国的关系过于紧张。正因如此，日德两国围绕同盟协定的各项问题进行了长达4 个月之久的交涉。

通过上述内容可以看出，关于同盟协定的防卫对象，日本和德

---

① 有田八郎『人の目の塵を見る——外交問題回顧録』講談社、1948、279—281 頁。

国一向存在分歧，存在分歧的原因是两国对结盟所要达到的目的不同。对德国来说，不但想利用日本在远东牵制苏联，还想利用日本在太平洋地区牵制英法美等国的势力，使德国可以在欧洲本土上有效地打击英法两国，最终实现称霸欧洲大陆的梦想。对日本来说，一方面，同德国缔结的同盟协定，既要达到牵制苏联在远东的军事力量，又不可过分刺激苏联，因此希望把同盟协定的名称限定在防共的范围内；另一方面，日本不想日德缔结同盟协定后刺激英法美等国，被德国卷入欧洲战争中。这就是有田八郎主张对德"薄墨外交"的实质内容。此外，有田八郎对德"薄墨外交"的主张，还反映了日本外务省旨在把对德同盟交涉的主动权从陆军省手中收回的意图。因此，有田八郎对德的"薄墨外交"思想，可以折射出这一时期日本外交政策的总体走向，那就是既想利用德国缓解孤立的国际地位，又不主张刺激英美苏等国，因此把日德同盟协定定位在防共的层面上。日本外务省传统的外交思想是，不完全脱离英美主导下的国际秩序。[1]　正是基于这一传统外交思想，日本政府中的亲英美派在对德外交策略上，提出了与陆军的亲轴心派思想相抵制的主张，这才是有田八郎对德"薄墨外交"思想的根本用意之所在。

可以说，这一时期以有田八郎为首的日本外务省，在对德外交策略上既想同德国缔结同盟协定，利用德国在东亚地区来对抗英美等国的势力，又不打算过分地刺激英美两国，企图在国际主义和自由主义之间寻求对德结盟的最大化利益。[2]　这也是日本外务省同陆军省在与德结盟意图上相悖的根本原因。

二　日德防共协定的交涉

关于日德同盟的防卫对象问题，从日德两国进行交涉的最初阶段开始，日本外务省、陆军省和海军省就没有达成统一意见。在外

---

① 細谷千博『日米関係通史』東京大学出版会、1995、127—129 頁。
② 佐藤尚武『回顧八十年』時事通信社、1963、374—376 頁。

相有田八郎对德"薄墨外交"思想的指导下，日本外务省主张与德国应该缔结模糊协定。当时，外务省亚欧局长东乡茂德支持有田八郎的对德外交决策。他认为，日本在处理同德国的同盟关系时更要摆正同英国的关系，主张日本同德国缔结同盟协定时，也同英国缔结一份政治协定，以此来缓解同英国的紧张关系。[①]

关于日德同盟的对象问题，陆军省和海军省与外务省的意见分歧很大。陆军省以参谋本部作战课长石原莞尔为代表，从日本的国防战略出发，认为日本国防的重点防御对象是苏联，主张日德两国应该缔结以苏联为防御对象的攻守同盟。陆相寺内寿一也不赞成有田八郎的意见，认为外务省在对待日德结盟问题上对英国过于担心。对日本海军省来说，在确保大陆政策顺利推进的同时，要趁太平洋地区"无条约时代"到来之时，实现南进政策。所以，日本海军省向来把英美两国看作日本实现太平洋地区扩张计划的最大障碍，并把英美两国作为军备竞赛的头号敌人，主张日德同盟协定的对象不但要包括苏联，还要包括英美两国。

关于是否公开发表问题，日本陆海外三省也存在意见分歧。陆军省主张公开发表，认为只有公开发表才会达到预期的效果。外务省不主张公开发表，认为一旦同盟协定及秘密附属协定公开发表，必然会刺激苏联和英美两国，对日本会产生不良的影响。东乡茂德认为德国协定案有三个地方必须更改：一是日德两国就反共产国际进行的情报交换应该有一定的范围；二是协定的期限 10 年过长，应该改为 5 年；三是删除缔约国的外相及高级官员定期会谈一项内容。[②]

为了进一步统一意见，日本外务省、陆军省和海军省首脑再次举行磋商会议，经过激烈的争论后，就日德防共协定的具体交涉内容达成了统一意见，并把日本政府的决定电告柏林的武者小路公共

---

①　東郷茂德『時代の一面——東郷茂德外交手記』原書房、1985、89—90 頁。

②　東郷茂德『時代の一面——東郷茂德外交手記』原書房、1985、109—110 頁。

大使。这次陆海外三省首脑会议所确定的方针，就是日本确定的同德国进行交涉的原则，主要是在德国草案的基础上，重新确定了日本的修正案，也就是日本提出的试行案。该试行案的具体内容如下。

第一，对德国提案中过于露骨的表达方式进行了修改。日本认为德国原案前文中的表述过于露骨地针对苏联，要求将过于露骨的语言删除，使其变成委婉的形式。这样，从表面上来看，日德协定的防卫对象就变成共产主义国家的全体，而不是单指向某一个国家。①

第二，对德国拟定的反共产国际协定原案进行了修改。日本认为按照德国提案的要求两国缔结了同盟协定，一旦泄露出去就会刺激苏联，也给国际社会的不良宣传提供借口，这样会对日本的政治和经济产生大的不良影响。所以，日本要求把日德同盟协定的范围缩小，把协定的范围限定在对共产主义的破坏工作进行情报及对策等必要的意见交换。②

第三，对德国提案中的附属政治协定进行了修改。德国提案中第一条规定，"日德任何一方同苏联开战时，另一方应严守中立，不采取对苏联有利的任何措施"，日本认为如果日德两国在对苏问题上同时有利，就没有必要附加任何条件，如果仅规定所承担的消极义务，对双方也没有太大的约束力，还要承受不必要的消极影响。所以，日本认为德国提案中的日德两国中任何一方"成为威胁或攻击对象时"范围过大，将其改为"受到挑衅性攻击或威胁时"。③

---

① 「防共協定締結問題」（B04013487400）、「日独間における政治協定締結問題」日本外務省外交史料館档案（アジア歴史資料センター）『日独伊防共協定関係一件』（B－0056）、161 頁。

② 「防共協定締結問題」（B04013487400）、「日独間における政治協定締結問題」日本外務省外交史料館档案（アジア歴史資料センター）『日独伊防共協定関係一件』（B－0056）、162 頁。

③ 「防共協定締結問題」（B04013487400）、「日独間における政治協定締結問題」日本外務省外交史料館档案（アジア歴史資料センター）『日独伊防共協定関係一件』（B－0056）、162 頁。

第四，日本认为在德国提案中把日德的防卫对象明确指向苏联过于明显，将德国提案中所有"苏联"的字样全部改为"第三国"，并在第一条第二项中加上"如果受到第三国的挑衅性攻击或威胁，缔约国有义务对采取的防卫措施进行协商"。①

第五，删除了德国附属政治协定中的第二条。德国提案中第二条内容是"日德两国中的任何一方同苏联缔结违背日德防共协定精神的政治协定时，需要事先征得另一方的同意"。②

以上就是日本对德国提案进行修改后所确定的试行案。7 月 31 日，日本外务省将修改后的试行案电告驻柏林大使馆，要求武者小路公共大使按照此训令同德国进行交涉。从 1936 年 8 月开始，日德两国就同盟协定的一些焦点问题进行了近 4 个月的交涉。

日本外务省训令案到达柏林，武者小路公共便同里宾特洛甫进行交涉。对日本试行案中所提出的协定期限由 10 年改为 5 年，将协定前文中的过激性词语改为委婉性语言，将附属政治协定第一条中的"成为威胁或攻击对象时"改为"受到挑衅性攻击或威胁时"等意见，德国最后全部做出了让步。

但是，关于德国提案的第二条中的"日德两国中的任何一方同苏联缔结违背日德防共协定精神的政治协定时，需要事先征得另一方的同意"，德国从自身利益考虑不主张删除这项内容。德国认为，日德防共协定在最初交涉时的防卫对象为苏联，但最终协定是以共产主义为对象，以反共产国际协定命名的，这就不是特指苏联，在这种情况下，不应该废除德国与苏联在 1922 年缔结的《拉巴洛条约》和 1926 年缔结的《柏林中立条约》。德国之所以不同

---

① 「防共協定締結問題」（B04013487400）、「日独間における政治協定締結問題」日本外務省外交史料館档案（アジア歴史資料センター）『日独伊防共協定関係一件』（B‐0056）、162 頁。

② 「防共協定締結問題」（B04013487400）、「日独間における政治協定締結問題」日本外務省外交史料館档案（アジア歴史資料センター）『日独伊防共協定関係一件』（B‐0056）、162—163 頁。

意废除上述两个条约，主要是由于德国虽然撕毁了《凡尔赛和约》和《洛迦诺公约》，并进行了再军备计划，使军事力量不断扩大，但德国现有的军事实力同苏联相比相差很远。① 另外，法国为了对抗德国，于 1935 年 5 月同苏联缔结了为期 5 年的互助条约。对德国来说，如果法国和苏联联合起来对德国发动战争，德国目前的军事实力是难以应对的。基于以上原因，德国不主张废除与苏联所订立的《拉巴洛条约》和《柏林中立条约》。

日本却坚持要废除德国与苏联缔结的《拉巴洛条约》和《柏林中立条约》。日本认为，日德之间一旦缔结了同盟协定，就等于自动废除了苏德之间所缔结的这两个条约。如果这两个条约在日德缔结同盟协定时仍然有效，而德国提案中却规定"日德两国中的任何一方同苏联缔结违背日德防共协定精神的政治协定时，需要事先征得另一方的同意"，等于日本同苏联就渔业、边境和经济等问题所进行的交涉和协议都需要征得德国的同意，这就意味着日本在对苏问题上与德国不是处在平等的地位，所以坚决反对德国提案中关于这一项的规定。于是，武者小路公共与里宾特洛甫围绕上述焦点问题再次交涉。

武者小路公共与里宾特洛甫开始交涉时，德国并不肯让步。日本驻德大使馆立即把德国的这种坚决态度向外务省进行汇报。于是，有田八郎任命东北亚局第三课长柳井恒夫为驻柏林参事官，带着外务省新的训令案前往柏林。日本外务省这次的训令案针对德国的提案制定了三个方案，在这三个方案中，日本的策略是如果德国仍然坚持提案中第二条"日德两国中的任何一方同苏联缔结违背日德防共协定精神的政治协定时，需要事先征得另一方的同意"，日本在交涉过程中所要达到的目标主要有以下三个：一是在对苏问题上日本要保留最大的自主权；二是要使德国放弃提案中第二条的

---

① 読売新聞社編『昭和史の天皇 20 日独伊防共協定』読売新聞社、1981、356 頁。

规定，并最大限度地废除德国同苏联所缔结的两个条约；三是如果德国坚持不删除提案中第二条"日德两国中的任何一方同苏联缔结违背日德防共协定精神的政治协定时，需要事先征得另一方的同意"这一项内容，日本就要对同盟协定重新进行修改，使日本同苏联之间的渔业、边境和一些经济问题的协议不受日德同盟协定的约束。①经过激烈的争论后，德国在提案的第二条款上做出了让步。

日德两国交涉的另一焦点问题就是日德同盟协定是否公开发表。德国的想法是希望日德同盟协定公开发表，并且防卫对象从表面上来看是针对国际共产主义，实际上协定的对象不但包括苏联，也包括英法美等国在内。对于德国的这种意见，日本陆军省向来是比较支持的。日本陆军省主要是从北进战略的实施来考虑，坚持在国防安全上以防范苏联为主，所以同意德国的意见。但是，以有田八郎外相为首的外务省却担心协定一旦公开发表，一定会引起苏联的戒备，也会影响日苏正在进行的渔业及边境问题的谈判。基于以上考虑，日本外务省不主张日德同盟协定公开发表，并致电柏林大使馆，要求武者小路公共大使按照外务省的意图行事。

武者小路公共接到东京训令后，立即同里宾特洛甫就同盟协定的公开发表问题进行交涉。武者小路公共在"二战"后日本外务省举行的日德防共协定座谈会的回忆中指出，当时德国的意见主要体现在以下两个方面：一是在同盟协定的防卫对象上，当时德国的态度就是不仅把苏联作为防卫对象，同时也包括英法美等国，希特勒和里宾特洛甫就是想刺激苏联，打算尽量使日德同盟协定案的内容按照德国最初的提案来进行；二是在同盟协定公开发表问题上，德国的想法就是要使日德同盟协定公布于众，在世界范围内形成反共潮流，使反共同盟不断壮大，德国之所以主张同盟协定案的内容

---

① 「防共協定ヲ中心トシタ日独関係座談会記録」（B04013489100）、1949 年 4月 4 日第一回会談（有田談）日本外務省外交史料館档案（アジア歴史資料センター）『日独伊防共協定関係一件』（B – 0058）。

公开发表，是因为德国认为日德同盟协定针对的对象实质就是苏联，公开发表与不公开发表的效应是一样的，而且，一旦情报泄露，也不会引起更大的问题。[①] 经过武者小路公共与里宾特洛甫的再次协商，决定日德同盟协定的名称为《反共产国际协定》，并且公开发表，而附属政治协定和秘密协定不公开发表。

三　日德缔结防共协定

日德两国就同盟协定的焦点问题初步达成统一意见后，1936年11月13日，日本枢密院就日德防共问题召开第一次审查会，有田八郎代表外务省就日德防共协定的交涉过程进行了说明。其要点如下：苏联不断在远东地区加强军备给日本国防安全带来了危机；共产国际运动已经从欧洲渗透到东亚，并蔓延到外蒙古、新疆和中国内地，共产国际运动搅乱了现在国家的安宁及国际的和平；苏联加大了对远东的武力压迫，尤其是共产国际运动直接给日"满"两"国"的安全带来了威胁，也成为日本东亚政策实施的最大障碍，眼下日本对外政策的重点就是挫败苏联对东亚的侵犯企图，并阻止共产国际运动的渗透，通过外交手段实现充实国防的目标；1935年7月，共产国际召开了第七次世界大会，并以日本和德国作为主要敌人结成统一战线，日德两国从相同的立场出发，在国防及防共对策上相互提携；当前日本的首要目标是与德国相互提携，武者小路公共大使归任时已经探知德国很希望同日本结盟，武者小路公共大使已经将日本最后的协议案向里宾特洛甫进行了说明；要重点说明的是由于苏联不断在日"满"苏边界挑衅滋事，但由于日苏之间尚有许多问题需要解决，故日德间的同盟协定以牵制苏联为最大目的，且不可过分刺激苏联，在防共协定条款中也要注意措

① 「防共協定ヲ中心トシタ日独関係座談会記録」（B04013489100）、1949年4月4日第一回会談（武者小路談）日本外務省外交史料館档案（アジア歴史資料センター）『日独伊防共協定関係一件』（B-0058）。

辞，避免直接针对苏联，在附属协定及附属文书中都要按照以上的原则来处理。①

日本和德国经过 4 个月左右的交涉，于 1936 年 11 月 25 日缔结了以防共为名，实则是以苏联为对象，并防范英法美等国的同盟协定。这个协定由《日德反共产国际协定》、《反共产国际协定附属议定书》和《反共产国际协定秘密附属协定》三个部分组成，也就是历史上有名的日德防共协定，具体内容如下。

日德反共产国际协定

"日本帝国政府及德国政府认为共产国际（第三国际）之目的在采取一切手段以破坏及威胁现存的国家，深信忽视共产国际对各国国内关系的干涉，不但将危及国内安定和社会福利，且将威胁全世界之和平。"② 日、德为协力防止共产主义破坏，协议如下：

"第一条　缔约国约定对共产国际的活动互相通报，并协议有关必要的防卫措施，且紧密合作，以完成上述举措。

第二条　缔约国对于因共产国际的破坏而使国内安宁受到破坏的第三国，根据该协定的宗旨，将采取防卫措施和邀请其加入该协定。

第三条　本协定采取日文和德文两种文本，自签字之日起生效，期限为五年。缔约国在该期限未满之适当时期，就两国的今后合作方式进行协议。

下列签字者经各自本国政府正式授权，于本协定上签字盖

① 「日獨防共協定樞密院第一回審查委員會に於ける有田外相説明」日本外務省編『日本外交年表竝主要文書』（下）原書房、1965、351—352 頁。

② 「共産インターナショナルに対する日独協定」（1936 年 11 月 25 日）日本外務省編『日本外交年表竝主要文書』（下）原書房、1965、352 頁。

章，以昭信守。"①

日本帝国特命全权大使　武者小路公共

德国特命全权大使　约阿希姆·冯·里宾特洛甫

一九三六年十一月二十五日于柏林

反共产国际协定附属议定书

当本日反共产国际协定签字盖章之际，下列全权代表协议如下：

甲 两缔约国之当局关于交换有关共产国际活动的情报，对共产国际的揭发和防卫措施，应紧密合作。

乙 两缔约国的当局者对于国内外，不论是直接或间接服务于共产国际或助长其破坏的工作者，应该在现行法律之范围内，采取严格的措施。

丙 为便于甲项所规定两缔约国当局者合作起见，应该设立常设委员会，对于防止共产国际破坏工作所必要的其他防卫措施，应该由该委员会商讨协议。

日本帝国特命全权大使　武者小路公共

德国特命全权大使　约阿希姆·冯·里宾特洛甫

一九三六年十一月二十五日于柏林②

反共产国际协定秘密附属协定

大日本帝国政府及德国政府确认，苏维埃社会主义共和国联邦政府为实现"第三国际"之目的，且运用军事之力量，以上之事实不但对协约国之存在乃至整个世界之和平造成深刻之威胁，为了维护共同之利益，协议如下：

---

① 「共産インターナショナルに対する日独協定」（1936 年 11 月 25 日）日本外務省編『日本外交年表竝主要文書』（下）原書房、1965、353 頁。

② 「共産インターナショナルに対する協定の附属議定書」（1936 年 11 月 25 日）日本外務省編『日本外交年表竝主要文書』（下）原書房、1965、353 頁。

第一条：协约国中任何一方受到苏维埃政府非挑衅性攻击或攻击性威胁时，其他协约国不采取任何有利于苏联的举措。

一旦上述情况出现时，缔约国立即协商为维护共同利益而采取必要措施。

第二条：缔约国在本协定有效期间内，双方未经彼此同意，不得与苏联缔结违背本协定精神之政治协定。

第三条：本协定日文和德文文本具有同等效力。本协定与本日缔结的《反共产国际协定》同时生效，且为同一有效期。

下面签字者由本国政府授权于本协定签字盖章，以昭信守。

日本帝国特命全权大使　武者小路公共

德国特命全权大使　约阿希姆·冯·里宾特洛甫

一九三六年十一月二十五日于柏林①

以上是日德防共协定交涉的大体过程和主要内容。从上述内容可以看出，日德防共协定有以下几个特点。

第一，从日德同盟协定的防卫对象上来看，表面没有明确提出针对某一个国家，主要是对共产国际的破坏和威胁而进行的防卫，实际上同盟的对象是苏联，打着防共的旗号把真实的防卫对象加以掩盖。

第二，在日德防共协定的秘密附属议定书中又明确规定了日德两国在军事情报的搜集和交换等方面进行协助的义务，并要对苏联进行共同防卫。这已经充分说明日德防共协定就是针对苏联及一些妨碍日本和德国侵略扩张的国家。

第三，关于日德同盟关系的定位问题及日德防共协定的性质问

---

① 「共産インターナショナルに対する協定の秘密附屬議定」日本外務省編『日本外交年表並主要文書』（下）原書房、1965、353—354 頁。

题，国内外学界存在争议。在日本学界，一般认为从日德缔结防共协定到三国军事同盟的形成，日本和德国的同盟关系没有实质性的进展，并把日德防共协定的性质界定在政治范畴，否定日本对德军事同盟政策的阶段性变化特点，抹杀日德同盟的军事性质。[①] 的确，日德防共协定同三国军事同盟相比，无论是在防卫对象上还是在参战义务上，都显得比较模糊。但是，日德防共协定缔结后不久，日本同德国就日德防共委员会、情报交换和航空军事提携等问题进行了交涉，尤其是在防共协定扩张构想的实施上，其性质都远远超越了所谓的政治范畴的界限。

所以，在考察日德防共协定的性质时，不应将其作为一个孤立事件来进行分析和判断，要将其放到1936—1941年日本对德政策的整体过程中进行全面考察，因为这一时期日本对德同盟政策随着日本对外侵略扩张计划的不断演变而呈现出不同的阶段性特点。日本同德国缔结防共协定目的就是要对抗苏联远东地区的军事压制，并达到对英法美等国进行牵制的目的。为了在国际社会上形成一股强大的反共产国际的势力，日德两国又对意大利、伪满洲国、匈牙利、西班牙等国发动外交攻势，将其纳入日德防共协定体系当中，使防共协定体系在国际上得到进一步扩张，其最终目标是在世界范围内形成一种强大的防共体系，来对抗英法美等操纵下的凡尔赛－华盛顿体系。有关日德防共协定的扩张问题，是以往国内外学界没有深入研究的重要课题。日本学者之所以将日德防共协定界定在所谓的政治范畴之内，其目的在于否定日德防共协定的军事性，从而也否定了1936—1941年日本对德同盟政策的连贯性。

---

① 鹿島平和研究所編『日本外交史21 日独伊同盟・日ソ中立条約』鹿島平和研究出版会、1971、74頁；日本国際政治学会太平洋戦争原因研究部編『太平洋戦争への道 開戦外交5 三国同盟・日ソ中立条約』朝日新聞社、1963、54—55頁。均认为日德缔结防共协定至1938年，日德同盟关系没有实质性的进展。

第三节　日德航空协定与防共协定的扩张

对防共协定缔结后的日德同盟关系及防共协定性质的考察，是研究 1936—1941 年日本对德同盟政策的重要内容。日本有一些学者认为日本和德国缔结防共协定后，两国的关系并没有实质性的进展，把日德防共协定的性质界定在政治范畴之内否定其军事性质。其实，1936—1941 年日本对德同盟政策是随着日本的对外扩张战略的不断演变而变化的，并具有连续性和一贯性。任何把日德防共协定从日本对德同盟政策整体中抽离出来进行评价的观点，都是片面的有偏颇性的。在国内，关于日德防共协定的性质问题也存在着是不是军事性质的争议。[①]

关于日德防共协定性质问题的考察，除了要全面梳理日德两国在防共协定交涉过程中的战略思想和战略目的，还要对日德防共协定缔结后的扩张构想和国际效应进行全面分析，并把这一重要历史事件放到 1936—1941 年日本对德同盟政策的整体过程中进行阐释，才能真正揭示问题的本质。关于这一问题，本节重点从日德两国的军事委员会设置、军事情报交换、航空提携和防共协定的扩张问题进行全面阐述，以此对防共协定缔结后的日德同盟关系做出全面分析和判断。

---

① 宦乡在《纪念反法西斯战争胜利四十周年——为〈世界历史〉纪念世界反法西斯战争胜利四十周年专刊而作》（《世界历史》1985 年第 9 期）一文中认为，1936 年 11 月日德缔结防共协定及 1937 年 11 月意大利的加入，标志着三国军事同盟正式形成，是第二次世界大战集中形成和爆发的标志，由此引起了学术争鸣。郑寅达在《反共产国际协定是第二次世界大战集中形成和爆发的标志吗——与宦乡同志商榷》（《世界历史》1986 年第 6 期）一文中认为，防共协定是缔约国为了摆脱国际地位孤立状态，在利用西方政治集团反共反苏本性的基础上打出的反共口号，而不是争夺世界霸权的宣战书和以发动世界战争为直接目的的同盟条约。

一　日德亚欧航空合作计划

从表面上看，日德防共协定是针对共产国际的破坏活动所进行的防卫协定，并在对外发表时将其设计为政治协定，这只不过是日德两国为了掩盖日德防共协定的军事性质的一种手段。其实，日德防共协定缔结之前，日德两国的陆军为了达到控制中国航空的目的，已经就航空提携进行了交涉。1935 年 11 月 30 日，德国航空工业联盟日本代表卡伍曼访问了满洲航空会社①，提出了欧亚航空公司与日满航空会社提携计划，目标是通过日德联合控制欧亚的航空运输。卡伍曼达到奉天时，由克普担任团长的德国经济代表团正在访问"满洲国"。卡伍曼这次访问满洲航空会社的目的就是在德国陆军的授意下，希望与满洲航空会社就中国的航空问题进行交涉，并就建立亚欧航空公司问题同满洲航空会社的儿玉常雄副社长交换意见。在会谈期间，卡伍曼与满洲航空公司就如下问题进行了会谈：航空合作中的日德中三国地位问题，日本作为东亚的中心在航空合作中掌握主动权，德国在享受权利的同时负责提供技术支持，对中国来说是比较重视体面的，这一点要充分考虑；合作的主旨是德国提供器材并进口伪满洲国的大豆，亚欧航空公司与满洲航空会社进行合作；合作的目标是亚欧航空公司与满洲航空会社联合控制"满洲国"及中国广大地区的航空网，实施技术及组织统制；日本进入中国航空的方法，一种是通过亚欧航空公司进入（有四种方案：一是亚欧航空公司与满洲航空公司进入的方案，二是通过亚欧航空公司投资的形式，日德中三国各投入 1/3 的股份的方案，三是

---

①　满洲航空会社是满洲航空株式会社的简称，是关东军以军事运输为目的设立的会社，成立于 1931 年 9 月 26 日。当时，关东军在奉天的日本航空运输满洲代表处的基础上，开设了连接中国东北内部的军用定期航线的关东军军用定期航空事务所，后改名为满洲航空株式会社。该会社不是单纯以营利为目的的民间航空公司，除了一般民用旅客运输、定期货物运输、军事定期运输，重点还负责军事测量和勘察、检测和飞机制造等。1945 年日本投降，该会社也随之解散。

通过向亚欧航空公司借款并以此作为担保的方案，四是借款与投资并行的方案），一种是在中国华北地区设立新的会社，作为满洲航空会社的姊妹会社；由德国经济代表团提出亚欧航空公司和满洲航空会社从德国购入器材的方案；关于投资额，一年按照飞行 150 万千米需要投资 600 万日元计算，日德中三国各投入 1/3 的股份；另需要在亚洲公司的借款形式、中日间政治问题解决方法、华北航空会社的设立及德意志航空公司的介入、"满洲国"航空公司技术结构的设置、航空网的范围、器材装备、资本补偿等问题进行协调。①

在这次会谈的基础上，形成了《关于亚欧航空公司问题卡伍曼提案备忘录》，该备忘录大体内容如下。第一，德国为满洲航空会社提供最新的航空器材，德国的汉莎航空公司作为亚欧航空公司的股东与满洲航空会社进行合作。第二，满洲航空会社经营华北、华南的空中交通，亚欧航空公司将来由德国人、日本人和中国人共同经营，并通过向日本借款的方式融入日本资金，日本加入亚欧航空公司所得到的利润主要用于扩展交通、购买器材；华北航空会社作为满洲航空会社的姊妹会社，在日本的支配下，负责中国华南的航空飞行；在德"满"经济协定的范围内与华北航空会社根据所需从德国购入飞机、发动机及机上装备品。第三，航空网包括：哈尔滨—新京—奉天—天津—北平约 1500 公里；奉天—承德—北平—太原—西安约 1500 公里；上海—南京—开封—西安—兰州约 2000 公里；广东—长沙—汉口—开封—北平约 2000 公里。②

针对卡伍曼的提案，关东军参谋总长西尾寿造致电陆军次官古

① 日本防衛省防衛研究所档案（アジア歴史資料センター）「支那航空日独提携に関する独乙側の提案並之に関する意見の件」（C01004224200）、關參 1 發第 2211 號、1935 年 12 月 14 日、1308—1312 頁。

② 日本防衛省防衛研究所档案（アジア歴史資料センター）「支那航空日独提携に関する独乙側の提案並之に関する意見の件」（C01004224200）、關參 1 發第 2211 號、1935 年 12 月 14 日、1314—1317 頁。

庄干郎，把关东军的意见进行了汇报：关于在华北地区开设华北航空会社，关东军表示将与华北地方政权进行交涉，利用亚欧航空公司的便利条件促成合办会社的成立；关于大豆与航空器材交换的问题，关东军认为大豆是伪满洲国主要经济作物，应采取一石二鸟的方法妥善解决；关于满洲航空会社与德国合作的问题，事关日本航空工业的独立及兵工厂的培养问题，希望军部迅速拿出对策。① 从关东军给军部汇报的态度来看，关于日德两国联合控制亚欧航空的问题，日本军部从进一步侵略中国战略上考虑基本上是接受卡伍曼提案的，但日本同时也希望培养独立的航空工业和兵工厂。

这样，围绕亚洲航空合作问题，日德两国开始进行交涉。1936年12月15日，日本陆军次官给驻德武官大岛浩发《关于满德航空合作协定要纲》训电，告知陆军大臣指示大岛浩全权负责日德航空合作交涉事宜，并要求保证日本陆军省的权益。该要纲的具体内容如下。第一，协定的形式有三种，一种为加入亚欧航空公司协定，一种是亚欧联络运输协定，一种是购入百万航空器材永远备忘录。第二，加入亚欧航空公司协定的要点有：德意志航空公司和惠通航空公司作为日德双方的代表，德意志航空公司允许惠通公司在北平、郑州、西安、兰州、宁夏、包头之间及郑州与上海之间定期航行；惠通公司在上述航线之外进行航行时，需要与亚欧航空公司直接进行交涉；德意志航空公司同意惠通公司代表中国在亚欧航空公司中承担1/3的资金，但将来中国不能支付上述资金时，由德国和日本按照投资额的比例进行分担；惠通公司加入亚欧航空公司航路及从德国购买器材时，需要与德意志航空公司协商。② 第三，开设柏林、希腊、伊拉克、阿富汗、西安、新京、东京之间的航线。

①　日本防衛省防衛研究所档案（アジア歴史資料センター）「支那航空日独提携に関する独乙側の提案並之に関する意見の件」（C01004224200）、關参1発第2211號、1935年12月14日、1341頁。

②　日本防衛省防衛研究所档案（アジア歴史資料センター）「欧亜航空協定に関する件」（C01004330400）、陸密第1244号、1936年12月15日、1516—1519頁。

第四，由日本驻德武官代表陆军大臣与德国航空司令或代理人签字。[1]

以上是日本陆军省给驻德武官大岛浩训令案的主要内容。从上述内容可以看出，这是一条横贯亚洲连接柏林与东京的庞大的航空军事计划，承担这一航空计划的分别是德意志航空公司、满洲航空会社和惠通航空公司。这条航空路线曾被日本侵略者誉为空中丝绸之路。[2] 从陆军省制定的日德亚欧航空协定要纲中可以看出，实际上日德亚欧航空协定主要由加入亚欧航空公司协定、亚欧航空联络运输协定、购入器材协定等三个协定构成。在经费方面，日本每年需要向德国出资 100 万日元，用于购买航空设备。按照规定，在1937 年开始进行空中试飞，1938 年全面启动日德航空计划。

以上是防共协定缔结后，日德两国就亚欧航空合作计划进行交涉的大体情况。从上述内容可以看出，日德亚欧航空计划已经远远超出了日德防共协定条款中所规定的界限，并不单纯为了防范共产主义的破坏运动，是日德两国从各自的战略目的出发进行的交涉，并带有明显的军事性质。因此，在对日德防共协定进行评价时，不应仅局限于协定的内容，还要从协定缔结后日德两国的军事情报交换、防共协定扩张等问题入手进行分析，这样才能对防共协定缔结后日德关系的实态做出清晰的判断。关于这一点，应该从以下几个方面进行分析。

首先，从日德亚欧航空合作计划中所开设的航空路线来看，从柏林至东京横贯亚洲大陆，涉及的国家多达十几个，并把亚洲许多国家纳入这条航线中，是一个规模空前庞大的军事航空路线。一旦此航线开通，必将会有许多国家成为日德两国的侵略对象。

其次，从日德两国交涉的主体对象来说，已经说明日德亚洲航

① 日本防衛省防衛研究所档案（アジア歴史資料センター）「欧亜航空協定に関する件」（C01004330400）、陸密第 1244 号、1936 年 12 月 15 日、1514—1515 頁。

② 読売新聞社編『昭和史の天皇 20 日独防共協定』読売新聞社、1981、409 頁。

空合作计划带有明显的军事侵略性质。日本是在陆军大臣授意下委派驻德武官大岛浩作为代表，同德国陆军进行交涉，而德国虽然打着"满洲国"经济使节团的旗号，但最终起决定作用的仍然是德国的陆军。所以，防共协定缔结后日德两国在亚欧航空合作计划中的交涉，已经完全暴露了日德防共协定的军事性质。

再次，日德亚欧航空合作计划后来虽然由于日本发动全面侵华战争暂时搁置下来，直到1938年11月两国才正式缔结了亚欧航空协定，但日德两国从未放弃航空军事合作计划。正是在亚欧航空公司的支持下，日本不断从德国购入军事航空器材及设施，尤其在军事飞行技术方面也得到了德国的大力支持，这就为日本在侵华战争中动用大批军用航空飞机对中国展开大肆轰炸提供了一定的技术支持。

二　日德军事情报交换

设立日德常设委员会，是防共协定缔结后日德两国在反苏防共方面采取的一项重要措施。《反共产国际协定附属议定书》中明确规定，日德两国要成立常设委员会，负责对共产国际的活动进行情报交换，对共产国际的破坏工作进行揭发和防卫，对直接或间接服务于共产国际的工作者通过现行之法律采取严厉措施。于是，在日德防共协定缔结后的第二天，日德两国便开始策划成立日德常设委员会，负责协调日德两国的情报交换和航空提携计划。但是，日德常设委员会进行了一年多的交涉，至1938年春天东乡茂德担任驻德大使后，才正式召开了第一次委员会议。该委员会的成员主要由日德两国的外交人员组成，随着对苏联获取军事情报的需要，两国的警察和特务人员也参与其中。按照规定，分别在东京和柏林设有常设委员会，由两地互派人员负责军事情报的转发工作。日本在柏林负责对苏联军事情报搜集的主要是大岛浩，日本陆军省又派遣擅长军事间谍活动的陆军中佐臼井茂树和大佐马奈木敬信对大岛浩进行协助。德国方面的主要负责人是里宾特洛甫，在里宾特洛甫之下专门负责情报搜集工作的是德国国防部警察厅长希姆莱①。可见，日德两国的常设委员会其实是在防共的名义下，对苏联进行军事情报搜集的间谍机构。

对苏联进行军事情报的搜集和交换，是防共协定缔结后日德两国在反苏防共方面采取的另一项重要措施。为了加强对苏联的军事防卫，在日德常设委员会还没有正式成立时，日德两国已经开始搜集苏联的军事情报。防共协定缔结后，日德两国就分别在大岛浩和里宾特洛甫的主导下，于 1937 年 6 月，缔结了对苏军事情报交换协定。该协定主要是在对苏联军事情报交换及对白俄罗斯的叛乱活动方面两国相互支援，最终目的是将来对苏联采取军事行动。为了获取苏联的军事情报，日本参谋本部向德国派遣了一批专门从事军事间谍情报工作的专业人员。其中，最著名的是陆军省的臼井茂树和马奈木敬信。② 关于日本参谋本部向德国派遣军事间谍的情况，大岛浩在远东国际军事法庭做了详细的供述。从大岛浩的供述来看，这些向德国派遣的军事间谍单独接收参谋本部的指令，获取苏联的军事情报，最终的目的是便于将来对苏联采取军事行动。军事情报获得的手段主要是收买散布在柏林、华沙等地的白俄罗斯人。一般而言，由日本参谋本部制定对苏联的军事情报获取计划，然后直接由臼井茂树和马奈木敬信接收指令，再由臼井茂树和马奈木敬信将任务分派给其下属，然后再把情报汇集给大岛浩，再由大岛浩发送到日本参谋本部。③

日本参谋本部获取苏联军事情报之所以要利用白俄罗斯，主要

---

① 海因里希·鲁伊特伯德·希姆莱是纳粹德国的法西斯战犯，亲卫队（SS）特务头子，是纳粹德国对苏联东方计划的支持者和倡导者，参与屠杀犹太人，被称为德国最大的刽子手。

② 鈴木健二『駐独大使大岛浩——ナチス傾斜の急先鋒』芙蓉書房、1979、91—93 頁。

③ 「大岛浩訊問調書」極東国際軍事裁判所編『極東国際軍事裁判速記録』第 74 号、法廷書証 487 号、検察文書 2157 号－B 雄松堂書店、1968、2—5 頁。

是由于当时白俄罗斯人为了反对苏联政权而结集在欧洲各地，不断制造反苏事件。关于白俄罗斯人制造的反苏事件，日本驻苏联大使馆的陆军武官明石元二郎曾经指出："苏联政权内部的白俄罗斯人绝大部分是反对苏维埃政权的，他们遍布欧洲各地，不断策划推翻苏维埃现行政府的独立运动。"[1] 日本参谋本部就是不断利用这一点，通过收买白俄罗斯人来获取苏联的军事情报。为了便于交换对苏联的军事情报，日德两国在西伯利亚和柏林的市郊都设有间谍专门联络站。这些军事间谍除了搜集苏联的军事情报，还利用当地的白俄罗斯人不断印刷反苏情报。日本主要是由臼井茂树和马奈木敬信负责，德国主要由里宾特洛甫和希姆莱负责。这些军事间谍把获得的苏联军事情报源源不断地通过大岛浩和里宾特洛甫汇报给日本和德国的陆军，以便于对苏联采取军事防卫措施。日本参谋本部每年支持国外的间谍活动经费为 38 万日元，德国为 10 万马克。[2]

　　日本曾向苏联的邻国波兰、爱沙尼亚、立陶宛、土耳其等派出的间谍人员每年多达 30 人。这些间谍不仅搜集苏联的军事情报，还参与和谋划暗杀苏联领导人活动。防共协定缔结后不久，为了进一步提升日德同盟关系，大岛浩与希姆莱就苏联军事情报的交换问题进行策划，利用苏联内部白俄罗斯人的反苏情绪制造混乱，并谋划了暗杀斯大林的行动。希姆莱在备忘录中曾揭露由大岛浩秘密策划的多起对苏联的间谍活动，主要有以下几个方面：日本要求进一步强化同德国的同盟关系，对苏联的间谍活动范围确定在乌拉尔山和高加索一带，其目的是将来对苏联发动军事进攻；大岛浩曾秘密指使 10 名身怀炸弹、长期从事间谍活动的白俄罗斯人从高加索潜入苏联境内，执行对斯大林的暗杀任务，任务失败后这些白俄罗斯人在苏联境内全部被绞杀；大岛浩还雇用 6 名白俄罗斯人，在柏林市郊的一个秘密地点

　　① 鈴木健二『駐独大使大岛浩——ナチス傾斜の急先鋒』芙蓉書房、1979、93—95 頁。

　　② 鈴木健二『駐独大使大岛浩——ナチス傾斜の急先鋒』芙蓉書房、1979、95 頁。

印发反苏情报，这些情报经由波兰送往苏联。[①] 希姆莱在其备忘录中记录的大岛浩对苏联的间谍活动，在远东国际军事法庭审判中，除了暗杀斯大林大岛浩矢口否认，其余的大岛浩全部承认。[②]

　　以上就是防共协定缔结后，日德两国对苏联进行的军事情报交换和间谍活动的一些情况。由于日德两国对苏联的军事间谍情报具有严格的保密性，加之一些具有佐证性质的原始材料或被大量销毁或被永久地加以保密，整理和调查日德对苏情报交换资料时也会发现很多原始档案不是连续的，而在远东国际军事法庭审判的原始记录中保留了大量当事人的证言和证词，这些原始档案的公开，为还原这一时期的历史原貌提供了重要线索。所以，关于日德对苏联军事情报的交换问题，还有待进一步挖掘原始档案资料，以便对日德防共协定缔结后的两国关系进行更为全面的分析和阐释。

三　日德防共协定的扩张

　　如上所述，日本同德国缔结防共协定的真正目的，一是希望利用德国的力量在东亚地区牵制苏联，进一步达到侵略中国的目的；二是企图借助日德同盟的力量在太平洋地区形成对英法美等国的压制，从而实现太平洋地区扩张计划。所以，日德防共协定订立后不久，日德两国便开始策划防共协定在其他国家的扩张，理由是《日德反共产国际协定》第二条明确规定，缔约国对于因共产国际的破坏而使国内安宁受到破坏的第三国，根据该协定之精神采取防卫措施并邀请其加入该协定。于是，日德两国便向意大利、西班牙、匈牙利、英国、荷兰、希腊、伪满洲国等发起外交攻势，不断通过政治利诱等一系列手段，向这些国家发出结盟信号，要求这些国家加入防共体系当中，希望在国际上形成一个强大的防共阵营。

---

　　① 「ヒムラ-覚書」極東国際軍事裁判所編『極東国際軍事裁判速記録』第 74号、法廷書証 489 号、検察文書 533 号雄松堂書店、1968、3 頁。

　　② 「大岛浩訊問書」極東国際軍事裁判所編『極東国際軍事裁判速記録』第 74号、法廷書証 487 号、検察文書 2157 号 – B 雄松堂書店、1968、4—5 頁。

对日本来说，如果这些国家加入防共协定，就可以在国际上形成一种防共体系，一方面可以改善其国际地位孤立的局面，另一方面又可以在东亚地区钳制苏联，使日本进一步实现侵略中国的目的。同时，也可以在太平洋地区形成对美国的压制，从而实现日本太平洋地区的扩张计划。

日本扩大防共体系的首要目标是英国。其实，在日德防共协定进行交涉阶段，日本希望日德缔结防共协定的同时，使日英两国的关系也能够得到改善，并希望把英国也纳入防共体系当中。所以，有田八郎在给柏林大使馆的训电中，再三强调同德国进行防共协定交涉时要采取两手准备。1936 年 7 月 24 日，广田弘毅内阁召开陆海外三相会议确立对德交涉方针时，确定了一石二鸟的外交策略，明确提出要把英国也纳入防共体系当中，从而使日趋紧张的日英关系得到改善。① 在此次会议的基础上，日本外务省制定出了对英国交涉草案，在这份草案中日本的目的非常明确，就是把英国拉入日德防共体系当中，以期缓和日趋紧张的日英关系。该草案明确指出："日德提携应消除列国的不安，特别是要消除英国不安。眼下日英关系因中国及经济等问题已经很不友好，为了改善我国的国际地位，改善与世界范围具有举足轻重地位的英国的关系是非常必要的。这也是我国当前外交的基调。所以，同德国缔结政治协定的同时，以不刺激英国为根本目的，并同英国缔结协定，对日英之间的诸多问题进行协商解决，以求消除不必要的隔阂。"② 日本对英国交涉草案的内容大体如下："进一步巩固日本同英国政府间友好亲善关系，确保世界和平；日本与英国政府之间重要的诸问题以共同协议方式解决，以消除隔阂；本协定自署名之日起，有效期为五

---

① 大畑篤四郎『日本外交史』成文堂、1986、166—168 頁。
② 「日獨間二於テル政治的協定締結問題」（B04013487400）日本外務省外交史料館檔案（アジア歴史資料センター）『日独伊防共協定関係一件』（B－0058 号）、160 頁。

年；两国政府正式在本协定上署名签字。"①

以上是日德防共协定缔结前，日本就改善同英国的关系所确定的交涉草案的大体内容。通过上述内容可以看出，日本希望把英国拉入防共体系当中，缓和同英国的紧张局面。当时，日本外务省对于把英国纳入防共体系当中，保持比较积极乐观的态度。在日本看来，1935 年共产国际第七次代表大会的召开，是以苏联为首的共产主义向西方资本主义阵营发起的宣战书，一些西方国家对苏联及共产国际采取何种政策，现在处于观望中。所以，日本想借此机会把这些观望中的国家拉入防共协定当中，加大日德防共协定阵营，改变国际地位的孤立局面。②

可以说，这种鱼和熊掌兼得的想法对于改变日本国际地位的孤立局面很有利。但是，英国似乎对此并不感兴趣。日本驻英大使吉田茂曾指出："想同英国的交涉取得预期性的进展，只不过是日本一厢情愿的期待而已。要想使日英之间协定成立，前提条件就是日英两国首先需要在中国问题上达成谅解。但是，日本自发动满洲事变以来，英国已经对日本极为不信任，两国的利害冲突已经达到了不可调和的地步。"③尽管深知把英国拉入防共体系当中比较困难，但日本还是不打算放弃同英国进一步协调关系。于是，日本外务省不断致电驻英大使吉田茂，要求吉田茂在改善同英国的关系上进行努力。这样，吉田茂便在日本外务省当局的授意下，积极同英国进行交涉。对英国来说，考虑到当前欧洲局势的变化，以艾登为首的外交部提倡世界均衡政策，并希望新诞生的苏维埃政权在制止德国

①　「日独間ニ於テル政治的協定締結問題」（B04013487400）日本外務省外交史料館档案（アジア歴史資料センター）『日独伊防共協定関係一件』（B - 0058 号）、163—164 頁。

②　日本国際政治学会太平洋戦争原因研究部編『太平洋戦争への道 開戦外交 5 三国同盟・日ソ中立条約』朝日新聞社、1963、43 頁。

③　日本国際政治学会太平洋戦争原因研究部編『太平洋戦争への道 開戦外交 5 三国同盟・日ソ中立条約』朝日新聞社、1963、44 頁。

的欧洲侵略扩张政策上发挥作用。所以，艾登曾向吉田茂表示：
"英国不打算加入防共集团，更不想使英国陷入世界分裂的斗争当
中。"① 面对艾登的断然态度，日本外务省仍然指示吉田茂不要放
弃对英国的交涉。但是，1936 年 10 月发生的日英冲突事件——
"基隆事件"②，导致日本对英国的交涉彻底破产。"基隆事件"
后，日本外务省为了消除日英两国之间的误解，又致电吉田茂，要
求重新提起日英的交涉。但是，英国似乎与日本所期待的相反，对
改善日英关系并没有抱太大希望。

英国拒绝了日本的防共协定扩张要求，日本便把荷兰作为第二
个交涉目标。1936 年 10 月，日本外务省致电驻荷兰代理公使山口
严，要求山口严同荷兰进行交涉，把荷兰纳入防共体系当中。但
是，荷兰担心日本会借加入防共协定为名，侵占荷兰在亚洲的殖民
地。所以，荷兰最终也拒绝了日本的邀请。日本在英国和荷兰那里
没有得到预期效果，又把意大利作为第三个发展的目标。由于意大
利也与日德两国一样，要求废除一战后的凡尔赛－华盛顿体系，对
外实现侵略扩张目标。所以，经过几个月的交涉，意大利便于
1937 年 11 月 6 日加入了日德防共协定。这样，日德防共协定便由
最初的双边关系向多边方向扩张。随后，日德两国又说服匈牙利
（1939 年 2 月 24 日）、伪满洲国（1939 年 2 月 24 日）、西班牙
（1939 年 3 月 27 日）等加入防共协定当中。

由此可以看出，日本为了实现独霸中国和太平洋地区扩张计
划，在挑战凡尔赛－华盛顿体系后，又退出了国联和世界裁军条约，
制造了太平洋地区"无条约时代"。为了改善国际地位孤立的局面，
以防共为名同德国缔结了同盟协定。日德防共协定订立后，日本和

---

① 読売新聞社編『昭和史の天皇 20 日独防共協定』読売新聞社，1981、第 375
頁。

② 英国滞留在基隆港的东洋舰队预计在 1936 年 10 月 10 日访问日本，在滞留期
间同日本的军舰发生冲突。所以，英国在事件发生后就宣布访问日本延期到 27 日。同
时，英国废除了 10 月 10 日所缔结的《日印通商航海条约》。

德国开始策划使该协定在世界范围内得到扩张，形成所谓的防共体系，来对抗"一战"后的凡尔赛 – 华盛顿体系，从而实现对外侵略扩张计划。可以说，这种以对外侵略扩张为目的的日德防共协定，不仅对远东国际关系产生了重大影响，对整个欧洲也产生了深刻影响。[1] 而且，日德两国为了进一步使防共协定得到扩张，不断通过外交攻势向英国、荷兰、意大利、匈牙利、西班牙等国发出邀请，企图使防共协定由最初的双边关系向多边关系扩张。20 世纪三四十年代的日本和德国，为了实现对外侵略扩张计划，都向凡尔赛 – 华盛顿体系发起严厉挑战，最终通过缔结防共协定建立同盟关系，形成东西呼应之势，日德两国被当时的国际社会称作"侵略双璧"。[2]

所以，在对日德防共协定进行评价时，除了要理清日德防共协定形成的国际背景和发展过程，还应该对日德防共协定的国际影响进行综合评价。关于日德防共协定的国际影响，应该从以下几个方面进行阐述。

第一，日德防共协定与苏联的关系。如上所述，日本与德国进行防共协定交涉过程中明确提出同盟协定的对象主要是苏联，但日本外务省在有田八郎的主导下主张对德实行"薄墨外交"，不提倡与德国的关系过于亲密，更不想在日德防共协定缔结时过分地刺激苏联和英法美等国，主张与德国缔结一种模糊协定。所以，1936年 7 月 24 日通过阁议，把"薄墨外交"思想作为这一时期对德同盟政策的根本原则，并对德国的提案进行了修改，将日德同盟协定的名称定为防共协定，公开发表时的防范对象被界定为共产国际。但是，无论日本对德国的提案进行怎样的掩盖处理，日德防共协定的防卫对象主要是苏联这一事实并没有改变。以上情况充分说明，日本和德国企图在防共协定的掩盖下把两国的同盟关系加以公开。

---

① 神川彦松「日獨協定の本質と其特異性」『外交時報』1937 年第 81 卷第 1号、总第 770 号。

② 楠山義太郎「日獨防共協定と英國の去就」『外交時報』1937 年第 81 卷第 1号、总第 770 号。

但是，日德两国这种欲盖弥彰的做法，很快引起了国际社会的抗议和不满。苏联首先对日本表示了不满，谴责日本同德国所缔结的防共协定实际就是针对苏联的军事同盟。1936 年 12 月，苏联驻日大使对美国驻日大使格鲁指出，苏联已经获得了日德防共协定秘密附属协定的具体内容，实际就是针对苏联的军事协定，并把英法荷等国作为目标，其目的就是要瓜分英荷等国在太平洋地区的殖民地，最终实现日本的南进战略。①

第二，日德防共协定与英美的关系。从日德防共协定的交涉过程来看，德国最初所制定的提案中，防卫对象不仅包括苏联，还包括英法美等。对于德国最初的提案，日本陆军省完全同意。日本陆军省一向认为应该把国防战略作为外交的重点，主张应积极推进以中国大陆为腹地的北进战略，认为应该在迫使苏联屈服后再向太平洋地区扩张势力。日本海军省的国防战略与陆军省相反，认为日本国防的第一号假想敌是英美两国，主张应积极实行南进战略。最后，广田弘毅内阁于 1936 年 8 月通过《帝国外交方针》，以兼容并蓄的方式确立了"南北并行"的二元外交方针。广田弘毅内阁外交最大的特点就是既吸纳了陆军省的国防战略思想，又把海军省的国防战略思想融入其中，实际上确立的是既要在东亚防范苏联，又要在太平洋地区防卫英美的国防战略思想。所以，日德防共协定的同盟对象既包括苏联，也包括英美两国。

第三，日德防共协定与中国的关系。日德防共协定的缔结，对日本侵华战争产生了重要影响。在日德防共协定进行全面交涉之前，日本已经确立把解决中日战争问题作为对德结盟的战略目标。而且，日德防共协定缔结后七个多月，日本就发动了全面侵华战争，这主要是日本认为同德国缔结了同盟协定，在东亚起到了钳制苏联的作用，所以，日本便迅速地发动全面侵华战争。随后，日本

---

① 「ソ聯大使日獨協定を語る」（1936 年 12 月 3 日）東京裁判資料刊行会編『東京裁判辯護側資料』（第三卷）、第 206 号 – C – 5 国書刊行会、1995、577 頁。

便要求德国从战争盟友的立场出发，对日本的侵华战争给予援助，并将这种援助界定在防共框架内打击共产主义。协同侵略中国的要求遭到德国的拒绝后，日本又要求德国以仲裁者的身份对侵华战争进行协调，并上演了陶德曼调停的闹剧。陶德曼调停失败后，日本又向德国发动外交攻势，要求德国承认伪满洲国，致使中德关系进入紧张状态，德国不但停止向中国供应武器，还从中国撤走全部军事顾问及专家。这样，日本对德同盟政策开始向公开的军事同盟过渡。

所以，日德防共协定扩张构想的实施，在一定程度上促成了西方社会对日本发动侵华战争的妥协与退让。"七七事变"爆发后，蒋介石政府多次向国联提出申诉，要求西方国际社会对日本的侵华行为予以制裁。1937 年 11 月，英、法、美、德、意、葡、西、苏、中等在布鲁塞尔召开国际会议，讨论远东国际局势及对日进行制裁问题。在上述九国当中，由于德国是日本的同盟国，意大利和西班牙也被纳入防共体系当中，再加之英国的极力反对，此次会议并没有对日本的侵略行为采取任何行之有效的措施。并且，以此为契机，德国担当了日本侵华战争的调停角色。

小　结

总之，在凡尔赛－华盛顿体系下，日本为了维护"一战"期间在华获得的各项侵略利益，企图通过协调外交的方式与西方列强在中国利益上进行协调。但是，随着日本的侵略扩张欲望无限膨胀，根本无法同英美等国实现真正协调，所以，当凡尔赛－华盛顿体系无法满足日本的独霸中国和太平洋地区扩张欲望时，日本便选择打破这种体系的束缚。于是，日本通过发动九一八事变、退出国际联盟和世界裁军条约，造成了太平洋地区的"无条约时代"。在欧洲，德国的政治形势也发生了巨大变化。1933 年 1 月，希特勒上台。随后，德国退出了世界裁军条约和国际联盟。这一国际性的变化，为日本和德国最终缔结防共协定提供了重要契机。

日本为了实现独霸中国和太平洋地区扩张计划，广田弘毅内阁把北进政策和南进政策作为国策基准，并确立了"南北并行"的二元外交路线。日本为了在东亚加强对苏联的防范，需要寻求新的战略盟友。德国为了进一步夺取所谓的生存空间并实现称霸欧洲大陆的梦想，需要对英法两国进行打击。但是，德国又担心英法与苏联联手对德国进行攻击，希望借助日本的力量在远东地区压制苏联。因此，在防苏反苏这一点上日本和德国有了共同的利益需求。于是，日本首先向德国发动外交攻势，1934 年 3 月，日本陆军派大岛浩武官出使柏林，积极同德国就同盟问题展开交涉，并希望缔结以苏联为防卫对象的同盟协定。1936 年 11 月，日德两国缔结了以防共为掩护，实际上既遏制苏联又牵制英美的同盟协定。

从广田弘毅内阁整个对德同盟政策的实施来看，外务省以有田八郎外相为主导的对德外交思想与陆军省有一定分歧。陆军省从国防战略思想入手，主张日本应该以中国大陆为腹地，实行北进战略，在以武力迫使苏联屈服后，再向南洋扩展势力。所以，基于以上战略目的，陆军省积极主张同德国缔结军事同盟，并且同盟的对象不但包括苏联，也包括英美等国。外务省的传统外交基调是在保持同英美等国有限克制的情况下，实现独霸中国和太平洋地区扩张计划，因此，并不主张过分地刺激英美两国。于是，有田八郎向日本驻柏林大使武者小路公共发出训令，要求日本对德外交政策是"薄墨外交"政策，同德国缔结的同盟协定也是"模糊的协定"。正是在有田八郎的主导下，外务省通过与陆军省相抗衡，把德国协定的"原案"做了掩盖处理，将同盟对象仅限于苏联一国，使其在公开发表时具有反共产国际的假象，以此来掩盖其反苏目的，而骨子里却是针对苏联。

日德同盟协定最终之所以在发表时会以防共协定来命名，主要是因为这一时期日本外务省在有田八郎的主导下，不提倡同德国的关系过于亲密，更不打算日德同盟协定缔结后过分地刺激苏联，尤其是英美两国，主张对德实行"薄墨外交"。有田八郎的对德"薄墨外交"思想的本质特征，是应对国际地位孤立局面做出的迂回选择，并人为地将日德同盟协定界定为防范共产国际，实际上日德防共协定潜在的防卫对象却包括英美两国。关于这一点，日本驻英大使吉田茂曾深有感触地指出："我之所以反对缔结防共协定，是因为我感觉到尽管军部说防共协定只不过是反共的意识形态的问题，但这完全是表面上的借口，骨子里显然是要和德国联合起来对抗英法，进而对抗美国，参加轴心国一事不久必将发展为政治和军上的合作，今后的趋势，对我国的前途来说，的确值得忧虑。"①

---

① 〔日〕吉田茂：《十年回忆》（第一卷），韩润棠、阎静先译，世界知识出版社1963 年版，第 16—17 页。

第三章

全面侵华与日德同盟关系的提升

防共协定缔结后，日德两国的关系并不像有的日本学者所说的那样，没有实质性的进展。对日本来说，同德国缔结结盟协定的最大目的在于希望借助日德同盟的力量，实现独霸中国和太平洋地区扩张计划。所以，对日本而言，日德防共协定绝不是有名无实的契约关系。利用德国实现对中国的进一步侵略，这是日本对德同盟政策的战略目标。这一时期日本对德同盟政策的战略思想主要体现在三个方面：一是利用日德力量在东亚地区压制苏联，实现北进战略；二是利用日德同盟关系解决中日战争问题，利用陶德曼调停达到对中国的政治诱降，实现独霸中国的战略计划；三是利用日德同盟的力量在太平洋地区压制英美，实现太平洋地区的扩张计划，从而实现所谓的"大东亚共荣"。

基于以上战略目标，在日德防共协定缔结后7个月，第一次近卫文麿①内阁成立，随后日本便发动了"七七事变"，挑起全面侵

---

① 近卫文麿（1891—1945），日本首相、政治家、法西斯主义的首要推行者、侵华战争的罪魁之一。1912年入东京帝国大学哲学科。1916年进入贵族院。1919年作为西园寺公望的随从参加巴黎和会。1931年任贵族院副议长。1932年任贵族院议长。1937年6月第一次组阁担任内阁总理大臣。1938年1月发表"不以国民政府为对手"的声明，对华推行政治诱降政策。1940年7月第二次组阁担任内阁总理大臣。同年9月，与德国、意大利缔结三国军事同盟。1941年7月第三次组阁担任内阁总理大臣。1941年12月7日偷袭珍珠港，发动太平洋战争。1945年12月被捕时自杀。

华战争，并将侵略的目标转向华北地区。可以说，日本发动全面侵华战争并非历史的偶然，日德防共协定的订立为日本发动全面侵华战争起到了巨大的推动作用。因此，第一次近卫文麿内阁时期的日本对德同盟政策，被赋予了新的含义和战略目标。首先，近卫文麿内阁要求德国从防共伙伴关系入手，对日本发动的侵华战争给予道义和精神上的支持，并要求德国加入侵华战争中。但是，德国从对华政策的长远目标考虑，拒绝了日本的要求。随后，近卫文麿内阁又利用德国出面对侵华战争进行调停，上演了陶德曼调停计划，以期达到对华政治诱降的目的。在陶德曼调停失败后，近卫文麿内阁又企图以强化防共协定为名，对德进行新一轮同盟关系的交涉。因此，第一次近卫文麿内阁时期，德国在日德同盟关系中所扮演的角色是政治诱降的中介。此后，日本对德同盟政策将撕下防共的假面具，向公开的军事同盟过渡。

第一节　日本对德防共伙伴构想

广田弘毅内阁后，1937 年 2 月林铣十郎①组阁。但是，由于林铣十郎内阁在对华政策上不能完全按照军部的意图行事，林铣十郎最终只做了 4 个月的首相就被迫下台。继林铣十郎内阁之后，第一次近卫文麿内阁登场。第一次近卫文麿内阁不但能够按照军部的意图发动全面侵华战争，在对德同盟政策上也能够应实际侵略之需要，提出新的战略原则。

同广田弘毅内阁的对德同盟政策相比，第一次近卫文麿内阁的对德同盟政策进入实践检验阶段。第一次近卫文麿内阁的对德

① 林铣十郎（1876—1943），日本陆军大将、政治家。1903 年陆军学校毕业。1905 年参加日俄战争攻占旅顺。其后，曾任陆军大学校长、近卫师团师团长、朝鲜军司令官等职。后晋升为陆军大将，担任斋藤实内阁、冈田启介内阁陆军大臣。1937 年 2 月组阁，担任内阁总理大臣。1942 年任大日本兴亚同盟总裁。

同盟政策，集中体现在日本对华战争的处理问题上。这一时期的对德同盟政策，大体可以分为三个阶段。第一阶段主要是日本希望德国能够参与侵华战争，并给予日本所谓的精神和道义上的协助，希望德国能够加入日本的防共伙伴构想，但德国从中德关系的长久发展考虑，拒绝了日本的要求，导致日本对德防共伙伴的构想破产。第二阶段主要是在日本发动外交攻势的影响下，德国充当了对华政治诱降的中介，伙同日本对华展开政治诱降工作，并上演了陶德曼调停的闹剧。但是，日本企图利用德国充当对华政治诱降的战略也以失败而告终。第三阶段主要是在日本陆军的积极倡导下，对德进行以强化防共协定为名的军事同盟交涉，但由于这一时期日本外务省、陆军省和海军省在日德同盟的防卫对象上产生意见分歧，对德强化防共协定的交涉最终也没有完成。

可以说，无论是对德防共伙伴构想，还是要求德国充当对华政治诱降的中介，以及对德强化防共协定的交涉，都充分体现出日本对德同盟政策始终是围绕侵略中国而展开的。所以，第一次近卫文麿内阁的对德同盟政策的最大特点，就是随着日本对华侵略需求的不断扩大而不断变换对德同盟政策的角色定位。在对第一次近卫文麿内阁时期的对德同盟政策进行阐释之前，首先要理清这一时期日本对华政策的阶段性变化特点，这是阐述第一次近卫文麿内阁对德同盟政策变化的前提和基础。

一　近卫组阁与全面侵华

1937 年 6 月 4 日，近卫文麿组阁，第一次近卫文麿内阁成立。第一次近卫文麿内阁的外相由前首相广田弘毅担任，陆相由杉山元①

---

① 杉山元（1880—1945），日本陆军大将，太平洋战争的积极推行者和策划者。日本陆军士官学校第 12 期毕业，陆军大学第 22 期毕业。1904 年参加沙河会战。1915 年任驻印度武官。1918 年任日本陆军飞行第 2 大队长。1922 年任陆军省 （转下页注）

担任，海相由米内光政①担任。近卫文麿的上台，对日本侵华战争和对德同盟政策都产生了重大影响。首先，从第一次近卫文麿内阁的构成来看，由杉山元担任陆相，这在一定程度上表明日本要进一步加大对华侵略步伐，因为杉山元一向是对华侵略政策的积极倡导者和策划者。其次，从军部在对外政策中发言权来看，杉山元担任陆相将会进一步提高陆军省在对外政策中的发言权，尤其是在对德结盟问题上，日本陆军一向积极主张同德国缔结军事同盟，并明确表示日德同盟的防卫对象不但包括苏联，同时也应包括英美在内。再次，从近卫文麿自身的对外思想来看，他对内一向积极倡导革新，对外积极主张扩张，是日本法西斯军国主义的重要代表人物。日本战败后，近卫文麿为了逃避国际法庭的审判而自杀身亡。但是，近卫文麿曾三次担任内阁首相，其外交政策可以清晰地折射出他的外交理念和外交思想，其核心目标就是实现独霸中国和太平洋地区扩张计划，并为实现这一目标不断做出各种努力。发动全面侵华战争、利用德国充当对华政治诱降的中介、强化日德防共协定的交涉，这些外交政策的实施，都是为了最终实现独霸中国和太平洋地区扩张计划所做的政治和军事准备。可以说，第一次近卫文麿内阁的成立，把日本侵华战争推向了一个更为严厉的阶段，同时也标志着日本法西斯军国主义新纪

（接上页注①）军务局航空课长。1928 年任陆军省军务局长。1931 年任陆军次官。1934 年任陆军参谋次长兼陆军大学校长。1937 年 2 月任林铣十郎内阁陆军大臣。同年 6 月留任，担任第一次近卫文麿内阁陆军大臣。1939 年任靖国神社临时大祭委员长。1940—1944 年任参谋总长。1945 年 4 月任铃木贯太郎内阁的第 1 总军司令官，本土决战失败后开枪自杀。

①　米内光政（1880—1948），日本政治家、海军大将。1905 年参加日本海军。1914 年海军大学毕业。1925 年晋升为海军少将。1930 年晋升为海军中将。1932 年任日本第 3 舰队司令长官。1936 年任联合舰队兼第 1 舰队司令长官。1937 年出任第一次近卫文麿内阁海军大臣。1938 年派兵攻占海南。1939 年担任平沼骐一郎内阁海军大臣，与海军次官山本五十六等一起反对陆军省的对德同盟政策。1940 年 1 月组阁担任内阁总理大臣。1944 年 7 月任小矶国昭内阁海军大臣。日本投降后，在东京审判中虽然负有战争罪责，但由于他反对太平洋战争，最终没有被美国列入战犯名单。

元的到来。

　　日本的对华侵略政策之所以能够在近卫文麿内阁时期得到集中体现，这与近卫文麿个人的军国主义外交思想和外交理念分不开。关于近卫文麿的军国主义外交思想和外交理念，应该从其个人经历和思想形成入手进行分析。1918 年，近卫文麿大学刚刚毕业，便在《日本及日本人》杂志上公开发表《排除英美本位之和平主义》一文。在这篇文章中，近卫文麿的中心思想就是提倡所谓的"国际正义"论，要求日本在对外政策中要打破对英美等国的机会均等主义，在世界范围内争取平等权和生存权。近卫文麿的这种主张对外要进行侵略扩张的思想，得到了元老西园寺公望的赏识，并在西园寺公望的斡旋下晋升为内务省职员。其后，又以西园寺公望随员的身份参加了巴黎和会。在巴黎和会上，他目睹了西方列强瓜分世界的赤裸裸的野心，尤其是战败国不但要支付战胜国巨额战争赔款，甚至还要在国家主权和领土等方面任由宰割。这些经历进一步加剧了近卫文麿思想中反英反美的倾向。近卫文麿所倡导的"国际正义"论，无非就是通过发动侵略战争来获得所谓的生存空间。为了实践这种对外侵略扩张思想，近卫文麿在组阁后的一个月，便发动了全面侵华战争。①

　　为了使这种所谓的"国际正义"论的对外侵略扩张思想得到其他阁僚的支持，近卫文麿在施政演说中又做了充分的阐述和说明。近卫文麿指出："日本对外政策的基本方针就是谋求国际正义基础上的真正和平，这种和平并不是单纯以维持现状为目的的和平。日本获得真正国际正义和平的条件，就是要使日本具有充分获得资源和开拓商品市场的自由，以及日本国民在世界范围内可以自由行

---

　　①　戸川猪佐武『近衛文麿と重臣たち——昭和の宰相②』講談社、1981、226—227 頁。

动。"① 从近卫文麿的施政演说可以看出，近卫文麿已经将其对外侵略扩张思想理论融入施政方针中，为了谋求所谓的"国际正义与和平"，就是要在世界范围内获取资源、开拓市场和自由移民。基于以上外交理念，第一次近卫文麿内阁所确立的对外政策目标就是在世界范围内具有充分获取资源的自由，而获得的途径则是通过对外侵略扩张来完成的。

在这种对外侵略扩张思想的指导下，第一次近卫文麿内阁成立一个月，便悍然发动了"七七事变"，全面挑起侵华战争。日本向来不承认对华所发动的战争是侵略性质的战争，而是将其美化为自卫战争和防共行动。为了进一步在国际上抹杀这场战争的侵略性质，第一次近卫文麿内阁又推出了所谓"不扩大"方针。因此，有的日本学者在评述第一次近卫文麿内阁外交政策时，认为日本侵华战争纯属历史的偶然，因为日本并没有开战前的计划和准备，第一次近卫文麿内阁也通过阁议，提出在对华战争上采取"不扩大"方针，并希望将事件就地解决。② "七七事变"爆发后，由于第一次近卫文麿内阁在侵华政策上存在意见分歧，便出现了所谓的"不扩大"和"扩大"两种方针。

1938 年 7 月 8 日，第一次近卫文麿内阁召开五相会议，制定了解决中日战争的两种方案。第一种方案是国民政府投降时采取的对策。该方案主要内容如下：日本将继续坚持既定的对华方针，以国民政府为对手全面展开中日关系的调整；国民政府投降并完全接受日本的条件，以现行国民政府为中心，与亲日诸政权合作组成新中国政府；蒋介石下野，国民政府接受日本的投降条件并参加新中央政府，国民政府要放弃抗日容共政策，采取亲日

① 「近衛文麿内閣総理大臣第七十一回帝国議会（特別會）における施政方針演説」(1937 年 7 月 27 日) 内閣制度百年史編纂委員会編『歴代内閣総理大臣演説集』大蔵省印刷局、1985、271—273 頁。
② 日本国際政治学会太平洋戦争原因研究部編『太平洋戦争への道 4 日中戦争』(下) 朝日新聞社、1963、6—7 頁。

"满"及防共政策；国民政府不投降，日本不考虑停战，如停战需另行考虑条件。① 第二种方案是国民政府不投降时采取的对策。该方案主要内容如下：日本将统和国力继续展开作战，并动用一切国家之内政、外交、经济、谋略、宣传等手段迫使国民政府崩溃，以达到国民政府投降的目的；积极作战以控制中国的中原要塞，迫使国民政府丧失作战的意志；动用一切政治、经济、外交、思想等手段来培养亲日反共诸势力，从内部彻底瓦解抗日势力，通过破坏国民政府的经济及财政使其政权崩溃，向地方政权转换；扩大并强化亲日诸政权势力，并迅速利用一个强有力的政权来统合诸政权，以取代国民政府；通过尊重各国在华利益来赢得各国对日本在华利益的尊重，以此达到孤立国民政府之目的。②

以上是第一次近卫文麿内阁召开五相会议所确立的解决中日战争的两种方案。从两种方案的内容可以看出，第一种方案是希望通过与国民政府和解的方式来解决，在这种方案中，国民政府投降必须全部接受日本的侵略条件，深刻反省并承担责任，使事态得到圆满解决，日本也不会把事态进行扩大。另一种方案就是在国民政府不投降，中国不进行深刻反省的情况下，日本将动用一切政治、经济、外交和思想手段，在彻底瓦解抗日力量的同时，继续加大战争力度，迫使国民政府在华北地区主权上做出让步，并通过树立新的亲日政权达到使国民政府瓦解的目的。通过上述内容可以看出，所谓的"不扩大"方针就是要求中国主动向日本投降，全部接受日本的侵略条件，并在华北地区主权问题上做出让步；"扩大"方针是在中国不满足日本的侵略要求时，日本将使侵略战争进一步升

---

① 「五相会議決定対支方策」、「支那現中央政府屈服ノ場合ノ対策」日本国際政治学会太平洋戦争原因研究部編『太平洋戦争への道 開戦外交 別巻資料編』朝日新聞社、1963、263—264 頁。

② 「五相会議決定対支方策」、「支那現中央政府屈服ノ場合ノ対策」日本国際政治学会太平洋戦争原因研究部編『太平洋戦争への道 開戦外交 別巻資料編』朝日新聞社、1963、264 頁。

级，最后迫使国民政府彻底崩溃。

但是，第一次近卫文麿内阁企图通过侵华战争，使国民政府迅速崩溃的目的并不可能真正实现。由于日本发动全面侵华战争，中日之间的民族矛盾迅速地上升为主要矛盾，国共联合起来举全国力量一致抵御侵略成为中国的首要任务。而且，由于日本发动全面侵华战争，在东亚地区进一步激化了日本同苏联及英美等国的矛盾，也表明日本为了实现独霸中国和太平洋地区扩张计划，不惜与英美等国为敌，所以，面对国际矛盾的变化，日本更希望借助德国的力量来实现对中国的进一步侵略。为了在国际上减少舆论压力，日本把侵华战争称作"防共"战争，要求德国从战略盟友的立场出发，对日本发动侵华战争给予充分的理解和支持，要求德国与日本一起在防共框架内打击共产主义，并要求进一步提升日德同盟关系。这样，第一次近卫文麿内阁时期的对德国同盟政策，集中地体现在防共伙伴构想、对华政治诱降、强化日德防共协定等三个方面。

二　日本对德防共伙伴构想

在日本学界，有的学者故意歪曲日本发动侵华战争的侵略性和掠夺性，认为日本发动"九一八事变"、炮制伪满洲国政权，以及发动"七七事变"挑起全面侵华战争，最终目的是形成防共堡垒，并宣称一旦防共堡垒垮台了，共产主义浪潮就会冲击东亚地区，甚至会威胁到整个世界。[①] 这种观点以服部卓四郎为代表，持此种观点的目的无非想对日本发动的侵华战争进行辩解，为"二战"后日本右翼势力否定侵华战争寻找理论的支撑。所以，尽管日本把侵华战争诡称为防共战争，要求德国给予充分的"理解"和"支持"，并希望日德互相提携，在防共框架内打击共产主义，但这些都是为了在国际上掩人耳目所放的烟幕弹。

---

① 〔日〕服部卓四郎：《大东亚战争全史》（第一卷），张玉祥等译，商务印书馆1984 年版，第 9—10 页。

如上所述，从表面上看，日德缔结的防共协定是为了打击共产国际，但实际上只不过是以防共作为幌子，日德防共协定真正打击的对象是苏联，并包括英法美等国在内。全面侵华战争爆发后，日本为了寻求德国的帮助，将侵华战争诡称为在防共框架内打击共产主义，并希望德国从盟友的立场出发，对日本发动侵华战争给予支持和帮助，其理由是日德防共协定条约中明确规定，日德两国有义务对共产主义的破坏活动进行防范。① "七七事变"爆发后不久，日本驻德大使武者小路公共便拜会了德国外交部长牛赖特，试探德国对日本侵华战争的态度和想法。在会谈的过程中，武者小路公共指出日本发动对华战争的责任完全在于中国，日军在北京西南卢沟桥附近进行军事演习时，发现有一名士兵失踪，要求进入宛平县城内进行搜查，中国守备军第二十九军不但予以拒绝，还首先向日军开火，日军为了自卫才引发战争。武者小路公共还进一步指出，日本完全是为了在防共框架内来打击共产主义，随着中日战争事态的进一步扩大，日本希望德国从防共立场出发，对日本的行动在道义上给予一定的支持和帮助。②

当时，牛赖特并没有完全认同武者小路公共的说法，也没有答应德国会对日本的侵华战争给予支持。在德国看来，日本发动全面侵华战争的最终目标是要实现独霸中国的计划，当日本将主要兵力集中于侵略中国时，必将在远东地区削弱对苏联的防御。另一方面，从德国传统的对华政策来看，德国与中国具有重要的经济利益关系。德国作为中国的重要军用物资供应国，中国每年都需要源源不断地从德国购入军用设备和军需品。这些军用设备和军需品在德

---

① 「ドイツ外務省より駐日大使ディルクセンへの電報」（1937 年 7 月 28 日）極東国際軍事裁判所編『極東国際軍事裁判速記録』第 73 号、法廷書証 486 号 – A、検察文書 1266 号 – A 雄松堂書店、1968、9 頁。

② 「ドイツ外務省より駐日大使ディルクセンへの電報」（1937 年 7 月 28 日）極東国際軍事裁判所編『極東国際軍事裁判速記録』第 73 号、法廷書証 486 号 – A、検察文書 1266 号 – A 雄松堂書店、1968、10 頁。

国的对外贸易中占比很大。如果德国对日本侵华战争给予援助，必将激化中德之间的矛盾，德国也就会失去中国这个传统的军需市场。基于以上原因，当时牛赖特并没有向武者小路公共做出任何承诺。1937 年 7 月 28 日，德国外交部致电驻日大使馆，阐明德国此时立场是对日本侵华战争不予以支持。该电报主要内容如下。

第一，德国认为日本发动侵华战争并不是在防共框架内的防共行为，因为日德防共协定中并没有规定在第三国领土内打击共产主义，日本对华战争完全是站在日本的利益需求上进行的战争，同防共协定的本意大相径庭。①

第二，德国担心随着日本加大对中国的侵略，会进一步激化日中两国之间的民族矛盾，使国共两党的矛盾降为次要矛盾，从而使中国共产主义的势力不断壮大，中国必将投入苏联的怀抱。而且，蒋介石同德国驻华大使陶德曼会谈透露，苏联将对中国进行军事援助。②

第三，德国要求日本充分对德国进行理解，德国还表示随时准备满足日本的愿望，德国一向没有改变日德防共协定所确立的政治合作立场，德国将会为日德两国的共同政治目标而努力。③

第四，德国不能仅为了日本利益付出不必要的代价，德国认为，由于日本向来很少考虑德国的利益，日本发动全面侵华战争，必然在远东地区减轻对苏联的压力，所以，从在华经济利益考虑，

---

① 「ドイツ　外務省より駐日大使ディルクセンへの電報」（1937 年 7 月 28 日）極東国際軍事裁判所編『極東国際軍事裁判速記録』第 73 号、法廷書証 486 号 – A、検察文書 1266 号 – A 雄松堂書店、1968、10 頁。

② 「ドイツ　外務省より駐日大使ディルクセンへの電報」（1937 年 7 月 28 日）極東国際軍事裁判所編『極東国際軍事裁判速記録』第 73 号、法廷書証 486 号 – A、検察文書 1266 号 – A 雄松堂書店、1968、10 頁。

③ 「ドイツ　外務省より駐日大使ディルクセンへの電報」（1937 年 7 月 28 日）極東国際軍事裁判所編『極東国際軍事裁判速記録』第 73 号、法廷書証 486 号 – A、検察文書 1266 号 – A 雄松堂書店、1968、10 頁。

德国目前还不能站在日本的立场上放弃中国。①

从上述内容可以看出，德国外交部从对华经济利益考虑，对日本发动的侵华战争没有做出积极的反应，更不打算对日本的侵华行动给予支援，也不同意把侵华战争看成在防共协定框架内打击共产主义。对于德国的这种态度，日本当局者较为不满。随后，日本外务省致电驻柏林大使馆，向德国外交部发动外交攻势。于是，日本驻德大使馆便向德国外交部发出抗议，指出日本已经掌握可靠消息，中国抗日所需武器大部分从德国进口，德国也一直并没有停止向中国输出军火。而且，目前正有七艘货轮的军火已经起航运往中国，还有三艘装满军火的货轮正要出发。基于以上情报，日本政府从日德防共协定的立场出发，要求德国立即停止对中国的军火供应，并指出一经发现德国再向中国运输军用物资，将立即没收。

针对日本大使馆的抗议，德国外交部长牛赖特指出德国向中国输出军用物资，纯粹属于在一定范围内的商业活动。德国外交部政治部主任德茨泽克也进一步表示，将进一步核实日本所提供的情报，他本人不是军火商，根本不清楚从大西洋向中国运送了什么，即便是运送军火，货主也不一定就是德国。② 随后，德茨泽克再次致电驻日大使狄克逊，进一步阐明德国的政治立场。德茨泽克在该电文中指出："日本想借防共之名来为侵华战争寻找一个合理的借口，并希望德国从防共的立场予以支持，日本的这种做法是违背防共协定之精神的，因为日德防共协定中并没有规定在第三国的领土内打击共产主义。随着战争事态的扩大，必然妨碍中国政局的稳定，促使共产主义在中国不断壮大，中国将有可能投入苏联的怀

---

① 「ドイツ外務省より駐日大使ディルクセンへの電報」（1937 年 7 月 28 日）極東国際軍事裁判所編『極東国際軍事裁判速記録』第 73 号、法廷書証 486 号 – A、検察文書 1266 号 – A 雄松堂書店、1968、10 頁。

② 「ドイツ外務省より駐日大使ディルクセンへの電報」（1937 年 7 月 28 日）極東国際軍事裁判所編『極東国際軍事裁判速記録』第 73 号、法廷書証 486 号 – A、検察文書 1266 号 – A 雄松堂書店、1968、11 頁。

抱。所以，日本也不要指望德国会以防共协定之精神对其行为进行维护和支持。我们所说的在战略上开创明确之形势，主要是指日本将来可能与苏联开战，但绝不是在侵略中国上减轻日本的负担。"①德国之所以不愿意帮助日本侵略中国，主要是由于德国认为随着日本侵华战争的不断扩大，必然引发一场中日民族的战争。苏联一定会为中国提供支援，一旦日苏爆发战争，日本将要在两线作战，也必然要削弱日本对苏的防御能力。

尽管德国的态度十分明确，但日本并没有放弃，仍然希望德国能够提供帮助。通过正常的外交手段达不到预期目的，日本便变换了外交攻势，希望德国能够改变对华立场。日本利用德语向德国进行广播宣传，试图把侵华战争说成在防共框架内打击共产主义，希望通过这种方式改变德国对日本侵华战争的理解，使其在精神和道义上对日本予以援助和支持。但是，日本仍然在侵华战争上没有得到德国的支持和帮助，德国只是在表面上强调要信守防共协定之精神，实际上德国根本不打算在对华侵略上成为日本的防共伙伴。

在全面侵华战争爆发的初期，德国之所以迟迟不肯对日本提供任何支持和帮助，应该从以下几个方面进行分析。

首先，从防共协定缔结时起，日本和德国就存在不同的战略思想和战略目标。当日德两国都需要借助对方的力量在远东地区压制苏联时，日本和德国便在反苏的立场上有了共同的利益点，于是，日本和德国便在防共协定的掩盖下，缔结了针对苏联的同盟协定。但是，这并不意味着德国会在侵华战争上与日本真正联手。因为中国作为德国在东方最大的贸易市场，与德国的经济关系较为密切，以牛赖特为主导的德国外交部仍提倡传统的对华外交政策，在对日

---

① 「ドイツ外務省より駐日大使ディルクセンへの電報」（1937 年 7 月 28 日）極東国際軍事裁判所編『極東国際軍事裁判速記録』第 73 号、法廷書証 486 号 - A、检察文書 1266 号 - A 雄松堂書店、1968、11 頁。

侵华战争上除非有巨大的利益诱惑，否则德国绝不会因为日本的利益而舍弃中国。另外，德国与日本缔结防共协定的初衷就是利用日本的力量牵制苏联，使日本在远东地区起到钉子的作用，以便德国对欧洲发动侵略战争时，苏联不至于在其背后下手，使德国腹背受敌。

其次，在对华经济政策上德国具有重大的经济利益，这是德国不愿意加入侵华战争，也不愿意支持日本侵华行为的主要原因。从20世纪二三十年代开始，德国就不断加大同中国的经济和贸易关系。在魏玛共和国时期，德国同中国经济和贸易关系进入一个新的发展阶段。当时，中国是德国主要军用设备和军用物资的主要输入国，德国所需的一些重要战略金属，主要是由中国供应的。据统计，"一战"以后德国除了煤炭能够自给自足，其他大部分战略资源都需要进口。其中，80%的铁矿、70%的铜矿、90%的锡、95%的镍、98%—99%的钨和锑、85%的石油，以及20%的粮食都需要从国外进口。在这些重要战略物资中用于军事制造的稀有金属钨和锑，主要是从中国进口的。中国是当时德国进口锑的主要供应国，除了玻利维亚生产量约占世界总产量的10%，中国锑的产量占世界总产量的60%以上。关于中国在德国战略资源上所占的地位，当时德国国防军的缔造者汉斯·冯·塞克特为了重新建构中德关系，曾在1933—1935年两次访华时指出，原料问题是德国政策的焦点问题。①

再次，在日本发动全面侵华战争的初期，当时德国外交部长由牛赖特担任，他在对日政策上与里宾特洛甫的外交政策有着本质的区别，采取的是一种消极的抵制政策。在牛赖特的主导下，德国在远东政策上推行的是较为传统的外交政策，尤其是在对华政策上重点考虑的是经济利益和战略资源的需求，主张不要轻易改变德国的

①〔美〕柯伟林：《德国与中华民国》，陈谦平等译，江苏人民出版社2006年版，第121页。

对华政策，提倡在中国和日本之间尽量推行等距离外交。①

　　以上是全面侵华战争爆发后，日本企图借防共伙伴之名拉拢德国加入侵华战争的大体过程。从上述内容可以看出，日本和德国虽然在 1936 年 11 月 25 日缔结了防共协定，但在这种同盟关系中，日德两国的最大利益点在于遏制苏联，不是共同侵略中国，所以，当日本要求德国在侵华战争上予以支持和帮助时，德国从对华经济利益考虑拒绝了日本的要求。这在一定程度上反映出日本与德国结盟的最终目的，不是把对方的利益放到首要位置，而是在结盟过程中使自己的利益获得最大化。于是，当借防共伙伴之名拉拢德国失败后，第一次近卫文麿内阁围绕中日战争问题，提升了对德同盟战略。在日本的精心策划下，拉拢德国充当对华政治诱降的中介成为主要目的。这样，便上演了陶德曼调停的闹剧。

第二节　德国充当对华政治诱降中介

　　在国际关系领域当中实现国家的对外利益的途径主要有三种，一是通过对外发动战争，二是通过外交谈判，三是通过第三方介入的国际调停来解决。一般而言，在不断演进的国家对外利益体系的运作中，外交谈判是起关键作用的。当交战双方都决定要通过讲和方式来结束战争时，交战国的双方首脑便直接采取谈判的方式，而且，这种方式也是国际关系中最有效的通用规则，因为只有当局者亲自参加谈判，才能审时度势根据各自的利益需求采取有效措施，最终达到预期的目的。在国际关系领域当中，通过国际调停或第三者干预来解决国际冲突和国际纷争也是最有效的途径之一。如联合

---

　　① 「ディルクセよりドイツ外務省への電報」（1938 年 1 月 17 日）極東国際軍事裁判所編『極東国際軍事裁判速記録』第 73 号、法廷書証 486 号－G、检察文书 1273 号－D 雄松堂書店、1968、14 頁。

国秘书长拉尔夫·布切代表联合国在 1948—1949 年阿以停战协定的谈判中，就扮演了重要的调停者的角色，欧盟曾在 1992—1995 年对波斯尼亚冲突也进行了试探性的调停，1984 年罗马教廷在调解智利和阿根廷之间的比格尔海峡争端中发挥了重要作用。从理论上来说，作为第三方的调停者应该在参与谈判的双方之间保持中立，这样才能使国际关系冲突的解决向着良性方向发展，但这一特征在当代国际事务中并不总是显而易见的①。究其原因，主要是作为第三方的调停者总会或多或少地与其中一方有着利益关系，这样就很难在谈判中保持绝对中立。

德国对中日战争的调停，同联合国秘书长调停阿以战争、欧盟调停波斯尼亚冲突、罗马教廷调停比格尔海峡争端具有本质的不同。本节阐述的所谓的陶德曼对华"和平工作"是在日德两国的精心策划下，以牺牲中国主权和利益为代价的调停行为，最终目标是实现对国民政府的政治诱降。关于陶德曼调停的过程，国内外学者对此进行了详细的探讨和论述。② 笔者主要是从 1936—1941 年日本对德同盟政策的战略视角入手，对日本选定德国为侵华战争的

---

① 〔美〕布里吉特·斯塔奇等：《外交谈判导论》，陈志敏等译，北京大学出版社 2005 年版，第 4—38 页。

② 在国内，对陶德曼调停进行研究的学术成果较多，代表性的学术观点如下：张北根在《1933—1941 年的中德关系》中指出，日本发动全面侵华战争后加大了对德压力，并以退出防共协定相要挟，要求德国站在日本立场上对侵华战争进行调停（《历史研究》1995 年第 2 期）；何兰在《德国调停中日战争及其在日德关系中的地位》中指出，陶德曼调停是德国在远东对华和对日政策发生改变的一个转折点〔《武汉大学学报》（哲学社会科学版）1998 年第 2 期〕；王同起在《陶德曼调停始末》中指出，德国出面调停中日战争是为了在远东达到利用日本防苏和遏制英国的目的（《历史教学》2000 年第 10 期）；陈仁霞在《陶德曼调停新论》中利用德国和中华民国的原始档案资料，翔实考证了陶德曼调停的全过程（《历史研究》2003 年第 6 期）；夏忠敏在《试析德国在"陶德曼调停"中的亲日倾向》中指出，陶德曼调停是德国在远东由中立政策向亲日政策转换的重要标志〔《湖北大学学报》（哲学社会科学版）2005 年第 2 期〕；雷国山在《关于"陶德曼调停"研究的几个遗留问题》中指出，从蒋介石拒绝日本和谈原因、日本加重和谈砝码和日本新条件入手分析陶德曼调停过程及变化特点具有重要意义（《江海学刊》2005 年第 5 期）。

调停中介的目的性和策略性进行分析，力图说明以下几个问题。

第一，日本之所以利用德国作为对华政治诱降的中介，主要是由于 1936 年 11 月日德两国缔结了防共协定，日本希望借助同盟伙伴的关系，使德国站在日本的立场上实施对国民政府的政治诱降，并在调停的过程中能够偏袒日本。

第二，日本发动"九一八事变"、退出国联和世界裁军条约后，与英法美苏等国在远东和太平洋地区的矛盾不断激化，加之这些国家与中国有着巨大的利益关系，所以，日本希望能利用德国来解决中日战争问题，并期待德国从防共立场出发，加入侵华战争或对日本在侵华战争上予以道义上和精神上的支持。

第三，德国对日本态度之所以会发生由拒绝到迎合的转变，主要是由于德国的外交决策机制发生了变化。里宾特洛甫即将取代牛赖特成为德国新的外交部长，里宾特洛甫在对远东政策上是积极向日本倾斜的。也就是说，里宾特洛甫担任德国的外交部长，标志着德国在远东政策上由传统的对华中立政策向日本军事同盟政策倾斜转换，这是德国最终成为对华政治诱降中介的主要原因。

一　日本对华政治诱降战略

在全面侵华战争爆发的初期，德国之所以没有在侵华战争中对日本予以援助，主要是由于德国在对华贸易中具有巨大的经济利益。从中德的贸易关系来看，中国是德国重要的出口市场和原料进口市场。1929 年中国在德国的对外出口市场中排第七位，1937 年中国成为德国的第三大贸易伙伴，德国对中国的输出量占对外输出总量的 80%。而且，德国从中国进口原料的占比也在不断上涨，1929 年德国从中国进口量占进口总额的 5.2%，1933 年则达到7.9%，1936 年上升到 15.9%。① 日本深知德国在对华贸易中具有

---

① 〔美〕柯伟林：《德国与中华民国》，陈谦平等译，江苏人民出版社 2006 年版，第 222 页。

巨大经济利益，但始终没有放弃对德国的游说和拉拢。在防共框架内寻求战略伙伴遭到德国拒绝后，日本又打算利用德国作为调停中介，以期达到对国民政府政治诱降的目的。

日本发动全面侵华战争后，企图加大军事进攻，迅速使国民政府投降。但是，当日军把战火扩大到华北地区后，日本企图通过速战速决使国民政府投降的想法失败。在中国国内，由于全面侵华战争的爆发，为了共同抵御日本的侵略，国共两党实现了第二次合作，完成了军队的改编，形成了抗日民族统一战线，中国军队顽强抵抗，给日军以沉重的打击。在国际上，中苏两国于 1937 年 8 月签订了互不侵犯条约，苏联开始积极援助中国抗战。同年 10 月，美国总统罗斯福发表对日"隔离侵略者"演说，号召国际社会对日本在政治、经济等方面采取孤立政策，并加大在太平洋地区对日本的经济和军事封锁。[1] 面对国内外的各种压力，在对华侵略政策中，以陆军为首主张的对华一击论陷入了困境，希望通过外交谈判方式解决中日战争成为外交主流。[2] 于是，第一次近卫文麿内阁开始修正对华侵略政策，并希望利用德国作为对华政治诱降的中介，由德国出面调停，最后达到使国民政府投降的目的。从 1937 年 11 月至 1938 年 1 月，第一次近卫文麿内阁便积极策划由德国出面对中日战争进行调停，随后便上演了德国驻华大使陶德曼的调停闹剧。

1937 年 10 月 1 日，第一次近卫文麿内阁召开首、外、陆、海四相会议，通过了《中国事变处理要纲》，制定了对华政治诱降战略。该文件中明确指出："今后事变解决之方策在于使军事行动与外交举措相辅相成，以达到预期之效果，实现日"满"中的共存共荣。外交举措之目的在于使中国能够进一步重新考虑对日政策，

---

① 細谷千博『日米関係通史』東京大学出版会、1995、134 頁。

② 石射猪太郎『外交官の一生——対中国外交の回想』太平出版社、1972、295—296 頁。

将其诱导至我方期待之目标。通过第三国与中国进行和谈的方式结束战争，并使中国放弃抗日政策和容共政策，不要拘泥于过去之情势，为调整邦交进行划时代的外交谈判。"① 在该纲要中针对不同的地区采取的政策也不同，陆军兵力重点针对的地区主要是晋察和上海，其他地区主要是航空和海上作战。对华北地区主要是通过树立中央政府，以达到日"满"中的共存共荣。②

通过上述内容可以看出，日本在侵华政策上进行了实质性的调整，具体策略是改变了企图通过军事进攻迅速使国民政府灭亡的战略思想，并把政治诱降与军事进攻相结合，以期达到所谓的日"满"中共荣。在此方针指导下，日本开始寻求通过外交谈判的方式来解决中日战争。但在具体的谈判方式上，日本既反对通过国联仲裁的方式，也不主张直接与国民政府谈判的方式，而是希望利用第三国出面在中间进行斡旋来解决中日战争，而担当仲裁的第三国，日本选择的是德国。毋庸置疑，日本选择德国出面进行调停的主要原因，就是日本与德国刚刚缔结了防共协定，选择德国来调停中日战争，就是希望德国能够站在盟友的立场上帮助日本达到对华政治诱降的目的。

对国民政府来说，中日战争能否妥善处理是事关民族生死的大事。如何解决中日战争问题，也让蒋介石陷入两难的境地，并且在国民政府中也存在着不同意见。有一部分人一直对抗日前途较为悲观，以行政院长孔祥熙为代表，认为中日两国的军事力量和经济实力相差甚远，中国取胜的希望很渺茫。而蒋介石对中国抗战的前途也处于矛盾之中，有时表现出了抗战到底的决心，有时又把希望寄托于国际社会，希望通过国际社会出面进行干涉，使中日战争得到

---

① 「支那事変対処要綱」日本外務省編『日本外交年表竝主要文書』（下）原書房、1965、370—372頁。

② 「支那事変対処要綱」日本外務省編『日本外交年表竝主要文書』（下）原書房、1965、371—372頁。

圆满解决。① 因此，七七事变爆发后不久，蒋介石政府便向国联进行申诉，指出日本的侵略行为违反了联盟盟约、非战条约和《九国公约》。于是，国联理事会决定在布鲁塞尔召开国际会议，以国际仲裁的方式来解决中日战争。国民政府向国际联盟的申诉，也为陶德曼调停闹剧的上演提供了一定契机。

对国民政府来说，由于英美两国与中国具有较深的利害关系，在"九一八事变"后组成了李顿调查团到中国东北进行调查，并在调查报告书中承认了日本对中国东北的侵略行为，所以，仍然希望由英美两国出面调停中日战争。但是，对日本来说最希望由德国出面调停中日战争。这主要是由于日本与德国缔结了防共协定并成为盟友关系，加之日本为了进一步强化日德关系，希望把德国拉入中日战争。所以，日本认为德国不但是中国多年的贸易合作伙伴，并且对华贸易额巨大，德国还不断向中国派遣军事顾问，德国与中日两国的关系同样密切，要求选择德国作为中介人调停中日战争。②

其实，由德国驻华大使陶德曼担任中日战争的调停中介，这是日本陆军事先进行策划的结果。日德防共协定缔结后，为了对苏联展开军事情报交换工作，日本参谋本部将情报处第四班班长马奈木敬信派往柏林，负责对苏联进行军事情报的搜集和交换等间谍工作。在柏林期间，马奈木敬信与德国外交部亚洲局长陶德曼私交甚密。后来，陶德曼被德国派往中国担任驻华大使。马奈木敬信曾就中日战争的解决办法，多次同陶德曼交换意见。当国民政府向国际联盟提出申诉，希望通过国际仲裁来解决中日战争时，外相广田弘毅就如何解决中日战争问题多次同德国驻日大使狄克逊进行会谈，明确表示日本不同意以国际仲裁的方式解决中日战争，如果德国或意大利出面调停日中战争，日本是比较欢迎的。

---

① 杨天石：《蒋介石对孔祥熙谋和活动的阻遏》，《历史研究》2006 年第 5 期。
② 〔日〕法眼晋作：《二战期间日本外交内幕》，袁靖等译，中国文史出版社1993 年版，第 29 页。

二　德国担任对华政治诱降的中介

1937年10月，驻日大使狄克逊把日本希望德国出面调停中日战争的想法汇报给了德国外交部。10月22日，德国外交部致电狄克逊，指示狄克逊与日本外务省进行会谈，争取由德国出面对中日战争进行调停。与此同时，德国外交部又致电驻华大使陶德曼，要求陶德曼与国民政府外交部进行会谈，说服蒋介石选择德国对中日战争进行调停，以期达到对华政治诱降的目的。10月29日，陶德曼与国民政府外交次长陈介进行会谈。在会谈时陶德曼表示，德国愿意出面调停中日战争，并要陈介将德国的意图向蒋介石进行转达。陈介当即表示会把陶德曼的想法向蒋介石汇报，并向陶德曼询问了日本的意向，陶德曼表示日本对德国出面调停是比较欢迎的。与陈介进行会谈后，11月2日，陶德曼便就德国调停中日战争问题与蒋介石进行了会谈。经过这次会谈，国民政府基本同意由德国出面对中日战争进行调停。

关于国民政府同意由德国出面调停中日战争的原因，大体应该从以下几个方面进行分析。

第一，英法美等国际社会对日本发动全面侵华战争采取了绥靖政策，这是国民政府最终放弃试图通过国际联盟仲裁来解决中日战争的重要原因。在解决日本侵华战争方面，国民政府一向对国际联盟抱有幻想，总希望借助国际力量使日本的侵华行为得到遏制。所以，七七事变爆发后，国民政府首先向国际联盟提出申诉，要求国际社会出面进行干预使侵华战争得到解决。英法美等国际社会虽然对日本侵略行为表示了不满，但对日本的侵略行为采取的是一种绥靖政策。[1] 所以，1937年11月在布鲁塞尔召开的国际会议上，也没有对日本的侵略行为采取实质性的制裁措施。这让满腔寄希望于

---

[1]　吴于廑、齐世荣：《绥靖政策研究》，首都师范大学出版社1998年版，第310—311页。

国际社会的国民政府大失所望，蒋介石最终不得不放弃通过国际仲裁来解决中日战争的想法。

第二，德国与国民政府在对外贸易中具有重要的利益关系，这是国民政府最终同意德国出面调停中日战争的主要原因。在全面侵华战争爆发的初期，在对华政策上德国基本遵循的是魏玛共和国以来的外交基调。在魏玛共和国时期，德国与中国在经济和军事上的合作较为密切。尤其是在牛赖特担任德国外交部长时，中德关系一度出现前所未有的蜜月期。在牛赖特时期，中国每年都需要从德国进口大批的军火及其他军用物资。并且，德国还向中国派遣大批军事顾问，这些军事顾问在国民政府的海陆空军事指导和训练中发挥了积极作用，并受到了蒋介石的高度重视。所以，国民政府虽然深知日本已经同德国缔结了防共协定，但仍然对德国调停中日战争存在幻想，认为德国能够站在较为公正的立场上对侵华战争进行调停。

第三，1937年10月，第一次近卫文麿通过《中国事变处理要纲》，在该纲要中明确提出对国民政府的政策要由以军事进攻为主向军事进攻为辅、政治诱降为主转变。这就使得国民政府对日本侵略政策产生了幻想，希望以和平谈判方式解决中日战争。

上述因素促使国民政府同意由德国出面担任中介，对中日战争进行调停。在陶德曼同陈介和蒋介石进行会谈的同时，日本已经将事先准备好的和谈条件转交给德国驻日大使狄克逊，这是日本第一次提出的和谈条件。具体内容如下：日本在内蒙古地区建立具有独立地位的自治政府；将华北地区设为非武装区，中国军队不得在那里驻扎；将上海扩大为非武装区，建立由日本控制的国际警卫队；中国停止一切抗日政策及行动；国民政府与日本共同反对共产主义；中国政府改善并降低对日关税；中国政府保障日本人在中国的各项权利。[①] 以上是日本最初提出的与中国进行和谈的条件，这些

---

① 日本外务省档案（缩微胶卷）：S487号、「日支和平基礎条件项目」（1937年10月2日）、322—323页。

和谈条件由德国驻华大使陶德曼转交给国民政府。国民政府经过商议后，认为这些和谈条件基本上是可以接受的。但是，当国民政府准备同日本进行和谈时，日本进一步附加了一些新的条件。日本之所以提出了新的和谈条件，主要是由于在中国准备同日本进行和谈时，战争的进展出现了微妙的变化，战争形势对中国越来越不利。1937 年 11 月 8 日日军攻占太原，11 月 12 日攻陷上海，11 月 20 日国民政府宣布移都重庆。日本对华军事进攻取得节节胜利，助长了侵华日军的气焰。在日本国内，主张通过军事进攻迅速使国民政府投降的"一击论"逐渐占据上风。于是，第一次近卫文麿内阁便增加了对华和谈的条件。

面对日军的疯狂进攻，国民政府深感不安。11 月 22 日，国民政府提出了中国进行和谈的四项原则。该四项原则的主要内容为：中国接受日本提出的和谈条件；中国的领土和主权的完整、华北最高统治权不容侵犯；由德国担任中日和谈的中介；和谈不触及中国与第三国之间缔结的条约及协定。但是，日本并没有接受南京政府的和谈条件，这主要是由于 12 月 13 日南京陷落，日本认为国民政府一定会全部接受日本提出的附加条件。12 月 14 日，军令部次长古贺峰一、海相米内光政、藏相贺屋兴宣、内相末次信正等在日本陆军大本营联席会议上，重新确立对华和谈条件。在这次会议基础上，日本外务省形成了对国民政府新的交涉方案。

12 月 22 日，日本将对华新的交涉案由德国驻华大使陶德曼交给国民政府，这也是日本第二次提出的和谈条件。该方案的具体内容有以下几个方面。①解决中国事变大纲：中国事变的解决采取由德国居间调停，中日两国单独交涉的方针；在交涉的过程中，要求中国接受日本提出的所有条件；交涉的目的在于最终结束战争；关于停战的条件将另行商议，在停战协定缔结时，要避免再战。①

---

①　日本外务省档案（缩微胶卷）：S487 号、「支那事变解决大纲」（1937 年 12 月 1 日）、131—133 頁。

②日本和谈条件：中国政府放弃抗日容共政策，国民政府与日本一起推行日"满"中防共政策；将华北所有地区划为非武装区，并设立特殊区域；日"满"中三国缔结经济协定；中国对日本进行经济赔偿。① 从上述内容可以看出，日本提出的第二次和谈条件同第一次相比，不但内容较为苛刻，还增加了中国对日经济赔偿这一项内容。这些内容足以说明日本最终的目的并不是真正想通过和谈来解决侵华战争，而是想利用德国作为调停的中介，达到对国民政府政治诱降的目的。关于这一点，法眼晋作曾深有感触地指出："当时我作为外交官候补，十分了解当时内阁成员和军方首脑的主张，他们始终不明白中日和解的本质。"② 也就是说，日本与国民政府所谓的和谈，无非是要达到政治诱降的目的。

在第二次和谈条件的基础上，日本提出了更为严厉的谈判条件，提出了所谓的中日媾和谈判条件细目，通过德国驻华大使陶德曼向国民政府提出。该谈判条件主要包括9个方面的内容：中国正式承认伪满洲国；中国彻底放弃抗日反满政策；在华北和内蒙古地区设置非武装区；在华北地区建立日"满"中共存共荣之特殊行政机构，给予广泛的权限，并实现日"满"中经济合作；在内蒙古设立防共自治政府，与外蒙古具有相同的国际地位；中国切实采取防共政策，对日"满"两国的防共政策给予支持；在华北地区设置非武装区，在上海地区实现日中合作，并维持治安和经济发展；日"满"中三国在开发资源、关税、贸易、航空和通信等方面缔结协定；中国对日本进行战争赔偿。③ 以上是南京沦陷后，日本向德国提出的中日谈判的条件细目，国内有的学者将其称作日本

---

① 日本外務省档案（縮微胶卷）：S487 号、「在京独逸大使にする回答案」（1937 年 12 月 22 日）、317—318 页。

② 〔日〕法眼晋作：《二战期间日本外交内幕》，袁靖等译，中国文史出版社1993 年版，第 32 页。

③ 日本外務省档案（縮微胶卷）：S487 号、「日支媾和交渉条件細目」（1938 年1 月 11 日）、320—321 页。

的第三次和谈条件。①

从上述内容可以看出，日本提出的谈判条件一次比一次苛刻，尤其是第三次的谈判条件已经远远超出和谈的范围，实质上是要把中国华北变成第二个伪满洲国。这是全面侵华战争爆发后，日本企图利用德国作为调停中介对华进行的第一次公开政治诱降谋略。陶德曼之所以能够成为日本侵华战争的调停者，是中德日三角关系不断演变的结果。关于这一点，可以从以下几个方面进行分析。

第一，从侵华战争的发展形势来看，当日本占领华北地区以后，尤其是南京陷落以后日本更加大了对华侵略步伐，在加大军事进攻力度的同时辅以政治诱降，希望借助德国从中斡旋，达到对国民政府政治诱降的目的。另外，从"九一八事变"到发动全面侵华战争，日本把战线从东北扩大到华北地区，这不但加重了日本的防御负担，还进一步分散了日军进攻力量，使侵华战争逐渐进入胶着状态。面对如此严峻的战争形势，第一次近卫文麿内阁不得不调整对华侵略政策，放弃对华一击论的主张，开始向政治诱降为主、军事进攻为辅的政策转换。

第二，从国民政府内部形势来看，蒋介石虽然发表了"庐山谈话"，国共实现了第二次合作，抗日民族统一战线已经形成，但仍寄希望于国际社会的仲裁来解决中日战争，这也是蒋介石对侵华战争存在幻想的主要原因。当日军大举入侵华北，尤其是上海、南京等地沦陷以后，蒋介石更希望英美等国际社会能够从中干预，对日本进行制裁。但是，1937 年 11 月，在布鲁塞尔召开的国际会议也没有达到蒋介石的目地。这是国民政府最后决定让德国居间调停的主要原因。

第三，从德国的远东政策来看，防共协定缔结后不久，日本便借防共伙伴之名希望德国支持日本侵略中国。由于德国与国民政府

---

① 陈仁霞：《中德日三角关系研究（1936—1938）》，生活·读书·新知三联书店 2003 年版，第 242—243 页。

具有重要的经济利益，加之以牛赖特为首的德国外交部在远东政策上奉行的是传统的亲华政策，并主张在中国和日本之间推行等距离外交政策，所以德国拒绝了日本的请求。但是，随着里宾特洛甫势力的不断提升，德国在远东政策上的战略思想逐步向亲日方向发展。于是，德国外交部便指示驻日大使狄克逊与日本外务省沟通，德国愿意出面为中日战争进行调停。

但是，随着日本提出的谈判条件一次比一次苛刻，陶德曼也越来越感到国民政府无法接受这些条件。但是，德国外交部致电陶德曼，要求陶德曼将日本新的谈判条件向国民政府转达。1938 年 1 月 12 日，陶德曼与外交部长王宠惠进行会谈，委婉地转达了日本的新条件，并要求国民政府做出答复。1 月 13 日，王宠惠向陶德曼转达了国民政府的意见。该意见的具体内容为："经过适当考虑之后，我们觉得改变的条件太广泛了。因此，中国政府希望知道这些新提出的条件的性质和内容，以便仔细研究，再做确切的决定。"

从王宠惠答复内容可以看出，国民政府并没有马上拒绝日本的谈判条件，只是采取较为委婉的方式向后拖延，说明国民政府并没有完全放弃通过谈判方式解决中日战争的想法。但是，由于国民政府迟迟不对日本的谈判条件做出答复，日本当局非常恼火。1 月 16 日，第一次近卫文麿内阁发表了不以国民政府为对手的声明，表明日本企图利用德国作为中介对国民政府进行政治诱降的政策随之失败。

三　日本施压与德国对华政策的改变

第一次近卫文麿内阁便发表不以国民政府为对手的声明，表明日本将要在对华侵略政策上进行新调整。日本对华侵略政策的改变，对日德同盟关系也产生了重大影响。在对德同盟政策上，日本也开始调整对德同盟战略。日本要求德国从防共立场出发改变对华政策，尤其是在对华军事顾问、军火供应和伪满洲国等问题上做出实质性的承诺，并要求德国对国民政府采取相应的强硬措施。

对于日本提出的这些要求，德国并没有立即同意。1938 年 1 月，德国驻日大使狄克逊与广田弘毅外相进行了会谈。在会谈的过程中，广田弘毅在对华政策上做出了明确的表态，要求德国从根本上改变对华政策。广田弘毅指出，日本将向国民政府发表宣战公告，在对华政策上加大军事进攻力度，日军也要向广东和海南等地区大举进攻。① 对广田弘毅的这种坚决态度，狄克逊表示如果日本大举入侵中国，必然会激化日本同英国的矛盾，并且日本将全部军事力量集中在对华战争上，对苏联的防御将陷入被动的局面。广田弘毅又进一步指出，日本在南进的过程中会尽量避免直接同英国发生冲突，并表示已经向日本驻中国军队发布了训令，日本将通过武力使国民政府和共产主义的势力迅速灭亡。② 1 月 17 日，狄克逊立即把广田弘毅外相的意见向德国外交部的汇报，并就下一步的打算请德国外交部做出新的指示。

不久，广田弘毅外相与狄克逊又举行了一次会谈，向德国继续施加压力，并要求德国在对华政策上采取实质性的措施。1 月 26 日，狄克逊再次把日本的立场及态度向柏林进行汇报。狄克逊在给德国外交部的电报中，就对华军事顾问及军用物资问题、伪满洲国承认问题、对华政策调整等问题发表了自己的看法。具体内容如下。

第一，狄克逊认为，由于日本谈判条件逐渐严苛最终导致陶德曼调停工作的失败，中德关系已经进入一个新的发展阶段，在对华政策上德国应该采取双重外交，在处理好日德关系的同时又要防止

---

① 「デイルクセよりドイツ外務省への電報」（1938 年 1 月 17 日）極東国際軍事裁判所編『極東国際軍事裁判速記録』第 73 号、法廷書証 486 号 – G、検察文書 1273 号 – D 雄松堂書店、1968、14 頁。

② 「デイルクセよりドイツ外務省への電報」（1938 年 1 月 17 日）極東国際軍事裁判所編『極東国際軍事裁判速記録』第 73 号、法廷書証 486 号 – G、検察文書 1273 号 – D 雄松堂書店、1968、14 頁。

中国投入苏联的怀抱。①

第二，关于对华军事顾问问题。狄克逊认为应该从中国撤走全部军事顾问。狄克逊还进一步指出，日本认为德国出面调停工作失败的主要原因是德国的军事顾问对国民政府进行了军事指导，使国民政府最终没有接受日本的谈判条件，现在日本已经开始向华南地区大规模地进攻，国民政府已经移都重庆，日军不久将攻陷广东和海南，一旦国民政府投降，这对德国来说很损伤颜面；如果德国不听日本忠告，不撤走在华军事顾问，一旦国民政府降服，德国的军事顾问也必会担负一定责任，必将使日德两国的关系恶化；国民政府已经派孙科前往莫斯科进行游说，苏联已经开始向国民政府派遣军官和飞行人员，在军事上对国民政府进行援助。所以，国际舆论报道称苏德在对华问题上将共同提携。狄克逊又进一步指出，他已同驻日陆军武官奥托达成一致意见，从德国今后在远东的利益考虑，应全部撤回驻华军事顾问。②

第三，关于军用物资的供应问题。狄克逊认为应该完全停止对华军用物资的供应。狄克逊指出，德国在中日战争爆发初期对华采取了中立政策，并对国民政府提供大量的军用物资，但中国同苏联缔结了互不侵犯条约，日本对此非常不满，要求德国停止对华军用物资的供应。③

第四，关于伪满洲国的承认问题。狄克逊认为，当前改善日德两国关系的最好办法就是德国承认"满洲国"的合法性，这样才

---

① 「デイルクセよりドイツ外務省への電報」（1938 年 1 月 17 日）極東国際軍事裁判所編『極東国際軍事裁判記録』第 73 号、法廷書証 486 号 – G、検察文書 1273 号 – D 雄松堂書店、1968、14—15 頁。

② 「ディルクセよりドイツ外務省への電報」（1938 年 1 月 17 日）極東国際軍事裁判所編『極東国際軍事裁判速記録』第 73 号、法廷書証 486 号 – G、検察文書 1273 号 – D 雄松堂書店、1968、14—15 頁。

③ 「デイルクセよりドイツ外務省への電報」（1938 年 1 月 17 日）極東国際軍事裁判所編『極東国際軍事裁判速記録』第 73 号、法廷書証 486 号 – G、検察文書 1273 号 – D 雄松堂書店、1968、14—15 頁。

能进一步增进日德两国的同盟，建议在新京派驻领事馆，与伪满洲国建立正常的外交关系，与伪满洲国缔结经济协定，并派驻通商代表。[①]

第五，关于德国对华政策的转换问题，狄克逊认为德国对华政策的重心应该向华北地区进行转移，从中日战争的发展形势来看，在今后几年或十几年，华北一定会在日本的控制之下，所以，德国对华政策的重心要向华北地区转移。[②]

从狄克逊给德国外交部电报的内容可以看出，尽管牛赖特外交部长时期德国在远东推行的是中立的外交政策，并且，中德贸易给德国带来巨大的经济利益，还不断地支持中国一些军事工业计划，但是，随着日本侵华战争步伐的进一步加快，国民政府溃败并移都重庆后，德国在中日之间推行的等距离外交逐步向日本倾斜。尤其是陶德曼调停失败后，德国外交和军事领导层正处于重大改组时期，亲日派代表里宾特洛甫将取代牛赖特成为德国新的外交部长，国防部长布隆堡被撤职，德国的军事最高指挥权被希特勒完全掌控。牛赖特和布隆堡是德国亲华政策的积极倡导者和推行者，但里宾特洛甫则是一个积极主张对外进行侵略扩张者。里宾特洛甫担任德国的外交部长，使德国对外政策发生了划时代的变化。这是狄克逊给德国外交部电报的内容，反映出德国对日政策发生根本性变化。

随后，广田弘毅外相又同狄克逊大使进行了多次会谈，并以种种理由向德国施加压力。德国驻日大使狄克逊和陆军武官奥托是亲日的主要代表，在对日政策上，都不折不扣地执行着德国外交部的

---

① 「デイルクセよりドイツ外務省への電報」（1938 年 1 月 17 日）極東国際軍事裁判所編『極東国際軍事裁判速記録』第 73 号、法廷書証 486 号－G、検察文書 1273 号－D 雄松堂書店、1968、14—15 頁。

② 「デイルクセよりドイツ外務省への電報」（1938 年 1 月 17 日）極東国際軍事裁判所編『極東国際軍事裁判速記録』第 73 号、法廷書証 486 号－G、検察文書 1273 号－D 雄松堂書店、1968、15 頁。

各项指示和命令。可见，无论是德国驻日大使还是德国外交部，在远东政策的选择上越来越倾向于日本。于是，在里宾特洛甫担任外交部长的两周后①，希特勒在国会上的演说中指出："我不认为中国强大到足以在精神和物质上，能够依靠自己的力量抵抗布尔什维克主义的任何进攻，现在日本作为人类文化的一个安定因素而越来越受到德国的重视，德国将宣布承认'满洲国'。"② 德国对华政策的这种变化使日本非常满意。于是，日本在中国问题上又进一步向德国施加压力，要求德国停止向中国输出武器等军火。1938 年 4 月，戈林下令禁止对华输出军用物资，也包括牛赖特时期已经承诺向中国提供的军用物资供应。同年 5—6 月，里宾特洛甫从中国召回了所有德国驻华军事顾问。德国从中国召回所有军事顾问并停止输出军用物资，进一步说明在日本的压力和说服下，德国放弃了对中国的中立政策，日德同盟关系向公开化的军事同盟过渡。

综上所述，防共协定缔结后 7 个多月，日本便发动了全面侵华战争，并企图利用日德防共协定所建立的同盟关系，要求德国对侵华战争在道义上和精神上予以援助和支持，还把侵华战争称作在防共框架内打击共产主义。面对日本的种种压力和要求，德国从对华经济利益上考虑，且以日德防共协定并未规定可以在第三国领土内打击共产主义为由，拒绝了日本的要求。

尽管遭到了德国的拒绝，在对华侵略上日本仍然希望利用德国实现对中国的进一步侵略。当侵华日军占领华北大部分地区后，侵华战争便呈现出胶着化状态，日本当局的对华一击论逐渐陷入被动。于是，第一次近卫文麿内阁便于 1937 年 10 月在对华政策上进行划时代调整，通过阁议确定了在对华政策上采取军事进攻和政治诱降相结合的方针，以期达到对国民政府政治诱降的目的。对国民

---

① 里宾特洛甫于 1938 年 2 月 4 日取代牛赖特，成为纳粹德国的外交部长，德国在东方政策上更加倾向于日本，这对日本和德国同盟关系的发展产生重大影响。

② 〔德〕瓦·巴特尔：《法西斯专政时期的德国 1933—1945》，肖辉英、朱忠武译，中国社会科学出版社 1979 年版，第 85—93 页。

政府而言，虽然蒋介石发表了庐山谈话，实现了国共第二次合作，向全国表达了抗战到底的信心和决心，但是，当日军大举向华北地区入侵后，国民政府内部有些人出现了对抗战悲观失望的情绪，对抗日的决心发生了极大的动摇，并寄希望于国际社会的调停来解决中日战争。然而，由于以英法美等为首的西方社会对日本的侵略行为采取的是一种绥靖政策，因而 1937 年 11 月在布鲁塞尔召开的国际会议，也没有对日本的侵略行为采取任何实质性措施，这使国民政府寄希望于国际社会的想法受到了沉重的打击。国民政府这种寄希望于第三者出面调停来解决日本侵华问题的想法，为陶德曼调停闹剧的上演提供了一个重要契机。

于是，在日本的精心策划和德国的积极参与下，开始了利用德国充当第三者对国民政府的政治诱降工作。从 1937 年 11 月至 1938 年 1 月，日本先后向德国驻华大使陶德曼提出了三次和谈条件。日本让陶德曼向国民政府转达的这三次和谈条件，一次比一次严苛，俨然就是要把华北地区变成第二个伪满洲国。面对日本这些严苛的和谈条件，国民政府迟迟不予答复，最终导致第一次近卫文麿内阁发表不以国民政府为对手的声明。该声明的发表，标志着日本企图以德国作为调停中介对华政治诱降政策的失败。

陶德曼调停失败后，德国在日本的压力下开始调整对华政策，并抛弃了德国传统的对华中立政策，开始向日本进行倾斜。德国不但召回了在华全部军事顾问，还停止了向中国输出军用物资及军用设备，最为严重的是德国不但承认了伪满洲国在国际上具有合法性，还于 1939 年 2 月把伪满洲国纳入日德防共体系当中。德国在对华政策上之所以会进行这样大幅度的调整，日本的压力和游说在其中起到很大的推动作用。德国在对华政策上的本质性变化，对日本侵华战争及远东国际形势都产生了重要影响。为了进一步实现南进战略，第一次近卫文麿内阁便开始酝酿以强化防共协定为名来提升日德同盟关系。这样，日本对德同盟政策开始向公开的军事同盟过渡。

第三节　对德强化防共协定的发端

所谓强化防共协定，是日德两国为了把同盟关系突破防共协定的界定，向正式化军事同盟转变的一种战略手段。关于日德强化防共协定的发端，主要是日本驻德武官大岛浩与德国外交部长里宾特洛甫就提升日德军事同盟关系在柏林进行的交涉。当前，日本学界有的学者在阐述日德同盟关系提升时，将其设定为强化防共协定交涉，其目的在于否定第一次近卫文麿内阁时期日德同盟关系的军事性质。另外，把日德军事同盟关系提升而进行的交涉说成强化防共协定，其目的在于把日德军事同盟关系仍然界定在防共协定之下，并强调在防共上的连续性。关于强化日德防共协定的发端，日本仍然是在陆军省的主导下进行的。日本当局者为提升日德军事同盟关系而进行最初交涉并有意将其说成强化防共协定，这样做的目的是便于说服日本政府中的反对派，尤其是想以此来证明日本对德外交路线并未改变。事实上，所谓的防共协定强化就是日德军事同盟关系提升的发端。[①]

一　陆军省强化对德同盟战略

在第一次近卫文麿内阁发表不以国民政府为对手的外交声明后，日本便开始全面调整对华侵略政策。这种新的侵略政策的核心目标是在军事进攻的前提下，寻求新的政治诱降对象，在华北地区希望通过扶植新的地方傀儡政权来取代国民政府。在这一政策的指导下，在陶德曼调停之后，日本又相继推出了所谓的宇垣和平外交

---

① 三宅正樹『日独伊三国同盟の研究』南窓社、1975、143 頁。

谋略、① 萧振瀛工作②、诱降汪精卫等活动。随着对华侵略政策的改变，日本对德同盟政策也随之发生了变化。第一次近卫文麿内阁急于通过提升对德同盟关系，来进一步强化日本的对外侵略扩张政策。1938 年 1 月，日本驻德武官大岛浩拜访里宾特洛甫时，里宾特洛甫向大岛浩提出，要进一步强化德日两国同盟关系，并向大岛浩提出了作为个人意见的强化德日关系同盟案。大岛浩立即将里宾特洛甫的意见电告日本陆军省参谋本部。③ 大岛浩的电报到达日本后，日本陆军省参谋本部主任部便开始研究对德强化防共协定试行案，并确定了与德国缔结以苏联为对象的进攻或防御两种同盟案，并指示大岛浩向里宾特洛甫提示说明。同时，德国和日本的政府内部都进行了重要的人事结构调整。同年 2 月，里宾特洛甫取代牛赖特成为德国新的外交部长。同年 6 月，板垣征四郎取代杉山元担任日本新陆相，这为日本提升对德同盟关系提供了一个重要契机。板垣征四郎的上台，标志着日德同盟关系将突破以往的防共协定框架，开始向正式化军事同盟嬗递。

随着侵华战争规模的不断扩大，日本军部在对华政策中的发言权也越来越大，陆军省更是不断越过外务省直接下达对华侵略的指令，动辄以统帅权独立和下克上的传统凌驾于内阁之上。面对国内外的种种压力，近卫文麿企图通过内阁改组来修正对华政策，以缓解内外压力。1938 年 5 月至 6 月，近卫文麿开始更换内阁各省的首脑，任命陆军元老宇垣一成取代广田弘毅担任外相，任命池田成彬取代贺屋兴宣担任藏相，任命木户幸一取代荒木贞夫担任文相，任

---

① 1938 年 5 月，宇垣一成担任第一次近卫文麿内阁外相后，在日本外务省东北亚局长石射猪太郎等积极谋划下，展开以国民政府行政院长孔祥熙为对象的政治诱降活动。

② 1938 年春夏之交，日本军部主导策划通过当时国民政府天津市市长萧振瀛对国民政府进行又一轮政治诱降活动。

③ 「防共協定強化問題」（B04013488700）日本外務省外交史料館档案（アジア歴史資料センター）『日独伊防共協定関係一件 防共協定強化問題』（B‐0057）、202頁。

命板垣征四郎取代杉山元担任陆相。① 但是，近卫文麿一手提拔且寄托了很大希望的陆相板垣征四郎，却并没有如近卫文麿所期望的那样，为日本的对华"和平"工作做出任何努力。反而在他的主导下，陆军省在内阁中更加飞扬跋扈，动不动就使陆军省的特权凌驾于内阁之上。近卫文麿任命板垣征四郎担任陆相，意味着陆军省不可能按照外交常道行事，这是因为板垣征四郎上任后所热衷的并不是对华"和平"工作，而是通过强化防共协定来提升对德军事同盟关系。②

1938 年 6 月 17 日，板垣征四郎向近卫文麿提出了《关于指导中国事变之说明》的意见书。在该意见书中，板垣征四郎主张在解决侵华战争问题上应该积极对中国作战。该意见书的具体内容如下：①今后处理中国事变应以 1 月 16 日日本政府提出的不以国民政府为对手这一根本方针为基准积极处理中国问题，在确保日本在东亚的盟主地位的同时再建友邦之中国；②处理中国事变的主要目标就是使中国从反日容共政策向亲日防共政策转换；③控制中国局势的要点在于通过连续对华作战，使其丧失中原地区，并通过外交、经济和宣传等手段达到消灭抗日力量的目的；④在强化作战的过程中应积极培养亲日反共势力，并迅速将这些势力统合起来建立中心机构，以达到从内部瓦解抗日势力的目的；⑤把新建立的中央政府作为东亚联盟的一员，将华北地区纳入日本势力控制下"满鲜"一体化的国防圈，实现真正的"共存共荣"，把蒙疆地区纳入防共阵营，并逐渐建立强有力的自治政府；⑥强化防共协定以牵制苏联和英国的在华势力。③ 以上是板垣征四郎关于对华政策意见书的大体内容。从上述内容可以看出，板垣征四郎认为在对华政策上要通过强化军事进攻迫使国民政府投降，通过建立新的亲日政

---

① 戸川佐武『近衛文麿と重臣たち——昭和の宰相②』講談社、1982、268 頁。

② 三宅正樹『日独伊三国同盟の研究』南窓社、1975、155—156 頁。

③ 「支那事変指導ニ関スル説明」（1938 年 6 月 17 日）日本国際政治学会太平洋戦争原因研究部編『太平洋戦争への道 開戦外交 別巻資料編』朝日新聞社、1963、262—263 頁。

府把华北地区变成第二个伪满洲国；在防卫苏联及英美方面，主张通过强化防共协定来提升日德同盟关系，以此解决日本在东亚地区同苏联及英美等国的利益冲突。

为了进一步阐述对德强化防共协定的重要性及目的性，1938年7月3日，板垣征四郎又提出了《关于时局外交陆军之希望》的意见书。在该意见书中，板垣征四郎详细阐述了日本对德强化防共协定的重要性和紧迫性，这份意见书对于重新开启日德同盟交涉起了重要作用。该意见书由一般外交方针、强化防共轴心工作、对苏工作要领、对英美工作要领等四个部分组成，具体内容如下。第一，一般外交方针方面：①在强化对德防共协定的同时，使中日战争能够得到妥善解决；②今后外交工作的重点在于对德强化防共轴心工作，要运用一切手段防止苏联参与今后东亚的事变，要使美国尽量保持在东亚的中立政策及对日友好的经济关系；③要通过一切外交及武力手段，使国际社会断绝对华的武器供应；④只要与日本的对华政策原则不抵触，日本欢迎第三国加入对华经济开发。① 第二，强化防共轴心工作方面：①强化日德两国之间的政治关系，强化日"满"德意四国间的经济提携，加强防共协定的扩张工作，把"满洲国"纳入日德防共体系中；②按照防共协定之精神，巩固日德意三国之间的政治关系，强化对苏联的军事同盟，使意大利在牵制英国方面起到积极作用；③加强日"满"两国同德国和意大利的经济提携，促进贸易发展，共同协力开发"满洲"；④调整对德同盟政策，强化对德经济提携的同时早日实现南洋殖民地的返还；⑤使波兰、罗马尼亚等加入防共体系当中；⑥在世界范围内形成反共局势。② 第三，对苏联的工作要领：①在中苏边境不断扩充

　　① 「時局外交ニ關スル陸軍ノ希望」日本国際政治学会太平洋戦争原因研究部編『太平洋戦争への道 開戦外交5 三国同盟・日ソ中立条約』朝日新聞社、1963、63—64 頁。
　　② 「時局外交ニ關スル陸軍ノ希望」日本国際政治学会太平洋戦争原因研究部編『太平洋戦争への道 開戦外交5 三国同盟・日ソ中立条約』朝日新聞社、1963、64—65 頁。

军备，保持对苏联的军事威慑；②在国际上将苏联的真相及不诚实的行为向英法美等国进行宣传，使其国际地位降低和孤立；③在外交上对苏联采取公正且坚决的态度，迫使其履行既存的各项条约；④进行苏联对华谋略和对日"满"不法行为的宣传，在国内唤起反苏的舆论；⑤与苏联缔结互不侵犯条约。① 第四，对英法的工作要领：①使英国顺应日本的远东政策，要利用好中英诸势力；②尊重英国在华各项权益，避免不必要的摩擦；③调整对英国的日本外交、经济和宣传机构，整顿日本朝野上下对英国的言论及行动；④使法国放弃亲蒋援华政策，特别是使法国停止对华武器供应。② 第五，对美国的工作要领：①通过适当的宣传，改变美国对日本的态度；②努力保障美国在华的各项权益；③强化对美经济友好关系，通过各种手段振兴通商关系，强化对美贸易关系并导入美国资本，在开发中国经济的同时保障美国在华的经济利益；④通过外交手段改善同美国的关系。③

　　以上是板垣征四郎担任陆相后，就时局处理及对外政策提出的意见书，其中最核心的内容是要求进一步强化日德防共协定，使日德同盟关系向正式化军事同盟转换。从上述内容可以看出，日本强化对德同盟的根本目的在于解决中日战争问题，以期通过对华进行更大规模的军事进攻，从而独霸中国。为了达到上述目的，日本急于进一步强化对德同盟，以此在东亚地区与苏联和英美等势力相抗衡。从对德政策的战略调整上来看，日本陆军省起到了积极的推动作用。而且，日本陆军省一向主张同德国缔结的同盟协定的对象既要包

---

① 「時局外交ニ關スル陸軍ノ希望」日本国際政治学会太平洋戦争原因研究部編『太平洋戦争への道 開戦外交 5 三国同盟・日ソ中立条約』朝日新聞社、1963、65 頁。

② 「時局外交ニ關スル陸軍ノ希望」日本国際政治学会太平洋戦争原因研究部編『太平洋戦争への道 開戦外交 5 三国同盟・日ソ中立条約』朝日新聞社、1963、66 頁。

③ 「時局外交ニ關スル陸軍ノ希望」日本国際政治学会太平洋戦争原因研究部編『太平洋戦争への道 開戦外交 5 三国同盟・日ソ中立条約』朝日新聞社、1963、64—66 頁。

括苏联也要包括英美两国。所以，该意见书明确指出强化防共协定的同盟对象主要是针对苏联，并把英美两国也列入其中，同时还要迫使法国放弃援华政策及停止对华供应武器，而且还要在世界范围内进行防共协定扩张，形成强大的防共体系。陆军省提出的对德强化防共协定意见书，对日本开启对德同盟交涉起到了重要的推动作用。第一次近卫文麿内阁对德强化防共协定战略也是在此基础上形成的。

二　五相会议对德交涉方针与陆外两省草案

在陆军省提议的基础上，1938 年 7 月 19 日，第一次近卫文麿内阁召开了首相、外相、陆相、海相、藏相五相会议，确立了《日德意防共协定研究方针》。该研究方针包括《强化日德及日意政治提携方针要领》和《强化防共协定工作要领案》两个文件。其中，《强化日德及日意政治提携方针要领》是在日本外务省起草的文件基础上形成的，《强化防共协定工作要领案》是在日本陆军省起草的《强化日德及日意轴心同盟对策案》基础上形成的。也就是说，7 月 19 日五相会议确定的《日德意防共协定研究方针》，是在外务省和陆军省起草的文件基础上形成的，包含了两省强化对德同盟政策的意见和要求。《日德意防共协定研究方针》明确提出，为了针对苏联需要进一步强化日本同德国的政治提携关系，但日德同盟的对象不限于苏联，苏联如果参加德国与苏联以外的欧洲国家战争时，日本可以采取自由选择的态度并牵制苏联加入该战争中，日德同盟协定的内容要尽量回避攻守性的同盟，应以缔结相互援助的协定为好。[①] 从上述内容可以看出，该研究方针缺少实际性的具体内容，只是在宏观上提出日德同盟协定的针对方及对苏联的态度。

《强化日德及日意政治提携方针要领》包括《强化日德政治提携方针要领》和《强化日意政治提携方针要领》。其中，《强化日德

---

① 「日獨伊防共協定研究方針」（1938 年 7 月 19 日）日本外務省編『日本外交文書　第二次欧州大戦と日本　日独伊三国同盟・日ソ中立条約』外務省、2012、36 頁。

政治提携方针要领》的主要内容为：①日德两国之间缔结以苏联为对象的相互援助协定；②缔约国中的一方受到挑衅性攻击与苏联交战时，其他缔约国采取一切可能办法予以援助；③缔约国中的一方受到苏联挑衅性攻击威胁时，两缔约国就共同采取的措施进行协商；④两缔约国中的一方按照本条约的规定对另一方进行援助时，就兵力援助的实行方法在双方当局者协议的基础上协定，本协议条款在秘密交换公文中规定；⑤本协定的有效期为 5 年。[①]该方针要领表明，日德同盟针对的国家已经明确地指向了苏联，并提出缔约国中一方与苏联发生战争时，其他缔约国予以军事援助，但仍然没有提出日德两国针对苏联具体进行怎样的军事援助。该方针要领的确定，标志着第一次近卫文麿内阁将在对德同盟政策上突破以前的界限，向正式化军事同盟递进。

《强化防共协定工作要领案》由于是在日本陆军省起草的《强化日德及日意轴心同盟对策案》基础上形成的，所以要对陆军省的对策案原案进行分析，这样才能更清楚地分析日本陆军省与外务省在对德强化防共协定的战略思想上的不同。陆军省《强化日德及日意轴心同盟对策案》把日德军事同盟的防卫对象进行了扩大，防卫对象既包括苏联也包含英美等国。该对策案明确指出："帝国迅速同德国及意大利缔结协定并进一步密切同盟关系，各缔约国进一步强化对苏联的威慑力及对英国的牵制力，以便于迅速解决中日战争问题，这是实现我东北亚战略之资本。为此，对德国扩大防共协定秘密附属协定之精神，与德国缔结以苏联为对象的军事同盟，对意大利主要缔结以牵制英国为目的的秘密协定。"[②]该对策案还就日德和日意同盟缔结问题进行了说明，具体

①　「日獨政治的提携強化方針要領」（1938 年 7 月 19 日）日本外務省編『日本外交文書 第二次欧州大戦と日本 日独伊三国同盟・日ソ中立条約』外務省、2012、36 頁。

②　「防共協定ノ強化問題工作要領案 日獨及日伊枢軸強化ニ關スル方策案」（1938 年 7 月 19 日）（B04013488700）日本外務省外交史料館档案（アジア歴史資料センター）『日独伊防共協定関係一件 防共協定強化問題』（B－0057）、180—182 頁。

内容如下：①日德两国在国防及世界和平的维护上难以允许苏联政权的存在；②缔约国中的一方与苏联发生战争时，其他缔约国对其进行援助，与苏联发生冲突或受到苏联威胁时，也采取同样措施；③缔约国中的一方与苏联开战时，其他缔约国立即与苏联开战，日德共同对此进行处理，与苏联发生冲突或受到苏联威胁时，缔约国彼此互相协力或援助；④缔约国平时互相通报苏联的有关情报，缔约国中的任何一方与苏联发生战争危机或冲突，或受到苏联威胁时，缔约国就相互协力或援助的一切问题进行协商；⑤缔约国中的一方与苏联及意大利除外的第三国发生战争、冲突及受到威胁时，其他缔约国应对此保持友好的态度；⑥本同盟协定有效期为 5 年。①

以上是日本陆军省起草的《强化日德及日意轴心同盟对策案》。从上述对策案的内容，可以看出日本对德同盟政策具有以下几个特点。

第一，日本对德强化防共协定的主要目的是解决中日战争问题，最终实现称霸亚洲和太平洋地区扩张的计划；

第二，日本对德意同盟政策的战略思想不同，强化对德军事同盟是为了威慑苏联，同意大利缔结军事协定是为了牵制英法；

第三，强化防共协定同日德防共协定相比，防卫的对象更加明确地指向苏联，并包括英法美等国。

日本陆军省一向对提升日德同盟关系持积极态度。五相会议召开后，日本陆军省经过认真磋商，于 7 月 26 日又起草了《关于强化日德防共协定之件》，提出更有针对性的强化防共协定案。该协定案具体内容如下：①为了强化防共协定秘密附属协定之精神，日德两国之间缔结以苏联为对象的攻守性秘密军

① 「日獨及日伊樞軸強化ニ關スル方策案」（1938 年 7 月 19 日）日本外務省編『日本外交文書 第二次欧州大戦と日本 日独伊三国同盟・日ソ中立条約』外務省、2012、37—38 頁。

事同盟；②两缔约国一致认为有必要排除苏联之威胁，在受到苏联威胁或两缔约国中任何一方与苏联开战时，另一方将迅速地予以军事援助，双方并就媾和进行协议；③日德两国在非战及战争期间均对苏联进行军事情报交换；④日德两国为了应对苏联的威胁，在非战和战争期间对苏联及第三国进行宣传和谋略活动；⑤在进行必要作战时，两缔约国军事当局者进行协商；⑥两缔约国中的任何一方，不得与第三国缔结违背该协定精神的新的任何协定；⑦本协定的有效期为 5 年。①

从上述内容可以看出，日本陆军省向来在对德同盟上主张防卫对象不单指向苏联，英美等国也包括在内。实际上，上述内容已经突破了防共协定的内容界限，日本陆军省的最终目的是把日德同盟的形式向正式化军事同盟转换。关于日本陆军省急于进一步提升日德同盟关系的原因，我们可以从日本陆军省的国防战略和对外侵略目标上进行详细分析。日本陆军省一向把北进政策作为国防战略的重点，尤其是在日本发动全面侵华战争后，更是积极主张推进以中国大陆为腹地的北进战略。在长期的精心准备之后，在日本陆军省参谋本部的指导下，关东军于 1938 年 7 月在张鼓峰对苏联军队进行了一次试探性进攻，这就是历史上有名的张鼓峰事件，也被称作哈桑湖②事件。日本这次进攻并未达到预期效果，还使关东军受到了沉重的打击，尤其是关东军第 19 师团损失惨重。最后，日本暂时放弃了北进战略，被迫同苏联进行谈判来解决日苏冲突问题。张鼓峰事件后，日本对苏联的军事实力和武器装备有了新的认识和评价。苏军在这次事件中所使用的武器，如飞机、大炮、战车和步兵

---

① 「日独防共協定強化に関する件」（1938 年 7 月 26 日）（B04013488700）日本外務省外交史料館档案（アジア歴史資料センター）『日独伊防共協定関係一件 防共協定強化問題』（B-0057）、184—185 頁。

② 哈桑湖位于中朝边境的豆满江附近。

装备等，都是新式进攻性武器。① 从一定意义上说，张鼓峰事件成为日本急于强化日德同盟的一个重要契机。所以，日本陆军省主张对德强化防共协定的最终目标仍然是从北进战略出发，主张日德两国进一步强化针对苏联的同盟关系，从而实现日本独霸中国和在太平洋地区扩张的战略目标。这集中表现了日本陆军省在对德同盟战略上的一贯性和连续性。

1938 年 8 月 8 日，日本陆军省又提出了《对日德意同盟案之意见》，并要求五相会议全部采纳。该意见书共包括四个方面的内容，主要从当时国际形势、日本的立场、各缔约国的义务、条约是秘密还是发表等几个方面进行说明。第一，关于国际形势的判断方面，陆军省提出了以下几个方面的观点。①德国已经在充实军备的同时强化经济，并做好了对苏联开战的准备，以希特勒为首的各部门首脑尽管对苏联开战的意念非常执着，但因准备不充分而尽量避免开战，意大利也不打算自己单独开战。② ②英法两国已经丧失了积极进行战争的能力，英国扩充军备的目的与其说是完成防守的使命，不如说是在积极的外交支持下以维系在欧洲大陆的霸权地位；从现在英国的外交政策来看，主要是通过所谓的远攻近交的政策，在确保欧洲和平的基础上向东亚和近东地区积极推进；发达的航空事业给英国的国防地位带来了巨大变革，英国的外交在强大的航空实力支持下也发生了巨大的变化；一旦德国空军对伦敦的威胁和意大利空军对地中海控制相结合时，英国将降低在欧洲大陆的威力，尽管现在英国热衷于伦敦的防空并加速充实海军，但其不利的地理位置难以补救；现在英国筹划与近邻的友好关系以确保自身的安全，并积极推进政策以保全在东亚、近东殖民地及中国的既得利

---

① 中西治「関東軍と日ソ対決」三宅正樹編『大陸侵攻と戦時体制——昭和史の軍部と政治②』第一法規出版株式会社、1983、140 頁。

② 「日獨伊同盟案ニ對スル意見」（1938 年 8 月 8 日）（B04013488700）日本外務省外交史料館档案（アジア歴史資料センター）『日独伊防共協定関係一件 防共協定強化問題』（B‐0057）、186 頁。

益；一旦英国的对手德意或者日本与德意的关系被离间，英国在亚洲的积极政策将容易推行，英国企图通过外交手段各个击破并结束日德意坚强的堡垒，从而实现以英国为中心的追随路线；日本感到英国凭借强大的经济力量对日抗争给日本以沉重打击的同时，也使英国自身受到了损伤，鉴于埃塞俄比亚事件中对意大利的制裁及在西班牙问题上英国的态度，已经清楚英国推行该政策的决心，在中国及印度问题上对日本进行的报复也会给英国带来巨大打击。① ③眼下苏联并没有攻势作战的能力，苏联的执政者也不想战争，但现在苏联内部的反斯大林分子希望利用战争来打开局面，在今后的三四年内苏联将面临整肃运动，彻底消除动乱带来的不安，这将使苏联的对外征战陷入不堪的境地。② 第二，关于日本对英、苏、中三国的立场，陆军省提出了以下几个方面的观点。①关于日本对英国立场，陆军省指出，攻占汉口后，日本预想会尽快结束中日战争，但苏联和英国对蒋介石提供援助，才使国民政府进行了持续的抵抗；为了使英国放弃对国民政府的支持，日本一方面要清楚地向英国显示日本的武力及对占领区的统治力，另一方面要充分地认识英国是日本稳定东亚局势的重要因素，日本已经充分认识到英国趁着日本国际地位陷入孤立之际将通过各种手段在东亚地区阻碍日本大陆政策的推行；日本要与和英国具有重大利害关系的德意结成强有力的同盟关系，才能牵制英国并使其放弃在东亚的积极政策。③②关于日本对苏联的立场，陆军省认为苏联与欧洲之间隐藏着极深

---

① 「日獨伊同盟案ニ對スル意見」（1938 年 8 月 8 日）（B04013488700）日本外務省外交史料館档案（アジア歴史資料センター）『日独伊防共協定関係一件 防共協定強化問題』（B‒0057）、187—188 頁。

② 「日獨伊同盟案ニ對スル意見」（1938 年 8 月 8 日）（B04013488700）日本外務省外交史料館档案（アジア歴史資料センター）『日独伊防共協定関係一件 防共協定強化問題』（B‒0057）、188 頁。

③ 「日獨伊同盟案ニ對スル意見」（1938 年 8 月 8 日）（B04013488700）日本外務省外交史料館档案（アジア歴史資料センター）『日独伊防共協定関係一件 防共協定強化問題』（B‒0057）、190 頁。

的祸根，斯大林政权现在极力避免在中苏边境引发全面战争，在对内政策上显示了十分强硬的态度；苏联内部的反斯大林分子认为达成其愿望的唯一目标就是战争，他们对外积极制造日苏开战的舆论，苏联的形势是斯大林失去了对国民的控制，引发战争也没有太大的胜算；在此形势下，一旦德国和意大利断然对苏联开战，斯大林为了应对德意的进攻必然坚决避免日苏开战；万一斯大林全力参加战争，如果德意尽可能地对日本进行援助，日本的战争进程可能容易推进。① ③关于日本对中国的立场，陆军省认为中日战争已经进入泥沼状态的持久战中，最坏的场合是出现英法苏三国对中日战争进行干涉，为了防患于未然，帝国政府唯一的战略便是同德国和意大利缔结轴心同盟。② 第三，关于日德意三国在同盟中承担的义务，陆军省提出了以下几个方面的观点。①在日苏开战的场合，德国承担的义务主要有封锁并控制东海和北海地区；对苏联的东普③等军事基地进行轰炸；切断接壤国对苏联输送军需品；对苏联实施谋略，在形势允许的情况下可以出动陆上军队进行越境攻击。④ ②在日苏开战时，意大利承担的义务主要有封锁并控制地中海西部和黑海地区；对巴尔干地区苏联的军事基地进行轰炸；日本给予援助并对苏联实施谋略。⑤ ③在英国和意大利开战的场合，日本所承担的

---

① 「日獨伊同盟案ニ對スル意見」（1938 年 8 月 8 日）（B04013488700）日本外務省外交史料館档案（アジア歴史資料センター）『日独伊防共協定関係一件 防共協定強化問題』（B‐0057）、190—191 頁。

② 「日獨伊同盟案ニ對スル意見」（1938 年 8 月 8 日）（B04013488700）日本外務省外交史料館档案（アジア歴史資料センター）『日独伊防共協定関係一件 防共協定強化問題』（B‐0057）、191 頁。

③ 东普军事基地具体位置不详。

④ 「日獨伊同盟案ニ對スル意見」（1938 年 8 月 8 日）（B04013488700）日本外務省外交史料館档案（アジア歴史資料センター）『日独伊防共協定関係一件 防共協定強化問題』（B‐0057）、192 頁。

⑤ 「日獨伊同盟案ニ對スル意見」（1938 年 8 月 8 日）（B04013488700）日本外務省外交史料館档案（アジア歴史資料センター）『日独伊防共協定関係一件 防共協定強化問題』（B‐0057）、192 頁。

义务主要有袭击英国的东洋舰队；占领香港和新加坡；确保印度洋以东的制海权。[①] 第四，关于协定是公开发表还是秘密协定的问题，日本陆军省认为日德意三国条约仍需要在防共的大旗之下实行各自的谋略，一方面将条约公开发表在外形上可以对第三国起到威慑的作用，特别是对处理中日战争及中苏国境事件来说是首要的问题；另一方面如果将此条约公开发表将对英法美苏等国产生刺激，也会不可避免地带来一系列的问题，这是顾忌公开发表的主要原因。[②]

从上述内容可以看出，日本陆军省积极主张对德强化防共协定的直接目的就是解决中日战争问题，从而独霸中国，最终目标仍然是实现太平洋地区的扩张计划。

1938 年 8 月 12 日，日本外务省提出了对德强化防共协定消极案。同日本陆军省相比，外务省在对德强化防共协定上采取了较为冷静和克制的态度。这主要是由于第一次近卫文麿内阁发表了不以国民政府为对手的声明后，日本在对华政策中推行的依靠军事进攻并炮制地方傀儡政权，使国民政府迅速崩溃的计划遭到了挫败。于是，第一次近卫文麿内阁便开始内阁改组，由陆军元老宇垣一成取代广田弘毅担任外相，其目的是通过陆军元老宇垣一成的威望来压制陆军省的飞扬跋扈，以期达到内阁的统一。宇垣一成在上任前向近卫文麿提出了外交一元化、强化内阁统一、对华进行和平谈判、必要时取消 1 月 16 日不以国民政府为对手的声明等四项内容作为入阁条件[③]，近卫文麿对宇垣一成提出的四项条件全部答应。于

---

① 「日獨伊同盟案ニ對スル意見」（1938 年 8 月 8 日）（B04013488700）日本外務省外交史料館档案（アジア歴史資料センター）『日独伊防共協定関係一件　防共協定強化問題』（B-0057）、193 頁。

② 「日獨伊同盟案ニ對スル意見」（1938 年 8 月 8 日）（B04013488700）日本外務省外交史料館档案（アジア歴史資料センター）『日独伊防共協定関係一件　防共協定強化問題』（B-0057）、194 頁。

③ 額田垣『陸軍に裏切られた陸軍大将——宇垣一成伝』芙蓉書房、1986、178頁。

是，宇垣一成上任后，便在以外务省东北亚局长石射猪太郎为首的不扩大战争派①的支持下，开始酝酿以国民政府行政院长孔祥熙为对手的对华"和平"外交谋略。所以，在 7 月 19 日第一次近卫文麿内阁五相会议确定对德强化防共协定方针时，外务省的草案中并未提出具体的交涉内容，只表示了与德国进一步交涉的意向。外相宇垣一成在五相会议召开时也并未急于提出具体的对德交涉方案，也没有提出具体的交涉意见，只是表示外务省将在近期内进行研讨之后再拿出具体的交涉方案。对日本外务省来说，这一时期日本的外交重点是解决中日战争泥沼化的问题，对德国强化防共协定的真正目的是希望借助日德同盟力量压制苏联，并促使中日战争问题能够得到妥善解决。所以，日本外务省经过认真研讨后于 8 月 12 日提出了对德强化防共协定的消极案。之所以把日本外务省的提案称作消极案，因为该提案无论是从内容上来看还是从日德同盟的防卫对象来看，都没有日本陆军省的草案那么直接明了。日本外务省消极方案的具体内容如下。①从日本对苏关系考虑可以进一步强化日德两国的政治提携关系，但同盟针对的对象应仅限于苏联，德国同苏联以外的第三国发生战争时，日本将采取自由态度以牵制苏联参战为目的，关于协定的内容应避免攻守同盟，可为防御的或相互援助性的条约。②强化日德政治提携方针要领：日德两国之间缔结以苏联为对象的相互援助协定，该条约原则上公开发表；缔约国中的一方受到非挑衅性攻击同苏联发生战争时，另一方应采取一切手段予以援助；缔约国中一方受到苏联非挑衅性攻击威胁时，两缔约国直接对共同采取的措施进行磋商；缔约国中一方按照本协定规定对另一方予以援助时，对于军事援助的实施方法，由双方的当局者事先磋商后决定，本

---

①   在对华政策上，第一次近卫文麿内阁分成扩大战争派和不扩大战争派两派，外务省东北亚局长石射猪太郎是不扩大战争派的主要代表人物。

磋商条款在秘密换文中规定。③本协定有效期为 5 年。① 在日本外
务省的对德强化防共协定的消极案中，也提出了日本对意大利的
政治提携强化方针要领：①日本和意大利为了进一步加强政治提
携，缔结以强化防共协定为目的的中立或协商性质的协定，该协
定公开发表；②缔约国中一方受到第三国非挑衅性攻击时，另一
方应约定在战争继续期间保持中立；③与缔约国双方有密切关系
的国际问题发生时，缔约国根据其他一方的申请进行协议；④本
协定有效期为 5 年。②

从上述内容可以看出，日本外务省提出的对德强化防共协定案
同日本陆军提出的草案相比，无论是在防卫对象上还是在具体的内
容和形式上，都具有明显的不同。日本外务省在有田八郎担任外相
时，就主张在对德同盟问题上应该留有余地，提倡尽量回避缔结以
苏联为对象的攻守同盟，所以在内容和形式上做了弹性处理。宇垣
一成担任外相后，在对德同盟问题上也不做过大的期待，这主要是
由于当时欧洲的政局变化较大，英国和德国之间的矛盾不断激化，
发生战争也只是时间早晚的问题。基于以上原因，外相宇垣一成主
张在处理与德国的关系上应采取慎重的态度，不打算使日本卷入欧
洲战争中。宇垣一成的这种观点得到了海相米内光政、藏相池田的
支持，但遭到了陆相板垣征四郎的极力反对。这导致了外务省的对
德强化防共协定案被延期审议。

三　陆海外三省的意见分歧

在日本加紧讨论对德强化防共协定的同时，德国也向日本
提出了同盟案。如上所述，1938 年 1 月，大岛浩将里宾特洛甫

---

① 「時局外交ニ關スル陸軍ノ希望」日本国際政治学会太平洋戦争原因研究部編
『太平洋戦争への道 開戦外交 5 三国同盟・日ソ中立条約』朝日新聞社、1963、68 頁。

② 「時局外交ニ關スル陸軍ノ希望」日本国際政治学会太平洋戦争原因研究部編
『太平洋戦争への道 開戦外交 5 三国同盟・日ソ中立条約』朝日新聞社、1963、69—
70 頁。

提出的强化日德同盟案向日本陆军省参谋本部汇报后，参谋本部在给大岛浩的复电中指示日本同意与德国缔结针对苏联的攻守同盟或防御同盟。正是因为日本陆军省在外务省没有与德国进行交涉前就私下里派大岛浩与里宾特洛甫进行交涉，所以陆相板垣征四郎才对外相宇垣一成提出的对德强化防共协定案极力反对，陆军省也对外务省的整体决定表示了反对。经过大岛浩与里宾特洛甫的交涉，8 月 5 日，日本驻柏林陆军武官笠原幸雄[①]带回了德国的强化防共协定同盟案。该同盟案的主要内容为：①缔约国中一方与缔约国以外的第三国发生外交困难时，各缔约国就采取的共同行动进行协商；②缔约国受到第三国的威胁时，为了排除上述威胁，其他缔约国有义务进行一切政治和外交援助；③缔约国受到第三国的攻击时，其他缔约国有义务进行武力援助。[②]

从上述内容可以看出，德国非常明显地表示要同日本缔结正式军事同盟。在这份同盟案中，防卫对象同日德缔结防共协定相比，所谓的第三国已经明显地表明不单包括苏联，也包括英法美等国在内。对于德国的这份强化防共协定同盟案，日本陆军、海军和外务三省之间存在不同的意见。日本陆军省的立场是完全同意，海军省认为在德国强化防共协定同盟案的第三条款中，日本应该尽量避免主动承担战争义务，对其他条款的内容表示赞同。但是，以宇垣一成为主导的日本外务省不同意德国的强化防共协定同盟案的内容，认为在具体实施方法和手段上要进行深入研究，尤其是"缔约国

---

①　笠原幸雄（1889—1998），日本陆军中将。1913 年日本陆军士官学校第 22 期毕业；1918 年日本陆军大学第 30 期毕业；1937 年曾历任参谋本部俄国课长、关东军参谋副长；1938 年任参谋本部总务部长；1941 年任关东军第 3 军第 12 师团师团长；1945 年任中国派遣军第 6 方面军第 11 军司令官。

②　「防共協定強化問題」（B04013488700）日本外務省外交史料館档案（アジア歴史資料センター）『日独伊防共協定関係一件 防共協定強化問題』（B－0057）、204頁。

中的一方与第三国发生外交困难时各缔约国就采取的共同行动进行协商"，这一项条款中的义务过于宽泛，日本的对外战略中心在东亚及太平洋地区，一定要避免卷入欧洲战争。

8月21日，为使三省对德强化防共协定的意见达成一致，陆相板垣征四郎与海相米内光政进行了会谈。在会谈中，米内光政认为要在陆军省、海军省和外务省的三省首脑会谈后再做出决定，尤其是在对德强化防共协定问题上，要三省同调方可制定具体的交涉方针和对策。8月24日，陆相板垣征四郎与宇垣一成单独进行会谈，在宇垣一成的坚持下，板垣征四郎也做出了让步，把德国的强化防共协定同盟案进行了如下修改：把德国同盟案中第二条"缔约国受到第三国的威胁时，为了排除上述威胁，其他缔约国有义务进行一切政治和外交援助"中的"威胁"改为"非挑衅性威胁"，把"外交"改为"经济"；把第三条"缔约国受到第三国的攻击时，其他缔约国有义务进行武力援助"中的"攻击"改为"非挑衅性攻击"，把"进行武力援助"改为"对武力援助进行协商"，并且在附录中把武力援助的范围、条件、限度和实行的方法等都做了详细的规定。这样，日本陆军省、海军省、外务省三省之间就德国的强化防共协定同盟案的内容暂时达成了统一意见。但是，这种暂时的意见统一并不能说是陆军、海军和外务三省之间在对外战略中共同利益需求的统一，而是在对德同盟问题上由于军部的压制，外务省为了寻求外交一元化路线而暂时做出了让步。

8月26日，第一次近卫文麿内阁再次召开首相、陆相、海相、外相、藏相等五相会议，集中对德国提出的强化防共协定同盟案进行了协商，并确定了《关于强化防共协定日德意协定案》。该协定案确立后，于8月29日由陆军次官东条英机、海军次官山本五十六分别电告驻德大使馆陆军武官和海军武官。该协定案的前文中指出："鉴于日德意三国间对共产国际之协力关系，及为进一步增进三国之友好关系，鉴于共产国际的活动对世界和平，尤其是对欧洲及亚洲诸地域和平带来的威胁之事实，基于上述协定之精神，为了进一步加强防卫共产国际对上述地域之破坏，确保三国共同利益之维护，特缔结以下之协定。"① 该协定案的具体内容为：①缔约国中的一方与缔约国以外的第三方在外交上发生困难时，各缔约国就应该采取的措施进行讨论；②缔约国中的一方受到缔约国以外的第三国非挑衅性威胁时，为了排除此威胁，其他缔约国有进行一切政治及经济援助的义务；③缔约国中的一方受到缔约国以外的第三国非挑衅性攻击时，其他缔约国直接就进行武力援助磋商；④在秘密协定中就军事援助的条件、范围、限度及实施的方法等进行详细且明确的规定。② 从一定意义上来说，这次五相会议所确定的对德强化防共协定案，实际上是日德两国达成的谅解案。从上述内容可以看出，基本是在德国同盟案的基础上稍做修改，大体上采用了 8 月 24 日宇垣一成与板垣征四郎会谈后所确定的修改案。这次五相会议所确立的对德强化防共协定同盟案，从内容上看具有以下几方面的特点：第一，防卫对象不是单指苏联，英法美等国也被纳入其中；第二，在援助的方法上不只限于政治和经济领域，还明确提出要进行统一的军事援助；第三，日德两国还要就军事援助的范围、实施方法和条件等进行研究后，在秘密附属议定书中进行说明。③

　　这次五相会议后，以宇垣一成为首的外务省就日德强化防共协定案又提出了不同的意见，并在日德两国达成的谅解案的基础上制定了较为详细的对德交涉方针和原则。日本外务省在该方针案中所

---

　　① 「八月二十六日五相會議決定案」（1938 年 8 月 26 日）日本外務省編『日本外交文書 第二次欧州大戦と日本 日独伊三国同盟・日ソ中立条約』外務省、2012、39 頁。

　　② 「八月二十六日五相會議決定案」（1938 年 8 月 26 日）日本外務省編『日本外交文書 第二次欧州大戦と日本 日独伊三国同盟・日ソ中立条約』外務省、2012、3—40 頁。

　　③ 「八月二十六日五相会議決定案」（B04013488700）日本外務省外交史料館档案（アジア歴史資料センター）『日独伊防共協定関係一件 防共協定強化問題』（B－0057）、196—197 頁。

表达的想法主要有以下几个方面：①外务省指出由于笠原幸雄从柏林带回的德国强化防共协定同盟案，并不是通过正常的外交渠道到达日本的，而是由笠原幸雄带回来的，所以，日本外务省只能将该同盟案作为一种情报来对待，并不看作德国与日本通过外交渠道进行的交涉；②在德国的强化防共协定案中应附加一定的条件，并且陆军省和海军省的意见只能代表其省内的意见，并不能作为日本政府的正式意见；③德国政府应该通过正常的外交渠道把德国的强化防共协定同盟案向日本驻德大使馆提出，然后由日本驻德大使馆把德国的强化防共协定同盟案报告给日本外务省，再由外务省把具体的情况向日本政府说明；④在对德强化防共协定案中，日本不要介入欧洲战争为好。①

从上述内容可以看出，在对德同盟问题上，日本外务省同陆军省之间存在一定的意见分歧。陆军省一向主张同德国缔结既包括苏联在内又包括英美在内的同盟协定，而外务省所确立的外交战略指导原则是立足于对英美协调外交，同德国缔结同盟协定，协定的内容以不过分刺激英美两国为基本原则，并且更不能让日本介入欧洲战争。这也是日本外务省同陆军省在对德结盟问题上存在意见分歧的根本原因。

四　三省新训令与对德交涉搁置

在对德强化防共协定问题上，日本陆军省一向都是越过外务省直接同德国进行交涉。尽管外相宇垣一成在8月26日的五相会议上再三强调，对德强化防共协定交涉应该通过正常的外交途径进行，应该由外务省掌握对德同盟交涉的主动权，但是，日本陆军省不但没有把对德交涉的主动权移交给外务省，还通过驻德武官大岛浩私下里同里宾特洛甫继续进行交涉。海军省也在陆军省的影响

---

① 「防共協定強化問題」（B04013488700）日本外務省外交史料館档案（アジア歴史資料センター）『日独伊防共協定関係一件 防共協定強化問題』（B－0057）、204頁。

下，越过外务省私下给驻德武官发去指令。于是，从8月26日后，日本对德强化防共协定交涉出现了较为混乱的三线交涉状况。先是日本陆军省和海军省次官分别向驻德陆军武官、海军武官发去训电，随后外务省也向驻德大使东乡茂德发去训电。从这两份训电的内容来看，陆军、海军和外务三省在对德强化防共协定上并未真正达成统一意见。这一情况也充分说明，尽管陆军、海军和外务三省首脑多次进行会谈，但在日德同盟的防卫对象上始终没有达成统一意见。尤其是陆军省从日德防共协定交涉时起就掌握着对德交涉的主动权，这也充分反映出日本外交决策机制的混乱及军部的越权行为。

　　1938年8月29日，日本陆军次官、海军次官分别向驻德陆军武官大岛浩、海军武官小岛秀雄发去训电，指示两武官按照陆军省和海军省的指示同德国进行强化防共协定交涉。该电报的内容如下。①日本陆军省和海军省对笠原幸雄少将从柏林带回的德国同盟案中心内容表示同意，并一致主张进行如下修改：将第二条中的"外交的"改为"经济的"；将第三条结尾部分的"有义务"改为"直接进行协商"；将第二条、第三条中的"威胁及攻击"前面加上"受到非挑衅性"字句。②在本协定的秘密附属协定中就军事援助的条件范围、限度及实行的方法等进行详细明确的规定。③我方希望迅速缔结同盟协定，希望德国拿出正式的提案。① 在陆军次官、海军次官给大岛、小岛两位武官发去训电的同时，陆军次官又给大岛浩发去一份关于对上述训电的情况说明。该训电的主要内容如下：①本协定是防共协定之延续协定，在该协定中要明确中心内容是以苏联为目标，该方案中在用词上要注意不要出现把英美等国当作正面敌人的印象；②在正文第三条中的武力援助义务并不是即刻无条件的，为了避免出现与我方之意见相反且卷入纯粹的欧洲战

---

① 「陸海軍次長発大島、小島両武官宛電報寫」（1938年8月29日）陸電二三五號日本外務省編『日本外交文書 第二次欧州大戦と日本 日独伊三国同盟·日ソ中立条約』外務省、2012、40頁。

争问题的危险，应采取事先进行磋商的方针；③本协定的宗旨具有防御性质，所以限于非挑衅性的威胁或攻击时；④协定的草案目前正在积极研究中。①

从上述训电可以看出，日本陆军省和海军省对笠原幸雄带回的德国强化防共协定同盟案内容基本是同意的，只是将正文中第二条中的"外交的"改为"经济的"，把第三条中的"有义务进行援助"改为"直接进行协商"，而对于以苏联为目标并包含英法美在内的宗旨并没有改变。这也进一步说明了日本军部在对德同盟上不但态度积极主动，且与德国外交部的想法较为吻合。②

8月31日，日本外务省在外相宇垣一成的主导下，也就对德强化防共协定向驻德大使东乡茂德做出了新指示，并接连给东乡茂德大使发了第326号、327号、328号三份训电，这三份训电中均带有"绝对极密"的字样，指示东乡茂德大使在同德国进行交涉中要以强化防共协定为宗旨，同盟针对的目标是以苏联为首的共产国际，日本最终不可卷入欧洲战争。③ 宇垣一成这次向东乡茂德大使发去的这三份绝对极密训电，是在8月26日五相会议后日本外务省经过本省认真研究后所确立的对德交涉方针，也代表日本政府对德进行强化防共协定交涉的外交新方向。之后，日本外务省所确立的新外务省案就是以这些训电为指导思想的。④

其中，第326号（绝对极密）训电主要是外相宇垣一成把五

---

① 「陸軍次官発大島宛電報寫」（1938 年 8 月 29 日）陸電二三六號日本外務省編『日本外交文書 第二次欧州大戦と日本 日独伊三国日ソ中立条約』六一書房、40—41 頁。

② 「陸海軍次長発大島、小島両武官宛電報」（1938 年 8 月 29 日）（B04013488700）日本外務省外交史料館档案（アジア歴史資料センター）『日独伊防共協定関係一件 防共協定強化問題』（B－0057）、198—200 頁。

③ 「宇垣外相発駐独大使東郷茂徳宛電報」（1938 年 8 月 31 日）（B04013488700）日本外務省外交史料館档案（アジア歴史資料センター）『日独伊防共協定関係一件 防共協定強化問題』（B－0057）、198—200 頁。

④ 日本国際政治学会太平洋戦争原因研究部編『太平洋戦争への道 開戦外交5 三国同盟・日ソ中立条約』朝日新聞社、1963、81 頁。

相会议、陆军省、海军省和外务省所确立的对德强化防共协定交涉案，以及陆海外三省的意见分歧向东乡茂德大使进行了详细说明。宇垣一成在训电中提到以下情况：①8 月初，陆相板垣征四郎与外相宇垣一成就对德强化防共协定问题举行了会谈，在会谈期间板垣征四郎提到在 7 月 19 日前后德国外交部长里宾特洛甫与大岛浩就强化防共轴心同盟问题交换了意见，日本陆军省和海军省对陆军武官笠原幸雄从德国带回的同盟案几乎全部承认，日本外务省与陆军省、海军省的意见存在分歧；②外相宇垣一成指示东乡茂德大使对德交涉的主动权由日本外务省掌握，并指示由东乡茂德大使与德国外交部长里宾特洛甫秘密进行交涉。①

第 327 号（绝对极密）训电的内容主要是宇垣一成把德国提出的同盟案电告东乡茂德大使。前文对德国同盟案的内容进行了详细阐述，在此不进行赘述。

第 328 号（绝对极密）训电的主要内容是宇垣一成就日德同盟问题向东乡茂德大使提出具体交涉原则。具体内容如下：①日德同盟协定防卫的重点在于苏联及共产国际的破坏工作，并不以英美等国为正面敌人；②协定的字句要进行深入研究，本协定应为纯粹的防御协定，鉴于以保障安全为第一要务，故威胁、攻击、挑衅及"政治的且外交的援助"等字句，外交的援助不应包含在政治的援助中，我方重视的是经济援助，所以应将其修改为"政治的及经济的援助"；③在协定中所规定的军事援助的义务不是自动的，为了不违反我方之意愿及卷入欧洲战争之危险，在第三条中关于军事援助规定"直接磋商"要在秘密附属协定中对我方军事援助的条件、范围及实行的方法等做出明确且详细的规定。②

从以上训电内容可以看出，在对德强化防共协定问题上，日本

---

① 「第三二六號（絶対極密）」（1938 年 8 月 31 日）別電一日本外務省編『日本外交文書 第二次欧州大戦と日本 日独伊三国日ソ中立条約』六一書房、41 頁。

② 「第三二八號（絶対極密）」（1938 年 8 月 31 日）、別電二日本外務省編『日本外交文書 第二次欧州大戦と日本 日独伊三国日ソ中立条約』六一書房、42—43 頁。

外务省的态度非常明确且严格规定防卫对象以苏联及共产国际为主要目标，不能与英美等国为正面敌人；第一份、第三份训电的内容同五相会议所确立的对德强化防共协定方针相比体现了日本外务省慎重且默然的态度，并要求东乡茂德大使对陆海军训电的字句认真推敲；这三份绝对极密训电的内容也是今后日本外务省对德交涉的新方针。①

1938 年 9 月 10 日，日本外务省制订了新的对德强化防共协定交涉案，日本有的学者将其称作外务省新案。② 之所以被称作外务省新案，主要是因为其与日本外务省以前提出的对德强化防共协定案的内容相比有很大的变化。该新案包括前文、署名议定书和秘密附属议定书三个部分。前文的主要内容为——鉴于三国以现存之防共协定为基础增进三国间的友好关系，以及共产国际的活动越来越对世界和平及欧洲诸地域之和平造成威胁，基于上述协定之精神，为巩固各地域对共产国际破坏之防御缔结以下之协定：第一条，缔约国中一方与缔约国以外的第三国发生重大纠纷时，在该缔约国的要求下，其他缔约国就采取的措施进行磋商；第二条，缔约国中一方受到缔约国以外的第三国的非挑衅性攻击或威胁时，其他缔约国为终止其以上攻击或威胁就进行的援助进行协商，缔约国在进行支援中就所发生的事态采取的方法进行磋商；第三条，以上协定的正文采取日语、德语和意大利语三种语言书写，本协定自签字之日起有效期为 5 年，缔约国在期限未满之前的适当时间内，对协力的方式进行了解，作为凭证需要各国的政府委托正式代表在协定上署名签字画押。③ 署名议定书的主要内容为：①鉴于 1932 年 9 月 25 日

① 日本国際政治学会太平洋戦争原因研究部編『太平洋戦争への道 開戦外交5 三国同盟・日ソ中立条約』朝日新聞社、1963、81 頁。

② 日本国際政治学会太平洋戦争原因研究部編『太平洋戦争への道 開戦外交5 三国同盟・日ソ中立条約』朝日新聞社、1963、81 頁。

③ 日本国際政治学会太平洋戦争原因研究部編『太平洋戦争への道 開戦外交5 三国同盟・日ソ中立条約』朝日新聞社、1963、81—82 頁。

日本与"满洲国"间署名的议定书之规定,对"满洲国"进行的攻击或威胁就是对日本进行的攻击或威胁;②关于协定第三条第二项,本协定的期限届满,根据第二条之规定进行援助的场合,本协定在必要的援助事态终熄前继续有效。① 秘密附属议定书的内容如下。①本协定规定的援助是指政治的经济的援助;缔约国中的一方受到苏联单独或者与第三国的联合进攻时,就军事援助进行磋商;关于军事援助的方式缔约国的当局者进行磋商。②缔约国同缔约国以外的第三国之间现存条约之义务与本协定相抵触时,不受该协定之约束。③本协定没有缔约国的同意不得公开发表或向第三国通告。④本秘密议定书与本协定为不可分割的一部分,具有相同的效力期限。②

对于这次外务省新案的内容,日本陆、海、军是持反对意见的。军令部和海军省的修改意见主要有以下几个方面:①9 月 12 日,军令部提出了修改意见,9 月 14 日海军省也提出了修改意见,并认为该新案前文的内容过于消极,插入了"确保三国共同利益之维护",删除第一条中"在该缔约国的要求下";②对于第二条第二项,军令部的意见是秘密附属协定的宗旨如果能删除就尽量删除、不能删除就继续保留,海军省的意见是这一条要进行删除;③秘密附属协定军令部案要全面进行再探讨,海军省案第一案内容为"受到第三国中的一国或两国以上攻击时,就军事援助进行磋商",外务省案第二案内容为"苏联以外的第三国中一国或两国以上的国家对缔约国中一国进行攻击时,或上述事态发生或将要发生时,其他缔约国对是否进行军事援助,缔约国间要重新进行磋商",第三案的内容为"苏联单独对缔约国中的一国进行攻击时,其他缔约国有进行军事援助的义务,缔约国中一国受到苏联以外的第三国

① 日本国際政治学会太平洋戦争原因研究部編『太平洋戦争への道 開戦外交 5 三国同盟・日ソ中立条約』朝日新聞社、1963、82 頁。

② 日本国際政治学会太平洋戦争原因研究部編『太平洋戦争への道 開戦外交 5 三国同盟・日ソ中立条約』朝日新聞社、1963、82 頁。

中的一国或两国以上（或苏联也在内）的攻击时，就军事援助首
先要进行磋商"。① 10 月 25 日，陆军省也就外务省新案提出了修改
意见，对外务省新案表现出极大的不满。陆军省认为外务省新案背
离 8 月 26 日五相会议的精神，认为应该以 8 月 26 日五相会议确立
的方针作为基本原则。②

　　从上述修改意见可以看出，军令部、陆军省和海军省对外务省
的新案存在很大的分歧。陆军省主要是坚持对德强化防共协定案应
该以 8 月 26 日五相会议的决定为原则，实际上是要求在德国同盟案
的基础上稍做修改后便缔结同盟协定，并且军事同盟的对象不仅包
括苏联还包括英美两国在内。海军省的态度比陆军省要委婉一些，
海军省的意见与外务省的意见比较接近，但并不是完全同意外务省的
意见，对外务省新案又做了弹性修改，将日德同盟的防卫对象主要限
定在苏联及共产国际方面，并尽量回避把英美两国作为防卫对象。

　　9 月 13 日，陆军、海军和外务三省召开协调会。但是，由于日
本陆军省、海军省和外务省在对德强化防共协定的防卫对象及参战
义务上存在意见分歧，这次三省协调会并未取得实质性进展。在此
次会议上，陆军省强烈要求以 8 月 26 日五相会议所确认的方针来同
德国进行同盟交涉，外务省则极力坚持要把对德交涉的主动权移交
到外务省驻德大使来负责，并主张应按照外务省确立的新案同德国
进行交涉。最后，由于陆军省的极力反对，外务省新案没有被通过。

　　关于对德强化防共协定的问题，日本陆军省、海军省和外务省
三省经过多次的争执和磋商始终没有达成统一意见，这让陆军省极
为恼火。于是，陆军省便以此为借口暗中向外务省发动攻势，并以
种种理由对外务省的人事进行调整，以期达到分化瓦解外务省反对
派力量的目的。正是由于陆军省的暗中操作，外务省人事发生了很

---

　　①　日本国際政治学会太平洋戦争原因研究部編『太平洋戦争への道 開戦外交 5
三国同盟・日ソ中立条約』朝日新聞社、1963、83 頁。
　　②　日本国際政治学会太平洋戦争原因研究部編『太平洋戦争への道 開戦外交 5
三国同盟・日ソ中立条約』朝日新聞社、1963、83—84 頁。

大的变动。首先，在对华政策上，以陆相板垣征四郎为代表的强硬派极力要削夺外务省的外交权力，希望把外交权力掌握在陆军手中，便提议设立兴亚院①作为解决中日战争问题的中枢机构。② 在陆军省的谋划下，第一次近卫文麿内阁便通过了设置兴亚院的决议案，宇垣一成被迫辞去外相之职。经过了多次审议后，前外相有田八郎重新被推上外务大臣之位。其次，在陆军省极力主张下，驻外大使的人事进行了调整。日本驻德陆军武官大岛浩提升为驻德大使，驻意陆军武官白鸟敏夫提升为驻意大使，东乡茂德由驻德大使调任为驻苏大使。日本经过这次更换外相及对驻外大使进行调整，进一步强化了第一次近卫文麿内阁中的亲德轴心派的力量，这对日本对德同盟政策的演变和发展产生了重大的影响。

大岛浩担任驻德大使后迅速同里宾特洛甫进行会谈，德国又提出了具体同盟案。11 月 1 日，大岛浩便将德国的同盟案电告日本政府。德国同盟案正文的具体内容为：第一条，缔约国中的一方同一国或数国间产生外交冲突时，缔约国就共同采取的措施进行协商；第二条，缔约国中的一方受到一国或多数第三国威胁时，其他缔约国为消除该威胁有义务进行政治、外交和经济援助；第三条，缔约国中一方成为一国或多数第三国进攻对象时，其他缔约国有义务对此进行军事援助；第四条，缔约国同时进行战争时，缔约国有共同停战和媾和的义务。③

---

① 兴亚院是第一次近卫文麿内阁时期设立的侵华机构，设立时间为 1938 年 12 月 16 日。兴亚院的总裁由内阁总理大臣兼任，下设四名副总裁与总务长官、政务部、经济部、文化部。副总裁分别由陆军大臣、海军大臣、外务大臣、大藏大臣兼任。兴亚院分别在华北、蒙疆、华中、厦门设立联络部。在华北联络部设立的出张所，后来成为青岛总领事馆。兴亚院的设立使外务省在对华政策上的权限被缩小，这也是外相宇垣一成辞职的主要原因。1942 年 11 月 1 日，兴亚院、拓务省、对满事务局、外务省东亚局、外务省南洋局合并变成大东亚省。

② 戸川佐武『近衛文麿と重臣たち——昭和の宰相②』講談社、1982、279 頁。

③ 「日独伊防共協定強化問題・経過日誌」（1938 年 11 月 1 日）臼井勝美・角田順編『現代史資料 10 日中戦争 3』みすず書房、1962、187—190 頁。

　　该同盟案的内容同 8 月 26 日日本五相会议所确定的对德强化防共协定交涉案相比，条约正文的内容具有明显的不同，德国的同盟案将日本五相会议交涉案中第二条"非挑衅性攻击"删除了，同时又在第二条中加入了"外交的"援助义务；在防卫对象上，德国的同盟案中没有把防卫对象限定在以苏联及共产国际为首要目标，而是将防卫对象设定为广泛的"第三国"，实际上德国的同盟案中的防卫对象仍然既包括苏联也包括英法美等国在内。这与日本外务省要求把日德同盟协定的防卫对象仅限于苏联及共产国际的想法是完全不同的。这样，日德两国围绕着同盟协定的防卫对象和参战义务又展开了新一轮的交涉。

　　1938 年 11 月 11 日，第一次近卫文麿内阁再次召开五相会议，讨论对德强化防共协定问题。会上，陆相板垣征四郎提出应该在德国同盟案的基础上迅速制定新的交涉案。外相有田八郎虽然没有直接反对陆相板垣征四郎的想法，但提出为了避免在国际上产生误解，应该将对德强化防共协定的交涉限定在日德防共协定的基础上，且防卫的对象以苏联和共产国际为主，英法美等国不包括在防卫对象之内。外相有田八郎的意见得到了米内光政海相和池田藏相的支持，但陆相板垣征四郎却表示反对，其理由是一旦英法等国与苏联联合作战时，英法两国也自然成为日德同盟的防卫对象。经过激烈的讨论，五相会议确立了新的对德交涉方针，具体内容为：①在 7 月 19 日和 8 月 26 日五相会议确定的交涉方针的基础上，并参照 11 月 1 日德国同盟案主要内容，迅速同德国和意大利缔结三国军事同盟；②协定的防卫对象主要以苏联为主，如果英法等国参加苏联阵营，也自然成为防卫的对象，否则不成为防卫对象。①

　　于是，根据 7 月 19 日、8 月 26 日、11 月 11 日三次五相会议

---

　　①　「日独伊防共協定強化問題・経過日誌」（1938 年 11 月 1 日）臼井勝美・角田順編『現代史資料 10 日中戦争 3』みすず書房、1962、155—156 頁。

所确立的对德强化防共协定精神，并在 8 月末提出的新案基础上，第一次近卫文麿内阁提出了第二次强化防共协定案。该协定案正文共有四条内容：第一条，缔约国中一方同缔约国以外的一国或数国发生外交冲突时，缔约国立即就共同所采取的措施进行磋商；第二条，缔约国中一方受到缔约国以外的一国或数国非挑衅性威胁时，其他缔约国为消除上述威胁在政治、外交和经济上进行援助；第三条，缔约国中一方受到缔约国以外的一国或数国攻击时，其他缔约国对此进行援助，并就援助的方法进行磋商；第四条，协定正文有日语、德语和意大利语三种文本，有效期为 5 年。[①]

这次对德强化防共协定交涉案同 7 月 19 日、8 月 26 日确定的交涉案相比，从表面上看该同盟协定的防卫对象限定在以苏联及共产国际为主，但实际上将英法等国也列入其中，其理由是一旦英法等国加入苏联阵营或支持共产主义运动，也必然成为日德同盟的防卫对象。对于这次确立的对德强化防共协定交涉案，外相有田八郎寄予了很大的希望。但是，形势的发展并非如有田八郎所预料的那样顺利。陆相板垣征四郎表面上同意这次内阁所确立的对德强化防共协定交涉案，实际上仍然持反对意见，并联合陆军省内部的其他反对派和驻德大使大岛浩反对这次决议案。所以，11 月 11 日五相会议所确立的第二次强化防共协定交涉案能否被通过，一方面取决于陆军省的态度，另一方面也取决于驻德大使大岛浩的态度。陆相板垣征四郎和大岛浩大使一向在对德强化防共协定上主动出击，要求以德国的提案为基础缔结同盟协定，并主张日德应该缔结防卫对象既包括苏联又包括英法美在内的军事同盟。大岛浩曾经指出，有田八郎担任外相后曾向日本驻德大使馆发去一封电报，电报指示驻德大使馆与德国进行强化防共协定交涉时要把同盟的对象限定在以苏联为主，同时能够达到牵制英国的目的，并使中日战争的胶着化

---

① 「日独伊防共協定強化問題・経過日誌」（1938 年 11 月 1 日）臼井勝美・角田順編『現代史資料 10 日中戦争 3』みすず書房、1962、187—190 頁。

问题得到解决，实际上与德国缔结同盟的目的是要达到一石三鸟的外交战略，并指示驻德大使馆与意大利要采取延缓缔结同盟的战略，以便观察意大利同日本缔结同盟协定的真实意图。① 大岛浩的目的十分明确，就是要说服外相有田八郎，日德同盟协定的防卫对象不单限于苏联，英法等国也应包含在内。

11 月 17 日，外相有田八郎致电驻德大使馆，指示大岛浩与德国进行交涉要遵循日本五相会议所确立的方针和原则。有田八郎此次训电的内容基本上与 11 月 11 日五相会议的精神完全一致，也就是日德同盟协定主要是以苏联为防卫对象，如果英法等国参加到苏联阵营也将成为防卫对象，否则不成为防卫对象。也就是说，外相有田八郎在对德强化防共协定的防卫对象上同以往外务省的交涉案相比，做了弹性处理，充分地留有余地。但是，由于外相有田八郎此次电报的内容同 8 月 29 日陆军省发给大岛浩（当时大岛浩担任陆军武官）电报的内容存在很大的差别，大岛浩对此深表不满，并致电外务省认为日德同盟协定的防卫对象应该明确包含英法等国。

有田八郎接到电报后立即给大岛浩发去训电，指出日德同盟协定的防卫对象不应明确包括英法等国。12 月初，为了进一步使内阁在对德同盟问题上能够达成统一意见，有田八郎又把给大岛浩的训电在五相会议上进行讨论，陆相板垣征四郎却一改常态，极力反对有田八郎的训电。板垣征四郎提出在 8 月 26 日的五相会议决定方针中，日德同盟协定的防卫对象以苏联为主，同时英法等国也包括在内，并未排除苏联以外的国家成为防卫对象，而且 11 月 11 日五相会议也没有背离该宗旨。正是由于板垣征四郎的态度无法改变，这次五相会议没有任何结果。

可以说，在对德强化防共协定问题上，日本陆军、海军和外务

---

① 「防共協定強化問題」（B04013488700）日本外務省外交史料館檔案（アジア歴史資料センター）『日独伊防共協定関係一件 防共協定強化問題』（B－0057）、209—210 頁。

三省在同盟对象和参战义务等问题上始终存在意见分歧，致使日德两国之间进行了半年之久的交涉也没有达成统一意见。再加上在军部的支持下，陆军省不断向外务省发动攻击，导致驻德国和意大利大使馆的人事发生变动，亲德派驻德陆军武官大岛浩和驻意陆军武官白鸟敏夫分别担任驻德和驻意大使。在诸多压力下，1939 年 1 月 3 日，近卫文麿发表了寄希望于新内阁"庶政一新"的演说后做出内阁总辞职。

综上所述，第一次近卫文麿内阁为了解决中日战争问题及在东亚地区牵制苏联，在陆军省的积极倡导下对德进行强化防共协定交涉。从 1938 年 7 月 19 日五相会议最初确立的对德强化防共协定交涉方针，到 8 月 26 日五相会议重新确立对德强化防共协定的防卫对象不但包括苏联也包含英法等国在内的交涉方案，以及 11 月 11 日五相会议再次把防卫对象限定在苏联也不排除英法加入苏联的阵营等决定，都充分地显示出日本陆军、海军和外务三省在对德强化防共协定的防卫对象及参战义务上存在意见分歧。日本外务省一贯推行的外交原则是在东亚地区尤其是在中国问题上尽量维持英法美等国的既得利益，尽量避免与英法美等国发生正面冲突，对德强化防共协定的最终目的是解决中日战争的胶着化状态及对苏联进行压制，所以在防卫对象上主张不应将英法美等国列入其中，更不打算介入欧洲战争。日本陆军省向来把实现北进战略作为国防的重点，主张对外侵略扩张的目标是在实现以中国大陆为腹地的北进战略后再向太平洋地区进行扩张，实际上推行的是先北后南的侵略扩张政策，所以在对德强化防共协定上，主张防卫对象既要以苏联为主同时英法美等国也应包含在内。日本海军省同陆军省相比态度比较慎重，主张对德强化防共协定的防卫对象以不能过分地刺激英美等国为好，在防卫对象和参战义务上的态度基本上与外务省保持统一步调。由于在对德强化防共协定问题上日本陆军、海军和外务三省无法达成统一意见，第一次近卫文麿内阁于 7 月 19 日、8 月 26 日、11 月 11 日的三次五相会议所确立的对德交涉方针都无法推行，再加上陆军省不断向外务省发动攻击并撤换了驻德国、意大利和苏联的大使，致使宇垣一成辞去外相之职。日本内阁政局的变动，直接导致外务省在对华政策中的权限不断被削弱，陆军省又通过设置兴亚院等侵华机构掌握了对华侵略政策的主动权。众多的矛盾变化尤其是在对德强化防共协定上并没有取得实质性进展，以及侵华战争的胶着化问题也没有得到实质性解决，迫使第一次近卫文麿内阁总辞职。以上是第一次近卫文麿内阁在对德强化防共协定上政府的矛盾变化及演变过程，以及陆军、海军和外务三省矛盾斗争的大体情况。

陆军、海军和外务三省在对德强化防共协定中的矛盾斗争及变化过程可以清晰地反映出，第一次近卫文麿内阁在对外政策的实施过程中，陆军省始终占据主导地位，在对德同盟问题的交涉上陆军省不但经常越过外务省单独与德国进行交涉，还对德国提出的同盟案持赞成态度。尤其是大岛浩担任驻德大使以后，在对德强化防共协定上，陆军省更是不断通过压制外务省，以获得更大的主动权。这主要是因为大岛浩自 1934 年担任驻德武官以来，一直是积极倡导与德国同盟的急先锋。[1] 大岛浩在担任日本陆军省派驻德国的陆军武官期间，一切行动基本都是通过单线向日本陆军省直接汇报，并随时接受日本陆军省的指令与德国进行交涉。由于日本陆军省急切希望同德国缔结军事同盟，这种亲纳粹思想在当时陆军省内形成了一种强有力的对德强化轴心论，这对于推动对德同盟起到了积极的作用。正因如此，日本陆军省多次违背外务省的交涉原则和方针，在对德强化防共协定上主动出击，导致在防卫对象和参战义务上与海军和外务两省产生分歧，并不断向内阁施加压力，最后迫使第一次近卫文麿内阁总辞职。

---

[1]　鈴木健二『駐独大使大島浩——ナチス傾斜の急先鋒』芙蓉書房、1979、序章 1—2 頁。

小　结

在日德防共协定缔结 7 个月后，日本便在第一次近卫文麿内阁时期发动了全面侵华战争。为了解决中日战争胶着化问题，使日趋孤立的国际地位局面得到缓解，并在东亚地区对苏联和英美的势力进行压制，从而实现独霸中国和太平洋地区扩张计划，日本急于利用日德同盟关系达到上述目标。因此，第一次近卫文麿内阁时期的对德同盟政策主要体现在寻求防共战略伙伴、要求德国充当对华政治诱降中介、对德强化防共协定等三个方面。日本急于利用日德防共协定使日本与德国的同盟关系得到进一步提升，从而缓解日本所面临的外交困境。第一次近卫文麿内阁时期的对德同盟政策同广田弘毅内阁时期相比，呈现出明显的目标性和功利性变化特点。具体表现在以下几个方面。

首先，以防共伙伴为名要求德国对侵华战争予以支持，以防共框架内打击共产主义为借口，要求德国对侵华战争予以精神上及道义上的援助，这是第一次近卫文麿内阁对德同盟政策的第一阶段战略目标。全面侵华战争爆发后，日本便主动向德国投去橄榄枝，要求德国对日本侵华战争进行援助。为了实现上述目标，外相广田弘毅多次与德国驻日大使狄克逊进行会谈，要求德国对日本侵华战争进行援助。另外，为了在国际上把侵华战争塑造成一种防止共产主义势力蔓延的假象，日本通过驻德大使馆用德语进行宣传，把侵华战争说成是在防共框架内打击共产主义，要求德国履行日德防共协定中的义务，对日本侵华战争进行援助。但是，当时的德国外交部是以亲华派代表牛赖特为外交部长并主持大局的，他们在对华政策上推行一种传统的亲华外交。而且，从魏玛共和国时期开始，德国与国民政府之间就存在巨大的经济利益关系。德国不但为国民政府提供军火及军用设备，而且不断向中国派遣军事顾问。这一时期德国在日本与中国之间推行的是一种中立的外交政策。所以，当日本要求德国对侵华战争进行援助时，德国便以防共协定并没有规定在第三国的领土内打击共产主义为由，拒绝了日本要求对侵华战争进行援助的要求。

其次，通过施加压力使德国充当对华政治诱降的中介，这是第一次近卫文麿内阁时期对德同盟政策的第二阶段战略目标。在要求对侵华战争进行援助及在防共框架内打击共产主义遭到德国拒绝后，日本对德同盟政策又进入了使德国充当对华政治诱降中介的一个新的发展阶段。日本精心策划上演了陶德曼调停的闹剧。日本选择德国作为对华政治诱降的中介，具有深刻的国际背景。七七事变爆发后，一方面，蒋介石发表了庐山谈话，并向全国民众表示了抗战决心，实现了第二次国共合作；另一方面，寄希望于国际社会的调停来解决中日战争问题，也是国民政府一部分要员的真实愿望。所以，七七事变爆发后，国民政府便多次向国际联盟申诉，要求国际社会对日本的侵略行为予以制止。1937年11月在布鲁塞尔召开的九国会议并没有对日本的侵华行为给予任何制裁，这使国民政府对西方社会失去了信心。但是，国民政府仍然希望英美两国出面调停中日战争，这为日本利用德国担任对华政治诱降中介提供了重要契机。

在日本的多方策划下，德国成功地担当了对华政治诱降的中介。但是，日本以陆军省为首的对华强硬派始终坚持通过大规模的军事进攻迫使国民政府投降，不希望通过和谈的方式解决中日战争问题。随着日本侵华战争步伐的不断加快，尤其是在上海、南京等城市相继沦陷后，日本便一次比一次加大与国民政府的和谈筹码，实际上是想把华北地区像中国东北三省一样置于日本的统治之下，最终实现独霸中国的梦想。从某种意义上来说，日本利用德国对中日战争调停的真正用意就是为了达到对华政治诱降的目的。

再次，通过强化防共协定来提升与德国的同盟关系，这是第一次近卫文麿内阁时期对德同盟政策的第三阶段战略目标。企图利用德国作为调停中介对国民政府进行政治诱降的谋略失败后，日本对中国的侵略战争陷入更加艰难的境地。随着侵华战线的不断拉大，日军占领了广州和武汉以后，中日战争便陷入了僵持阶段。加之日本企图通过在东北和华北等地区扶植地方傀儡政权达到瓦解抗日民族统一战线的目的也没有实现，日本越来越感到很有必要通过对德强化防共协定来提升与德国的同盟关系，以此摆脱日本陷入的国际困境。另外，苏联、英国和美国为了瓦解日本企图独霸中国的战略，都在不同程度上对中国的抗战进行了援助，这进一步加剧了日本与西方国家在东亚地区的矛盾斗争。基于以上情况，为了迅速解决中日战争的胶着化问题并改变日益陷入孤立的国际地位，通过对德强化防共协定以提升日德同盟关系，使日本和德国的同盟关系由防共协定掩饰下的同盟关系向正式化同盟关系嬗递，这是第一次近卫文麿内阁时期对德同盟政策面对的外交新课题。

第一次近卫文麿内阁时期对德同盟政策同广田弘毅内阁时期相比有了很大的变化，并赋予了不同的含义和内容。但是，这一时期的日本对德同盟政策限定在强化防共协定的范围内，尤其在参战义务和防卫对象上，日本陆军、海军和外务三省之间存在严重意见分歧。第一次近卫文麿内阁分别于 7 月 19 日、8 月 26 日、11 月 11 日召开了三次五相会议，但是日本和德国始终没有达成统一的交涉意见。对德国来说，同日本缔结同盟协定的最终目的是借助日本力量在远东地区牵制苏联及英法等国的势力，可以有效地对欧洲发动侵略战争，所以要求把日德同盟协定的防卫对象不单限于苏联，也应包含英法等国。对于德国同盟案所有条款，日本陆军省大部分是持赞成的态度，这主要是因为大岛浩事先与里宾特洛甫进行私人交涉的过程得到了日本陆军省的默认。但是，日本外务省对德国的同盟案持反对意见，认为对德强化防共协定的防卫对象应该以苏联及共产国际为主，并不主张把英法美等国列入防卫对象之内。日本海军省的意见基本与外务省保持一致，也不主张日本同德国缔结同盟协定时过分地刺激英法美等国，更不打算在东亚地区与英法美等国产生严重的利益冲突。正是由于日本陆军、海军和外务三省间的意见分歧，第一次近卫文麿内阁召开三次五相会议也未就日德同盟协定的防卫对象和参战义务等问题达成统一意见，最后第一次近卫文麿内阁总辞职。

以上是第一次近卫文麿内阁时期对德同盟政策的阶段性目标与变化特点。关于这一时期日本对德同盟政策有以下几点需要着重说明：

第一，第一次近卫文麿内阁虽然把对德同盟关系的提升设定为强化防共协定，但事实上却是对德同盟交涉的开始。当前日本学界之所以把第一次近卫文麿内阁时期的对德同盟政策设定为强化防共协定交涉，主要是在远东国际军事法庭审判中当时的日本外交决策执行者和担当者极力为此辩护，力图说明第一次近卫文麿内阁时期对德同盟交涉问题是强化防共协定交涉问题，极力否定具有军事同盟的性质。这种论调不但抹杀了日德军事同盟的连续性，也否定了日本对德同盟政策的阶段性变化特点，是为对外侵略扩张政策进行的一种自我辩护。

第二，第一次近卫文麿内阁时期没有就日德同盟的防卫对象和参战义务达成统一意见，实质是在军部的压制以及下克上的传统影响下，外务省的决策很难通过外交渠道予以实现，这也是日本近代政治的一大致命弱点。

第三，第一次近卫文麿内阁时期的对德同盟政策与解决中日战争问题紧密相关。从一定意义上来说，第一次近卫文麿内阁是以解决中日战争问题入手来变换对德同盟政策的阶段性目标。所以，理清第一次近卫文麿内阁时期日本对华政策的变化及特点，是全面解读第一次近卫文麿内阁时期日本对德同盟政策的前提和基础。可以说，只有对这一时期日本对华政策的变化过程进行详细梳理，才能更好地理解第一次近卫文麿内阁时期对德同盟政策的战略目标和阶段性变化特点。

第四章

日本对德军事同盟交涉及挫败

第一次近卫文麿内阁为了解决中日战争的胶着化问题及缓解国际地位孤立的局面，从 1938 年 6 月开始至 1939 年 1 月，召开了三次五相会议，制定对德同盟交涉方针，企图通过所谓的强化防共协定来提升日德同盟关系。但是，日本对德同盟期待的目标与德国对日同盟期待的目标有着本质的区别，再加之陆军、海军和外务三省在对德同盟的防卫对象和参战义务上存在意见分歧，导致第一次近卫文麿内阁时期的对德强化防共协定交涉失败。

对日本来说，其同德国缔结同盟的目的就是企图借助德国力量，在东亚地区对苏联进行压制，还可以对英美等国起到牵制作用，迫使苏联和英美等国逐渐丧失在东亚地区的统治地位，但日本又不想使这个过程变为与苏联、英美等国的公开的武力对抗。基于以上战略思想，日本外务省把对德强化防共协定的防卫对象，仅限定为苏联及共产国际。海军省的立场与外务省的基本一致，反对强化防共协定的防卫对象包括英法美等国，更不打算过早地刺激英法美等国。这主要是因为一旦日本同英美两国开战，海军省将要承担沉重的战争负担。为了减轻战争负担，海军省主张从当前的国际形势考虑，把日德同盟防卫对象仅限于苏联。正是由于外务省与海军省在对德同盟政策上意见保持一致，陆军省内积极主张与德国缔结军事同盟的气焰受到了严重打击，也迫使大岛浩与里宾特洛甫的交涉被搁置。

对德国来说，争取生存空间的扩张政策必然会在欧洲大陆同英法等老牌帝国主义国家产生矛盾，与英法两国的战争是不可避免的，所以同日本结盟的最大目的是利用日本在太平洋上强大的海军实力，对英法两国在亚洲及太平洋地区的殖民势力进行牵制，使德国可以在欧洲本土对英法两国进行有效的打击。[①] 所以，德国极力主张强化防共协定的防卫对象既要包括苏联，又要包括英法两国。正是因为日本和德国对日德同盟所期待的目标不同，防卫对象和参战义务也不相同，所以第一次近卫文麿内阁时期强化对德防共协定交涉以流产而告终。

第一次近卫文麿内阁后是平沼骐一郎、阿部信行和米内光政三届内阁。这三届内阁所面临的共同外交问题都是对德同盟关系的问题。这三届内阁时期的对德同盟政策同第一次近卫文麿内阁时期相比有了很大的变化，主要表现在陆军省更加积极主动地要求同德国缔结既包括苏联也包含英法美在内的军事同盟，并不断地对外务省的外交决策进行压制，使陆军省在内阁中权力不断扩大。德国在欧洲战场的初期胜利，更加刺激了日本陆军省的强化轴心同盟的决心，与德国缔结军事同盟成为陆军省急于解决的重大战略问题。但是，正当大岛浩及日本陆军省都满怀信心地谋划与德国进行全面交涉时，德国和苏联却于 1939 年 8 月 23 日缔结了互不侵犯条约，这给日本陆军省带来了沉重的打击。再加上在防卫对象和参战义务上陆军、海军和外务三省始终存在意见分歧，所以平沼骐一郎、阿部信行和米内光政三届内阁与德国的交涉都以失败告终。

---

① 〔美〕格哈特·温伯格：《希特勒德国的对外政策》（下编），何江译，商务印书馆 1997 年版，第 236—238 页。

第一节　平沼内阁对德军事同盟交涉与挫败

第一次近卫文麿内阁总辞职后，日本政策再次因日德同盟交涉问题陷入困境。1939 年 1 月 4 日，平沼骐一郎受命组阁。平沼骐一郎内阁的陆相由板垣征四郎担任，海相由米内光政担任，外相由有田八郎担任。平沼骐一郎内阁成立伊始就面临着一个非常迫切的外交问题，即对德同盟的交涉问题。所以，平沼骐一郎就任首相后，就着手进行对德同盟交涉。

一　关于防卫对象和参战义务的争论

如上所述，第一次近卫文麿内阁总辞职的一个非常重要的原因，就是对德强化防共协定交涉的失败。基于以上原因，平沼骐一郎在接受组阁御令担任首相时，就提出有田八郎继续担任外相。平沼骐一郎之所以要求有田八郎继续担任外相，主要是因为有田八郎担任广田弘毅内阁外相时，通过对德"薄墨外交"将日德同盟关系设定在防共协定的掩盖之下，使日本在一定程度上避免了与英法美等西方国家在东亚地区的利益冲突。有田八郎担任外相后，立即就日德强化防共协定问题同平沼骐一郎交换了意见，有田八郎的对德同盟政策思想得到了平沼骐一郎的支持。平沼骐一郎也认为日德同盟协定的防卫对象应该仅以苏联为主，英法等国不应该包含在内，这是今后日本对德同盟政策交涉的原则，还表示如果此目标无法实现，将辞去首相之职。[1]

1 月 6 日，平沼骐一郎内阁刚成立第三天，德国便再次就同盟协定问题向日本提出了同盟案。该同盟案由正文和秘密附属议定书

---

[1] 「防共協定強化問題」（B04013488700）日本外務省外交史料館档案（アジア歴史資料センター）『日独伊防共協定関係一件 防共協定強化問題』（B‐0057）、213 頁。

两部分构成。正文的主要内容为：第一条，缔约国中一方同缔约国以外的一国或数国发生外交困难时，缔约国就共同采取的措施进行协商；第二条，缔约国中一方受到缔约国以外的一国或数国的威胁时，为消除上述威胁，其他缔约国有进行政治和经济援助的义务；第三条，缔约国中一方成为缔约国以外的一国或数国非挑衅性攻击对象时，其他缔约国运用一切手段进行援助，缔约国同时遭受攻击时，就援助措施进行协商；第四条，缔约国在共同进行战争时，可缔结媾和及休战条约；第五条，本协定批准时立即进行换文，并在换文之日起生效。① 秘密附属议定书又规定该协定生效后，由各国外务大臣或代表组成常设委员会，就政治、军事和经济援助事项进行意见交换。② 1 月 11 日、13 日、14 日，外相有田八郎就对德同盟交涉问题同陆军省军务课长影佐祯昭、参谋本部作战课长稻田正纯、军务课高级官员岩畔豪雄、欧美情报课长辰巳荣一进行了会谈。在会谈过程中，有田八郎表达了自己的意见，主张日本同德国缔结同盟协定的防卫对象还是以苏联为主，英法美等国不应包括在内，至少现在缔结以英法美为对象的同盟协定为时过早。但是，有田八郎的意见没有得到陆军省上述代表的同意。陆军省的意见比较明确，仍然坚持日德同盟协定的防卫对象除了苏联，英法美等国也应列入其中，并就日德同盟协定的对象和参战义务等形成如下意见。①日德同盟对象不但包括苏联，而且英法两国也应包含其中，英法成为防卫对象时，缔约国进行政治和经济援助，是否进行军事援助要根据具体情况而定；②在对外公开发表时要进行说明，使本协定成为日德防共协定的延长协定。③

① 「日独伊防共協定強化問題・経過日誌」（1939 年 1 月 8 日）臼井勝美・角田顺编『现代史资料 10 日中戦争 3』みすず书房、1962、201—204 頁。

② 「日独伊防共協定強化問題・経過日誌」（1939 年 1 月 8 日）臼井勝美・角田顺编『现代史资料 10 日中戦争 3』みすず书房、1962、201—204 頁。

③ 「日独伊防共協定強化問題・経過日誌」（1939 年 1 月 8 日）臼井勝美・角田顺编『现代史资料 10 日中戦争 3』みすず书房、1962、204—206 頁。

从上述内容可以看出，在对德同盟问题上，陆军省实际上仍然没有改变把英法两国列入防卫对象的想法。正是由于陆军省与外务省在日德同盟协定的防卫对象和参战义务上始终不能达成统一意见，平沼骐一郎内阁也面临与第一次近卫文麿内阁同样的外交难题。于是，平沼骐一郎内阁为了统一政府意见，不断地与军部就日德同盟协定的防卫对象和参战义务进行磋商，以便使外务省和陆军省在对德同盟问题上达成统一意见。

1 月 19 日，平沼骐一郎内阁召开五相会议，目的是使内阁在对德同盟政策上能够达成统一意见。通过这次五相会议，平沼骐一郎内阁确定了对德交涉方针。为了将政府的意见能够准确地向日本驻德大使馆传达，平沼骐一郎内阁决定采取向德国派遣特使的方式，向驻德大使传达政府训令。这次确定的训令内容主要有以下几个方面：①日德同盟协定的防卫对象主要以苏联为主，英法等国如不参加苏联方面作战不成为防卫对象；②军事援助主要针对的是苏联，第三国是否成为同盟对象，要根据具体情况而定；③日本应尽量避免介入欧洲战争，并尽量避免同英美等国直接发生冲突。① 1 月 26 日，平沼骐一郎内阁派出了由外务省伊藤述史公使、陆军省欧美情报课长辰巳荣一、海军省阿部信行组成的特使团，带着外相有田八郎给驻德大使大岛浩、驻意大使白鸟敏夫的训令前往柏林。2 月下旬，特使团到达了柏林。伊藤述史便将外相有田八郎的训令向大岛浩和白鸟敏夫两位大使进行了传达。该训令案还就日德两国秘密谅解案的原则问题向大岛浩和白鸟敏夫做了指示，即军事援助义务主要针对的是苏联参战时，如果苏联不参战，日本不进行军事援助。②

但是，大岛浩和白鸟敏夫看了有田八郎的训令后表示，如果按

---

① 「所謂防共協定強化問題に関する有田前外務大臣手記」（B04013488800）、「1939 年 1 月 19 日五相会議（新方針）」日本外務省外交史料館档案（アジア歴史資料センター）『日独伊防共協定関係一件 防共協定強化問題』（B－0057）、294 頁。

② 「日独伊防共協定強化問題・経過日誌」（1939 年 1 月 24 日）臼井勝美・角田順編『現代史資料 10 日中戦争 3』みすず書房、1962、210 頁。

照此次训令案同德国和意大利进行交涉，德意两国一定不会同意日本的训令案，便私自将训令案中的秘密谅解事项中的原则问题进行了删改，随后向日本政府提交意见书。3 月 4 日，大岛浩和白鸟敏夫的意见书送达日本。3 月 13 日，平沼骐一郎内阁立即召开五相会议，讨论大岛浩和白鸟敏夫两位大使的意见书。外务省的意见是没有必要再进行商讨，德国和意大利对上述训令案的内容是完全可以接受的。陆军省和海军省则表示，按照 1 月 19 日五相会议确定的训令案同德国和意大利进行交涉是十分必要的，但鉴于大岛浩和白鸟敏夫两位大使的反对，认为德国和意大利不会接受日本政府的训令案，所以建议应该对日本政府的训令案重新进行修改，并制定德国和意大利都能够接受的新的妥协案。① 从陆军省和海军省的意见可以看出，陆军省实际上比较赞成德国的提案，认为日德同盟协定的防卫对象不但包括苏联在内，而且英法等国也应该包含其中，并主张应尽快同德国和意大利缔结同盟协定，陆军省的主张实际上要求完全接受所谓的秘密谅解事项。② 海军省方面的意见相对于陆军省的较为委婉，认为应该把秘密谅解事项的第一条删除，且完善协定的各个细节，对秘密谅解事项中的第二条进行缓和处理，把防卫对象限定在共产国际，并要做出详细的说明。③ 对于陆军省的看法，外相有田八郎是极力反对的，其理由是 1 月 19 日五相会议的决定是基于某种特殊情况而制定的对德交涉方针，如果仅因为大岛浩和白鸟敏夫两位大使的反对就重新制定对德交涉方案，这就等于

---

① 「所謂防共協定強化問題に関する有田前外務大臣手記」（B04013488800）、「1939 年 3 月 13 日五相会議」日本外務省外交史料館档案（アジア歴史資料センター）『日独伊防共協定関係一件 防共協定強化問題』（B‐0057）、295 頁。

② 「所謂防共協定強化問題に関する有田前外務大臣手記」（B04013488800）、「1939 年 3 月 13 日五相会議」日本外務省外交史料館档案（アジア歴史資料センター）『日独伊防共協定関係一件 防共協定強化問題』（B‐0057）、295 頁。

③ 「所謂防共協定強化問題に関する有田前外務大臣手記」（B04013488800）、「1939 年 3 月 13 日五相会議」日本外務省外交史料館档案（アジア歴史資料センター）『日独伊防共協定関係一件 防共協定強化問題』（B‐0057）、295 頁。

政府的决定权被驻外大使所左右，以后政府的决策很难在外交上得以推行。3 月 22 日，平沼骐一郎内阁再次召开五相会议，目的是就日德同盟问题统一陆军、海军和外务三省的意见，中心仍然是日德同盟协定的防卫对象和军事援助问题。经过激烈的争论后，此次会议就秘密谅解事项中的防卫对象和军事援助问题确定了两种方案。第一种方案的主要内容是，缔约国中一国受到苏联单独或与第三国的联合作战时，缔约国有进行军事援助的义务（意大利在这种情况下可以保留军事援助义务）；苏联未参加作战时，缔约国根据其情况对军事援助进行协商。第二种方案的主要内容是，苏联成为战争对象时，其他缔约国进行军事援助；其他第三国成为战争对象时，在原则上应进行军事援助，但帝国政府鉴于目前及近期的形势，不能对此进行有效的援助。[①] 以上是 3 月 22 日平沼骐一郎内阁在五相会议上，针对日德同盟协定的秘密谅解事项中的防卫对象和参战义务确定的基本原则，也被称作对德同盟协定的妥协案。这次妥协案的内容同 1 月 19 日五相会议确定的方针相比，在同盟协定的防卫对象和军事援助义务上有了一定变化，即苏联以外的第三国成为战争对象时，缔约国原则上有进行军事援助的义务。但是，日本对这种军事援助的义务并不是无条件的，理由是鉴于日本目前及近期的情况，日本对军事援助的义务不能有效地履行。也就是说，平沼骐一郎内阁把进行军事援助的条件加以限制，言外之意就是在苏联以外的英法美等第三国成为防卫对象时，日本并不想对其进行真正的军事援助。平沼骐一郎内阁这次五相会议确定的妥协案内容，并未偏离日本对外政策的基本路线。在对德同盟问题上，从广田弘毅内阁到第一次近卫文麿内阁，以及平沼骐一郎内阁之所以都在防卫对象和参战义务上存在意见分歧，根本原因在于日本对德同盟政策的最大目标是借助德国的力量牵制苏联，实现独霸中国和太平洋地区扩张计划，这也是日本

---

① 「日独伊防共協定強化問題・経過日誌」（1939 年 1 月 24 日）臼井勝美・角田順編『現代史資料 10 日中戦争 3』みすず書房、1962、234—235 頁。

不打算与英法美等国发生正面冲突的主要原因。

　　从内容来看，3 月 22 日五相会议确立的妥协案并未从根本上改变日本对德同盟政策的交涉原则，但只要 3 月 22 日的妥协案被采纳，就意味着 1 月 19 日五相会议所确立的对德交涉原则要进行更改或被否决。为了使外务省的对德外交路线能够顺利推行，3 月 28 日，外务省亚欧局长井上庚二郎向平沼骐一郎首相提交了意见书。井上庚二郎的意见书具体内容如下。①关于强化防共协定问题，外务大臣于 3 月 25 日再次给大岛浩和白鸟敏夫两位大使发去训令，但两位大使不按照训令的要求与德国和意大利进行交涉，反而按照自己的意见提出交涉方案，这次如果按照 3 月 22 日制定的新的妥协案给大岛浩和白鸟敏夫发去训令，两位大使又提出无关紧要的意见，并不按照训令进行交涉，故建议把两位大使召回，另换新的外交人员进行交涉。① ②大岛浩和白鸟敏夫两位大使并没有按照 1 月 26 日和 3 月 25 日外务大臣的训令同德国和意大利进行交涉，最终导致交涉的搁置，其个人作为亚欧局长，在日德意三国提携事务上具有重要职责，希望根据五相会议之研究制定对德交涉案，使两位大使按照此训令与德国和意大利进行交涉。② ③在 3 月 22 日五相会议确定的妥协案中，既规定了英法成为防卫对象时有进行武力援助的义务，又说明日本在目前的情况下，不能进行有效的武力援助，这种自相矛盾的做法必然使德国产生不满。③ ④日本一旦在小规模战争中对德国和意大利进行了武力援助，在大规模的战争中不进行武力援助

---

　　① 「所謂防共協定強化問題に関する有田前外務大臣手記」（B04013488800）、「井上公使意見書」日本外務省外交史料館档案（アジア歴史資料センター）『日独伊防共協定関係一件 防共協定強化問題』（B–0057）、351 頁。

　　② 「所謂防共協定強化問題に関する有田前外務大臣手記」（B04013488800）、「井上公使意見書」日本外務省外交史料館档案（アジア歴史資料センター）『日独伊防共協定関係一件 防共協定強化問題』（B–0057）、352 頁。

　　③ 「所謂防共協定強化問題に関する有田前外務大臣手記」（B04013488800）、「井上公使意見書」日本外務省外交史料館档案（アジア歴史資料センター）『日独伊防共協定関係一件 防共協定強化問題』（B–0057）、352—353 頁。

是难以保证的，从德国对日本结盟的意图来看，德国对日本所期待的不单是要求日本从西伯利亚出兵进攻苏联，更期待日本能够在太平洋地区对英国和法国的根据地进行打击，并切断两国在远东的通商航路。① ⑤德国对日本海军期待的目标，就是在太平洋发挥牵制美国的作用，德国的目标绝不仅限于小规模的武力援助。②

　　井上庚二郎反对意见的内容可以清晰地反映出当时日本外务省在对德同盟协定的防卫对象和参战义务上的矛盾变化心理。具体而言，日本外务省一方面期待同德国缔结同盟协定，以缓解国际地位孤立的局面，并能够使中日战争的胶着化问题得到解决；另一方面又担心同德国缔结同盟协定，会使日本同英美两国关系进一步恶化，所以极力主张日德同盟协定的防卫对象主要以苏联为主，并不把英法美等国作为防卫对象。正是基于以上战略目的，在同德国的交涉中，日本外务省始终尽力与陆军省的对德同盟强硬论相抗衡。日本外务省在对德同盟上采取克制态度的最终目的也是实现日本对外侵略扩张，并不是要放弃独霸中国和太平洋地区的扩张政策。但是，日本外务省的这种克制并未能使日本的对德同盟交涉取得如期的进展，反而使日本对德同盟交涉暂时处于搁置状态。

二　大岛浩与白鸟敏夫的越权

　　为了使 3 月 22 日五相会议确定的妥协案内容顺利通过审议，首相平沼骐一郎亲自拜谒天皇。当时，天皇就强化防共协定交涉过程中大岛浩和白鸟敏夫两位大使是否有越权行为、同盟协定的内容是否进行了实质性更改、日本是否进行有效的军事援助等问题向平

---

　　① 「所謂防共協定強化問題に関する有田前外務大臣手記」（B04013488800）、「井上公使意見書」日本外務省外交史料館檔案（アジア歴史資料センター）『日独伊防共協定関係一件 防共協定強化問題』（B‑0057）、353 頁。
　　② 「所謂防共協定強化問題に関する有田前外務大臣手記」（B04013488800）、「井上公使意見書」日本外務省外交史料館檔案（アジア歴史資料センター）『日独伊防共協定関係一件 防共協定強化問題』（B‑0057）、353—354 頁。

沼骐一郎进行垂问。平沼骐一郎当即表示，如果大岛浩和白鸟敏夫两位大使违反政府训令，将会立即将他们召回并停止对德交涉。平沼骐一郎还进一步表示，日本一旦同德国缔结了同盟协定，在德国与第三国发生战争时日本完全采取局外的中立政策是不可能的，在必要时也需要对德国进行军事援助，但进行军事援助并不等于直接参加欧洲战争，目前日本对德军事援助的限度仅为动用军舰等为德国提供方便，并达到对第三国进行牵制的目的。天皇对平沼骐一郎的想法没有反对，要求平沼骐一郎进行书面说明。

3 月 28 日，平沼骐一郎内阁将首相、外相、陆相、海相、藏相等五相联名的文书上奏天皇。该上奏文书的具体内容如下：①鉴于两位大使对 1 月 19 日五相会议所确定的训令有异议，所以在前训令之基础上五相会议重新确立交涉案，并以此作为新训令同德国进行交涉，如果两位大使有不按照该训令进行交涉的越权行为，则将召还两位大使，并停止交涉；②交涉的范围和原则以 1 月 26 日（1939 年）确定的训令为准，在不改变日本对德交涉方针的前提下，同德国进行交涉，如果德国不同意，即停止进行交涉。①

这里有一点需要重点说明。在昭和时期，日本国务中的一些重大外交决策问题，基本由外务大臣直接上奏天皇，而政府中的重大决定则由首相将五相的意见统一后，再向天皇进行上奏。五相联名向天皇上书的情况，在日本近代政治史上实属罕见。上述情况所反映的一个清楚的事实就是，当时平沼骐一郎内阁在对德同盟协定交涉问题上，由于陆军、海军、外务三省与驻德意两位大使之间存在意见分歧，尤其是大岛浩与白鸟敏夫两位大使无视政府的训令，更为严重的是竟然私自更改政府的训令单独与德国和意大利进行交涉，所以平沼骐一郎内阁不得不采取五相联名上奏的方法，通过天皇之名义使政府的意见统一。另外，对于一项重大的外交决策，在

---

①　日本国際政治学会太平洋戦争原因研究部編『太平洋戦争への道 開戦外交 5 三国同盟・日ソ中立条約』朝日新聞社、1963、112 頁。

五相会议上，外相强烈反对，外务省亚欧局长也反对，天皇及其近臣也表示要慎重，但仅仅因为陆相的极力主张就改变政府的原政策，这不能不说当时的日本政治决策及政府机构存在严重缺陷。这也是日本自"二二六事件"后无法实现宪政常道的根本原因。

在首相平沼骐一郎看来，经过五相会议的激烈讨论，并参考了大岛浩和白鸟敏夫两位大使的意见，又经过了五相联名上奏天皇，日本的妥协案一定会被德国接受。但是，随着欧洲局势的不断变化，德国对日德军事同盟所期待的目标，并非仅在东亚地区达到对苏联进行牵制的目的，而是希望利用日本的海军力量对英法两国在太平洋地区的军事力量进行牵制。这一点可以从德国对欧洲的侵略计划中明显地看出其对日本的战略目标。所以，当德国的军事力量不断得到扩张后，德国对日本的战略思想也发生了巨大的变化，强化对日本同盟关系的根本目的已经明显地表现出是对抗英法两国。而平沼骐一郎内阁的对德同盟政策的战略思想，却仍然停留在第一次近卫文麿内阁时期的对德战略思想上，即主张日德同盟协定的防卫对象主要以苏联为主，并要求在强化防共协定的基础上提升两国同盟关系。但对德国来说，不包含英法两国在内的日德同盟将失去根本的战略意义。正是因为这两种不同的战略目的，平沼骐一郎内阁与第一次近卫文麿内阁一样在对德同盟交涉问题上不会取得预期效果。

4月2日，平沼骐一郎内阁根据五相会议的联名上奏天皇文书，向大岛浩和白鸟敏夫两位大使重新发去训令。新训令到达柏林后，大岛浩和白鸟敏夫私下商定，不按照政府的新训令与德国进行交涉，没有把日本政府最重视的秘密谅解事项中的第一种方案向德意两国提出，而是按照第二种方案同德意两国进行交涉。随后，白鸟敏夫便同意大利外交部长齐亚诺进行会谈。在会谈中，齐亚诺向白鸟敏夫提出，当欧洲战争爆发时，日本是否会参加德意方面的作战。白鸟敏夫当即表示在对政府的新训令进行认真研究后，他认为日本政府已经决定一旦德意对英法开战，日本一定会按照三国军事

盟条约条款规定，参加德意方面作战。① 在白鸟敏夫与齐亚诺进行
会谈的同时，大岛浩也同里宾特洛甫进行了会谈。在会谈的过程中，
里宾特洛甫向大岛浩提出，当缔约国受到苏联以外的第三国攻击时，
日本将打算采取何种措施。大岛浩当即表示日本进行军事援助的方
法、范围要根据具体的场合而定，关于参战义务，日本将按照德意两
国的意见来行事。里宾特洛甫向大岛浩表示，日本政府对参战目的做
了特别说明，并在秘密谅解事项中对武力援助又做了弹性规定，实质
上淡化了三国军事同盟的效果，对此德国不可能同意。②

4 月 8 日，大岛浩和白鸟敏夫两位大使违背政府意愿私下对德
意两国进行承诺的消息传到日本后，立即引起平沼骐一郎内阁强烈
的波动。外相有田八郎非常愤怒地指出，大岛浩和白鸟敏夫两位大
使随意曲解政府训令，实属独断专行之行为，并就此事向天皇上
奏，要求将大岛浩和白鸟敏夫从欧洲召还。平沼骐一郎内阁再次召
开五相会议，进一步磋商如何处理大岛浩和白鸟敏夫两位大使的僭
越行为。外相有田八郎坚决主张重新派遣驻德意大使，来处理对德
意两国的善后交涉工作。陆相板垣征四郎坚决反对有田八郎的意
见。最后，在陆军省的祖护下撤回大使风波得以平息。③ 虽然这次
召回大岛浩与白鸟敏夫两位大使的命令，因为陆军省的祖护而终
止，但这次五相会议的召开已间接表明平沼骐一郎内阁已经否定了

① 「所謂防共協定強化問題に関する有田前外務大臣手記」（B04013488800）、
「白鳥のチアノに対する言明（1939.4.1）、大島のリッペントロップに対する言明
（1939.4.3）」日本外務省外交史料館档案（アジア歴史資料センター）『日独伊防共
協定関係一件 防共協定強化問題』（B - 0057）、297 頁。

② 「所謂防共協定強化問題に関する有田前外務大臣手記」（B04013488800）、
「白鳥のチアノに対する言明（1939.4.1）、大島のリッペントロップに対する言明
（1939.4.3）」日本外務省外交史料館档案（アジア歴史資料センター）『日独伊防共
協定関係一件 防共協定強化問題』（B - 0057）、297 頁。

③ 「所謂防共協定強化問題に関する有田前外務大臣手記」（B04013488800）、
「1939 年 4 月 8 日五相会議両大使言明を間接に取消さしむる案」日本外務省外交史料
館档案（アジア歴史資料センター）『日独伊防共協定関係一件 防共協定強化問題』
（B - 0057）、299 頁。

两位大使的意见。

由于陆军省的祖护，大岛浩与白鸟敏夫两位大使继续留任。但是，正是陆军省的支持，才进一步助长了大岛浩和白鸟敏夫两位大使的越权行为。4 月 14 日，大岛浩和白鸟敏夫两位大使再次向东京发来电报，阐述德国和意大利的立场。该电报的主要内容是里宾特洛甫要求日本政府在防卫对象和参战义务上明确立场，其实德国就是要求日本承诺日德同盟协定的防卫对象不但要包括苏联，也应包括英法两国，同时要求日本在德意同英法两国开战时要进行武力援助。①

大岛浩和白鸟敏夫的电报传达到日本后，再次引起平沼骐一郎内阁的不安。4 月 21 日，平沼骐一郎内阁再次召开五相会议，最后决定由平沼骐一郎亲自给希特勒和墨索里尼发电报，阐述日本在日德同盟协定方面没有妥协的余地，该决定得到了陆相、海相和藏相的赞成。② 但是，最后由于陆军省的反对，给希特勒和墨索里尼的电报迟迟没有发出。4 月 23 日，平沼骐一郎内阁再次召开五相会议，就日德同盟问题进行磋商。经过激烈的争论后，外务省的立场发生了微妙的变化。4 月 24 日，外相有田八郎代表外务省再次向驻德大使馆发训令，阐明日本的立场。①日德同盟协定的防卫对象可以包含英法两国，但美国一定要除外；②德意两国同苏联以外的第三国发生战争时，日本不能进行有效援助，并且日本可以保留参战和宣战的最终决定权；③大岛浩和白鸟敏夫两位大使如果不执行政府的训令，应被迅速召还。③ 外相有田八郎召还大使的要求令陆军

---

① 「所謂防共協定強化問題に関する有田前外務大臣手記」（B04013488800）、「1939 年 4 月 14 日五相会議交渉打ち切案」日本外務省外交史料館档案（アジア歴史資料センター）『日独伊防共協定関係一件 防共協定強化問題』（B‒0057）、300 頁。

② 「所謂防共協定強化問題に関する有田前外務大臣手記」（B04013488800）、「1939 年 4 月 21 日五相会議（平沼骐一郎総理からヒトラーヘノ電報案）」日本外務省外交史料館档案（アジア歴史資料センター）『日独伊防共協定関係一件 防共協定強化問題』（B‒0057）、300 頁。

③ 「日独伊防共協定強化問題・経過日誌」（1939 年 4 月 24 日）臼井勝美・角田順編『現代史資料 10 日中戦争 3』みすず書房、1962、260 頁。

省极为不满，陆军省要求删除在秘密谅解事项中的特别说明，按照德国的要求迅速缔结军事同盟协定。由于陆军省提出反对意见，平沼骐一郎内阁再次陷入两难的境地。

三　统帅部论争与日德同盟交涉搁置

4月25日、27日、28日，平沼骐一郎内阁被迫连续召开三次五相会议，企图使政府的意见得到统一，但最终都未取得预期的效果。最后，五相会议磋商决定，由首相平沼骐一郎以发咨文的方式亲自向希特勒和墨索里尼阐明日本立场。平沼骐一郎首相咨文的全文内容如下："余确信德意两国中一国受到苏联以外的一国或数国攻击时，日本将对德意两国进行政治及经济援助，并在可能的范围内进行军事援助。然而，日本虽有按上述协定规定对德意两国进行军事援助之决心，但鉴于帝国现在及将来之现状，实际上日本对德意两国不能进行有效的军事援助。但在情势变化之允许的可能下，日本非常愿意对上述援助进行协商。"①

5月5日，首相平沼骐一郎给希特勒和墨索里尼的咨文，分别通过大岛浩和白鸟敏夫向柏林和罗马进行转达。首相平沼骐一郎的咨文到达柏林后，里宾特洛甫便向大岛浩表示，日本政府虽然表明有参战义务，但参战的立场十分模糊，并要求日本政府具体说明在德意两国受到英法的攻击时，日本不能进行有效援助的具体场合和意图。同时，德国外交部在里宾特洛甫的主导下又起草了加伍斯案（第一案），要求大岛浩向日本政府转达。加伍斯案主要就日德意三国军事同盟秘密谅解事项中的有关细节问题进行了重新说明，即同盟协定防卫的对象不但要包括苏联，还要把英法两国包括在内，并规定了明确的参战义务，即当缔约国受到

---

① 「所謂防共協定強化問題に関する有田前外務大臣手記」（B04013488800）、「1939 年 4 月 21 日五相会議（平沼騏一郎総理からヒトラーへノ電報案）」日本外務省外交史料館档案（アジア歴史資料センター）『日独伊防共協定関係一件 防共協定強化問題』（B‑0057）、302—303 頁。

苏联以及苏联以外的第三国攻击时，缔约国有进行政治、经济和军事援助的义务。①

5月6日，加伍斯案传达到日本。为了达成统一意见，当天下午，陆相板垣征四郎在自己的官邸会见了外相、海相和藏相。5月7日，平沼骐一郎再次召开五相会议，讨论加伍斯案。在这次五相会议上，首相平沼骐一郎的意见发生了微妙的变化，开始全面支持陆相板垣征四郎的意见，最终因外相有田八郎反对而失败。5月9日，平沼骐一郎再次召开五相会议。为了在这次五相会议上使政府的意见达成统一，平沼骐一郎首先发言，提出要兼收并蓄采纳陆海军统帅部的意见。这充分说明在对德同盟交涉问题上，平沼骐一郎内阁已经处于无计可施的境地，但最终还是没有取得实质性结果。这主要是因为陆军、海军和外务三省始终存在意见分歧。5月19日，平沼骐一郎再次召开五相会议，最后决定与苏联以外的国家发生战争时，日本不可能加入德意方且无条件地行使武力；在德意与英法等国发生战争时，日本对德意的武力援助，需要根据协定的细则及援助方法、程度和现实状况等进行决定。② 但是，这个方案是否能够被通过，需要陆海军统帅部的磋商后才能决定。陆海军统帅部磋商的结果是对加伍斯案（第一案）进行修改，提出两点需要着重考虑。其一是英法等国成为对手时，日本应该采取中立的态度，并给大岛浩大使发电报指示其向里宾特洛甫说明鉴于交战国的关系日本不能进行有效的武力援助；其二是在外交上通过口头说服

---

① 「所謂防共協定強化問題に関する有田前外務大臣手記」（B04013488800）、「1939年4月21日五相会議（平沼骐一郎総理からヒトラーへノ電報案）」日本外務省外交史料館档案（アジア歴史資料センター）『日独伊防共協定関係一件 防共協定強化問題』（B‐0057）、302—303頁。

② 「所謂防共協定強化問題に関する有田前外務大臣手記」（B04013488800）、「1939年5月9日ノ五相会議（統帥部ノ意見ヲ聞クコトにナル）」日本外務省外交史料館档案（アジア歴史資料センター）『日独伊防共協定関係一件 防共協定強化問題』（B‐0057）、304頁。

德意同意日本的主张。① 5 月 20 日，平沼骐一郎再次召开五相会议，在统帅部磋商后形成意见的基础上，给大岛浩和白鸟敏夫发去电报并指示两位大使对加伍斯案（第一案）进行修改，但大岛浩和白鸟敏夫向东京发来电报，说德意两国要求同盟协定于 5 月 22 日签订，并在当日即公开发表。接到大岛浩和白鸟敏夫的电报后，陆军次官泽田连夜拜访首相平沼骐一郎，将给大岛浩的电文改为"德意对英法发生战争时，日本负有无条件行使武力或对英法宣战的义务"，并要求首相平沼骐一郎同意。但是，首相平沼骐一郎仍然没有同意陆军次官泽田的意见。

5 月 27 日、28 日，平沼骐一郎再次就对德同盟协定问题，征求陆海军统帅部的意见。最后，陆军和海军两统帅部就日德军事同盟的对象和参战义务进行了论争。①关于军事同盟的防卫对象提出了四种情况：第一种是苏联单独作为防卫对象时，第二种是英法两国参加苏联方面作战时，第三种是苏联参加英法两国作战时，第四种是英法单独作为防卫对象时。海军省最初认为在上述四种情况中的第一和第二两种情况下日本应该参战，在第三种情况下日本应尽量避免参战，第四种情况下日本应回避参战。但是，陆军省不同意海军省的意见。最后经过激烈的争执，双方妥协，海军省也主张第三种情况下日本应参战，而在第四种情况下则坚持不应该参战。最后，陆军省提出上述四种情况下，日本都应该参战，只是在第四种情况下，日本有参战的义务但在行使武力上可以有所保留。② ②关于日本的参战义务和要求提出了四种情况：第一种是对苏联单独开

① 「所謂防共協定強化問題に関する有田前外務大臣手記」（B04013488800）、「1939 年 5 月 9 日ノ五相会議（統帥部ノ意見ヲ聞クコトニナル）」日本外務省外交史料館档案（アジア歴史資料センター）『日独伊防共協定関係一件 防共協定強化問題』（B‐0057）、304—305 頁。

② 「所謂防共協定強化問題に関する有田前外務大臣手記」（B04013488800）、「再び統帥部ノ意見ヲ徴ス（5 月 27、28 日）」日本外務省外交史料館档案（アジア歴史資料センター）『日独伊防共協定関係一件 防共協定強化問題』（B‐0057）、304—305 頁。『陸海軍統帥部意見』、306—308 頁。

战时，考虑到日苏开战的可能性很大，在这种情况下要求德意行使武力或动用军队在欧洲对苏联进行牵制，在对苏联战争的参战义务上日德两国是双向的；第二种是对苏联和英法开战时，日德意三国的参战义务是双向的；第三种是对英法两国开战时，考虑到德意同英法两国开战的可能性比较大，日本虽然从表面上有参战的义务，但要尽量减轻参战义务的压力；第四种是对苏联和对英法双线作战时，日德意三国的参战义务是双向的。海军省的意见是只有在第一、第二和第四种情况下，日德意三国的参战义务可以是双向的，在第三种情况下日本不应卷入欧洲战争。陆军省则认为在上述任何情况下参战义务都是双向的，必要时在行使武力上，日本可以保留意见。①

从上述内容可以看出，陆军省和海军省意见分歧的焦点，实质就是英法两国是否成为军事同盟的防卫对象，以及英法参加对苏联战争时日本是否履行参战义务等。对日本海军省来说，其不打算把英法作为日德军事同盟的防卫对象，也不想在德意对英法开战时介入欧洲战争。陆军省则要求军事同盟的对象不但包括苏联，而且应包括英法两国，并且参战义务是双向的，只是在德意对英法两国单独开战时日本可以保留行使武力的权利。

正是因为陆海外三省在对德军事同盟的防卫对象和参战义务上存在严重的意见分歧，平沼骐一郎内阁召开数次五相会议，陆海两统帅部进行了两轮论争，最后也没有在防卫对象和参战义务上达成统一意见。1939 年 8 月，随着欧洲形势的不断变化，德国越来越强烈地要求缔结日德军事同盟，日本陆军省也积极要求同德国缔结军事同盟。国内外的严峻形势使平沼骐一郎内阁面临巨大的压力。8 月 8 日，平沼骐一郎内阁再次召开五相会议，希望在对德军事同盟问题上达成统一意见，但最终还是由于陆军、海军和外务三省存

① 「所謂防共協定強化問題に関する有田前外務大臣手記」（B04013488800）、「再び統帥部ノ意見ヲ徴ス（5 月 27、28 日）」日本外務省外交史料館档案（アジア歴史資料センター）『日独伊防共協定関係一件 防共協定強化問題』（B－0057）、304—305 頁。『陸海軍統帥部意見』、306—308 頁。

在意见分歧无果而终。于是，陆相板垣征四郎企图通过辞职向政府施加压力，以达到同德国迅速缔结同盟协定的目的。8 月 10 日，陆相板垣征四郎通过军务局长町尻量基向德国驻日大使奥托提交了自己的感愿书。这份感愿书提出，陆相板垣征四郎在 8 月 8 日召开的五相会议中已经尽了最大努力，但还是没有达到预期效果，现在实现三国军事同盟的最后手段就是通过陆军大臣的辞职向日本政府施加压力，一旦陆军大臣辞职，大岛浩和白鸟敏夫两位大使必然被召回。这样，德意两国必然会为阻止两名大使的召回而做出让步，日德军事同盟才有实现的可能。从这份感愿书的内容可以看出，板垣征四郎希望利用辞职来向政府施加压力，其实是向日本朝野中的财界、海军、外务，以及宫中支持把同盟对象仅限于苏联的各势力抗争的一种手段。[①]

但是，陆相板垣征四郎的感愿书没有使德意两国有丝毫让步，这主要是因为当时欧洲的局势已经发生了很大的变化。1939 年 5 月，德国在同日本进行多次交涉也没有取得任何进展的情况下，首先同意大利缔结了军事同盟。德意军事同盟的形成在世界范围内宣告了德国和意大利将要通过侵略扩张，来实现征服世界的梦想。同意大利缔结军事同盟后不久，德国便把侵略的目标指向了波兰及东欧的一些小国。但是，德国入侵波兰及东欧小国的最大障碍是苏联。于是，德国开始向苏联发动外交攻势。1939 年 8 月 23 日，经过多次交涉，里宾特洛甫和莫洛托夫分别代表德国和苏联缔结了《苏德互不侵犯条约》。[②]《苏德互不侵犯条约》的缔结对平沼骐一

①　有田八郎『人の目の塵を見る——外交問題回顧録』講談社、1948、24 頁。

②　1939 年 8 月 23 日缔结的《苏德互不侵犯条约》主要内容为：缔约双方保证不单独或联合其他国家彼此相互使用武力、侵犯或攻击；缔约一方与第三国交战时，另一缔约国不得为第三国提供任何支援；缔约双方不参加任何直接或间接反对另一方的任何国家集团；缔约双方以和平方式解决任何争端；条约的有效期为 10 年。除了互不侵犯条约，德国和苏联还缔结了一份秘密协定。在这份秘密协定中，德国与苏联划清了两国在东欧地区的势力范围。

郎内阁来说犹如晴天霹雳，也给日本陆军省轴心同盟派以沉重打击。随后，平沼骐一郎内阁便发表无以应对欧洲局势变化的演说而辞职。

综上所述，平沼骐一郎组阁后所面临的最大外交难题就是日德军事同盟的交涉问题。由于陆军、海军和外务三省在对德同盟协定的防卫对象和参战义务上始终无法达成统一意见，平沼骐一郎内阁召开数次五相会议也无法使内阁意见达成统一，即使陆海两统帅部经过两次论争，也始终不能在防卫对象和参战义务上达成统一，这充分说明在对德同盟政策上，日本外交决策层存在着不可调和的矛盾。从平沼骐一郎内阁对德同盟政策的交涉过程来看，由于日本和德国对三国军事同盟所期待的目标不同，再加上日本当时外交决策机制中陆军、海军和外务三省对军事同盟的防卫对象和参战义务存在意见分歧，日德交涉一直处于艰难的状态。最后，由于苏德缔结互不侵犯条约，日德同盟交涉彻底以失败而告终。

可以说，苏德缔结互不侵犯条约是日本对德同盟政策发生变化的重要因素。关于这一点，应该从以下几个方面进行分析：

首先，苏德缔结互不侵犯条约是平沼骐一郎内阁辞职的导火索，也是导致日德军事同盟交涉搁置的直接原因。平沼骐一郎自组阁之日起所面临的重大外交问题就是日德军事同盟的交涉问题，也是最棘手的外交决策难题。可以说，平沼骐一郎自始至终都在为日德同盟交涉而努力，并力图在防卫对象和参战义务上实现陆军、海军和外务三省意见统一，但始终无法达成内阁意见统一。尤其是当《苏德互不侵犯条约》缔结的消息传到日本后，平沼骐一郎内阁受到沉重打击。德国的背信弃义行为不得不使平沼骐一郎内阁放弃了对德军事同盟交涉的努力，并被迫辞职。

其次，苏德缔结互不侵犯条约给日本陆军省轴心同盟势力以沉重的打击。具体而言，德国的背信弃义行为增加了日本对德国的不信任感，尤其是使日本陆军省亲德派在内阁中的发言权被削弱，使陆军省轴心派力量开始发生分化。

再次，苏德缔结互不侵犯条约使日本海军、外务、宫廷、财界中亲英美派势力重新占据上风。他们认为这是日本重新回归外交正常轨道的大好时机。[①] 可以说，这种国际形势的变化对日本和德同盟政策的改变起到了重要的推动作用。

最后，苏德缔结互不侵犯条约使日本在一定时期内有意回避日德军事同盟，并企图通过所谓的不介入欧洲政策推行自主外交，来调整对英美两国的外交政策。这导致这一时期的日德同盟关系暂时处于搁置状态。

第二节　阿部、米内内阁疏离德意集团的构想

从平沼骐一郎接受组阁大命到被迫辞职，内阁仅存在七个月时间。平沼骐一郎内阁之后，便是阿部信行内阁。阿部信行内阁成立时的国际形势，与平沼骐一郎内阁时期相比有明显的不同。由于苏德缔结了互不侵犯条约，日本国内的亲轴心同盟派受到很大的打击，德国的背信弃义行为进一步提升了亲英美派在制定外交政策中的发言权。所以，阿部信行组阁后首先打出不介入欧洲政策的旗号。从表面上看，阿部信行内阁推行的是与德意集团背离的外交政策，并企图通过所谓的自主外交来改善与英美两国的关系，但阿部信行内阁并未彻底废除 1936 年 11 月日德两国缔结的防共协定，也未通过外交手段向世界宣布日本完全脱离德意集团。所以，阿部信行内阁推行所谓的不介入欧洲政策的真正原因是苏德缔结互不侵犯条约，使日本对德同盟政策暂时处于搁置状态。换言之，这一时期的日本对德同盟政策并非真正地脱离德意集团，而是希望通过对英美外交政策的调整来缓解紧张的东亚局势，实际上是对德同盟政策的一种变

---

① 細谷千博『両大戦間の日本外交 1914—1945』岩波書店、1988、143 頁。

换手段。

所以，在远东国际军事法庭上，日本辩护方提出的强化防共协定与三国军事同盟没有关联性。阿部信行内阁不介入欧洲政策的推行，是完全背离德意集团而采取的必要措施。阿部信行内阁的外交政策，在进一步阻止和延缓太平洋战争的爆发方面，具有积极的作用。[①] 这种观点并不是站在客观的历史背景下对日本对德同盟政策进行全面考察，而是完全在为日本的侵略扩张行为进行辩护，其真正目的是有意割裂日德军事同盟的连续性和阶段性变化特点，为日本发动侵华战争和太平洋战争洗脱战争罪责。

一　阿部内阁对德同盟政策的调整

苏德缔结互不侵犯条约，给日本国内的政治关系带来了巨大的变化。从日本的国内形势来看，德国的背信弃义行为，进一步增强了日本国内对德国的不信任感，削弱了轴心同盟势力在对外政策中的发言权，并使轴心同盟势力中的一部分力量开始分化，以陆军省军务局长为主导的对德军事同盟论的倾向开始弱化。一时间，日本出现了谈论对德军事同盟成为一种外交禁忌的气氛。[②] 另外，日本在中日战争中把战线拉得太长，需要用巨大的人力和物力维持占领区。通过对华一击论迫使南京国民政府投降，也是日本陆军省轴心同盟派的基本战略。《苏德互不侵犯条约》的订立使其成为一种凭空判断。从国际形势来看，由于日本侵华战争的规模不断扩大，日本同英美两国的关系日趋紧张，日本在亚洲的贸易通商进一步受到英美两国的遏制。尤其是在发动全面侵华战争后，日本同美英两国的矛盾激化到不可调和的地步。美国总统罗斯福在 1937 年 10 月发表对日隔离演说，美国要对日本采取措施进行遏制。1938 年初开

---

① 東京裁判資料刊行会編『東京裁判辯護側資料（却下）』（第四卷）、第 1744 号国書刊行会、4—5 頁。

② 日本国際政治学会太平洋戦争原因研究部編『太平洋戦争への道 開戦外交 5 三国同盟・日ソ中立条約』朝日新聞社、1963、160—161 頁。

始，美国制定了对日经济制裁措施，并从特定商品开始逐步断绝了与日通商关系。1939 年 7 月，美国向日本发出通告，废除《日美通商航海条约》。该通告的发表，标志着美国在亚洲及太平洋地区开始对日实行全面经济封锁。[①] 在对德同盟交涉方面，日德军事同盟交涉的挫败及德国与苏联缔结互不侵犯条约，使日本企图利用日德同盟来实现对外侵略扩张的计划遭到沉重打击。可以说，这一时期日本对内和对外都面临着极为严峻的形势，调整并改变这种局面是日本需要解决的重要外交课题。

　　1939 年 8 月 30 日，阿部信行[②]内阁成立。阿部信行内阁的陆相由陆军大将畑俊六[③]担任，海相由海军大将吉田善吾[④]担任，外

　　① 　細谷千博『日米関係通史』東京大学出版会、1995、137 頁。

　　② 　阿部信行（1875—1953），日本陆军大将，政治家。日本陆军士官学校第 9 期、陆军大学第 19 期学员。先后任日本陆军参谋本部总务部长、陆军省军务局长、陆军次官、第 4 师团长、台湾军司令官、陆军大将。1939 年 8 月 30 日组阁任内阁总理大臣。1942 年任翼赞政治会总裁。1942 年 5 月至 1946 年 2 月任贵族院议员。战后被放逐，1953 年去世。

　　③ 　畑俊六（1879—1962），日本陆军大将。1900 年日本陆军士官学校第 12 期毕业（第二名）。1910 年日本陆军大学第 22 期毕业（第一名）后，曾任日本驻德国大使馆武官候补、参谋本部作战班长、参谋本部作战课长兼军令部参谋、航空本部长、参谋本部第四和第一部长、炮兵监、第 14 师团长等职。1936 年任台湾军司令。1937 年晋升为陆军大将，任军事参议官、陆军教育总监。1938 年取代松井石根任中国派遣军司令官，指挥徐州、武汉作战。1939 年担任侍从武官长。同年 8 月，担任阿部信行内阁陆军大臣。1941 年任中国派遣军总司令。1944 年任陆军元帅。战后作为甲级战犯被起诉，被判处终身监禁。1954 年假释出狱。1962 年病逝。

　　④ 　吉田善吾（1885—1966），日本海军大将。1904 年海军兵学校第 32 期毕业（第 12 名）。1905 年晋升为海军少尉。1907 年晋升为海军中尉。1909 年晋升为海军大尉。1913 年为日本海军甲种学生。1915 年海军大学毕业。1919 年晋升为海军中佐。1923 年任海军省教育局第二课长，同年 12 月晋升为海军大佐。1925 年任海军省军务局第一课长。1929 年晋升为海军少将。1931 年任联合舰队兼第一舰队参谋长。1933 年任军务局长。1934 年晋升为海军中将。1936 年任练习舰队司令官。1937 年担任日本海军联合舰队司令官。1939 年担任阿部信行内阁海军大臣。1940 年晋升为海军大将，先后任军事参议官、中国方面舰队司令长、横须贺镇守府司令长官。1945 年 6 月，编为预备役。1946 年被公职流放，1952 年解除。1966 年病逝。

相最初由首相阿部信行兼任，后由海军大将野村吉三郎①担任。阿部信行在接受任命的同时，向天皇提出入阁的条件是通过自主外交，来缓解日本所面临的国内外压力。阿部信行提出的自主外交路线的主要方针是通过与英美等国协调，同以往日本国内的对德强化轴心同盟势力相抗衡，从而改善日本与英美等国的外交关系。② 基于此外交目的，阿部信行内阁于 10 月 14 日制定了《伴随欧洲战争形势当前对外措施》，经过多次修改定为《对外措施方针纲要》，并将其作为政府的对外政策纲要予以推行。该方针纲要的实施，充分体现了野村外交同有田外交的明显差别。有田八郎担任外相期间，日本对德同盟政策基本是在防共协定掩盖下的同盟交涉。野村吉三郎担任外相后，日本明显地表现出有意回避日德同盟关系，在对德同盟政策上采取消极的态度。日德两国原计划于 10 月 1 日缔结通商协定，日本政府却提出延期缔结。阿部信行内阁成立后不久，便开始调整日本驻德意大使。阿部信行内阁下令召回大岛浩和白鸟敏夫两位大使，分别任命来栖三郎和天羽英二为驻德意两国的大使。从某种意义上来说，阿部信行内阁成立伊始便打出自主外交和不介入欧洲战争的旗号，深受日本宫廷、政界、财界和海军中的亲英美派势力欢迎。这些亲英美派对阿部信行内阁寄托了很大的希望。③ 陆军省内轴心同盟势力虽然暂时处于劣势，但并未说明他们已经彻底放弃对德同盟构想。这在无形中使阿部信行内阁面临双重

---

① 野村吉三郎（1877—1964），日本海军军人、外交官、政治家。1898 年日本海军学校第 26 期毕业。1900 年任海军少尉。1901 年任海军中尉。1903 年任海军大尉。1908 年任海军少佐。1913 年任海军大臣秘书官。1917 年任海军大佐。1919 年巴黎和会全权委员随员。1921 年华盛顿会议随员。1922 年晋升为海军少将。1923 年任第一遣外舰队司令官。1925 年任海军教育局长。1926 年晋升为海军中将。1933 年晋升为海军大将。1937 年编入预备役。1939 年担任阿部信行内阁外务大臣。1944 年任枢密院顾问。1946 年被公职流放。1954 年当选第三届参议院议员。1959 年当选第五届参议院议员。

② 日本国際政治学会太平洋戦争原因研究部編『太平洋戦争への道 開戦外交 5 三国同盟・日ソ中立条約』朝日新聞社、1963、162 頁。

③ 白鳥令『日本の内閣』（Ⅱ）新評論、1981、30—31 頁。

压力。

阿部信行内阁打出不介入欧洲战争的旗号还有另外一个重要原因，那就是在诺门坎事件中日本对苏联发动的试探性进攻再次遭到失败。1938 年 7—8 月，日本在张鼓峰事件中与苏联进行了一次较量。在张鼓峰事件中，日本不仅没有达到预期目标，还使关东军受到沉重打击，在推行北进战略上不得不重新考虑苏联的军事实力。尽管张鼓峰事件给日本以沉重打击，但日本并没有因此而彻底放弃北进战略，只是在对外侵略政策上做了适当调整。这一时期，日本积极策划同德国缔结同盟协定来实现与英美在东亚地区的抗衡。1939 年 5 月，在参谋本部的积极策划下，日本在诺门坎地区再次展开对苏联的进攻。在这次进攻中，日本投入很大的兵力，其中有 119 架[①]飞机组成的空中编队，还有大量的坦克等现代武器装备。虽然日本在战斗爆发前进行了周密的策划和严密的军事部署，但在这次事件中日本不仅没有达到预期的目的，还在战斗中兵力受损严重，其中战斗机被苏军击毁 19 架。可以说，关东军在诺门坎事件中的惨败，不仅使日本对苏联的军事实力进行重新估量，还必须重新探讨自明治维新以来以中国大陆为腹地的北进战略思想。这是日本把侵略扩张政策由积极北进向消极北进转换的重要原因，也是日本最终确立同德国强化防共协定交涉的转折点。[②]

为了打破苏德缔结互不侵犯条约导致日德两国同盟协定交涉陷入尴尬的局面，并消除诺门坎事件给日本关东军带来的消极影响，阿部信行在组阁前向天皇提出外交方针应以与英美协调为主的自主外交为中心，并得到了天皇的御准。阿部信行内阁成立后，便在对外政策中打出了自主外交的旗号，着手对英美外交政策进行调整。阿部信行内阁对外标榜自主外交，主要是迫于严峻的国际形势而采

①　在 119 架飞机中，有 11 架侦察机、24 架重型轰炸机、6 架轻型轰炸机、78 架战斗机。

②　中西治「関東軍と日ソ対決」三宅正樹編『大陸侵攻と戦時体制——昭和史の軍部と政治②』第一法規出版株式会社、1983、149 頁。

取的一种自保战略。从广田弘毅内阁时期的日德防共协定交涉，到第一次近卫文麿内阁时期的防共伙伴关系提升，从平沼骐一郎内阁时期的强化防共协定交涉到阿部信行内阁时期的不介入欧洲政策的提出，日德两国始终在防卫对象和参战义务上存在分歧，这也是日德同盟协定交涉失败的主要原因。阿部信行内阁成立之时，日德两国的同盟关系也由于《苏德互不侵犯条约》的订立而处于冷却阶段。为了扭转这种外交局面，阿部信行内阁期望通过所谓的自主外交来缓解日本同英美两国之间的矛盾。

从某种意义上来说，阿部信行内阁提出自主外交政策，实际上是为了打破《苏德互不侵犯条约》订立后日本陷入的困境而采取的一种无奈的自保方式。同时，阿部信行内阁把调整对美关系作为这种自保方式的切入点。这一国际形势的变化，也进一步说明日德军事同盟交涉失败后，日本的国际地位面临新的挑战。于是，日本企图从改善日美关系入手来缓解与德军事同盟交涉挫败所带来的国际压力。日美两国关系恶化的主要原因，是日本不断地强化并加大对中国的侵略及在太平洋地区的扩张。虽然 1937 年 10 月美国总统罗斯福发表对日隔离演说，公开向日本发出警告，但是这一时期的美国对日本的政策并不是非常强硬，也没有对日本采取实质性的制裁措施。美国对日采取经济制裁的最大障碍是日美两国缔结的通商航海条约，而这个条约在 1939 年 7 月末到期。为了进一步达到制裁日本的目的，美国于 7 月 26 日向日本通告废除《日美通商航海条约》。这意味着日本如果继续实施在亚洲及太平洋地区的侵略扩张政策，将受到美国更为严厉的经济制裁。可以说，来自美国的压力是阿部信行提出自主外交政策的根本原因之一。

二　野村自主外交与日德同盟关系的僵化

1939 年 9 月 25 日，野村吉三郎就任外相。10 月 4 日，野村吉三郎就任外相后不久，就形成了不介入欧洲战争的文书，在对外政策中推行所谓自主外交。在这份文书中明确指出，"帝国对欧洲战争一贯采取的是中立态度，日本将利用国际形势专心处理中日战争，处理国际政治事务采取的是自主方针"。① 从上述内容可以看出，阿部信行内阁在对外政策上，表现出了外交转换的极大决心。对于阿部信行内阁的自主外交政策，当时日本海军、宫廷和财界中的亲英美派对调整日本同英美两国的关系也寄予了很大希望。

当野村吉三郎主导的外务省同美国进行交涉时，在谈判的过程中日本要求重新续订《日美通商航海条约》，美国提出的条件是日本必须尊重各国的在华利益，并要求中国长江下游的地区全部对各国开放。美国对日政策非常明确，就是要通过门户开放政策，抵制日本的独霸中国和太平洋地区扩张政策，并企图通过经济压制手段使日本放弃独霸中国政策。从 11 月开始，外相野村吉三郎同美国驻日大使格鲁②开始进行交涉。在会谈的过程中，野村吉三郎提出如果新日美通商条约不能缔结，希望日美两国先缔结暂时协定，并表示日本一定会尊重美国的在华利益，并有将扬子江下游进行开放的打算。可以说，阿部信行内阁确实希望通过调整对美关系，来缓解苏德缔结互不侵犯条约给日本带来的沉重打击。但是，野村吉三郎与格鲁进行了三次谈判都未取得预期的效果。

12 月 22 日，野村吉三郎与格鲁在东京举行了第四次会谈，这次会谈形成了甲、乙、丙、丁四号附件。甲号附件的主要内容是：①美国政府将按照以往国际关系之诸原则及手续，与日本协商通商条约及协定等有关事宜；②美国政府通商政策的基调是一贯推行无差别待遇原则，机会均等原则是日美缔结新通商条约及协定的唯一基础条件；③美国政府打算与一国进行新通商条约及协定交涉时，

① 鹿島平和研究所編『日本外交史 21 日独伊同盟・日ソ中立条約』鹿島平和研究出版会、1971、223 頁。

② 约瑟夫・克拉克・格鲁（1880—1965），美国资深的外交官、日本问题研究专家。太平洋战争爆发前，格鲁已担任了 10 年的美国驻日大使，他曾担任过秘书、大使和副国务卿等职务，在长达 40 年之久的外交生涯中给世人留下了较为深刻的印象。

对该国领域内的适用政策及措施进行探讨，并在与之关联的第三国内，对给美国人带来影响的政策及措施进行考察后，才能做出决定；④日本当局如果不能允许在占领中国的广大地区内实行机会均等原则，这将成为日美进行新通商协定谈判的最大障碍；⑤美国如果与一国缔结新条约及新协定，该国应该保证美国国民、商社、投资、经济及文化活动等享受机会均等原则；⑥美国与日本缔结新通商条约及协定，日本政府需要在上述问题上拿出具体的方针和态度。①乙号附件的主要内容是：日本政府为了改善日美两国关系所尽最大之努力，美国政府甚为感动，关于促进新条约缔结之磋商问题，贵大臣野村吉三郎提出的计划书是假设缔结之条约，并不是美国政府之决定。②丙号附件的主要内容是：最近，美国财政部采纳了关税长有关条约削减后将按照 1913 年关税法之规定，将向征集方加收从价 1% 的关税，日本运输到美国的货船将按照此规定执行。③丁号附件的主要内容是：日美两国通商条约已经失效，但两国的贸易往来将按照平时的规定执行。从上述内容可以看出，虽然野村吉三郎主导的外务省极力想通过对美协调，来缓解《苏德互不侵犯条约》缔结后带来的消极影响，并以此来缓解不断侵略中国和太平洋地区扩张造成的与英美两国关系的紧张局面，但是美国对于日本这次的主动出击表现得很冷静，这主要是由于美国已经清晰地判断出，日本陆军省不会放弃对中国的侵略和太平洋地区的扩张计划，这足以说明日本想消除日美矛盾并不是很容易能够达到目的。

12 月 28 日，外相野村吉三郎、陆相畑俊六、海相吉田善吾召

---

① 「日米新通商條約締結に關する第四次東京會談」日本外務省編『日本外交年表竝主要文書』（下）原書房、1965、419—420 頁。

② 「日米新通商條約締結に關する第四次東京會談」日本外務省編『日本外交年表竝主要文書』（下）原書房、1965、420 頁。

③ 「日米新通商條約締結に關する第四次東京會談」日本外務省編『日本外交年表竝主要文書』（下）原書房、1965、420 頁。

开了三相会议，通过了《对外政策方针要纲》。该要纲主要就当时日本的国内外局势的应对提出了具体的方针及战略，其目的在于企图通过改善与西方各国的关系，减少日德关系冷却所带来的国际影响。①对欧洲战争问题的处理对策：对于欧洲战争，日本将根据国际形势，采取不介入的中立方针，以求利用最有利的时机，在专事处理中国事变的同时，加强东亚新秩序的建立；日本将利用欧洲政局的变化，以便在形势有利的情况下变换政策。① ②对中日战争问题的处理对策：对中日战争的处理将采取既定之方针；对中国政策以树立地方中央政府为中心，促进日"满"中经济建设；根据欧洲战局的进展来调整对华政策，并通过中国新政权改变旧中国的国际秩序。② ③对苏联问题的处理对策：帝国坚定不移的国策是坚持防共方针，以图使同苏联特别是中国的关系静态化，使中苏国境保持安定，发生纷争时要避免行使武力，以和平方式解决争端，防止苏联固执地走赤化道路；为了使日苏间国交平静化，应通过和平交涉来解决国境的一般问题，并缔结通商协定及渔业条约，解决北库页岛等地区的悬案；通过缔结互不侵犯条约，使苏联放弃对华援助并解除对日"满"的军事威胁。③ ④对美国问题的处理对策：主要是采取措施防止美国对日本进行经济干涉，并尽量使美国能够在对华政策上与日本保持一致；日美关系恶化的原因主要有日本对华军事行动给在华美国人及美国宗教文化造成了影响，给美国在华经济活动造成了影响，影响中国新秩序的建设，应采取适当措施消除上述不良影响；防止欧洲战争形势波及太平洋地区，使日本对南洋政策能够顺利推进；日本对太平洋地区的战略第一步

① 「日米新通商條約締結に關する第四次東京會談」日本外務省編『日本外交年表竝主要文書』（下）原書房、1965、421頁。

② 「日米新通商條約締結に關する第四次東京會談」日本外務省編『日本外交年表竝主要文書』（下）原書房、1965、421—422頁。

③ 「日米新通商條約締結に關する第四次東京會談」日本外務省編『日本外交年表竝主要文書』（下）原書房、1965、422頁。

是使菲律宾实行独立，在菲律宾群岛地区排除美国对日本的不安定影响，并采取措施，破除妨碍该地区独立的各种因素，努力建立日本与菲律宾群岛的友好经济关系。① ⑤对英国问题的处理对策：要利用英国在对华政策上的中立立场，正确处理好英国在华的各项权益，使英国在对华政策的立场能够与日本的东亚新秩序建设相一致，最终使英国能够在对华政策上向日本做出让步；利用英国对华进行斡旋来达到蒋介石的下野及国共决裂的目的，并通过英国对汪蒋政权进行斡旋达到对汪政权的利诱目的；在注意英美两国密切关系的同时，对英国在华的共同利益问题要通过谈判进行解决，要通过保全美国在华的少量权益，来缓解美国的对日态度。② ⑥对德国问题的处理对策：《苏德互不侵犯条约》缔结后日德关系发生了一定的变化，日本与德意两国在世界新秩序建设上具有共同的立场，要保持与德意两国的相互提携及友好关系，防止造成日德意疏远的印象。③

　　以上是外相野村吉三郎、陆相畑俊六、海相吉田善吾召开的三相会议所确立的《对外政策方针要纲》总体内容。从上述内容可以看出，野村吉三郎担任外相后，日本的对外政策的中心目标是企图通过调节日本同英美两国的关系，来缓解《苏德互不侵犯条约》缔结后使日德关系所陷入的僵化局面。但是，野村吉三郎与格鲁进行了四次会谈，都没有就新的通商航海条约达成统一意见。对美国来说，遏制日本在太平洋地区的进一步扩张，是日美新通商航海条约缔结的主要目的，而日本同美国缔结新通商航海条约的最终目标则是要实现在太平洋地区的进一步扩张。所以，这是日美新通商航

---

① 「日米新通商條約締結に關する第四次東京會談」日本外務省編『日本外交年表竝主要文書』（下）原書房、1965、422 頁。

② 「日米新通商條約締結に關する第四次東京會談」日本外務省編『日本外交年表竝主要文書』（下）原書房、1965、423 頁。

③ 「日米新通商條約締結に關する第四次東京會談」日本外務省編『日本外交年表竝主要文書』（下）原書房、1965、423 頁。

海条约最终不能缔结的根本原因。当野村吉三郎将美国意见反馈给日本政府后，立即遭到了日本陆军省的强烈反对。于是，日本陆军省中的亲轴心同盟派便开始联合其他反英美诸势力，向阿部信行内阁展开进攻。陆相畑俊六也趁机向首相阿部信行发难，并明确提出："陆军省的整体意见非常明确，就是希望内阁在进退上好自为之。"①

从上述内容可以看出，阿部信行内阁虽然在对外政策上打出自主外交的旗号，并标榜对外政策的中心内容是推行不介入欧洲战争的政策，但是，日本陆军省内的亲轴心同盟派虽然因苏德缔结了互不侵犯条约而暂时处于失势的状态，但并不意味着他们彻底与德意断绝了关系，他们骨子里依然希望同德意建立军事同盟关系。所以，外相野村吉三郎主导下的对美协调政策，无论如何是不会得到陆军省内的亲轴心同盟势力支持的。这也充分说明，阿部信行内阁的不介入欧洲战争政策实际上与日本陆军省倡导的亲德政策是相抵触的，当阿部信行内阁真正要对美国进行协调时，这便与陆军省内亲轴心同盟派发生了严重的利益冲突，尤其是陆相畑俊六公然向首相阿部信行发难，逼迫阿部信行在内阁进退上好自为之，实际上是要求阿部信行内阁辞职。陆相畑俊六之所以能够如此嚣张地向首相阿部信行发难，这主要是由于军部的飞扬跋扈及干政行为在九一八事变以后变得更为严重，动辄以下克上凌驾于内阁之上。基于以上种种原因，在国内外众多的矛盾变化中阿部信行内阁最终只能以退出政坛的方式而告终。可以说，虽然苏德缔结互不侵犯条约使日本国内的亲轴心派势力暂时处于弱势，但当阿部信行内阁的不介入欧洲战争的政策真正威胁到日本陆军省内亲轴心同盟派的利益时，阿部信行内阁退出日本政坛也就成了必然趋势。

---

① 武藤章『軍務局長武藤章回想録』芙蓉書房、1981、174 頁。

三　米内内阁自主外交的局限与"浅间丸事件"

阿部信行内阁在军部的逼迫下宣布辞职后，关于后继内阁首相的任命问题让军部颇费脑筋。在进行多方争论后，深得天皇信任的曾担任平沼骐一郎内阁时期海相的米内光政被推上了首相之位。1940 年 1 月 16 日，前海相米内光政受命组阁。外相由有田八郎担任，陆相由畑俊六担任，海相由吉田善吾担任。之所以选择由前海相米内光政担任首相，还有一个重要原因是《苏德互不侵犯条约》缔结后，日本与德国的同盟关系处于僵化的局面，为了缓解因《苏德互不侵犯条约》缔结给日本带来的国际困境，日本国内的亲英美派希望借助米内光政前海相的威望，通过打出不介入欧洲战争的自主外交口号来进一步协调对英美外交关系，并缓解在侵华战争中所陷入的困境，使英美两国减少对日本的战略遏制。所以，米内光政上台后并不是完全按照军部的意图行事，而是进一步提出了自主外交的口号，并在阿部信行内阁的基础上进一步改善日本同英美两国的关系。关于对外自主外交的理念，米内光政多次在其施政演说中进行阐述，其核心内容是日本当前不介入欧洲战争的自主外交方针。2 月 1 日，米内光政在第 75 次帝国议会例会中发表了演说，再次对日本的自主外交方针进行了阐述。米内光政指出："自从去年 9 月欧洲战争爆发以来，国际形势变化多端，各国之间关系极其复杂多变。在此形势下，帝国采取不介入欧洲战争方针，专事处理中国事变，此方针乃是今后帝国不变之原则。在帝国与各国之关系上将采取自主之原则，以应对世界形势之变化。"①

从米内光政的演说可以看出，米内光政内阁的对外政策实际上沿袭了阿部信行内阁时期对外政策的主要内容，要求通过所谓自主外交对英美进行协调来缓解日本所面临的各种国际压力。但是，九

---

① 「米内光政内閣総理大臣施政方針演説」内閣制度百年史編纂委員会編『歴代内閣総理大臣演説集』大蔵省印刷局、1985、288 頁。

一八事变后日本军部在对外决策中占据主导地位，尤其是以陆军为首的亲轴心同盟派一直主张同德国缔结军事同盟。尽管《苏德互不侵犯条约》的订立使日本国内的亲轴心同盟派暂时处于劣势，尤其是日本的民众对德国的背信弃义行为表现出了极度的反感，再加上国内外的舆论压力使日本军部中的亲轴心同盟派不得不暂时表现出了极大的克制，但这并不能使其从根本上放弃同德国结盟的愿望。只是在各种压力之下，亲轴心同盟派不得不表现出了暂时的克制而已。在日本陆军的暗中操纵下，日本的军舰帮助德国偷运军事人员，由此引发了浅间丸事件。

德国入侵波兰后，整个欧洲陷入了战争的恐怖之中。为了切断德国的海上运输线路，英法两国联合起来从海上对德国进行运输封锁，禁止德国在太平洋和大西洋之间运送军用物资和军事人员。在英法两国对德国展开海上运输全面封锁前，就有一批滞留在美国港口的德国军事人员准备返回德国。由于英法两国在太平洋和大西洋之间进行运输控制，这些人员无法按期回到德国。于是，德国外交部便同日本进行密谈，决定让德国的这些军事人员化装成普通的船员搭乘日本的客船返回德国。德国的这些船员不是普通的海上船员，大部分是军事技术人员。他们一般是掌握着高端的海军专业技术的潜水艇人员，也是德国派往世界各地执行军事任务的重要军事情报人员。这次是他们接到了德国海军密令，返回德国为侵略战争服务。1940 年 1 月 21 日，50 多名德国军事人员登上了日本的"浅间丸号"，准备通过日本的客船返回德国。但是，当德国的这批军事人员登上"浅间丸号"后，英国在第一时间获取了情报，立即对"浅间丸号"展开追踪。在离日本海岸只有 35 英里的海域，英国的太平洋舰队将日本的"浅间丸号"截获，带走了 13 名德军军官和 8 名技术人员，这就是有名的"浅间丸"事件。[①]

---

① 「浅間丸事件」（第 505—32 号）東京裁判資料刊行会編『東京裁判辯護側資料』（第四卷）国書刊行会、1995、14—15 頁。

通过"浅间丸"事件可以看出，实际上是日本帮助德国运送军事人员，这充分说明日本并未真正断绝与德国的军事往来，这与米内光政内阁对外所标榜的不介入欧洲战争及对英美协调外交路线是背道而驰的。但是，在"浅间丸"事件中日本并没有表现出应有的缓和态度，反而向英国提出了强烈抗议，宣称英国在富士山及皇宫附近拦截日本客船是严重的挑衅行为。随后，日本外相有田八郎与英国驻日大使克莱琪就"浅间丸"事件进行了谈判。最后，有田八郎与克莱琪达成了如下协议：英国释放其中 9 名德国军事人员；日本向英国保证将通知本国的航运公司，已经入伍的交战国国民不允许搭乘日本航船。① 尽管有田八郎已经向英国做出了承诺，保证今后日本不再帮助德国运送军事人员，但是日本驻外领事馆不可能严格遵守日本外务省向英国的承诺，尤其是在具体的战争利益驱使下，以及日本各驻外武官的参与下，日本外务省对英国表示的承诺有时也就成了一纸空文。关于这一点，英国驻日大使克莱琪也深有感触地指出："东京的日本政府似乎可以十分忠诚地遵守承诺，但日本驻北美和南美的领事馆的官员却不是能够完全那样。"②

外相有田八郎与英国驻日大使克莱琪的谈判及所达成的协议，进一步向国际社会表明，米内光政将继续推行自主外交和疏离德意集团的对外政策。米内光政内阁对外标榜的自主外交和疏离德意集团的外交政策使德国深感不安，尤其是以外交部长里宾特洛甫为首的亲日派更加表现出了极大的焦虑。这主要是由于德国同日本结盟的真正目的在于企图利用日本在太平洋地区强大的海军力量，来牵制英法两国在亚洲及太平洋地区的殖民地的势力，使德国可以在欧洲本土对英法两国进行有效打击。所以，尽管德国非常清楚《苏

---

① 「浅間丸事件」（第 505—32 号）東京裁判資料刊行会編『東京裁判辯護側資料』（第四卷）国書刊行会、1995、14—15 頁。

② 〔英〕阿诺德·托因比、〔英〕维罗尼卡·M. 托因比：《第二次世界大战史大全》第 3 卷《轴心国的初期胜利》，许步曾等译，上海译文出版社 1995 年版，第 292 页。

德互不侵犯条约》的订立给日德军事同盟交涉带来的严重后果，但仍然积极地为改善日德两国的关系而努力。

1940 年 1 月，为了进一步缓和日德两国的同盟关系，德国外交部长里宾特洛甫亲自与日本驻德大使来栖三郎①进行了会谈。在会谈的过程中，里宾特洛甫表示德国下一步将对英法两国的领土展开袭击。② 随后，里宾特洛甫与来栖三郎又进行了多次会谈，表示德国希望利用日本的海军力量在亚洲及太平洋地区对英法两国的殖民地势力进行牵制，并切断英法两国的外援，而作为交换条件，德国将对日本在中国和东南亚地区的统治地位予以支持，日本要对德国在欧洲的统治地位予以支持，并最大限度地阻止英法等国的海外殖民地力量对其本土进行支援。③ 6 月 21 日，来栖三郎大使致电日本外务省，把德国的意图向外相有田八郎做了详细汇报。该电文明确指出，为了在欧洲和亚洲建设新秩序，希特勒希望日德两国互相协助。④ 为了向日本显示德国的诚意，里宾特洛甫向来栖表示由于苏德两国缔结互不侵犯条约，德国可以利用同苏联的这种同盟关系，为改善日苏两国关系而从中进行斡旋。⑤

对于德国的这种示好态度，米内光政内阁并没有完全拒绝，而是借机向德国提出交换条件，日本在亚洲及太平洋地区牵制英法等

---

① 来栖三郎（1886—1954），日本外交官。1909 年东京高等商业学校领事专业毕业。先后在日本驻中国、美国、意大利和比利时领事馆任职。1939 年任日本驻德大使。1940 年代表日本与里宾特洛甫、齐亚诺共同签署了日德意三国军事同盟条约。1941 年作为和平特使赴美协助野村吉三郎与美国进行谈判。1945 年被流放，1951 年解除。1954 年病逝。

② 日本外务省档案（縮微胶卷）：WT44 号、「来栖大使発有田外务大臣電報」（1940 年 1 月 23 日）、第 57 号、1—3 页。

③ 日本外务省档案（縮微胶卷）：WT44 号、「来栖大使発有田外务大臣電報」（1940 年 6 月 5 日）、第 718 号、13 页。

④ 日本外务省档案（縮微胶卷）：WT44 号、「来栖大使発有田外务大臣電報」（1940 年 6 月 21 日）、第 761 号、15 页。

⑤ 日本外务省档案（縮微胶卷）：WT44 号、「来栖大使発有田外务大臣電報」（1940 年 7 月 4 日）、第 834 号、27—28 頁。

国殖民地势力，而德国必须在法属印度支那的领有权上对日本做出
让步，也就是要求由日本占领法属印度。① 当时，外相有田八郎在
给来栖三郎大使的训电中明确指出，日本在同德国交涉中一定要保
证日本在亚洲及太平洋地区的势力范围，并对英法等国在亚洲的殖
民地势力进行遏制，这是日本同德国结盟的根本外交原则。② 从外
相有田八郎给来栖三郎电报的内容可以看出，日本帮助德国牵制英
法等国在亚洲及太平洋地区的殖民地势力的前提条件是由日本控制
法属印度支那，并且，日本也不打算卷入欧洲战争。当时，米内光
政内阁对欧洲战事的判断是如果德国不占领英国本土，就不可能使
英国彻底屈服，英国必然同美国结成联盟来对抗德国，而此时日本
一旦卷入欧洲战争，必然要在太平洋地区对抗英美联军，这样就会
使日本被迫在欧洲和太平洋地区同时进行战争，而日本已经深陷中
日战争的泥潭中无法脱身。所以，基于以上几点原因，在经过全面
的考虑之后，米内光政内阁认为，日本当前外交政策的重心应该是
解决中日战争的泥沼化状态，并全力排除和阻断英法美苏等国的一
切援蒋行动，对欧洲战事则要采取慎重态度。③

可以说，米内光政内阁所推行的自主外交和不介入欧洲战事的
政策，实际上是既想通过与英美协调来改善两国的关系，又企图借
助德国力量在亚洲及太平洋地区对英法两国势力进行压制的二元外
交路线。但是，日本陆军省对于米内光政内阁这种游离不定的外交
政策表示了极大的不满。随着德国在欧洲的侵略势头越发强劲，日
本陆军省内的亲轴心同盟势力再次抬头，尤其是到了 1940 年 5、6
月，德国在欧洲战场的初期胜利更加给日本国内的亲轴心同盟势力

---

① 日本外務省档案（縮微胶卷）：WT44 号、「有田外務大臣発在独来栖大使宛電
報」（1940 年 6 月 23、24 日）、第 394、398 号、19—20 頁。

② 日本外務省档案（縮微胶卷）：WT44 号、「有田外務大臣発在独来栖大使宛電
報」（1940 年 6 月 23、24 日）、第 394、398 号、19—20 頁。

③ 日本外務省档案（縮微胶卷）：WT44 号、「有田外務大臣発在独来栖大使宛電
報」（1940 年 6 月 25 日）、第 788 号、21—22 頁。

以巨大的鼓舞。于是，以军部为首的强硬派便以对英美协调毫无意义为借口向米内光政内阁发难，要求米内光政内阁下台。在国内外的压力之下，米内光政内阁被迫宣布辞职。

以上就是阿部信行内阁和米内光政内阁对德同盟政策的大体情况。从上述两届内阁对德同盟政策的内容来看，阿部信行内阁和米内光政内阁虽然对外都打出自主外交和不介入欧洲战争的口号，但日本未真正放弃对德军事同盟政策。这种不介入欧洲战争和自主外交口号的提出，实质是日本为了应对《苏德互不侵犯条约》订立后，日德交涉所处暂时困境而采取的必要手段。这主要是由于日本军部中的亲轴心同盟势力并没有彻底对德国军事同盟幻想丧失信心，并随时准备寻找机会重新对德进行同盟交涉。这一主题是日本对外政策的重要目标，从广田弘毅内阁的防共协定交涉，到第一次近卫文麿内阁的防共伙伴构想，从平沼骐一郎内阁的强化防共协定交涉，到米内光政自主外交及不介入欧洲战争政策的提出，日本外交决策机构中交织着错综复杂的矛盾和斗争，在对德同盟问题上，日本外务、海军和陆军三省始终无法达成统一意见，这也是日本对德同盟政策展现出不同阶段变化特点的主要原因。

小　结

平沼骐一郎内阁时期日本展开了对德军事同盟交涉，但陆军、海军和外务三省在同盟对象和防卫义务上始终存在意见分歧，导致日德两国进行了数次交涉但都未达到预期效果。日本陆军省对德同盟政策的目标是既要利用日德军事同盟来解决中日战争的胶着化状态，又要利用德国在远东遏制苏联，还要把英法美等国的势力从远东驱逐出去，所以主张日德军事同盟的防卫对象不但包括苏联，而且也包括英法美等国，日本陆军省在日德军事同盟的防卫对象和参战义务上的目标基本同德国一致，但日本外务省和海军省的意见同陆军省存在严重分歧。日本外务省一向对外推行的是传统的外交政策，对德同盟政策的目标是利用日德同盟在处理好中国问题及远东事务的同时，尽量同英法美等国保持克制，主张日德军事同盟的防卫对象应仅限于苏联及共产国际，英法美等国不应包括在内。日本在中国战场已经陷入胶着化状态，一旦日德军事同盟的防卫对象包括英法美等国在内，还要在远东对苏联展开备战，如果再与英法美等国战争，日本将要调动兵力同时对中国、苏联和英法美三方作战。日本无论如何也不愿意陷入如此被动的境地，所以，外务省极力主张日德军事同盟的防卫对象仅限于苏联。日本海军省的主张同外务省基本保持一致，即日德缔结军事同盟防卫对象不应针对英美法等国。正是日本陆军、海军和外务三省在对德同盟政策的防卫对象和参战义务上始终无法达成统一意见，再加上 1939 年 8 月苏德缔结互不侵犯条约，最终使日德军事同盟交涉搁置。

继平沼骐一郎内阁之后的阿部信行和米内光政两届内阁，都面临着日德同盟交涉搁置的局面。为了扭转《苏德互不侵犯条约》缔结给日本带来的国际影响，阿部信行和米内光政两届内阁都打出了自主外交和不介入欧洲战争的口号，并企图通过对英美协调来缓解在对华侵略及太平洋扩张中同英美两国所产生的矛盾。阿部信行内阁任用野村吉三郎担任外相，同美国驻日大使格鲁进行了四次会谈，主要是希望重新签订日美新的通商航海条约，但最终由于在华利益上日本不肯放弃与美国角逐，使谈判没有取得预期进展，并以失败而告终。

米内光政内阁成立后，在对外政策上继续打出阿部信行内阁时期的自主外交及不介入欧洲战争的口号，企图对英美两国展开外交协调。但是，日本驻外领事馆并未真正执行外务省的外交政策，因暗地里帮助德国运送军事人员引发了"浅间丸"事件。"浅间丸"事件的发生，也进一步说明米内光政内阁所谓自主外交和不介入欧洲战争的政策，根本无法顺利推行。这也是米内光政内阁最终下台的根本原因。

　　总之，从第一次近卫文麿内阁开始日本就企图以强化防共协定为名加强对德军事同盟的交涉，其间经过平沼骐一郎、阿部信行和米内光政三届内阁，最终都没有达到预期性目的。究其原因，主要是日德两国在军事同盟的防卫对象和参战义务上存在着意见分歧。对德国来说，同日本缔结军事同盟的目的是实现德国在欧洲大陆的侵略和扩张计划。所以，德国要求同盟的防卫对象不仅包括苏联，也要包括英法美等国在内，并且要求日本武力援助的重点放在德国对英法开战时。也就是说，德国对日军事同盟所期待的目标不仅是满足在远东地区遏制苏联的需要，更是要求在德国对英法开战时日本能够在远东对英法两国的殖民地势力进行有效打击，使英法两国的海外殖民地无法对英法两国的本土进行有效支援。对日本来说，同德国缔结军事同盟的真正目的是实现独霸中国和太平洋地区扩张计划，既想借助日德军事同盟使中日战争的胶着化状态得到缓解，又想利用德国在远东地区牵制苏联，还想借助日德军事同盟力量把英法美等势力从太平洋地区驱逐出去，实现所谓"大东亚共荣"。但是，日本陆军、海军和外务三省在对德同盟问题上存在意见分歧，这是日本同德国进行多次交涉都没有达到预期目的的根本原因。正是由于日德两国在军事同盟问题上存在不同的战略需求，日德在军事同盟交涉上最终也没有达成统一意见。

　　尽管第一次近卫文麿内阁和平沼骐一郎、阿部信行、米内光政三届内阁最终没有同德国缔结军事同盟，但第一次近卫文麿内阁和平沼骐一郎内阁都与德国进行了军事交涉，虽然这种交涉被冠以所谓强化防共协定交涉，实际上日德两国已经就军事同盟的防卫对象和参战义务展开了深入探讨和研究，这种交涉过程为第二次近卫文麿内阁时期同德国缔结军事同盟奠定了一定的基础。

第五章

三国同盟的缔结与"四国同盟"构想

日本为了实现对外侵略扩张计划，从第一次近卫文麿内阁到平沼骐一郎内阁时期都同德国进行了军事同盟交涉，但这种军事同盟的交涉被冠以所谓强化防共协定交涉，这主要是为了缓解西方社会对日德两国的敌对情绪，尤其是日本极力主张把日德军事同盟限定在防共协定的范围内，不打算因为日德缔结了军事同盟而过度地激化与英法美等国的矛盾。但是，由于当时日本国内对日德同盟的防卫对象和参战义务等方面存在意见分歧，主要是日本外务、海军与陆军三省没有达成统一意见，并在阁议的过程中不断地出现甲论乙驳或乙论甲驳的局面，因此召开了数次五相会议及数十次磋商，最终也没有形成统一的意见。1939 年 8 月，以《苏德互不侵犯条约》的订立为转折点，日本与德国的军事同盟交涉处于搁置状态。正是《苏德互不侵犯条约》的缔结，平沼骐一郎在国内外各种压力下发表了无力应付离奇国际形势变化的演说并辞职。可以说，第一次近卫文麿内阁和平沼骐一郎内阁虽然都试图通过对德进行所谓强化防共协定交涉，最终与德国缔结军事同盟，但是当时日本外务省、海军省和陆军省在同盟的防卫对象和参战义务上存在意见分歧，使上述两届内阁最终未完成与德国缔结军事同盟的愿望。①

阿部信行内阁和米内光政内阁为了扭转因《苏德互不侵犯条约》的缔结而给日本带来的国际影响，对外打着自主外交和不介入欧洲战争的口号，并试图通过与英美协调来缓解日本的国内外压力。但是，这两届内阁最终都在军部的压制下被迫辞职。日本陆军省向来把对德结盟作为实现对外侵略扩张的首要目标，为了解决因不断扩大侵略而使中日战争日趋陷入胶着化的局面，寻求新的同盟伙伴是日本军部亟须解决的外交课题。日本陆军省认为只有同德国缔结军事同盟，才能够实现对外侵略扩张计划。为了实现这一目标，陆军省认为日本无须在国际上进行遮掩，应该迅速地同德国缔结军事同盟，这是改变当时日本局势的最好办法。基于以上战略目标，平沼骐一郎、阿部信行和米内光政三届内阁被迫下台后，日德结盟的大任就落到了近卫文麿身上。于是，近卫文麿临危受命第二次组阁。第二次近卫文麿内阁成立后便迅速地调整了对外政策，把实现南进战略作为日本对外政策的首要目标。为了实现独霸中国和太平洋地区的扩张计划，第二次近卫文麿内阁成立后便迅速地同德国进行了同盟交涉，并与德国和意大利缔结了军事同盟。从此，日本走上了太平洋战争之路。

第一节　第二次近卫文麿内阁对德新战略

第二次近卫文麿内阁时期的对德同盟政策，与广田弘毅内阁、第一次近卫文麿内阁、平沼骐一郎内阁、阿部信行内阁、米内光政内阁时期相比具有明显的不同之处。这一时期的对德同盟政策集中地体现在制定了新的交涉方针和纲要性文件。1940 年 7 月 22 日，

---

① 日本外務省編『日本外交文書・日独伊三国同盟関係調書集』外務省、2005、8—10 頁。

近卫文麿再次临危受命，第二次进行组阁。陆相由东条英机①担任，外相由松冈洋右②担任，海相由吉田善吾担任，藏相由河田烈担任。从第二次近卫文麿内阁的构成来看，其与平沼骐一郎、阿部信行、米内光政三届内阁具有明显的不同之处。第二次近卫文麿内阁成员是经过精心挑选而任命的，可以说日本军部对该内阁寄予了很大的希望。后来事态的发展也进一步证明，第二次近卫文麿内阁并没有让日本军部失望，不但顺利地同德国和意大利缔结了法西斯军事同盟，还全面地做好了南进战略的转换，使日本的对外侵略扩张政策由消极南进变为积极南进。正是第二次近卫文麿内阁在对外政策上做出的一系列新调整，才进一步显示出日本最终为了实现独霸中国和太平洋地区的扩张计划，不惜与英美为敌同德国和意大利缔结军事同盟的决心，也进一步表明日本打算以三国军事同盟为依托，完成在太平洋地区对美国发动战争的准备。所以，日德意三国军事同盟的缔结使法西斯势力在世界范围内形成了东西呼应之势，这是日本、德国和意大利三个法西斯国家在世界范围内向一战后的凡尔赛－华盛顿体系进行挑战的宣言书。

---

①　东条英机（1884—1948），日本陆军军官，日本军国主义和法西斯代表。1904年入日本陆军士官学校，1905 年陆军士官学校第 17 期毕业。1907 年晋升为步兵军中尉。1912 年入陆军大学，1915 年陆军大学第 27 期毕业。1924 年晋升为陆军步兵中佐。1935 年担任宪兵关东局警务处负责人，逮捕了士兵中大批参与共产国际者。1936 年晋升为陆军中将。1937 年任关东军参谋长。1940 年作为陆军大臣与德国和意大利缔结法西斯军事同盟。1941 年担任首相兼内务大臣，在日本开始东条独裁统治。同年 11 月，下令袭击珍珠港，太平洋战争爆发。1945 年 8 月，日本战败自杀未遂，后被捕入狱接受东京审判。1948 年被远东国际法庭作为甲级战犯处以绞刑。

②　松冈洋右（1880—1946），日本外交官，日德意法西斯军事同盟的倡导者和推行者。1900 年毕业于美国俄勒冈大学。1904 年进入外务省。1919 年作为随员参加巴黎和会。1927 年担任"满铁"副总裁。1932 年作为日本国联全权代表，后代表日本宣布退出国联。1935 年再次进入"满铁"并担任总裁。1940 年担任第二次近卫文麿内阁的外务大臣，并在其主导下与德国和意大利缔结了法西斯军事同盟。1941 年为了实现日德意苏"四国同盟"构想赴柏林和莫斯科进行谈判，与苏联签订了《日苏中立条约》。同年 12 月，参与并发动太平洋战争。1945 年被捕入狱，1946 年病逝。

　　第二次近卫文麿内阁之所以能够顺利完成日德意三国军事同盟的缔结，并最终走上太平洋战争之路，最主要的原因是在对德结盟问题上陆军、海军和外务三省最终意见趋同，尤其是在对德交涉的过程中三省的意见也基本保持一致。正因为如此，第二次近卫文麿内阁就对德军事同盟问题进行磋商时，陆军、海军和外务三省的意见基本没有太大的分歧，并能够始终按照军部的意图行事，再加上外相松冈洋右自己就是一名对德军事同盟政策的积极倡导者，这些因素促使对德军事同盟政策能够在阁议中顺利通过。所以，在探讨第二次近卫文麿内阁对德同盟政策的决策机制时，不能忽视松冈洋右个人在对德同盟政策中所起到的推动作用。在第二次近卫文麿内阁时期，日本陆军、海军和外务三省之所以能够在对德同盟政策上步调一致，外相松冈洋右的对外侵略扩张思想起到了积极的推动作用。可以说，松冈洋右在未担任外相前，其自身就是一位对外侵略扩张政策的积极倡导者，担任外相以后便成为日本对外侵略扩张政策的推行者。关于松冈洋右的对外侵略扩张思想，可以从其发表的言论中寻找到答案。日本外务省档案缩微胶卷显示，松冈洋右在对外侵略扩张方面曾多次公开发表言论，其中较为著名的是《直面世界大局》和《兴亚大业》两篇文章。在《兴亚大业》中，松冈洋右毫无隐讳地指出："九一八事变后日本在对华政策中已经具备了独立的外交行动规模，日本对英法美等国的依存度已经发生了大的变化，现在已经到了排除列强势力的关键时期，日本大和民族将担负起复兴亚洲的大业。"[1] 从松冈洋右的对外思想可以看出，其外交理念大体表现在以下几个方面：一是松冈洋右认为从九一八事变后在对华政策上日本已经具备了独立行动的规模，这说明日本侵略中国的最终目标是要独霸中国；二是松冈洋右认为日本对英法美等西方列强的依存度发生了变化，现在已经到了排除列强

―――――――――

　　① 　日本外务省档案（縮微胶卷）：WT7 号、松冈洋右「興亜の大業」、34—37頁。

势力的关键时期，这进一步说明在对华政策上日本要放弃与列强的协调与克制，并最终脱离凡尔赛－华盛顿体系；三是松冈洋右认为日本将担负起复兴亚洲的大业，这更加鲜明地说明日本对外侵略扩张的最终目标是要实现其东亚霸主的梦想。松冈洋右的这种侵略扩张思想，在其担任外相后得到了彻底的体现，也正是由于在松冈洋右的外交理念中充斥的是侵略扩张的思想，当以这种外交理念来指导对外政策时这必然会成为日本对德同盟政策能够迅速实现的重要因素。

一　第二次近卫文麿内阁对德新方针

第二次近卫文麿内阁尚未正式成立前，日本国内的舆论倾向已经显示出日本对德同盟政策将要发生本质的变化。在米内光政内阁下台前，近卫文麿就已经被军部作为首相的后继者而加以推重。1940 年 7 月 19 日，组阁的大命虽然尚未下达，但天皇的意向已经非常明显地表现出近卫文麿将担任首相，松冈洋右、东条英机、吉田善吾则分别担任外务、陆军和海军三省的首脑。于是，近卫文麿便将松冈洋右、东条英机、吉田善吾召至其私人官邸荻窪庄进行密谈，这就是有名的"荻窪会谈"。在这次会谈中重新确定了日本的对外侵略扩张战略，确立了日本将要与德国和意大利缔结军事同盟的思想，并通过三国军事同盟的力量实现日本的对外侵略扩张计划，在远东形成对苏联的防御体系，把英法美等势力从亚洲及太平洋地区驱逐出去，并要把英法荷等国在亚洲及太平洋地区的殖民地纳入日本的大东亚新秩序建设中，最终实现独霸中国和太平洋地区的扩张计划。其具体内容如下：①为了适应世界形势的变化，通过强化日本与德意两国的轴心同盟使大东亚新秩序能够迅速地实现；②在对苏联政策上，要通过缔结互不侵犯条约来解决日苏两国的边境、渔业及石油问题；③把英法荷等国的殖民地及太平洋地区的诸岛屿纳入日本的大东亚新秩序建设范围中；④在对美国的政策上，要尽量避免不必要的冲突，一旦美国阻碍日本大东亚新秩序的建设，并不排除诉诸武力。①

　　1940 年 7 月 22 日，日本天皇正式下达了新内阁组阁大命，第二次近卫文麿内阁正式成立。在"荻窪会谈"的基础上，第二次近卫文麿内阁迅速地召开了五相会议，并在外务、陆军和海军三省多次磋商的基础上把实现南进战略和强化对德轴心同盟作为第二次近卫文麿内阁的重要外交战略，同时又把借助三国军事同盟力量完成在太平洋地区的扩张计划，最终解决英法美等国对日本的包围战略作为今后的外交重点。② 可以说，第二次近卫文麿内阁五相会议上所确立的对外战略的重点内容主要表现在以下两个方面：一是强化对德同盟政策并缔结三国军事同盟，二是利用三国军事同盟的力量在太平洋地区与英美进行抗衡。该外交政策的确立，也进一步显示了第二次近卫文麿内阁时期的对德同盟政策与第一次近卫文麿内阁、平沼骐一郎内阁、阿部信行内阁和米内光政内阁时期的对德同盟政策具有本质的区别，第二次近卫文麿内阁时期的对德政策表现出了决策的果断性与内阁的统一性。

　　7 月 27 日，第二次近卫文麿内阁在大本营政府联络会议上通过了《适应世界形势时局处理要纲》。这个政策性文件的出台，标志着日本把南进战略和日德军事同盟作为日本当时的基本国策。《适应世界形势时局处理要纲》的内容主要由方针和要领两部分组成。方针明确指出："日本为了适应世界形势的发展变化将迅速地调整对外政策，把解决中日战争和南进战略作为日本今后外交政策的重点战略。"③ 从该方针可以看出，第二次近卫文麿内阁把同德国和意大利缔结军事同盟作为日本对外政策的首要目标，并企图借

---

　　① 「荻窪会談覚書」日本外務省編『日本外交年表竝主要文書』（下）原書房、1965、435—436 頁。

　　② 「日独伊三国同盟条約締結要録」日本外務省編『日本外交文書・日独伊三国同盟関係調書集』外務省、2005、13 頁。

　　③ 「世界情勢の推移に伴ふ時局処理要綱」日本外務省編『日本外交年表竝主要文書』（下）原書房、1965、437 頁。

助三国军事同盟的力量完成在太平洋地区的扩张计划。要领由四个部分组成，对日本的外交政策做了详细说明和规定。具体内容主要有以下几个方面：①在对华政策上，日本要进一步采取军事进攻和政治诱降相结合的方针，并采取一切措施阻止各国对蒋介石政权的援助，最终达到使国民政府彻底屈服的目的；① ②南进政策的重点目标是进一步强化对德意军事同盟关系，要借助三国军事同盟的力量压制英法美等国在远东及太平洋地区的发展势力，最终实现日本对太平洋地区的领导权；② ③为了保证南进战略的顺利推进，日本将运用武力对阻碍南进战略的一切行为进行打击；③ ④为了促进南进战略的有效实施，将动员日本国内的一切国力在生产和军事上予以保证。④

　　以上就是第二次近卫文麿内阁成立后所确立的对外施政方针，从上述的内容可以看出这个施政方针较全面地涵盖了日本对外侵略扩张的目标，这是日本在二战期间对外推行侵略扩张政策的重要纲领性文件，第二次近卫文麿内阁时期的对外政策基本是按照此纲领逐步推进的。

　　8 月 1 日，松冈洋右与奥托举行了会谈。在这次会谈中，松冈洋右就解决中日战争的胶着化问题，日本永久不变的外交方针即实现"八纮一宇"和大东亚新秩序，以及日苏关系和日美关系进一步调整等几方面向奥托阐明了日本的立场。松冈洋右还非常露骨地提出："在日本侵略扩张目标的实现问题上德国打算予以怎样的支

---

① 「世界情勢の推移に伴ふ時局処理要綱」日本外務省編『日本外交年表竝主要文書』（下）原書房、1965、437 頁。

② 「世界情勢の推移に伴ふ時局処理要綱」日本外務省編『日本外交年表竝主要文書』（下）原書房、1965、438 頁。

③ 「世界情勢の推移に伴ふ時局処理要綱」日本外務省編『日本外交年表竝主要文書』（下）原書房、1965、438 頁。

④ 「世界情勢の推移に伴ふ時局処理要綱」日本外務省編『日本外交年表竝主要文書』（下）原書房、1965、438 頁。

持，这是日本对德同盟政策实施的前提条件。"① 外相松冈洋右提
出的具体内容有以下几个方面：①德国对日本的太平洋地区的发展
计划持何种态度；②德国希望在太平洋地区得到怎样的实惠；③在
日苏战争爆发时，德国能为日本做些什么；④德国对美国采取什么
态度，日美战争爆发时德国能帮日本做什么。② 面对外相松冈洋右
非常露骨的问题，奥托马上向松冈洋右反问："日本认为南洋的边
界应该在哪里？"③ 松冈洋右立即向奥托表示："日本一向认为南洋
应该包括泰国，而且还有可能向外延伸。"④

　　从上述会谈内容可以看出，松冈洋右非常明确地向奥托提出了
日本同德国缔结军事同盟的最重要目的就是要求德国支持日本侵略
扩张计划，并把西方列国在南亚、东南亚及太平洋地区的殖民地交
由日本控制，还暗示日德两国要对上述地区的领土和资源进行瓜
分。⑤ 对于松冈洋右提出的这些问题，奥托并没有直接表明德国要
得到什么，而是非常委婉地表明在英国和荷兰等国战败后，瓜分战
败国的殖民地最终要看日本和德国在战争中所做出的贡献。⑥

　　① 「世界情勢の推移に伴ふ時局処理要綱」日本外務省編『日本外交年表竝主要
文書』（下）原書房、1965、439 頁。
　　② 「日独伊三国同盟条約締結要録」（B04013490200）、「松岡洋右とオット会談」
（1940 年 8 月 1 日）日本外務省外交史料館档案（アジア歴史資料センター）『日独伊
三国同盟条約関係一件（二）』（B‐0057）、16 頁。
　　③ 「日独伊三国同盟条約締結要録」（B04013490200）、「松岡洋右とオット会談」
（1940 年 8 月 1 日）日本外務省外交史料館档案（アジア歴史資料センター）『日独伊
三国同盟条約関係一件（二）』（B‐0057）、16 頁。
　　④ 「日独伊三国同盟条約締結要録」（B04013490200）、「松岡洋右とオット会談」
（1940 年 8 月 1 日）日本外務省外交史料館档案（アジア歴史資料センター）『日独伊
三国同盟条約関係一件（二）』（B‐0057）、16 頁。
　　⑤ 「日独伊三国同盟条約締結要録」（B04013490200）、「松岡洋右とオット会談」
（1940 年 8 月 1 日）日本外務省外交史料館档案（アジア歴史資料センター）『日独伊
三国同盟条約関係一件（二）』（B‐0057）、17 頁。
　　⑥ 「日独伊三国同盟条約締結要録」（B04013490200）、「松岡洋右とオット会談」
（1940 年 8 月 1 日）日本外務省外交史料館档案（アジア歴史資料センター）『日独伊
三国同盟条約関係一件（二）』（B‐0057）、18—19 頁。

从松冈洋右和奥托的谈话内容可以看出，日本和德国缔结军事同盟彼此都具有十分明确的目的性和战略性。日本的目的非常明确，就是要利用日德军事同盟的力量在太平洋地区与英法美等国的势力相抗衡，使日本能够顺利地攫取各国在南亚、东南亚及太平洋地区的战略资源。德国则企图利用日本对英法荷等国在亚洲及太平洋地区的殖民地势力进行有效打击，使德国在欧洲本土对这些国家发动战争时，这些殖民地势力不能有效地对其本土进行支援。也就是说，德国同日本缔结军事同盟的主要原因就是要利用日本拥有的强大海军实力，在太平洋地区对英法荷等国的殖民地势力进行牵制。如果德国向英法荷等国在亚洲及太平洋地区的殖民地发动侵略战争，必然要在欧洲和亚洲两地展开全线作战，这将耗费德国巨大的军事力量。一旦同日本缔结军事同盟，德国就可以利用日本的军事力量来实现对上述殖民地势力的牵制。通过这次会谈，日本和德国已经就缔结军事同盟问题初步达成了协定。从一定意义上来说，日本和德国双方已经在军事同盟问题上找到了彼此互相利用的利益点，而实现这种利益的最佳方式就是彼此结成军事同盟。

在荻窪会谈和奥托会谈的基础上，第二次近卫文麿内阁便在外相松冈洋右的主导下开始进行日德军事同盟交涉的全面准备。在五相会议多次磋商的基础上，8 月 6 日，第二次近卫文麿内阁制定了《军事同盟交涉方针案》和《军事同盟交涉要纲》两个政策性文件。《军事同盟交涉要纲》明确指出："建设世界新秩序是日本与德意两国的共同政治立场，三国为了在世界范围内重新获得新的生存空间，在对英美苏的政策上三国需要相互协助，在中日战争和欧洲战争中三国也需要进行相互支持和协力。"[1]

《军事同盟交涉方针案》则由《日德意强化提携政治谅解事

---

① 「軍事同盟交渉に関する要綱」日本外務省編『日本外交文書・日独伊三国同盟関係調書集』外務省、2005、26 頁。

项》《日本及德意两国在欧洲战争及中日战争中相互支持协力谅解事项》《日德意强化提携处理基础要件》《交涉方针要领》等四个文件构成。《日德意强化提携政治谅解事项》主要内容是：①日德意三国为世界新秩序的建设而共同努力；②德国对日本在亚洲及南洋生存圈的一切权益予以保障，日本对德国在欧洲及阿弗利加势力范围内的一切权利予以保障；③三国在经济上进行紧密合作；④日德意三国中任何一国与苏联及美国发生战争时，其他缔约国有对其进行政治、经济和军事援助的义务。①《日本及德意两国在欧洲战争及中日战争中相互支持协力谅解事项》主要内容是：①日德意三国在中日战争及欧洲战争中彼此相互支持和协助；②日本为德意两国在亚洲及太平洋地区资源的获得提供方便；③日本对英国在亚洲及太平洋地区的殖民地势力进行牵制，并为德意两国对英国的战争提供援助；④德国为日本提供必要的机械和技术支持，在中日战争中对日本予以援助。②

《日德意强化提携处理基础要件》主要内容是：①日本大东亚新秩序建设的生存圈范围包括中国大陆，英属马来西亚、婆罗洲，法属印度、太平洋诸岛屿、泰国，荷属东印度、缅甸、新西兰，以及以委任统治形式获得的原德属诸岛屿。③②日本将把太平洋地区诸岛屿纳入日本领土当中，并使其成为在太平洋地区对抗英美两国的战略基地。④③德意两国承认日本在法属印度与荷属东印度有优越的政治和经济地位，日本保障德意两国在上述地区的物资供应，

---

①　「軍事同盟交渉に関する要綱」日本外務省編『日本外交文書・日独伊三国同盟関係調書集』外務省、2005、30—32頁。

②　「軍事同盟交渉に関する要綱」日本外務省編『日本外交文書・日独伊三国同盟関係調書集』外務省、2005、33—34頁。

③　「軍事同盟交渉に関する要綱」日本外務省編『日本外交文書・日独伊三国同盟関係調書集』外務省、2005、35頁。

④　「軍事同盟交渉に関する要綱」日本外務省編『日本外交文書・日独伊三国同盟関係調書集』外務省、2005、36頁。

并保障两国在上述地区的既得利益。① ④日本向德意两国提供中国
农林和水产资源，以及法属印度和荷属印尼的矿产及橡胶等战略
资源，德国向日本提供航空机械及化学制品等技术支持。② ⑤日
本、德国和意大利从东西南三个方向对苏联进行牵制，在从波斯
湾到印度的海洋区域对苏联进行全面军事封锁；从亚欧两个方向
对美国进行经济和军事封锁，以保障德国在南美的经济地位及移
民的顺利进行；要排除英国在亚洲及南洋地区的政治和经济影响，
为德意两国对英国本土发动战争提供有效的援助。③《交涉方针要
领》的主要内容是：德意两国对英国开战时，日本对德意两国提
供援助；德国和意大利的提议是在欧洲战争及中日战争中三国相
互进行有效的协助与支援，与英美两国发生战争时彼此进行军事
协力和援助。④

　　以上是第二次近卫文麿内阁所确立的对德军事同盟交涉的方
针，上述内容与第一次近卫文麿内阁、平沼骐一郎内阁时期确立的
对德同盟政策的交涉方针相比具有明显的不同，具体表现在以下几
个方面。

　　首先，军事同盟的防卫对象更加直接。第一次近卫文麿内阁、
平沼骐一郎内阁都试图与德意两国缔结三国军事同盟，但这两届内
阁在与德国进行交涉的过程中都认为军事同盟的防卫对象应以苏联
为主，不主张把英法美等国作为日德意军事同盟的防卫对象，并将
三国军事同盟冠以强化防共协定之名，在交涉的过程中也称作防共
协定的延续。而在第二次近卫文麿内阁所确立的对德军事同盟的交

---

① 「軍事同盟交渉に関する要綱」日本外務省編『日本外交文書・日独伊三国同
盟関係調書集』外務省、2005、37—38 頁。

② 「軍事同盟交渉に関する要綱」日本外務省編『日本外交文書・日独伊三国同
盟関係調書集』外務省、2005、39 頁。

③ 「軍事同盟交渉に関する要綱」日本外務省編『日本外交文書・日独伊三国同
盟関係調書集』外務省、2005、40—41 頁。

④ 「軍事同盟交渉に関する要綱」日本外務省編『日本外交文書・日独伊三国同
盟関係調書集』外務省、2005、41—42 頁。

涉方针中，三国军事同盟的防卫对象不但包括苏联，而且包括英法美等国。第二次近卫文麿内阁所确立的对德交涉方针明确地显示出日本为了对外侵略扩张计划，要利用三国军事同盟的力量完成上述战略目标，这也是第二次近卫文麿内阁对外战略的首要目标。在上述历届内阁中，日本的对外侵略扩张计划始终没有改变，但从第一次近卫文麿内阁开始到米内光政内阁时期都没有同德国缔结军事同盟，这主要是由于当时日本外交决策在推行这一目标的过程中与军部意见存在分歧。换言之，如果内阁的对外政策在推行的过程中不能与军部的意见相统一，军部便会以"下克上"的方式向内阁发难使其下台。平沼骐一郎、阿部信行和米内光政三届内阁的下台就充分说明了这个问题。

其次，军事同盟的侵略扩张目标更加明确。第二次近卫文麿内阁时期同第一次近卫文麿内阁、平沼骐一郎内阁、阿部信行内阁、米内光政内阁时期相比，日本的对外军事扩张目标更加明确。第二次近卫文麿内阁在制定三国军事同盟交涉方针时已经明确提出日本的基本国策是要实现南进战略。所以，《日德意强化提携处理基础要件》指出："日本为了实现大东亚新秩序所需要的生存圈不仅包括中国大陆，也包括英法荷等西方列强在亚洲的大部分殖民地，还要把一战中从德国手中攫取的太平洋地区的诸岛屿纳入日本的领土当中。"[1] 英美两国在亚洲及太平洋地区的发展势力是日本实现上述目标的最大障碍，日本为了实现对外侵略扩张计划需要借助三国军事同盟的力量把英美两国的势力从远东驱逐出去。

再次，军事同盟的参战义务更加明朗。在军事同盟的参战义务上，第二次近卫文麿内阁时期同第一次近卫文麿内阁、平沼骐一郎内阁时期相比具有明显的变化。在同德国进行军事同盟交涉时，虽然第一次近卫文麿内阁、平沼骐一郎内阁都表示德意两国与苏联发

---

① 「軍事同盟交渉に関する要綱」日本外務省編『日本外交文書・日独伊三国同盟関係調書集』外務省、2005、35—41頁。

生战争时日本将予以援助，却极力回避德意两国与英美发生战争时日本的参战义务，并极力主张日本要避免参加欧洲战争。日本陆军省的意图是同德国缔结军事同盟，苏联和英美两国都作为军事同盟的防卫对象包括在内，但陆军省的这种主张遭到外务省和海军省的反对，这主要是由于在参战义务上日本外务省、海军省与陆军省存在意见分歧，也是上述两届内阁召开了数次五相会议都没能同德国缔结军事同盟的主要原因。

最后，军事同盟的打击对象更加清楚。在军部的压制下，平沼骐一郎、阿部信行、米内光政三届内阁相继下台后，日本国内的政治气氛愈发带有明显的军国主义色彩，也使外务省和海军省的一些亲英美派的高层首脑清楚地意识到在对外政策上与陆军省同调的重要性。因此，近卫文麿在第二次组阁前便将外务省、陆军省和海军省的候选人邀请至私人官邸进行会谈，就对德军事同盟问题初步达成了统一意见。第二次近卫文麿内阁正式成立后，便召开五相会议制定了一系列对德同盟政策方针案，这些方针案的顺利通过也进一步说明外务省和海军省在对德同盟政策上与陆军省的意见趋同。而且，第二次近卫文麿内阁在《日德意强化提携处理基础要件》中明确指出，日德意三国在中日战争和欧洲战争中有相互提携和支持的义务。这充分说明日本不再回避对英美两国开战，也明确地显示出在欧洲战争爆发时日本对英法荷等国在太平洋地区的殖民地进行打击，以确保德国在欧洲战场中的优势地位。

总之，第二次近卫文麿内阁时期的对德同盟政策的方针更进一步明确了日本为实现独霸中国和太平洋地区扩张计划与德意两国缔结法西斯军事同盟的决心，这也进一步预示着一场更大规模的世界性的侵略战争即将爆发。

二　松冈洋右与斯塔玛交涉

1940 年 8 月 23 日，德国派遣斯塔玛为全权特使赴日进行军事同盟交涉。斯塔玛出发后，里宾特洛甫与日本驻德大使来栖三郎于 8 月 28 日进行了会谈。此次会谈中里宾特洛甫的目的十分明确，就是要求在德意两国对英法开战时，日本要对德意两国进行有效军事援助，而且里宾特洛甫还要求日本尽快拿出交涉的具体方案。

9 月 7 日，德国特使斯塔玛到达日本。日本按照事先的计划，外相松冈洋右并没有主动向斯塔玛提出会谈，而是等着斯塔玛首先提出会谈要求。一日后，在德国驻日大使奥托和特使斯塔玛的要求下，松冈洋右开始同斯塔玛就日德军事同盟问题进行会谈。从 9 月 9 日到 26 日，松冈洋右和斯塔玛就日德军事同盟问题进行了 17 次会谈，并于 1940 年 9 月 27 日正式缔结了三国军事同盟。三国军事同盟的缔结，标志着日德意法西斯轴心同盟的正式形成。在松冈洋右与斯塔玛交涉的过程中，谈判的内容包括军事同盟的防卫对象、参战义务、参战形式、参战方法，以及日德两国在亚洲及欧洲的领土要求等重要细节，这些内容对于研究 1936—1941 年日本对德同盟政策和日德同盟关系的真实状态具有重要的学术价值和现实意义。所以，笔者在搜集和整理这一部分文献资料时，尽量做到全面准确，并与国内外相关研究成果结合，力图通过对这些原始资料的解读来还原当时的历史原貌。

9 月 9 日，斯塔玛到达日本后的第三天，便在德国驻日大使奥托的陪同下拜见了外相松冈洋右，并与松冈洋右进行了第一次会谈。这次会谈是在秘密的情况下进行的，是在松冈洋右的私宅千驮谷进行的。日本对这次会谈的内容全部进行保密，对舆论界一律进行消息封锁，并不准对外进行相关报道。这次会谈的中心内容主要有以下几个方面：①在缔结军事同盟的重要性方面，日德两国都一致认为缔结军事同盟是十分必要的；②在参战义务和武力援助方面，日德两国基本达成了一致意见，规定缔约国中的一国受到三国以外一国或多国攻击时，其他缔约国对其进行政治、经济和军事援助；③日德意三国将紧密合作，为实现共同的利益而努力。①

　　9 月 10 日，斯塔玛和奥托再次拜见松冈洋右，并就日德军事同盟问题进行了第二次会谈。在这次会谈中，日德两国的中心目标就是解决太平洋地区诸岛屿的归属权问题。松冈洋右向奥托和斯塔玛提出，日本为了保证大东亚新秩序的建设和解决在亚洲及太平洋地区的生存圈问题，要求把一战后从德国手中攫取的以委任形式统治的太平洋上的诸岛屿以有偿的方式转让给日本，而其他诸岛屿则无偿地让给日本。② 对于松冈洋右提出的要求，当时斯塔玛和奥托并没有直接回答，表示向柏林请示后再进行答复。随后，松冈又向奥托和斯塔玛提出，日本现在进行大东亚新秩序建设的范围包括整个中国、南亚和东南亚等广大地区。③ 对松冈洋右提出的这项要求，奥托和斯塔玛当即表示同意，但条件是日本要保证德国在上述地区的一切经济、通商、企业等活动权利，并对德国提供能源和原料，日本和德国在该地区要进行经济合作。④

　　通过上述会谈内容可以看出，日本对德国进行军事同盟交涉的一个重要目标就是攫取太平洋地区诸岛屿的领有权，而交换的条件是对德国提供该地区的资源和原料。从松冈洋右提出的这些条件可以看出，实现对太平洋地区的扩张计划是日本与德国缔结军事同盟的重要目标，南亚、东南亚和太平洋地区是英法荷等西

　　① 「日独伊三国同盟条約締結要録」（B04013490200）、「松岡洋右とスターマー会談」（1940 年 9 月 9 日）日本外務省外交史料館档案（アジア歴史資料センター）『日独伊三国同盟条約関係一件（二）』（B‐0057）、33 頁。

　　② 「日独伊三国同盟条約締結要録」（B04013490200）、「松岡洋右とスターマー会談」（1940 年 9 月 9 日）日本外務省外交史料館档案（アジア歴史資料センター）『日独伊三国同盟条約関係一件（二）』（B‐0057）、34 頁。

　　③ 「日独伊三国同盟条約締結要録」（B04013490200）、「松岡洋右とスターマー会談」（1940 年 9 月 9 日）日本外務省外交史料館档案（アジア歴史資料センター）『日独伊三国同盟条約関係一件（二）』（B‐0057）、35 頁。

　　④ 「日独伊三国同盟条約締結要録」（B04013490200）、「松岡洋右とスターマー会談」（1940 年 9 月 10 日）日本外務省外交史料館档案（アジア歴史資料センター）『日独伊三国同盟条約関係一件（二）』（B‐0057）、35—36 頁。

方列强的殖民地，日本企图借助三国军事同盟的力量攫取该地区的领有权，日本承诺对德意两国在上述地区的一切经济活动及资源供应予以保障。可见，通过这次会谈，实际上日本与德国达成了对该地区进行以瓜分和掠夺资源为目的的联合经济侵略行动的协议。

9月11日，奥托和斯塔玛同松冈洋右进行了第三次会谈。这次会谈的主要内容是把德国和日本所提出的军事同盟案进行对比后，将日本同盟案第三款中的"各缔约国为实现共同目的将扫除一切障碍"，改为"缔约国中的一国受到目前未介入欧洲及中日战争的一国或多国攻击时，其他缔约国将采取一切政治、经济和军事手段予以援助"。[①] 松冈洋右与奥托、斯塔玛的这次会谈，彻底解决了从第一次近卫文麿内阁到平沼骐一郎内阁时期，日德两国经过数次交涉都无法达成统一意见的重要问题，这也充分说明日本为了实现对太平洋地区的扩张计划与德国联手发动世界侵略战争的决心。随后，松冈洋右与奥托、斯塔玛就以下几个问题达成了统一意见：①德国要求同日本迅速缔结军事同盟，并要求在整个世界性战争中双方互相协助。当时，斯塔玛指出："将来德意两国未必会与美国发生战争，但日本和美国的冲突或战争是不可避免的，这就要求日本必须同德意两国缔结一种使美国和其他国家不可置疑的军事同盟，才能使日本可能应对潜在的和现实的威胁。"[②] ②德国和意大利在大西洋地区对美国进行牵制，并尽最大努力向日本提供所需要的武器，主要是飞机、坦克及其他军事设备，根据日本的需要必

---

① 「日独伊三国同盟条約締結要録」（B04013490200）、「松岡洋右とスターマー会談」（1940 年 9 月 10 日）日本外務省外交史料館档案（アジア歴史資料センター）『日独伊三国同盟条約関係一件（二）』（B‐0057）、37 頁。

② 「日独伊三国同盟条約締結要録」（B04013490200）、「松岡洋右とスターマー会談」（1940 年 9 月 10 日）日本外務省外交史料館档案（アジア歴史資料センター）『日独伊三国同盟条約関係一件（二）』（B‐0057）、38—40 頁。

要时连同军事人员也进行支援。① ③日德意三国为了实现目标，决心打一场全球性的反盎格鲁－撒克逊战争，实际是三国联合对英美进行的战争。②

从松冈洋右与奥托、斯塔玛第三次会谈内容可以看出，第二次近卫文麿内阁同德国进行军事同盟交涉的最初阶段，就已经做好了在太平洋地区同英美开战的准备，而且德意两国将对日本进行军事援助。从日德两国交涉的原始档案来看，日本发动太平洋战争是预谋已久的扩张计划，尽管松冈洋右在远东军事法庭审判的供述书中称日本同德国和意大利缔结三国军事同盟的最终目的是阻止美国参战，并不是要发动世界性战争，并将对太平洋地区的扩张诡辩成实现所谓大东亚共荣，但是任何的辩解在历史事实面前都显得苍白无力。松冈洋右与奥托、斯塔玛会谈中所提出的发动世界性的侵略战争，虽然是代表着日本国家意志的行为，但并不能因此而抹杀松冈洋右个人在日本对外侵略扩张政策中所发挥的作用。独霸中国和太平洋地区扩张计划是日本大陆政策的终极目标，日本自明治维新时便为了实现这一目标谋划了若干年。

9 月 14 日，奥托和斯塔玛与松冈洋右进行了第四次会谈。这次会谈的主要内容是里宾特洛甫给奥托和斯塔玛发来了德国起草的同盟协定的第二案，这个同盟案主要是在斯塔玛与松冈洋右会谈的基础上对德国起草的同盟协定的原案内容进行了修改，修改的主要内容是在正文第三项中加上"公开或秘密"字样，在第五项中加

---

① 「日独伊三国同盟条約締結要録」（B04013490200）、「松岡洋右とスターマー会談」（1940 年 9 月 10 日）日本外務省外交史料館档案（アジア歴史资料センター）『日独伊三国同盟条約関係一件 （二）』（B－0057）、40—41 頁。

② 「日独伊三国同盟条約締結要録」（B04013490200）、「松岡洋右とスターマー会談」（1940 年 9 月 11 日）日本外務省外交史料館档案（アジア歴史资料センター）『日独伊三国同盟条約関係一件 （二）』（B－0057）、41—42 頁。

上"本协定缔结之时，不影响各缔约国与苏联现存的政治状态"。[①]
德国把修改这一项内容解释为主要是考虑日本的切身利益，如
"英国和美国缔结的军事协定，占据太平洋上的军事要塞，同时允
许军舰自由出入新加坡"等内容就涵盖在第三项中，松冈洋右当
即表示"如果美国向欧洲战场靠近，占领英国的军事要塞，这种
情况是否也包含在上述情况当中"，斯塔玛和奥托都表示也包含在
第三项当中。[②] 松冈洋右又进一步指出："事实上，根据协定的规
定只要是缔约国受到了攻击，其他缔约国就有义务进行援助，所以
秘密或公开没有太大必要，要求对德国起草的第二案第三项不作修
改。"[③] 斯塔玛和奥托都表示，向柏林请示后再做出答复。从松冈
洋右与奥托、斯塔玛的第四次会谈的内容可以看出，这次会谈的主
要目的就是在太平洋上做好对英美两国的军事防御，并随时准备对
两国在太平洋地区的军事要塞发动战争。

　　松冈洋右与奥托、斯塔玛经过了四次谈判后，基本上就日德军
事同盟的利益需求、侵略目标、占领地区、参战义务、防御对象、
援助义务、同盟对象等达成了统一意见。随后，从 9 月 9 日到 18
日，松冈洋右与奥托、斯塔玛又进行了数次会谈，就欧洲战场和太
平洋战场日德意三国的联合军事作战问题进行了谈判，并达成了在
未来的侵略战争中三国互相援助的统一意见。由此，日本和德国基
本上就三国同盟的防卫对象、援助义务等达成一致意见。

　　9 月 19 日，第二次近卫文麿内阁召开御前会议，对日德意

---

　　① 「日独伊三国同盟条約締結要録」（B04013490200）、「松岡洋右とスターマー
会談」（1940 年 9 月 14 日）日本外務省外交史料館档案（アジア歴史資料センター）
『日独伊三国同盟条約関係一件（二）』（B−0057），43 頁。
　　② 「日独伊三国同盟条約締結要録」（B04013490200）、「松岡洋右とスターマー
会談」（1940 年 9 月 14 日）日本外務省外交史料館档案（アジア歴史資料センター）
『日独伊三国同盟条約関係一件（二）』（B−0057），44 頁。
　　③ 「日独伊三国同盟条約締結要録」（B04013490200）、「松岡洋右とスターマー
会談」（1940 年 9 月 14 日）日本外務省外交史料館档案（アジア歴史資料センター）
『日独伊三国同盟条約関係一件（二）』（B−0057），44—46 頁。

军事同盟缔结问题进行审议，外相松冈洋右就日德军事同盟的
交涉过程进行了质询答辩。松冈洋右在说明中着重强调，日本
同德国缔结军事同盟的最终目的是进行大东亚新秩序建设，日
本大东亚新秩序建设的范围包括陆地殖民地和海洋殖民地两部
分，陆地殖民地包括整个中国，法属印度、泰国、缅甸等国家
和地区；海洋殖民地的范围则包括澳大利亚、新西兰等大洋洲
上的各岛屿，新几内亚、新喀里多尼亚等岛屿和地区，也包括
一战中从德国手中获取的太平洋地区的诸岛屿和地区，德国对
日本的上述地区的领土要求并没有表示反对，但作为交换的条
件是德国在承认日本对上述地区的领有权的同时，日本要保证
德国在上述地区的所有的经济活动和战略资源的供应，并保障
德国在上述地区的通商、企业、原料供应等需求。① 松冈洋右又
进一步指出，在日德两国进行武力援助方面，条约中规定的"缔
约国受到一国或数国进攻时"中的一国就是指美国，对于苏联将
会由德国出面进行斡旋，将其拉入日德意同盟集团中，使苏联能
够在对抗美国上发挥有效作用。②

　　以上是外相松冈洋右在 9 月 19 日御前会议上就与德国缔结军
事同盟的主要目的及目标所进行的质询答辩。对于松冈洋右的说
明，陆军省、海军省和外务省的与会要员并没有进行深入的争论，
这次御前会议基本上确定了三国军事同盟的交涉内容。于是，从 9
月 20 日到 26 日，松冈洋右同斯塔玛就军事同盟签订的细节问题又
进行了秘密会谈。9 月 27 日，日德意三国军事同盟正式缔结，也
标志着日德意三国正式结成了法西斯军事同盟。

---

① 「1940 年 9 月 19 日御前会議」日本外務省編『日本外交文書・日独伊三国同
盟関係調書集』外務省、2005、99—104 頁。
② 「1940 年 9 月 19 日御前会議」日本外務省編『日本外交文書・日独伊三国同
盟関係調書集』外務省、2005、109 頁。

三 日德意缔结军事同盟

第二次近卫文麿内阁同德国仅进行了三周左右的交涉，就与德意缔结了三国军事同盟，也标志着日本为了实现独霸中国和太平洋地区扩张计划最终彻底放弃了对英美协调的外交路线，选择了与英美在太平洋地区进行决战的外交战略。日本在同德国缔结军事同盟前，在枢密院会议上确立了对苏联及美国实施的战略重点目标。这一点可以从 1940 年 9 月 26 日上午日本枢密院审查会议的绝密记录中得到全面解读。出席这次枢密院审查会议的大部分成员是日本陆军省、海军省和外务省的要员，除了枢密院两位议长，政府方面主要是首相近卫文麿、外相松冈洋右、陆相东条英机、海相及川古志郎、藏相河田烈，还有一些军务局的要员也参加了会议。这次会议的中心内容是审查与德意缔结三国军事同盟问题，并就日美关系和日苏关系进行了充分的论证和研究。具体内容主要有以下几个方面。

第一，陆军、海军和外务三省意见趋同，决定对美国开战。这次枢密院会议上，对美国开战的问题是讨论的第一个重点问题。外务、陆军和海军三省首脑重新说明了日本与德意两国缔结军事同盟的根本目的是实现南进战略，一旦美国对日本的南进战略进行阻止，不排除与美国开战，并提出要做好与美国开战的详细部署及周密计划。关于日美开战的问题第二次近卫文麿内阁步调基本一致，陆军省、海军省和外务省对日美开战的部署和安排并未进行争论，只有枢密院议长对日美开战的安排上稍有一些顾虑。为了打消枢密院的顾虑，外相松冈洋右明确指出日美开战是不可避免的。[①] 陆相东条英机代表陆军省表示支持对美国开战，并提出日本与美国开战

---

① 「日独伊三国同盟条約ニ關スル枢密院審査委員會議事概要」（B04013489500）、「松本条約局長手記」（1940 年 9 月 26 日）日本外務省外交史料館档案（アジア歴史資料センター）『日独伊三国同盟条約関係一件（一）』（B - 0059）、101—102 頁。

时陆军省只能派出一部分军队去参加，其他方面没有什么可忧虑的。① 海相及川古志郎则更加坚定地表示，日本舰队已经做好了同美国战斗的准备，并且石油等军用战略物资已经储备了足够的数量，在很长的一段时间内是不会出现问题的，但如果日本同美国进行持续战争的话，在战略物资和军需品的供应上可能会遇到困难，日本可以做好充分准备，采取一切措施来扩大人造石油生产。② 枢密院对外相松冈洋右、陆相东条英机、海相及川古志郎的回答仍存在很多疑虑。枢密院存在疑虑的原因主要是一旦日美开战就不可能在短时间内结束战争，但从日本当前战略资源的储备情况来看是无法满足长期战争需要的，尤其是同时对中国和美国发动战争，必将给日本的财政带来巨大的负担。③ 对此，海相及川古志郎则更有信心地向枢密院议长作了补充说明，日本可以从荷属东印度和北库页岛地区运进大量石油或研制人造石油来满足日本的战略需求。④

　　第二，明确了苏德战争爆发时，日本将站在德国的立场并予以援助。关于苏德战争爆发时日本将采取何种态度，是这次枢密院会议讨论的第二个重点问题。当时，枢密院方面指出从德国在欧洲战

---

　　① 「日独伊三国同盟条約二關スル枢密院審査委員會議事概要（極密）」（B04013489500）、「松本条約局長手記」（1940 年 9 月 26 日）日本外務省外交史料館档案（アジア歴史資料センター）『日独伊三国同盟条約関係一件（一）』（B‐0059）、102 頁。

　　② 「日独伊三国同盟条約二關スル枢密院審査委員會議事概要（極密）」（B04013489500）、「松本条約局長手記」（1940 年 9 月 26 日）日本外務省外交史料館档案（アジア歴史資料センター）『日独伊三国同盟条約関係一件（一）』（B‐0059）、102—103 頁。

　　③ 「日独伊三国同盟条約二關スル枢密院審査委員會議事概要（極密）」（B04013489500）、「松本条約局長手記」（1940 年 9 月 26 日）日本外務省外交史料館档案（アジア歴史資料センター）『日独伊三国同盟条約関係一件（一）』（B‐0059）、103—104 頁。

　　④ 「日独伊三国同盟条約二關スル枢密院審査委員會議事概要（極密）」（B04013489500）、「松本条約局長手記」（1940 年 9 月 26 日）日本外務省外交史料館档案（アジア歴史資料センター）『日独伊三国同盟条約関係一件（一）』（B‐0059）、106—107 頁。

场中的战略推进情况来看，在将来必然要进攻苏联，日本应采取怎样的态度，是否要在苏德战争中对德国进行援助。[1] 对此，松冈洋右指出德国和苏联虽然缔结了互不侵犯条约，但苏德之间的战争是不可避免的，日本同德意缔结军事同盟后，在苏德战争爆发时日本将援助德国，在日本同苏联发生战争时德国也将援助日本。[2] 松冈洋右还指出，从目前形势来看，日本同苏联的友好关系也不一定能维持三年以上，到时候日本有可能重新考虑同苏德之间的关系。[3] 松冈洋右之所以能够得出这样的结论，主要是因为在 9 月 26 日清晨，来栖三郎从柏林发来电报称德国从莫斯科召回了驻苏大使舒伦堡，柏林已经对苏联进行了新的战略调整，并不断地把军队向苏联东部地区结集。从上述内容可以看出，松冈洋右在与德国谈判的过程中就已经察觉到德国将撕毁《苏德互不侵犯条约》对苏联开战，所以在枢密院审查会议上便直接阐明即便同苏联建立了友好关系也不会持续太久。其实，德国决定同日本缔结军事同盟时便已经下决心要进攻苏联，并把日德意三国军事同盟看作对抗苏联的重要工具。在意大利外交部长齐亚诺的日记中对这个问题有深刻的表述，来栖三郎、里宾特洛甫和齐亚诺举行三国军事同盟签字仪式时，里宾特洛甫对齐亚诺指出："这根木棒有两头——

---

[1]　「日独伊三国同盟条約ニ關スル枢密院審査委員會議事概要（極密）」（B04013489500）、「松本条約局長手記」（1940 年 9 月 26 日）日本外務省外交史料館档案（アジア歴史資料センター）『日独伊三国同盟条約関係一件（一）』（B - 0059）、110—112 頁。

[2]　「日独伊三国同盟条約ニ關スル枢密院審査委員會議事概要（極密）」（B04013489500）、「松本条約局長手記」（1940 年 9 月 26 日）日本外務省外交史料館档案（アジア歴史資料センター）『日独伊三国同盟条約関係一件（一）』（B - 0059）、112 頁。

[3]　「日独伊三国同盟条約ニ關スル枢密院審査委員會議事概要（極密）」（B04013489500）、「松本条約局長手記」（1940 年 9 月 26 日）日本外務省外交史料館档案（アジア歴史資料センター）『日独伊三国同盟条約関係一件（一）』（B - 0059）、112 頁。

一头对向美国，一头对向苏联。"① 从里宾特洛甫与齐亚诺的谈话中可以清楚地判断，德国在潜意识里把三国军事同盟看成对付美国和苏联的有力工具。

第三，这次枢密院审查会议的最终结果是包括天皇在内的王公大臣，以及第二次近卫文麿内阁的五相首脑及其他要员在对德军事同盟问题上意见趋同。② 这主要是由于日本把对德结盟看成最终实现独霸中国和太平洋地区扩张计划的重要手段。

9 月 27 日，日本驻德大使来栖三郎、德国外交部长里宾特洛甫、意大利外交部长齐亚诺在柏林举行了日德意三国军事同盟签字仪式，三国军事同盟的具体内容如下：

> 大日本帝国政府、德意志政府及意大利政府认为，使世界各国各得其所，此乃世界持久和平之先决条件。因此，把在大东亚及欧洲建设并维持真正使各地区、各民族共存共荣的新秩序作为根本要义。根据上述宗旨，三国政府决定在上述地域相互提携，努力合作，并坚决对世界各地区拟作同样努力之各国予以援助，以期实现三国对世界和平的最终抱负。③

大日本帝国政府、德意志政府及意大利政府协议如下：

> 第一条　日本国承认并尊重德意志国和意大利国在欧洲建设新秩序的领导地位。

---

① 〔苏〕斯米尔诺夫、扎伊采夫：《东京审判》，李执中等译，军事译文出版社 1987 年版，第 184 页。

② 「日独伊三国同盟条約ニ關スル枢密院審査委員會議事概要（極密）」（B04013489500）、「松本条約局長手記」（1940 年 9 月 26 日）日本外務省外交史料館档案（アジア歴史資料センター）『日独伊三国同盟条約関係一件（一）』（B－0059）、121—122 頁。

③ 「1940 年 9 月 19 日御前会議」日本外務省編『日本外交文書・日独伊三国同盟関係調書集』外務省、2005、318—322 頁。

第二条　德意志国和意大利国承认并尊重日本在大东亚建设新秩序的领导地位。

第三条　日本国、德意志国、意大利国约定，对上述方针所作的努力，相互协助。并进一步约定，三国中任何一国遭到现在尚未参加欧洲战争及中日战争的一国或数国攻击时，其他两国要运用一切政治、经济和军事手段予以相互援助。

第四条　为保证本条约的实施，日本国政府、德意志国政府和意大利政府应立即各自任命委员组成联合专门委员会。

第五条　日本国、德意志国及意大利国确认，上述各条款对三缔约国各自同苏联之间现存的政治状态无任何影响。

第六条　本条约自签定之日起实施。从实施之日起有效期为 10 年。缔约国应在上述有效期满前的适当时期，根据缔约国中的任何一国要求，就本条约的更新进行协商。

作为证据由正式接受本国政府委任书的负责人在本条约上签字。

日本代表　来栖三郎

德国代表　里宾特洛甫

意大利代表　齐亚诺

昭和 15 年 9 月 27 日，即 1940 年（法西斯历）9 月 27 日于柏林，本书一式三份（G1000 号）。①

以上是三国军事同盟协议的主要内容。三国同盟缔结后，便在东京、柏林和罗马三地同时公开发表。条约公开的内容与松冈洋右同斯塔玛交涉过程中所提出的内容相比，虽然许多口头的承诺及一些秘密事项被省略，但丝毫不能抹杀三国军事同盟的侵略扩张性质。日德意三国军事同盟的缔结，在向全世界宣告法西斯军事同盟

---

①　「1940 年 9 月 19 日御前会議」日本外務省編『日本外交文書・日独伊三国同盟関係調書集』外務省、2005、322 頁。

诞生的同时，也标志着战争策源地在亚欧两大洲的正式形成。由此，日本、德国和意大利开始在世界范围内发动侵略战争。

综上所述，日本为了实现对外侵略扩张计划，从广田弘毅内阁的对德防共协定交涉到第二次近卫文麿内阁缔结三国军事同盟，其中心目的都是实现日本的对外侵略扩张目标。并且，从广田弘毅内阁到第二次近卫文麿内阁时期日本对德同盟政策呈现出不同的战略目标和阶段性变化特点。广田弘毅内阁时期，在外相有田八郎对德"薄墨外交"的主导下，日本对德同盟政策便限定在防共协定的范围之内，对外宣称日德防共协定针对的是共产国际的破坏行动及一切共产主义行为，实际上日德防共协定针对的是苏联。随着侵华战争的不断扩大，日本企图利用日德同盟关系进一步扩大对外侵略目标，于是第一次近卫文麿内阁便以强化防共协定为名要求把对德同盟政策从防共协定的形式向公开的军事同盟转变，但仍然把日德同盟关系限定在延续防共协定的层面上，这主要是由于以有田八郎为主导的外务省仍然主张对德实行"薄墨外交"，仍然把日德同盟的防卫对象限定在苏联及共产主义的范畴内，不主张把英法美等国列入日德同盟对象当中。但是，有田八郎的这种对德"薄墨外交"政策在实施过程中遭到了军部中亲德派的反对，第一次近卫文麿内阁也因此下台。到了平沼骐一郎内阁时期，日本的对德同盟政策虽然仍打着强化防共协定的口号，但日德同盟的防卫对象已经明确表明不但要包括苏联，也包括英法美等国在内，并与德国就军事同盟问题进行了数次交涉，但最终因德国与苏联缔结了互不侵犯条约导致日德同盟交涉失败。继平沼骐一郎内阁之后的阿部信行内阁和米内光政内阁，都试图通过所谓自主外交和不介入欧洲政策来展开与英美的交涉，使日本重新回归到对英美协调的外交轨道上。但是，阿部信行内阁和米内光政内阁的对德政策实际上完全背离了日本军部的真正意图，这两届内阁也没有逃脱下台的命运。

近卫文麿第二次组阁后，日本对德同盟政策发生了深刻变化。为了应对错综复杂的国际环境和解决中日战争胶着化状态，第二次近卫文麿内阁进行了对外战略调整，把积极南进政策作为战略的重点。为了进一步攫取英法荷等国在亚洲及太平洋地区的战略资源，并在亚洲及太平洋地区形成对英美两国的对抗阵营，第二次近卫文麿内阁在外相松冈洋右的主导下同德国仅进行了三周左右的交涉，便迅速地缔结了三国军事同盟，从此向太平洋战争之路大步前进。

第二节　日德意苏"四国同盟"构想及演进

日本为了实现独霸中国和太平洋地区扩张计划，于 1940 年 9 月同德意缔结了三国军事同盟。可以说，日本把同德国缔结军事同盟看成实现大东亚共荣的必要手段，同时日本也看到了在整个亚洲及太平洋地区所推行的侵略扩张政策必然会受到英法美荷等国的遏制，与苏联也因边境和渔业等问题不断发生冲突，再加上苏联对中国的抗战不断进行援助，这使日本越来越感到必须利用日德军事同盟关系来缓解国际压力。日本在同德国进行缔结军事同盟的交涉过程中，还希望与德国缔结军事同盟时日苏关系也能得到改善。关于日德意苏"四国同盟"问题，松冈洋右在枢密院质询答辩中也多次提到日本同德国缔结军事同盟后，由德国出面进行斡旋把苏联拉入三国军事同盟中，使其成为"四国同盟"，并企图利用"四国同盟"的力量压制美国，最终完成所谓大东亚新秩序建设。松冈洋右对日德意苏"四国同盟"的构想，得到了第二次近卫文麿内阁所有阁僚的支持，首相近卫文麿、海军次官丰田贞次郎、参谋次长泽田茂都对日德意苏"四国同盟"寄予了很大的希望。[①] 而且，在三国军事同盟的交涉过程中，松冈洋右也向奥托、斯塔玛多次提出

---

① 義井博「日独伊ソ四国協商構想の起源」『西洋史学』第 90 巻、1973 年第 8 月号、42—43 頁。

希望三国军事同盟订立后日苏两国的关系也能够得到改善。因此，日德意三国军事同盟协定的秘密附属文件中，这个问题也有明确的说明："关于日本与苏联之关系，德国将尽最大努力增进其友好与谅解，在任何时候都愿为此目的的达成而进行斡旋。"①

一　日德意苏"四国同盟"构想的起源

日德意苏"四国同盟"是日本外交决策层实现独霸中国和太平洋地区扩张计划的一个战略构想，这一战略思想的提出有其深刻的历史背景。日德意苏"四国同盟"构想与日德意三国军事同盟的缔结有着非常密切的联系，日德意三国军事同盟的形成为日德意苏"四国同盟"构想的提出创造了条件，日德意苏"四国同盟"构想是日德意三国军事同盟进一步扩张的一个目标。日德意苏"四国同盟"构想在日本的对德同盟政策及远东战略中具有重要的意义，这一扩张理论的提出与日本的对外侵略欲望有着深刻的必然联系。首先，"满铁"第一任总裁后藤新平的"新旧大陆对峙论"和伊藤博文的"亲俄主义"是日德意苏"四国同盟"构想提出的理论根源。后藤新平在总裁任命尚未下达前，便提出了日本对"满洲"的经营应该采取"文装武备"的殖民思想，即以文事之设施以备武力之所需，主张对俄国进行武力防范但不要发动战争，这也是在经历了日俄战争的残酷拼杀后日本政界要人在对外战略中所达成的共识。在担任"满铁"总裁期间，后藤新平曾发表《对华政策中日俄、日法提携之价值》一文，极力鼓吹日本应该通过与俄国、法国相互提携，来实现独霸中国的目标。② 后藤新平的日俄提携思想在当时得到伊藤博文的大力支持，并通过这种亲俄外交手段分别于 1907 年、1910 年、1912 年、1916 年与俄国订立了四次日

---

①　「在京独逸大使より外務大臣宛来翰第一」日本外務省編『日本外交年表竝主要文書』（下）原書房、1965、460 頁。

②　信夫清三郎『近代日本外交史』中央公論社、1942、191—193 頁。

俄协约①。正是由于这四次日俄协约的订立，俄国不但保全了在中国东北北部的既得利益，还将侵略势力扩展到整个蒙古地区，日本则获得了中国东北南部及内蒙古部分地区的特殊权益，为发动九一八事变提供了重要保障。四次日俄协约实际上是日俄两国对中国东北进行联合侵略的协定，在此协约的保护下日俄两国对中国东北及外蒙的侵略扩张进一步加深。可以说，后藤新平的"新旧大陆对峙论"就是希望通过协定的方式使日本与俄国在中国东北及外蒙的侵略范围加以固定，使日俄两国能够在各自的势力范围内互不侵扰，最终日本在中国东北的各项侵略权益得到维护，这就是后藤新平"新旧大陆对峙论"的核心内容。后藤新平的"新旧大陆对峙论"和伊藤博文的"亲俄主义"理念对松冈洋右的外交思想产生了重要影响。第二次近卫文麿内阁把南进战略作为对外侵略扩张重点，同德国和意大利缔结三国军事同盟并实现日德意苏"四国同盟"构想，也成为松冈外交最核心的内容。后藤新平的"新旧大陆对峙论"和伊藤博文的"亲俄主义"理念，被松冈洋右演绎为四国集团论，并把日德意苏"四国同盟"构想看成最终实现"大东亚共荣圈"的必要手段和根本途径。

---

① 第一次日俄协约的内容主要是将中国东北三省划分为"南满"和"北满"两部分，分属日本和俄国势力范围；两国协议不在对方势力范围内谋取特权；亦不阻挠对方在各自的势力范围内寻求特权。第二次日俄协约的内容主要是两国进一步确认第一次密约所划定的势力范围和两国在各自的势力范围内的特殊利益，并互相担保不以任何方式阻碍对方在其势力范围内巩固及发展特殊利益；如两国特殊利益受到威胁，缔约双方将采取联合行动或提出援助，以捍卫上述利益。第三次日俄协约的内容主要是进一步划定日俄在中国内蒙古和东三省西部的势力范围，从洮儿河与东经122度交点起，界线沿交流河和归流河至归流河与哈尔达台河分水岭，再沿黑龙江省与内蒙古边界至内、外蒙古边界末端，线南北分属日、俄势力范围；以北京经度116度27分划内蒙古为东西两部分，东部属日本势力范围，西部属俄国势力范围。第四次日俄协约的内容主要是两国为使中国不落入日俄之外第三国政治势力之下，必要时开诚协商，制定办法，以阻止这种情况发生；缔约国一方如与上指第三国宣战时，另一方一经请求，即予以援助，两缔约国在未彼此同意之前，不得单独媾和；实行军事合作的条件及方法，由两国主管当局确定。

　　对日德意苏"四国同盟"构想的实施具有重大推动作用的代
表人物是日本驻意大使白鸟敏夫，他是日本典型的轴心同盟论的代
表人物。白鸟敏夫与大岛浩作为日本军部派往罗马和柏林的驻外武
官，在日德意三国军事同盟缔结的过程中发挥了重要作用。在担任
驻意大使期间，白鸟敏夫就极力地主张日本要尽快同德国和意大利
缔结三国军事同盟，其理由是现在德国和意大利与日本缔结三国军
事同盟的真正意图并不是进攻苏联而是要进攻英法等国，日本要利
用德国和意大利的力量把苏联拉入三国军事同盟当中，组成"四
国同盟"。白鸟敏夫将他的亲俄外交思想多次向日本政府说明，但
由于日本国内在对德同盟政策上存在意见分歧，日德两国多次进行
交涉也没有达到预期目的。1939 年 7 月，白鸟敏夫在从罗马发给
外相有田八郎的电报中就指出德国将与苏联缔结互不侵犯条约，希
望日本政府采取应对措施。白鸟敏夫在电报中虽然并没有直接提出
日德意苏"四国同盟"构想，但他明确指出："如果现在缔结三国
军事同盟，德国和意大利打算同苏联保持善意的中立政策就能够实
现。"[1] 白鸟敏夫还在电报中进一步说明，日德意苏"四国同盟"
具有一定的可能性。白鸟敏夫从罗马回国后，也不断地就日本对德
同盟政策发表演说，向国人灌输同德意缔结军事同盟是实现日本对
外扩张目标的必要手段。白鸟敏夫的轴心同盟论对松冈洋右的四国
集团论起到了积极的推动作用，这也是松冈洋右担任外相后由白鸟
敏夫担任外交顾问的主要原因。

　　第二次近卫文麿内阁上台后，便在外相松冈洋右的主导下迅速
同德国进行军事同盟交涉。1940 年 9 月 10 日，在与奥托、斯塔玛
的第二次会谈中，松冈洋右就明确提出了日本在亚洲及太平洋地区
实施的大东亚新秩序建设范围不但包括整个中国，还包括英法荷等
国在亚洲的殖民地，又想把在一战中从德国手中攫取的太平洋地区

---

　　① 「白鳥大使発有田外務大臣宛への電報」（1939 年 7 月 13 日）島田俊彦・稲
葉正夫編『現代史資料 10・日中戦争 3』みすず書房、1962、330—331 頁。

各岛屿纳入日本领土当中，要求德国对日本上述地区的拥有权予以承认，而交换的条件则是日本保证德国在上述地区的一切经济活动和战略资源的供应，并通过武力对英法荷等国在亚洲及太平洋地区的殖民地势力进行打击。这次会谈，进一步显示出日本已经把对外扩张的重点放到了南进战略上，但如何处理与苏联的外交关系也成为第二次近卫文麿内阁的一个外交难题。

为了使三国军事同盟缔结后日苏关系能够得到缓和，1940 年 9 月 4 日，第二次近卫文麿内阁召开了由首相近卫文麿、外相松冈洋右、陆相东条英机和海相及川古志郎参加的四相会议，中心议题是讨论三国军事同盟缔结与日苏关系的缓解问题。会议通过了如下决策：①日本、德国和意大利要同苏联保持和睦关系，使苏联的对外政策同各缔约国的政策相吻合；②日本、德国和意大利承认苏联对印度的领有权，使苏联的扩张方向向波斯湾地区发展，避免同日德意三国的利益直接发生冲突；③世界将被划分为亚洲、西伯利亚、欧洲和美洲四大部分，日本、苏联、德国和美国在上述地区中分别处于领导地位。① 从上述内容可以看出，日本实际上是要求在三国军事同盟缔结的同时，使日苏关系也能够得到改善。从这里可以清楚一个事实，那就是第二次近卫文麿内阁时期对德同盟政策的战略目的与广田弘毅内阁、第一次近卫文麿内阁、平沼骐一郎内阁时期具有明显的不同，这三届内阁对德同盟政策的中心目标是期望借助日德同盟的力量压制苏联，而且日德同盟的防卫对象主要是苏联，而第二次近卫文麿内阁时期的对德同盟政策的核心目标则是企图借助三国军事同盟的力量压制英美两国，并使日苏关系能够得到改善。基于此战略目的，第二次近卫文麿内阁便在外相松冈洋右的主导下，提出了日德意苏"四国同盟"构想，其根本目的就是要实

---

① 「日独伊三国同盟回顧」（B04013490800）、「斎藤良衛博士稿」（外務大臣官房文書課 1953 年 8 月）日本外務省外交史料館档案（アジア歴史資料センター）『日独伊三国同盟条約関係一件（三）』（B - 0062）、33 頁。

现独霸中国和太平洋地区扩张计划，实现所谓"大东亚共荣"。也就是说，缔结三国军事同盟及实施"四国同盟"构想，只不过是实现上述战略目标的必要手段而已。

第二次近卫文麿内阁之所以把缔结三国军事同盟作为实现"大东亚共荣"的必要手段，主要原因之一是德国在欧洲的侵略势头对日本的侵略扩张政策起到了刺激作用。对此，我们从以下几个方面进行分析。

首先，德国在欧洲的侵略势头刺激了日本国内的亲轴心派，他们认为同德国缔结军事同盟是实现对外战略目标的必要手段。从1939 年 9 月德国入侵波兰至 1940 年上半年，德国迅速地占领丹麦、挪威、荷兰、比利时、卢森堡，后又攻占巴黎，向英国本土入侵。德国在欧洲的侵略势头使日本陆军受到极大的鼓舞，并叫嚣日本不可错过末班车，认为日本夺取英法荷等国在亚洲及太平洋地区殖民地的大好机会已经到来。

其次，第二次近卫文麿内阁把与德国缔结军事同盟看成解决中日战争胶着化状态的必要手段，希望利用日德同盟关系使德国能够在对华侵略上予以援助。全面侵华战争爆发后，日本就不断地调整对华侵略政策，企图利用日德防共协定关系拉拢德国对侵华战争进行支援，并先后向德国提出在防共框架内打击共产主义、提升防共伙伴关系、充当对华政治诱降中介等一系列战略目标，但上述所有的战略目标都没有达到预期目的。当第二次近卫文麿内阁把实现南进战略作为对外扩张目标的重点后，日本便急于要切断英法美等国的援蒋路线，从南进战略及对华战略目标出发，迫切需要同德意缔结三国军事同盟，使侵华战争胶着化的状态能够得到改善。

再次，日本陆军省内亲轴心同盟势力再次占据主导地位，使外相松冈洋右主导下的对德同盟政策与日本军部的战略思想保持一致。如上所述，日本陆军省一向主张应该同德国缔结军事同盟来实现对外侵略扩张目标，但在具体的战略推进方向上陆军省最初的战略目标是借助德国的力量实现北进战略，并分别于 1938 年、1939 年 5 月在张鼓峰和诺门坎对苏联进行了两次试探性进攻，但均以失败告终，这使日本陆军省对以攫取西伯利亚资源为目标的北进战略不做过高的期待。当第二次近卫文麿内阁把对外扩张目标由北进战略调整为南进战略后，夺取南亚、东南亚及太平洋地区的战略资源并对美国进行压制，便成为日本陆军省对德同盟政策的最大目标。

最后，企图借助德国的力量使日苏关系能够得到改善，并把苏联拉入三国同盟集团，在世界范围形成对英法美等国的压制，并占领英法荷等在亚洲及太平洋地区的殖民地及诸岛屿，这是日本对德同盟政策的根本目的。

正是基于以上战略目标，松冈洋右在同斯塔玛进行交涉时就将日本的领土扩张要求向其进行了说明。斯塔玛表示会把日本的要求向柏林方面报告，并承诺德国愿意为日苏关系的调整进行斡旋，但德国斡旋日苏关系的本意并不是改善日苏关系，而是要利用调整日苏关系的机会把苏联的势力从巴尔干、小亚细亚等地区排挤出去，如果能把苏联拉入日德意三国军事同盟，就可以实现日德意苏"四国同盟"构想，在世界范围内重新划分势力范围。

二 "里宾特洛甫腹案"与"四国同盟案"

基于以上战略目标，在三国军事同盟交涉的过程中德国就想把苏联拉入日德意集团，并最终把苏联的势力从巴尔干半岛和小亚细亚地区驱逐出去。1940 年 9 月，里宾特洛甫在访问罗马时向墨索里尼表示要把苏联的势力引向波斯湾和印度，还进一步指出："此计划一旦实现，苏联的梦想就从维也纳的贝尔维德雷宫永远消失了。"① 从里宾特洛甫和墨索里尼的谈话可以看出，德国把苏联拉进三国军事同盟的真正目的，就是打算把苏联的势力引向波斯

---

① 〔意〕加莱阿佐·齐亚诺：《齐亚诺日记（1939—1943 年）》，武汉大学外文系译，商务印书馆 1983 年版，第 340 页。

湾和印度地区，认为这样既可以牵制苏联又可以压制美国，使美国慑于日本舰队而不能轻易对日德意开战。

可以说，日本和德国都从战略目的出发，企图利用三国军事同盟实现对外侵略扩张目标。日德意三国军事同盟缔结后，里宾特洛甫和松冈洋右便开始策划日德意苏"四国同盟"构想。1940 年 10 月，德国在里宾特洛甫的主导下开始同苏联进行交涉，并邀请苏联外交部长莫洛托夫访问柏林。11 月 12 日，希特勒向里宾特洛甫下达了同苏联交涉的命令，"当前最明智的做法就是使日德意苏在各自的范围内扩张势力，在确定德国和苏联的势力范围的同时，也要确定日本和苏联的势力范围"①。

基于此外交指令，里宾特洛甫便提前做好了与莫洛托夫交涉的准备。莫洛托夫到达柏林后，里宾特洛甫便向其提出苏联应该加入三国军事同盟，并建议苏联的势力范围应该向波斯湾和印度进行扩张。里宾特洛甫与莫洛托夫进行了多次会谈，但莫洛托夫始终未向德国做出任何承诺。11 月 15 日，里宾特洛甫向莫洛托夫提出了德国事先拟定的"四国协定案"，该协定案的具体内容为：①日德意苏四国为实现国际新秩序而共同努力；②苏联与日德意三国在国际事务中相互提携；③日德意苏四国不与四国中任何一方的敌对国缔结协定；④日德意苏四国就一切经济问题相互进行援助；⑤在秘密附属协定中规定了日德苏三国各自的领土范围：德国要求重新划分欧洲边境及领土范围是整个非洲，苏联的领土范围则是整个印度，日本的领土势力范围是整个中国及南太平洋地区。② 当时，莫洛托夫提出的苏联参加三国军事同盟的条件是：①德国必须从芬兰撤军，并且苏联有在博斯普鲁斯海峡和达达尼尔海峡建立军事基地的权利；②在巴尔干地区，德国承认苏联对保加利亚的领有权；③日

---

① 「日独伊三国同盟回顧」（B04013490800）、「斎藤良衛博士稿」（外務大臣官房文書課 1953 年 8 月）日本外務省外交史料館档案（アジア歴史資料センター）『日独伊三国同盟条約関係一件（三）』（B－0062）、40 頁。

② 豊田穣『松岡洋右——悲劇の外交官』（上）新潮社、1979、214—215 頁。

本必须放弃在库页岛地区开采煤、铁、石油的权利。[①] 可以说，莫
洛托夫提出的条件让德国非常失望。德国把苏联拉入三国同盟
的最终的目的就是要把苏联的扩张势力引向印度和波斯湾地区，
使其放弃在巴尔干的各项权益，但莫洛托夫柏林之行并没有使
谈判取得预期效果。在莫洛托夫返回莫斯科前，里宾特洛甫又
给斯大林写了一封亲笔信由莫洛托夫转交。该信件的内容大体
是希特勒要求苏联按照德国的提议加入三国军事同盟，并在整
个世界范围内划分德国、日本、意大利、苏联的势力范围，其
实质是要重新瓜分世界。[②]

　　莫洛托夫离开柏林后，里宾特洛甫便把与莫洛托夫会谈的内容
向日本做了说明，并将在向莫洛托夫提示的"四国协定案"的基
础上形成的"里宾特洛甫腹案"电告日本。"里宾特洛甫腹案"的
内容大体有以下几个方面：①为了防止世界性战争及恢复世界和
平，苏联要加入德日意三国军事同盟；②苏联承认德日意三国在世
界新秩序下的指导地位；③德日意三国向苏联约定不对四国中任何
一国的敌对国进行援助；④划定德日意苏四国新的势力范围：德国
在中非，日本在南洋，意大利在北非，苏联在伊朗和印度，该势力
范围的划定在秘密协定中达成谅解。[③]

　　"里宾特洛甫腹案"传到日本后，给日本国内的亲轴心派势力
以巨大的鼓舞。1941 年 2 月 3 日，第二次近卫文麿内阁召开联席
会议讨论"里宾特洛甫腹案"，并在"里宾特洛甫腹案"的基础上
形成了"四国同盟案"。该同盟案的具体内容为：①使苏联接受
"里宾特洛甫腹案"，加入三国军事同盟，日德意苏四国为打击英

　　① 豊田穣『松岡洋右——悲劇の外交官』（上）新潮社、1979、215 頁。
　　② 「日独伊三国同盟回顧」、「1940 年 10 月 15 日書翰」日本外務省編『日本外
交文書・日独伊三国同盟関係調書集』外務省、2005、441 頁。
　　③ 日本外務省外交史料館档案（アジア歴史資料センター）「リッペントロップ
腹案」（B02032959700）、40 頁。

美等国而共同努力。① ②日苏交涉的条件：由德国居间调停，库页岛的领有权归日本所有，如果苏联不同意，苏联则需要五年内向日本提供 250 万吨石油，日本向苏联提供相应的开发技术；日本承认苏联在外蒙的地位，苏联承认日本在中国东北及内蒙的地位；苏联放弃援蒋行动；重新划定日苏两国在苏满及外蒙的边界；日苏缔结渔业协定；苏联降低日德物资运输过境税。② ③苏联承认英法荷等国在亚洲及太平洋地区的殖民地为日本的范围。③ ④战争结束后，日德意苏四国重新划定势力范围。④ ⑤日德意苏四国共同协力，阻止美国参战。⑤ ⑥德意共同牵制苏联，一旦苏联进攻日本，德意应对苏联开战。⑥ ⑦日本参加欧洲战争时，德意两国不与日本的敌国单独缔结协定。⑦

以上是第二次近卫文麿内阁根据德国"里宾特洛甫腹案"，重新制定的"四国同盟案"。该"四国同盟案"与"里宾特洛甫腹案"被称作日德意苏"四国同盟"构想，也叫作"松冈 – 里宾特洛甫计划"。从上述内容可以看出，日德意苏"四国同盟"构想主要是在日本外相松冈洋右与德国外交部长里宾特洛甫的主导下实施的，并且都是围绕着日本与德国各自的对外侵略扩张目的展开的。

---

①　参謀本部編『杉山メモ（上）——大本営・政府連絡会議等筆記』原書房、1967、176 頁。

②　参謀本部編『杉山メモ（上）——大本営・政府連絡会議等筆記』原書房、1967、176 頁。

③　参謀本部編『杉山メモ（上）——大本営・政府連絡会議等筆記』原書房、1967、176 頁。

④　参謀本部編『杉山メモ（上）——大本営・政府連絡会議等筆記』原書房、1967、177 頁。

⑤　参謀本部編『杉山メモ（上）——大本営・政府連絡会議等筆記』原書房、1967、177 頁。

⑥　参謀本部編『杉山メモ（上）——大本営・政府連絡会議等筆記』原書房、1967、177 頁。

⑦　参謀本部編『杉山メモ（上）——大本営・政府連絡会議等筆記』原書房、1967、177 頁。

三 日德意苏"四国同盟"构想的畸变

第二次近卫文麿内阁制定的"四国同盟案"主要是在外相松冈洋右的主导下完成的，并得到了日本陆军、海军和外务三省首脑的支持。于是，在"里宾特洛甫腹案"及日本联席会议确定的方针基础上，松冈洋右就日德意苏"四国同盟"问题与苏联开始进行交涉。1941 年 3 月，松冈洋右从东京出发访问莫斯科和柏林。在莫斯科稍作停留后，松冈洋右便向柏林进发。当松冈洋右抵达柏林后，德国对苏联的态度已经发生了根本性变化，并且里宾特洛甫对日德意苏"四国同盟"构想的实施也不是很热情。在与里宾特洛甫的谈话中，松冈洋右明显地觉察到德国对苏联的态度已经发生了微妙的变化，从日本驻德大使馆的反馈消息中更进一步证实了德国即将对苏联发动战争。

德国对苏联态度的突然改变，对日德意苏"四国同盟"构想满怀信心的松冈洋右来说简直如同当头一棒。于是，松冈洋右与日本驻德大使进行磋商后，决定赴莫斯科就日苏双边关系进行谈判。这样，由里宾特洛甫和松冈洋右一手导演的日德意苏"四国同盟"构想开始向日苏双边关系转化。对苏联而言，之所以同意与日本就双边关系进行谈判，主要有以下几个方面的原因：①通过缔结条约废除日本在北库页岛开采石油、煤炭及渔业等方面的特权，并把日本的势力从苏联海域驱逐出去；②夺回在日俄战争后被日本占领的南库页岛地区，这是苏联同意与日本进行双边谈判的前提；③解决被日本控制的千岛群岛航线问题；④缓解中苏边境与日本的紧张局势。①

基于以上战略目的，苏联由于事先得到了松冈洋右访问欧洲的情报，便开始就日苏的谈判进行充分准备。1941 年 4 月，松冈

---

① 〔苏〕ボリス・スラヴィンスキー著、高橋実・江沢和弘訳『考証日ソ中立条約——公開されたロシア外務省機密文書』岩波書店、1996、115 頁。

洋右又从柏林直接折返到莫斯科。松冈洋右到达莫斯科后，便在日本驻莫斯科大使的安排下同莫洛托夫进行了会谈。4 月 7 日、9 日、11 日，松冈洋右同莫洛托夫进行了三次会谈。焦点问题主要是围绕着日苏两国在北库页岛的煤炭、石油的开采及渔业等各项权益而展开的。在会谈的过程中，莫洛托夫在这些问题上的态度非常强硬，并要求日本将在北库页岛的各项权益全部废除，而松冈洋右则打算继续保留日本在北库页岛的各项权益。于是，松冈洋右与莫洛托夫进行的三次会谈都没有取得预期效果，并一度陷入了僵局。

4 月 12 日，松冈洋右与斯大林进行会谈。在这次会谈中，松冈洋右提出了五个方面的内容：①日本与德国的同盟条约关系不会成为苏联自由军事行动的障碍，如果苏联与德国发生冲突，日本将以仲裁者的身份进行协调，由于日本与苏联两国领土接壤，日本期待与苏联能够保持友好关系；[1] ②构建日苏友好关系应不拘小节，应该从亚洲及世界的总体战略考虑，像库页岛这样的小问题不应该成为日苏关系的障碍，苏联应该从大局着眼把目光放在印度洋的暖流地区，日本确信决定未来亚洲命运的将是日苏两国；[2] ③将亚洲从盎格鲁－撒克逊（指的是英美的势力）的统治中解放出来，日苏两国在大的问题上相互进行协力；[3] ④日本对中国所发动的战争并不是针对中国国民，而是为了把中国的盎格鲁－撒克逊势力驱逐出去，蒋介石政权作为英美资本主义在华统治的附庸，不断得到英美两国的援助与日本进行战争，

---

[1] 〔苏〕ボリス・スラヴィンスキー著、高橋実・江沢和弘訳『考証日ソ中立条約——公開されたロシア外務省機密文書』岩波書店、1996、115 頁。

[2] 〔苏〕ボリス・スラヴィンスキー著、高橋実・江沢和弘訳『考証日ソ中立条約——公開されたロシア外務省機密文書』岩波書店、1996、115 頁。

[3] 〔苏〕ボリス・スラヴィンスキー著、高橋実・江沢和弘訳『考証日ソ中立条約——公開されたロシア外務省機密文書』岩波書店、1996、116 頁。

日本要把英美的势力从中国彻底驱逐出去；① ⑤日本希望同苏联联合起来，将英美的势力彻底从亚洲驱逐出去。② 以上是松冈洋右同斯大林进行会谈时所提出的问题。从上述内容可以看出，日本同苏联缔结条约的目的一是要通过条约的形式维持中苏边境的安定，使日本可以专心实施南进战略；二是希望联合苏联的力量把英美势力从亚洲驱逐出去，实现所谓"大东亚共荣"战略。

斯大林在与松冈洋右会谈过程中提到两个重要问题，一个是关于苏联加入日德意三国军事同盟的条件问题，并且明确地表达了苏联的态度，即苏联与日德意三国的相互协力问题。从原则上来说苏联同意加入三国同盟，这个问题在莫洛托夫访问柏林时已经向德国进行了说明。但是，德国现在已经对苏联是否加入三国军事同盟并不感兴趣，并且做好了进攻苏联的准备，这一点苏联已经有所察觉。因此，苏联仅想就日苏两国的双边问题与日本进行会谈。另外一个就是中苏边境及中国问题，也是日苏会谈的核心问题。松冈洋右再三向斯大林提出，苏联要停止一切对蒋介石政府的援助，并要求把英美等国的势力从中国驱逐出去。从松冈洋右与莫洛托夫、斯大林会谈的内容可以看出，日苏会谈中具有明显的牺牲中国利益的性质。

在经过了几轮会谈后，日苏两国于 1941 年 4 月 13 日缔结了《日苏中立条约》。该条约规定：①两国相互尊重领土完整，互不侵犯；②缔约国中一方受到一国或两国以上第三国攻击时，另一方在战争中保持中立；③本条约有效期为五年，两缔约国中任何一方在本条约期满前一年并未提出废除之要求，将自动

---

　　①　〔苏〕ボリス・スラヴィンスキー著、高橋実・江沢和弘訳『考証日ソ中立条約——公開されたロシア外務省機密文書』岩波書店、1996、116 頁。

　　②　〔苏〕ボリス・スラヴィンスキー著、高橋実・江沢和弘訳『考証日ソ中立条約——公開されたロシア外務省機密文書』岩波書店、1996、116 頁。

延期五年；④本条约缔结批准后生效，在东京进行换文。①6月
22日，也就是《日苏中立条约》缔结两个多月后，德国开始进
攻苏联，标志着日德意苏"四国同盟"构想的彻底破产。由此，
日本对德同盟政策也发生了微妙变化，苏德战争也成了日德军
事同盟关系的试金石。以上是日德意苏"四国同盟"构想及演
进过程的大体情况，从松冈洋右的世界四大集团理论及"四国
同盟"构想的实施来看，日德意苏"四国同盟"构想本身就不
具有可行性。关于这一点，我们可以从以下几个方面进行分析。

　　首先，日德意苏"四国同盟"构想中对外权益及领土扩张要
求本身就不具有调和性。从"里宾特洛甫腹案"与日本的"四国
同盟案"中可以看出，德国希望把苏联拉入三国军事同盟的目的
主要是重新划分世界范围，使苏联主动放弃在巴尔干半岛地区的利
益，但苏联加入日德意三国军事同盟的前提条件是要求德国承认苏
联在巴尔干地区享有的特权，并有权在博斯普鲁斯海峡和达达尼尔
海峡建立军事基地。对日本来说，使苏联加入日德意三国军事同盟
的目的就是希望通过德国的力量使日苏关系得到改善，并使日本在
西伯利亚及库页岛地区享有开采石油、煤炭及渔业的特权，但苏联
加入三国军事同盟的条件之一是要求日本放弃在库页岛地区开采石
油、煤炭及渔业等权利。正是由于日本、德国和苏联所要求获得的
权益及领土要求无法达成统一意见，日德意苏"四国同盟"构想
向日苏双边关系转变。

　　其次，日本和德国企图借助日德意苏"四国同盟"力量摧毁
英法荷等国在亚洲及太平洋地区的殖民地势力，并达到压制美国的
目的本身就不具有现实性。日德防共协定缔结后，英美两国便开始
联合起来对日本进行经济封锁，一旦在亚洲及太平洋地区的特殊利
益受到侵害，随时都可以联合起来，并且两国在太平洋地区拥有的

---

① 「日蘇中立條約」（1941 年 4 月 13 日）日本外務省編『日本外交年表竝主要
文書』（下）原書房、1965、491 頁。

规模强大的海军舰队是日本所无法匹敌的，从 1922 年华盛顿会议到 1935 年伦敦海军会议的召开，日本海军实力从未真正实现与美英两国保持相同的量级。所以，单凭日本的海军实力根本无法达到压制美国的目的，日德两国的估算与现实之间还有很大的差距。

再次，从意识形态上来说，把苏联拉入三国军事同盟的构想根本不具有现实性。日德意三国缔结军事同盟的目的是实现对外侵略扩张目标，缔结军事同盟的基础是三国的法西斯军国主义在对外扩张上具有无限膨胀的侵略欲望。对苏联来说，尽管在对外发展上具有一定的目标和野心，但不论是列宁时代还是斯大林时期，苏联作为世界历史上诞生的第一个社会主义国家，始终提倡世界和平，反对侵略和战争。所以，从意识形态上来看，日德意苏"四国同盟"构想根本不具有现实可能性。

总之，日本为了实现对外侵略扩张计划，与德意两国缔结了防共协定和军事同盟，又企图借助三国军事同盟力量实现所谓日德意苏"四国同盟"构想，并以此压制美国，使美国放弃参战，最终实现所谓"大东亚共荣"。但是，由于苏联与日德意三国在势力范围划分中没有达成统一意见，使德国率先放弃了日德意苏"四国同盟"构想的磋商，并秘密制定了进攻苏联的"巴巴罗萨计划"。在柏林进行访问的松冈洋右觉察到了德国对苏联态度的变化，便从柏林直接赴莫斯科与斯大林、莫洛托夫进行会谈，并迅速地同苏联缔结了《日苏中立条约》，使日德意苏"四国同盟"构想由最初的多边关系变成了日苏双边关系。可以说，《日苏中立条约》最终成了日德意苏"四国军事同盟"构想的一个畸变。① 苏德战争和太平洋战争爆发后，日本对德同盟政策也发生了微妙变化，由于日本与德国在结盟过程中始终算计的是各自的利益得失，这种以利益至上为原则而建立起来的同盟关系，不可能在具体的侵略战争中

---

① 武向平：《日德意苏"四国同盟"构想及演进述考》，《东北师大学报》（哲学社会科学版）2012 年第 6 期。

进行真正的军事联合作战，这也充分说明帝国主义间的合作只是暂时的，而竞争和对抗才是永恒的原则。[①]

第三节　陆海外三省对德同盟政策趋同

如上所述，从广田弘毅内阁到第二次近卫文麿内阁时期，日本对德同盟政策在不同内阁时期具有不同的战略目标和角色定位。到了第二次近卫文麿内阁时期，由于日本完成了南进战略调整，急于想借助日德的军事力量实现在太平洋地区的扩张计划，所以外相松冈洋右与德国大使奥托、特使斯塔玛仅进行了三周左右的交涉，便迅速地缔结了三国军事同盟。在外相松冈洋右主导下与德国进行军事同盟交涉时，日本陆军、海军和外务三省在对德同盟政策意见上的趋同，是三国军事同盟最终形成的根本原因。所以，为了全面解读 1936—1941 年日本对德同盟政策的真实状态，需要把这一时期的日本对德同盟放到日本对外侵略扩张及世界政策的整体构想中进行考察，只有这样才能全面真实地厘清日本对德同盟政策的本质特征。以下将从松冈洋右的世界政策构想、日德同盟在日本对外侵略扩张中的地位、日本陆海外三省对德战略目标趋同原因等几个方面进行分析。

一　松冈洋右世界政策构想

如上所述，日本从第一次近卫文麿内阁开始到平沼骐一郎内阁时期都试图通过所谓强化防共协定来实现日德军事同盟，但由于在防卫对象和参战义务上存在意见分歧，直到第二次近卫文麿内阁时期才缔结了三国军事同盟。第二次近卫文麿内阁时期日本同德国仅

---

① 武向平：《日德意苏"四国同盟"构想及演进述考》，《东北师大学报》（哲学社会科学版）2012 年第 6 期。

进行了三周左右的交涉，便迅速地同德国缔结了军事同盟，主要是由于这一时期日本外交决策在对德同盟政策上意见趋同。从决策机制入手分析日本对德同盟政策的目的性和策略性是一种有效途径，也是探讨国际关系发展和演变的重要手段。在国际关系发展和演变的过程中，外交决策的变化会起到重要作用，而在影响外交决策机制的诸多因素当中，个体的主导因素也是一个不可忽视的重要方面。因此，许多历史学家和政治学家认为全面了解政策制定者的个人背景、宗教信仰、生活经历、身心健康以及涉外活动等，有助于理解他们在制定外交决策时的深层动机和价值观。[①] 所以，要全面了解日本对德同盟的战略思想，首先要从松冈洋右的外交思想入手来分析日本同德国缔结军事同盟的政治目标和价值取向，能够较全面地揭示个体因素在整体决策机制中所起的重大影响作用。可以说，松冈洋右对德政策的外交理念和外交思想，对日德军事同盟的形成起到了重要的推动作用。松冈洋右于 1880 年出生于日本的山口县，1900 年毕业于美国俄勒冈大学法律系。1904 年任日本驻上海领事，1907 年任日本外务省秘书，后来任日本驻比利时大使馆秘书，1912—1913 年又任日本驻圣彼得堡大使馆秘书，一战期间在华盛顿任职。1917 年回到东京重新担任外务省秘书，1919 年作为日本代表团随员出席巴黎和会。1921—1939 年曾任满铁理事、副总裁和总裁等职务。1940 年 7 月，担任第二次近卫文麿内阁的外务大臣，在其主导下与德国进行交涉，并缔结了三国军事同盟。

以上这些职场经历使松冈洋右具备了丰富的外交经验，尤其是 1932 年以日本代表团团长的身份出席了日内瓦会议，松冈洋右在与西方列强的交涉中表现出了极其强硬的态度。松冈洋右针对国际联盟对日本侵略行为所表现出来的态度，一面同西方列强展开正面

---

① 〔美〕詹姆斯·多尔蒂、〔美〕小罗伯特·普法尔茨格拉夫：《争论中的国际关系理论》，阎学通等译，世界知识出版社 2003 年版，第 595—601 页。

交涉，一面又在背地里频频与西方外交官进行会谈，并通过记者招待会为日本的侵略行为辩护。松冈洋右在记者招待会上公开指出："我信奉基督教并相信上帝，因而我没有忘记两千年前我们的耶稣被钉死在十字架上，只是因为他给世界带来了新的真理。我们日本人现在也想使亚洲受屈辱受剥削的各民族过上新生活，就因为这个原因使某些国家要把日本钉在他们的十字架上。然而，他们不要忘记，我们国家是纯真无邪的，但决不是胆小懦弱的羔羊。"①

可以说，松冈洋右的这段独白绝对不是无的放矢，而是清楚地向西方列强阐明了日本对外侵略扩张的野心和目标，这也是松冈洋右外交思想的真实写照。该外交思想在松冈洋右担任外相后，迅速地与日本的独霸中国和太平洋地区扩张目标相结合，对日德军事同盟的形成起到了推动作用。松冈洋右的外交思想之所以能够得到推行，并能够得到第二次近卫文麿内阁时期整个朝野上下的支持，其根本原因在于松冈洋右的这种通过武力掠夺海外资源的外交思想，与当时日本大陆扩张的军人外交体制相结合并与之融为一体。日本由于受到自然发展条件的限制，四周环海，国土狭小，物资相对匮乏，通过侵略扩张来攫取海外资源，是从明治维新起日本朝野上下所达成的共识。

日本朝野虽然在对外扩张的必要性上达成了共识，但在发展方向和目标上存在着意见分歧，这种意见分歧集中体现在北进战略和南进战略上。以日本陆军省为首的实力派主张国防战略应该以北进战略为主，这种战略思想在日俄战争后日趋完善，最终目标是以中国大陆为腹地向西伯利亚地区进行扩张，国防防卫的对象主要针对的是苏联。日本陆军省之所以主张在国防战略上向北推进，主要有两方面原因：①通过向西伯利亚进行扩张来扫除日本国防安全的障碍，并把中国东北的铁路开发和西伯利亚大铁路建设连接起来，攫

---

①   豊田穣『松岡洋右——悲劇の外交官』（上）新潮社、1979、282 頁。

取西伯利亚的石油、煤炭等矿产资源来满足对外扩张的资源需求;[①]　②控制中国东北,取缔中国民众的反日行动,推行日"满"中共荣政策,把中国东北作为日本征服亚洲的基地。[②]　但是,日本陆军省提倡的北进战略在具体的实施过程中接连受到挫败。全面侵华战争爆发后,日本在加大对中国侵略步伐的同时,北进苏联的战略也开始全面推进。日本先后于1938年7月和1939年5月对苏联进行了两次试探性的进攻,但都未达到预期效果,还使关东军受损严重。所以,日本不得不改变既定的北进战略,主张向南进战略发展,但这种战略的转换并不是完全放弃北进战略,而是在具体扩张方向上暂时做出的调整。基于以上原因,日本陆军省、海军省和外务省在对德结盟政策上意见趋同,这也是三国军事同盟能够顺利缔结的主要原因。

松冈洋右的外交思想符合日本对外侵略扩张目标。对松冈洋右来说,由于其自身曾担任过满铁理事、副总裁和总裁等职务,从对满铁的经营和发展角度来说应该主张向北推进。但是,从日本移民的客观地理条件上来说,松冈洋右认为向温带地区移民比向寒带地区移民更有利于日本民族的发展。他曾毫无隐讳地指出,"我们不能背着火炉去移民"。[③]　所以,松冈洋右的外交思想的核心内容是主张南进战略,以攫取西方列强在亚洲及太平洋地区的殖民地及战略资源为最终目标,并制定了开发殖民产业计划和南洋开发计划。所以,从日本的南进战略来说,松冈洋右的外交思想与日本军部的

---

① 「日独伊三国同盟回顧」（B04013490800）、「斎藤良衛博士稿」（外務大臣官房文書課1953年8月）日本外務省外交史料館档案（アジア歴史資料センター）『日独伊三国同盟条約関係一件（三）』（B‐0062）、20頁。

② 「日独伊三国同盟回顧」（B04013490800）、「斎藤良衛博士稿」（外務大臣官房文書課1953年8月）日本外務省外交史料館档案（アジア歴史資料センター）『日独伊三国同盟条約関係一件（三）』（B‐0062）、21頁。

③ 「日独伊三国同盟回顧」（B04013490800）、「斎藤良衛博士稿」（外務大臣官房文書課1953年8月）日本外務省外交史料館档案（アジア歴史資料センター）『日独伊三国同盟条約関係一件（三）』（B‐0062）、24頁。

扩张思想基本保持一致。正是由于松冈洋右的战略思想能够与日本军部的扩张目标相统一，三国军事同盟才能够顺利缔结。①

　　松冈洋右的世界政策理论适应日本独霸中国和太平洋地区扩张的战略目标。松冈洋右的世界政策理论既不是国际主义也不是世界主义，而是以侵略扩张为目标的集团主义理论。松冈洋右在其世界政策理论当中，把整个世界划分为日德苏美四大集团，四大集团拥有新的势力范围。日本的势力范围是以日本本土和中国大陆为核心，包括东南亚及法属印度等广大地区，德国的势力范围主要在西欧诸地区及非洲地区，苏联的势力范围包括东欧、巴尔干半岛以及南亚等地区，美国的势力范围主要包括南北美洲大陆及周边海域。② 以上就是松冈洋右所谓世界四大集团体系的主要内容，从上述的内容可以看出，日本势力范围主要还是中国和太平洋地区，其真正目的就是要实现独霸中国和太平洋地区扩张计划，这个目标也是日本自明治维新以来一直苦苦追求的海外发展战略梦想。

　　松冈洋右的"大东亚共荣圈"构想适应日本军部对外侵略扩张目标。第二次近卫文麿内阁之所以在松冈洋右的主导下对德展开交涉，并最终同德国缔结了军事同盟，其主要原因是松冈洋右的大东亚共荣圈构想适应日本军部对外侵略扩张目标。松冈洋右的大东亚共荣圈构想与其世界四大集团政策理论一脉相承。当四大集团政策理论集中于特定范围东亚地域时，大东亚新秩序建设便成为日本的对外侵略扩张的终极目标。松冈洋右的"大东亚共荣圈"理论产生于 20 世纪二三十年代，1932 年松冈洋右作为日本代表团团长参加在日内瓦举行的国际联盟会议时，就已经显露出日本要向凡尔

---

① 「日独伊三国同盟回顧」（B04013490800）、「斎藤良衛博士稿」（外務大臣官房文書課 1953 年 8 月）日本外務省外交史料館档案（アジア歴史資料センター）『日独伊三国同盟条約関係一件（三）』（B-0062）、24—25 頁。

② 「日独伊三国同盟回顧」（B04013490800）、「斎藤良衛博士稿」（外務大臣官房文書課 1953 年 8 月）日本外務省外交史料館档案（アジア歴史資料センター）『日独伊三国同盟条約関係一件（三）』（B-0062）、26—28 頁。

赛－华盛顿体系发起严厉挑战的态势，并为了实现对外侵略扩张目标最终要打破该体系的束缚。在这次会议中，松冈洋右公开发表演讲，在日本对中国的侵略问题上同西方列强展开论争，否认日本发动九一八事变是侵略行为，将日本发动侵略战争的责任推给中国，并公然宣布退出国联，为日本的对外侵略扩张目标的实现彻底打破了凡尔赛－华盛顿体系的束缚。

松冈洋右的"大东亚共荣圈"构想的最终目标就是建设所谓大东亚新秩序。松冈洋右的大东亚新秩序建设目标的地理范围包括日本本土、中国大陆及整个东亚地区，还包括南亚、东南亚及太平洋地区的诸岛屿，大东亚新秩序建设实现的手段就是对外侵略扩张。如果将松冈洋右的"大东亚共荣圈"构想进行概括的话，其核心内容是"八纮一宇－侵略扩张－称霸亚洲"。[①] 松冈洋右担任第二次近卫文麿内阁外相后，其"大东亚共荣圈"构想在日本外交政策中得以全面实施和推行。1940 年 7 月，第二次近卫文麿内阁制定了《适应世界形势时局处理要纲》，该文件的制定标志着日本完成了侵略扩张目标由北进战略向南进战略的转换，而实现的手段则是缔结三国军事同盟。《适应世界形势时局处理要纲》明确指出："帝国将适应国内形势之变化，迅速切断一切援蒋路线，为解决南方问题一方面要对美国保持严厉的态度，一方面要进一步强化对德意的轴心同盟关系，并使日苏关系能够得到迅速调整，为获得法属印度及荷属印尼的物资资源，全面调整并实施对外政策。"[②] 这个政策性文件的制定，标志着日本开始全面实施南进战略。于是，松冈洋右在同德国特使斯塔玛的交涉过程中，始终围绕着"大东亚共荣圈"构想而展开，松冈洋右在谈判过程中把日本的

---

① 「日独伊三国同盟回顧」（B04013490800）、「斎藤良衛博士稿」（外務大臣官房文書課 1953 年 8 月）日本外務省外交史料館档案（アジア歴史資料センター）『日独伊三国同盟条約関係一件（三）』（B － 0062）、30 頁。

② 「世界情勢の推移に伴ふ時局処理要綱」日本外務省編『日本外交年表竝主要文書』（下）原書房、1965、437—438 頁。

"大东亚共荣圈"的势力范围设定在法属印度、泰国、缅甸、马来半岛，荷属新几内亚、新喀里多尼亚等大洋洲诸岛屿，还把澳大利亚、新西兰及其以南的诸岛屿也纳入日本的"大东亚共荣圈"。松冈洋右所构建的大东亚新秩序建设的原动力则是日本大和民族所特有的自负式的优越感，以及以侵略扩张为目的而组建起来的太平洋海军舰队，这一切让日本自认为已经具备了兴亚大业的卓越的军事实力。①

以上是松冈洋右的世界集团政策理论和"大东亚共荣圈"构想。这种理论体系的构建之所以能够在第二次近卫文麿内阁时期的外交政策中得以推行和实施，其根本原因在于这种对外侵略扩张的思想体系适应了当时日本的独霸中国和太平洋地区扩张计划，这是根植于日本所特有的海外侵略扩张土壤中的产物。从某种意义上来说，近代日本所发动的一系列对外侵略扩张战争都不是历史的偶然，这是日本对外以侵略扩张为目的的皇国思想的集中体现。②

二 陆海外三省对德同盟政策意见的趋同

日本为了实现对外侵略扩张计划，从第一次近卫文麿内阁时期开始到平沼骐一郎内阁时期，日本都以强化防共协定为名同德国积极进行交涉，企图在日德防共协定的基础上把日德同盟关系变成公开的军事同盟。但是，陆军、海军和外务三省在日德同盟的防卫对象和参战义务上无法达成统一意见，尤其是外务省和海军省始终坚持英法美等国不应作为日德军事同盟的防卫对象，并在同盟条约中极力回避参战义务，最终导致第一次近卫文麿内阁和平沼骐一郎内

---

① 「日独伊三国同盟回顧」（B04013490800）、「斎藤良衛博士稿」（外務大臣官房文書課 1953 年 8 月）日本外務省外交史料館档案（アジア歴史資料センター）『日独伊三国同盟条約関係一件（三）』（B - 0062）、29 頁。

② 松波仁一郎「日独防共協定と日本皇道」『外交時報』1937 年第 81 巻第 2 号（総第 771 号）、130—131 頁。

阁与德国进行了数次交涉，并召开了数次五相会议都没有取得预期进展。但是，第二次近卫文麿内阁成立后，在外相松冈洋右的主导下同德国特使斯塔玛仅进行三周左右的交涉，便同德意缔结了三国军事同盟。而且，无论是在松冈洋右同斯塔玛的交涉过程中还是在三国同盟条约中，都明确地提出三国军事同盟针对的是英法美等国，这进一步表明日本为了瓜分英法荷等国在亚洲及太平洋地区的殖民地不惜与美国开战。第二次近卫文麿内阁之所以能够顺利地与德国缔结军事同盟，其中最主要的原因是这一时期陆军省、海军省和外务省在对德同盟政策上意见趋同，在御前会议和枢密院会议的质询答辩中也全部通过。关于日本陆军省、海军省和外务省最后在对德同盟问题上意见能够趋同的原因，可以从以下几个方面进行分析。

首先，在对德同盟政策上，外务省与陆军省意见趋同主要有两方面原因。一是松冈洋右自身就是一个积极主张对外侵略的扩张主义者。所以，松冈洋右担任外相后，在多次演说中都提出日本应该同德国缔结军事同盟，来实现所谓"大东亚共荣"。可以说，松冈洋右的对外侵略扩张政策与日本陆军省的扩张思想基本一致。二是松冈洋右的亲轴心同盟思想得到了陆军省中亲轴心派的支持，并能够使外务省的对外政策按照军部的要求行事，这也是非常重要的因素。自明治维新后，军部一向在日本外交政策决策中具有决定性发言权，尤其是二二六事件后军部在日本外交政策中的发言权越来越大，动辄就以"下克上"使内阁下台，平沼骐一郎内阁、阿部信行内阁和米内光政内阁都是由于没有按照军部的意图行事，最终被迫下台。第二次近卫文麿内阁成立后，外务省在对外决策中始终能够与军部保持一致，并能够按照军部的意图行事，这就自然使内阁的决策事项都能够得到军部的支持并顺利通过。

其次，在对德同盟政策上，海军省与陆军省意见趋同主要有两方面原因，一方面来自国内的压力，另一方面来自国外的压力。在国内，第二次近卫文麿内阁刚成立时，为了使三国军事同盟能够顺利缔结，松冈洋右不断与陆军省进行秘密交涉，这使海军省在阁议中被孤立起来。但是，以海相吉田善吾为首的海军首脑仍然反对日德军事同盟的防卫对象包括英美两国。所以，在斯塔玛访日之前，海军省内关于日德军事同盟的防卫对象和参战义务并没有达成统一意见。对此，陆军省又不断地对海军省施加压力。在国内各种压力下，吉田善吾卧病不起，并辞去海相之职。1940 年 9 月 5 日，及川古志郎接替吉田善吾担任海相。及川古志郎担任海相后，海军省的对德同盟政策随之发生了本质性的变化。于是，由松冈洋右起草的以英美为防卫对象的《军事同盟交涉方针案》明确提出日德两国将在太平洋地区对英法美等国发动战争，日本陆军省、海军省和外务省也一致同意日德意军事同盟的防卫对象针对英美等国，并且在战争中日本有义务对德意两国进行军事援助。这样，日本陆海外三省争论了两年之久的对德军事同盟防卫对象和参战义务等问题，终于在第二次近卫文麿内阁时期达成统一意见。在国际上，德国在欧洲战场的不断胜利是日本海军省最终同意日德军事同盟的防卫对象包括英美等国在内的主要原因，正是日本海军省对德国在欧洲战争的胜利做了过高的期待，才使其放弃了一直坚持的对英美协调的外交战略。从 1939 年 9 月至 1940 年上半年，德国迅速地占领丹麦、挪威、荷兰、比利时、卢森堡，随后又攻占巴黎，并向大不列颠岛的英国本土挺进，德国的侵略势头不但刺激了日本国内的亲轴心派势力，就连海军省也认为在不久的将来欧洲必然处于德国的统治之下。所以，同德国缔结军事同盟，瓜分英法荷等国在亚洲及太平洋地区的殖民地，并对该地区的战略资源进行掠夺，这是日本最后的时机。①

再次，英美两国对日本采取严厉的制裁措施，并在太平洋地区对日本展开全面经济封锁，这是日本海军最后下决心同意日德军事

---

① 義井博「日独伊三国同盟と軍部」三宅正樹『太平洋戦争前夜——昭和史の軍部と政治③』第一法規出版株式会社、1983、17 頁。

同盟的防卫对象包括英美等国的主要原因。如上所述，全面侵华战争爆发后，日本同英美两国在亚洲及太平洋地区的关系就发生了微妙的变化，尤其是日本在中国侵略战线的不断扩大，进一步触动了英美两国在中国的利益。为了遏制日本在亚洲及太平洋地区的扩张势头，美国于 1939 年 7 月宣布废除旧的《日美通商航海条约》（六个月后生效）。《日美通商航海条约》的废除，使日本对美经济的依存度逐渐被削弱，也进一步打破了日本企图通过攫取南太平洋地区战略资源来补给侵华战争所缺战略资源的计划。所以，为了解决侵华战争所陷入的胶着化局面，日本海军省在对德同盟政策上与陆军省达成了统一意见，急于想通过日德军事同盟在太平洋地区对美国进行压制，从而实现日本在太平洋地区的扩张计划。

　　最后，通过与德国缔结军事同盟，占领英法荷等国在亚洲及太平洋地区的殖民地，攫取该地区的战略资源以满足对外侵略扩张的需要，并将这些战略资源进行储备来应对未来战争，这是日本对德同盟政策的总体战略目标。随着侵华战争的不断扩大，日本对石油、煤、铁等战略资源的需求量不断扩大，使日本越来越感到获取南亚、东南亚及太平洋地区战略资源的必要性和紧迫性。九一八事变后，日本所需要的煤炭、钢铁等战略资源大部分是通过"满铁"从中国东北进行掠夺的。随着侵略战争的不断扩大，日本军部越来越感到所储备的战略资源已经不能满足太平洋地区扩张的需要。所以，在 1940 年 9 月 26 日所举行的枢密院质询会议上，当枢密院议长对日美开战的战略资源供应表示担忧时，海相及川古志郎却满怀信心地指出："日本舰队已经做好了战斗的准备，包括石油等军用物资在一定时间内有足够的数量，如果战争延续下去在储备物资的补充方面可能会遇到一定困难，现在已经采取了一定措施扩大人造石油生产。"① 另外，企画院总裁也进一步指出："美国的制裁使日

---

① 「三国同盟御前会議に於ける企画院総裁の発言要旨」参謀本部編『杉山メモ（上）——大本営・政府連絡会議等筆記』原書房、1967、53 頁。

本受了一定的影响，但在钢铁方面日本可以扩大生产，预计本年度铁的生产量可以达到 540 万吨，从国外进口的约为 400 万吨，这样就可以弥补上述情况所带来的损失。在石油方面，一方面可以通过生产人造石油，一方面可以从中国、库页岛和东南亚等地区获取石油来满足日本的需求量。"①

以上是日本陆军省、海军省和外务省在对德同盟政策上最终意见趋同的主要原因。通过上述原因可以看出，对德国在欧洲战场的胜利做过高期待，这是日本同德国缔结军事同盟的主要原因之一。另外，通过武力夺取英法荷等国在亚洲及太平洋地区的殖民地和资源，是日本急于同德国缔结军事同盟的战略目标。所以，"只要过金桥，哪怕拉鬼手，从日本对德同盟政策的整个交涉过程来看，希特勒的消灭所谓不完备生命的论调，不仅在日本找到了理论的追随者，也找到了行动的追随者"②。

综上所述，日本之所以最终同德国和意大利缔结军事同盟，主要是为了实现独霸中国和太平洋地区扩张计划。所以，第二次近卫文麿内阁同德国缔结军事同盟的最终目标也是实现日本的对外扩张战略，这是日德军事同盟在日本远东战略中的具体地位。如果将这种战略思想进一步概括的话，那就是日本为了摆脱国际地位孤立的局面，企图借助三国军事同盟力量在太平洋地区压制美国，最终实现所谓"大东亚共荣"。

小　结

第二次近卫文麿内阁成立后，日本对德同盟政策发生了巨大的

---

① 「三国同盟御前会議に於ける企画院総裁の発言要旨」参謀本部編『杉山メモ（上）——大本営・政府連絡会議等筆記』原書房、1967、53—54 頁。

② 〔苏〕斯米尔诺夫、扎伊采夫：《东京审判》，李执中等译，军事译文出版社 1987 年版，第 185 页。

变化。在这一时期，第二次近卫文麿内阁把南进战略作为对外侵略扩张的重点，在外相松冈洋右的主导下同德国特使斯塔玛仅进行了三周左右的军事同盟交涉，并于 1940 年 9 月 27 日与德意两国缔结了三国军事同盟，形成了法西斯轴心同盟集团。三国军事同盟形成后，在松冈洋右和里宾特洛甫的策划下又提出了所谓日德意苏"四国同盟"构想，企图把苏联拉入三国军事同盟形成日德意苏"四国同盟"，并企图借助"四国同盟"力量压制美国，使美国放弃参战，完成对太平洋地区的扩张计划。但是，莫洛托夫在访问柏林期间，曾与里宾特洛甫和希特勒进行了会谈，德国要求苏联应该将势力范围向印度洋方向发展并放弃在巴尔干地区的各项权益，莫洛托夫却提出苏联加入三国军事同盟的条件是不但要获得在巴尔干地区的各项权益，还要求在博斯普鲁斯海峡和达达尼尔海峡建立军事基地，并要求日本放弃在库页岛地区开采石油、煤、铁及渔业等权益。由此可以看出，莫洛托夫提出的要求与德国的意图根本无法达成统一意见，德国便开始制定入侵苏联的战争计划。

莫洛托夫离开柏林后，德国又提出了所谓"里宾特洛甫腹案"向日本进行说明。第二次近卫文麿内阁在"里宾特洛甫腹案"的基础上制定了"四国同盟案"，并由松冈洋右亲自带着去柏林和莫斯科进行交涉。但是，当松冈洋右到达柏林后，德国已经制定了进攻苏联的"巴巴罗萨"计划。于是，松冈洋右便折返回莫斯科进行交涉，于 1941 年 4 月 13 日与苏联缔结了《日苏中立条约》。这样，由松冈洋右和里宾特洛甫一手导演的日德意苏"四国同盟"构想，便由最初的多边关系向日苏双边关系转变。

第二次近卫文麿内阁之所以能够缔结三国军事同盟，主要是由于陆军省、海军省和外务省在对德同盟问题上意见趋同。从广田弘毅内阁时期的对德防共协定交涉到米内光政内阁时期自主外交的提出，日本陆军省、海军省和外务省在对德同盟问题上始终存在意见分歧，这也是上述几届内阁没有实现同德国缔结军事同盟的主要原因。到了第二次近卫文麿内阁时期，日本把南进战略作为对外扩张的重点，为了夺取英法荷等国在南亚、东南亚及太平洋地区的战略资源，日本急于想借助德国的力量完成对太平洋地区的扩张，这是三国军事同盟缔结的根本原因。

三国军事同盟缔结后不到一年半，日本便通过偷袭珍珠港发动了太平洋战争。于是，日本对德同盟政策便开始向联合军事作战阶段转化。

第六章

日德联合军事作战计划与战略分歧

　　三国军事同盟形成后，日本更加快了对太平洋地区的扩张。但是，随着对外扩张的不断深入，日本对德同盟关系的真实状态也发生了微妙的变化。其中，最大的考验是在苏德战争和太平洋战争中，日德两国如何实现彼此在军事同盟交涉过程中及在盟约中所规定的相互援助的承诺。换言之，也就是在苏德战争和太平洋战争中，日德两国是否制定了联合军事作战计划，或者在实际的侵略战争中是否进行了实质性的联合军事作战。这是当前学界没有进行深入研究的一个重要问题，也为当前某些日本学者否认侵略战争，为近代日本的扩张行动进行诡辩提供了机会。

　　所以，本章将本着实事求是的原则，在对大量日文原始档案资料进行详细整理和分析的基础上，对日德联合军事作战计划及战略分歧原因进行全面分析，从而揭示日本对德同盟政策的真实状态。三国军事同盟形成后，日本曾就联合军事作战计划与德国进行了多次交涉，并派海军大将野村之直邦作为日德军事委员会日方最高代表，赴德进行联合军事作战交涉。1941 年 12 月 8 日，也就是太平洋战争爆发后的第二天，日本同德国和意大利秘密缔结了《日德意共同行动协定》，该协定的中心目标是制定联合军事作战计划，军事打击的对象主要是英美两国。该共同行动协定制定后，日德意三国均对美国进行宣战。1942 年 1 月，日本同德国和意大利又缔结了《第二次军事同盟协定》①，该同盟协定与三国军事同盟的内容相比，更具有侵略性质。所以，本章将着重阐释三个问题：一是结合远东国际军事法庭中辩护方提供的原始资料，对当前日本学界对日德军事同盟的认识状态进行阐述；二是对苏德战争爆发后，日本并未对德国进行有效援助的原因进行分析；三是对太平洋战争爆发后，日德两国联合作战计划及战略分歧原因进行分析，从而进一步对所谓的英美同罪论、解放战争论、自卫战争论、殉国论等错误历史观进行回击。

第一节　苏德战争爆发后日本对德同盟政策

三国军事同盟形成后，德国和日本便开始策划发动新的侵略战争。1941 年 6 月 22 日，德国单方面撕毁了《苏德互不侵犯条约》，出动了近 200 个师，3000 多辆坦克，4000 多架飞机，100 多艘军舰，对苏联发动侵略战争。半年后，日本也出动飞机和潜艇，袭击了美国在太平洋上的海军基地珍珠港，挑起太平洋战争。苏德战争和太平洋战争爆发，是考验日本和德国是否能够履行盟国义务的试金石。尽管日本和德国在军事同盟交涉过程中都表示将在对外侵略战争中彼此相互援助，并且在三国军事同盟条约中也明确提出，"三国中的一方遭到现在尚未参加欧洲战争及中日战争的一国或数国攻击时，其他两国要运用一切政治、经济和军事手段予以援助"，②但是，苏德战争爆发后，日本并未出兵西伯利亚，对德国进行有效的策应。关于苏德战争爆发后，日本并未出兵进攻苏联的原因，国内学界曾对其进行了探讨和研究。笔者认为，最主要的原

---

① 目前学界没有此种称呼，为了同 1940 年 9 月 27 日的三国军事同盟协定进行区分，本书将其称作《第二次军事同盟协定》。本观点仅代表个人意见。

② 「1940 年 9 月 19 日御前会議」日本外務省編『日本外交文書・日独伊三国同盟関係調書集』外務省、2005、322 頁。

因是日本同德国缔结军事同盟的根本目的不是帮助德国实现侵略目标，而是希望利用德国来实现独霸中国和太平洋地区的扩张计划。所以，日德两国结盟过程中所体现出来的利益至上原则，是苏德战争爆发后日本不能有效地策应德国的根本原因。

一　战后日本对日德军事同盟的错误认知心理

如上所述，日本对德同盟政策的战略目的是实现独霸中国和太平洋地区扩张计划，无论是广田弘毅内阁时期的《日德防共协定》交涉，还是第一次近卫文麿内阁时期的防共伙伴关系的提升和德国充当对华政治诱降的中介，以及平沼骐一郎内阁时期的强化防共协定交涉，到第二次近卫文麿内阁时期缔结三国军事同盟，日本都希望借助德国的力量实现侵略扩张战略，最终实现所谓的"大东亚共荣"。可以说，1936—1941年日本对德同盟政策始终呈现出目的性和战略性的特点。关于日本对德同盟政策的阶段性变化特点，一些日文原始档案资料展现了这一时期日本对德同盟政策的真实状态。

但是，笔者在梳理日本学界对日德军事同盟研究的成果时发现，战后日本对这段侵略历史有意回避，对这一时期的侵略扩张政策也采取否认的态度。例如，1946年5月至1948年11月，在远东国际军事法庭审判中，日本的辩护方对这一时期日本的侵略扩张政策就采取了回避的态度，并通过否定三国军事同盟的侵略性质来掩盖日本的战争罪行，并且否定从日德缔结防共协定到三国军事同盟形成过程中，日本对德同盟政策具有一贯性和连续性的特点。所以，从日本当前学界的研究现状入手，通过大量的日文原始档案资料，分析日本对德同盟政策的认知心理，对于揭示1936—1941年日本对德同盟政策的变化特点具有重要意义。战后日本对日德军事同盟的认知情况，大体体现在以下四个方面。

第一，否认从日德缔结防共协定到三国军事同盟缔结过程中，日本对德同盟政策具有连续性的特点。日本辩护方认为，从平沼骐一郎内阁时期的强化防共协定交涉，到米内光政内阁时期自主外交和不介入欧洲战争政策的提出，日本已经试图摆脱与德国进行军事同盟交涉，并要重新回归到对英美协调的外交路线。① 另外，日本辩护方还认为，强化防共协定交涉与三国军事同盟的缔结没有必然的联系。② 日本辩护方提出上述观点，主要有两点原因，一是认为1939 年 8 月苏德缔结了互不侵犯条约，终止了平沼骐一郎内阁与德国之间的强化防共协定的交涉，二是认为阿部信行内阁与米内光政内阁都发表了不介入欧洲战事的声明，这就足以说明，这两届内阁采取的是疏离德意集团的外交政策。③

　　第二，否认日本与德国缔结军事同盟具有侵略和扩张的目的，认为日本与德意缔结三国军事同盟的最终目的，是阻止美国参战。日本辩护方指出："日本与德意缔结三国军事同盟，是出于自卫而采取的必须手段，目的是维护世界和平。日本同德意缔结三国军事同盟的最终目的，就是希望与世界各国，尤其是与美国能够在平等互利的基础上发展和平友好关系，与德意缔结军事同盟，是日本为了摆脱国际困境而采取的有效手段。"④ 关于这一点，海相及川古志郎在远东国际军事法庭的供述书中也进一步指出："日本同德国缔结军事同盟的最大目的，就是为了获取南亚、东南亚及太平洋地区的战略资源，并阻止美国参战。"⑤ 日本外务省条约局长松本俊

---

　　① 「阿部信行内閣の欧州戦不介入方針」（第 502—32 号）東京裁判資料刊行会編『東京裁判辯護側資料』（第四卷）国書刊行会、1995、13 頁。

　　② 「阿部信行内閣の欧州戦不介入方針」（第 502—32 号）東京裁判資料刊行会編『東京裁判辯護側資料』（第四卷）国書刊行会、1995、13 頁。

　　③ 「阿部信行内閣の欧州戦不介入方針」（第 502—32 号）東京裁判資料刊行会編『東京裁判辯護側資料』（第四卷）国書刊行会、1995、13 頁。

　　④ 「冒頭陳述——三国同盟」、（第 1744 号）東京裁判資料刊行会編『東京裁判辯護側資料』（第四卷）国書刊行会、1995、5 頁。

　　⑤ 「及川古志郎宣誓供述書」（第 1664 号）東京裁判資料刊行会編『東京裁判辯護側資料』（第四卷）国書刊行会、1995、41 頁。

一也指出：“缔结三国条约的主要目的，就是要牵制美国，阻止美国参加欧洲战争。”①

第三，否认三国军事同盟缔结后日德两国进行了联合军事作战，认为日德两国在苏德战场和太平洋战争中并未进行实质性的联合军事作战，所以三国军事同盟是虚假的同盟。②

第四，否定与德国缔结军事同盟是日本政府的集体行为，将战争责任推向个体和机构，从而使日本达到推卸战争责任的目的。大桥忠一在《太平洋战争由来记》中认为日本国家不应该承担战争责任，而是将日本战败的责任推给松冈洋右。③

二　苏德战争爆发后日本对德同盟政策

为了实现对外侵略扩张战略，日本同德国于 1936 年 11 月缔结了防共协定，又于 1940 年 9 月同德意缔结了军事同盟，从日本对德同盟政策的整个过程来看，日本始终把日德同盟作为实现对外侵略扩张的手段。因此，日本对德同盟政策的最大特点就是日本一向把日德军事同盟作为实现对外侵略扩张的手段，而不是要真正履行同盟国义务。所以，在考察日本对德同盟政策的目的性和战略性时一定不能离开这一主线，这样才能对日德同盟关系的真实状态做出正确评价。

1940 年 9 月 27 日，日本、德国和意大利缔结三国军事同盟，标志着在世界范围内法西斯体系的最终形成，同时也预示着世界规模的侵略战争即将到来。三国军事同盟缔结后不到两年，德国便在 1941 年 6 月向苏联发动进攻，日本也于 1941 年 12 月偷袭珍珠港，挑起太平洋战争。于是，整个世界被卷入反法西斯战争中。可以

---

① 「松本俊一宣誓供述書」（第 1547 号）東京裁判資料刊行会編『東京裁判辯護側資料』（第四卷）国書刊行会、1995、49 頁。

② 「松本俊一宣誓供述書」（第 1547 号）東京裁判資料刊行会編『東京裁判辯護側資料』（第四卷）国書刊行会、1995、49 頁。

③ 大橋忠一『太平洋戰争由来記』要書房、1952、序言 1 頁。

说，苏德战争的爆发，是考验日本对德同盟的试金石。日本对德同盟政策发生了微妙变化。日本不但没有从西伯利亚对德国进行援助，而且还在参战义务上采取了逃避的态度。关于日本不对德国进行援助的原因，应该从以下两个方面进行分析。

首先，要从日本和德国结盟的根本目的进行分析。1940 年 7 月，第二次近卫文麿内阁制定了《适应世界形势时局处理要纲》。这个政策性文件的制定，标志着日本把缔结三国军事同盟和实现南进战略作为日本的基本国策。《适应世界形势时局处理要纲》明确指出："日本将适应世界形势的发展和变化，迅速调整对外政策，把解决中国问题和南方问题作为日本今后外交的重点。"① 上述内容充分说明，日本同德意缔结军事同盟的根本目的就是企图借助三国军事同盟的力量，实现独霸中国和太平洋地区扩张计划。

可以说，日本之所以能够确立南进战略，主要是由于日本同德意两国缔结了军事同盟。而德国同日本结盟的根本目的，则是看中日本在太平洋地区拥有强大的海军力量，希望德国在进攻英法荷等国本土时，可以利用日本的力量来打击上述国家在亚洲的殖民地势力。关于这一点，里宾特洛甫曾在记者招待会上说明了德国同日本结盟的目的。里宾特洛甫指出："德国同日本缔结军事同盟，不仅是为了阻止美国参加欧洲战争，最重要的是利用日本打败英国在亚洲及太平洋地区的殖民地势力，如新加坡、香港、濠州、新西兰等。"②

所以，在瓜分英法荷等国在太平洋地区的殖民地和攫取战略资源上，日本和德国有共同的利益需求。而且，三国同盟缔结后，松冈洋右和德国驻日大使奥托在东京举行换文时，就条约的内容进行

① 「世界情勢の推移に伴ふ時局処理要綱」日本外務省編『日本外交年表竝主要文書』（下）原書房、1965、437—438 頁。

② 「同盟の締結と日米両国の反応」、『タイム雑誌』（1940 年 10 月 14 日報道）（第 1713 号）東京裁判資料刊行会『東京裁判辯護側資料』（第四卷）国書刊行会、1995、60 頁。

了秘密约定：①关于条约第三条中"缔约国中一国受到未介入欧洲战争及中日战争中的一国攻击时"，"攻击"的概念范围由缔约国自己判断；②关于日美开战时德国的立场问题，日本认为从当时形势来看，日美武力冲突的可能性很大，所以，日本希望德国不要拘于条约的规定，而予以援助；③在南太平洋上，日本以委任形式统治的原德国的殖民地，日本要求德国有偿让给日本。

从上述的内容可以看出，日本在同德国结盟的过程中，首先想到的是日本的自身利益，并在具体的侵略战争中也时刻权衡自身的利益得失。所以，1941 年 3 月，松冈洋右访问柏林时，当希特勒和里宾特洛甫向其表示将要对苏联开战时，松冈洋右已经意识到，德国向日本承诺为日苏关系的调整从中斡旋也不会有任何结果，这意味着由松冈洋右和里宾特洛甫一手导演的"四国同盟"构想，即将成为泡影。①

于是，为了防止在推行南进战略的过程中苏联在远东地区进攻日本，1941 年 4 月 23 日，松冈洋右便在莫斯科同苏联缔结了为期五年的《日苏中立条约》。日本这一外交行动，对企图利用日本在远东开辟苏德第二战场的德国来说，确实是个沉重打击。因为尽管松冈在访问柏林时表示，苏德战争爆发时日本将站在轴心国的立场上打击苏联，但《日苏中立条约》的订立，以铁一般的事实向德国表明，日本将要改善同苏联的关系，同时也在国际法上对日本进攻苏联做出了限制。从一定意义上来说，《日苏中立条约》的缔结，是德国企图利用日本进攻苏联的一大障碍，同时也充分地暴露出日德军事同盟的利益至上原则，这预示着日本对德国在进攻苏联时提供的支援是有限的。

其次，要重点分析日本是从何种战略目的考虑，最终拒绝了德国的出兵进攻苏联的要求。苏德战争爆发后，里宾特洛甫同大岛浩

---

① 「独ソ開戦——関特演と仏印進駐」日本参謀本部編『杉山メモ（上）——大本営・政府連絡会議等筆記』原書房、1967、62 頁。

秘密会谈，要求日本履行盟约，站在德国的立场上对苏联开战。当时，日本国内对是否北上进攻苏联存在意见分歧。1941 年 5 月，日本大本营海军部制定了《对南方施策要纲》，要求日本向南洋进驻，并把该要纲提交给陆军。但是，由于陆军内部大部分阁僚认为苏德战争的爆发是日本北进的好时机，要求日本在国策上调整北进战略，导致海军的《对南方施策要纲》被搁置。

德国一方面准备对苏联发动进攻，一方面积极要求日本参加德国方面对苏联的作战。1941 年 6 月 28 日，在大本营第 35 次联席会议上，日本再次讨论进攻苏联问题。当时，德国外相里宾特洛甫再次要求日本北上进攻苏联，松冈洋右也表示应该北上攻打苏联，但参谋总长、军令部总长、海相和陆相都表示："北上进攻苏联的时机尚未成熟。"①

为了进一步解决北进和南进问题，1941 年 7 月 2 日，日本御前会议通过了《适应形势演变之帝国国策要纲》，进一步表明日本当前形势下的国策要纲，是以解决中国事变和南进为主的国策基准。该要纲明确指出："帝国政府无论世界情势如何变化，始终以实现大东亚共荣为目标，并把解决中国事变和南进战略作为国策基准，根据形势的演变来解决北方问题，对于苏德战争，以三国轴心精神为基准，但暂不介入，秘密对苏作好备战，以伺良机。"②

这次御前会议通过的《适应形势演变之帝国国策要纲》，基本上确立了日本对苏德战争的立场。日本陆军省对苏德战争的立场体现的核心思想就是所谓的"熟柿主义"。当时，陆相东条英机指出："进攻苏联，必须等到苏联像熟透的柿子那样再采取行动。"③

---

① 「国策要綱——対独通告文等に関する件」日本参謀本部編『杉山メモ（上）——大本営・政府連絡会議等筆記』原書房、1967、246 頁。

② 「世界情勢の推移に伴ふ時局処理要綱」日本外務省編『日本外交年表竝主要文書』（下）原書房、1965、531 頁。

③ 〔苏〕ボリスラウィンスキ－著、高橋実・江沢和弘訳『考証日ソ中立条約——公開されたロシア外務省機密文書』岩波書店、1996、155 頁。

东条英机的意见，得到首相近卫文麿、内相平沼骐一郎、内大臣木户幸一和海相及川古志郎的一致赞同。

于是，从 1941 年 7 月到 1942 年上半年，日本陆军便着手进行对苏备战，历史上将其称作"关特演"（关东军特种演习）。据有关文献记载，当时，日本集结在中朝边境的兵力陆军约占总数的二分之一，空军约占总数的三分之一，关东军人数达 11 万人，坦克 1000 辆，作战飞机 1700 架，大炮 5800 门，而当时在日本陆军的总装备中，坦克仅为 2260 辆，作战飞机 5000 架，大炮 12270门。[①] 而且，日本在靠近苏联边界上构筑了 17 个堡垒，堡垒线路达到 800 公里，共修筑战备工事 4500 多个，在中国东北修筑的铁路达 3000 公里。另外，又修筑了 300 多个军用仓库，内存炸药多达 1.2 万吨。[②]

可以说，从 1941 年 7 月开始，日本虽然在国策战略上确定了以南进为主，但并未彻底放弃北进战略。从整个对苏备战的情况来看，日本的"关特演"同德国进攻苏联的"巴巴罗萨计划"极为相近，但是"关特演"又同"巴巴罗萨计划"有着本质的区别，那就是"关特演"仅是一种进攻计划，并没有得到具体实施。但是，正是日本在苏联边界构筑的"军事准行动"对德国进行策应，才使苏联驻扎在远东地区近 40 万人的红军坚守阵地，对德国赢得苏德战场的初期胜利起到了一定的作用。[③]

以上就是苏德战争爆发后，日本对德国采取的策应措施。关于日本只采取"关特演"的形式对德国进行支援，大体应该从以下几个方面进行分析。其一，从日本的战略目标来看，1940 年 7 月

---

① 「五ヶ年計画」、日蘇通信社、『蘇聯邦年鑑』（1943—1944 年）（第 1618 号）東京裁判資料刊行会編『東京裁判辯護側資料』（第三卷）国書刊行会、669—676 頁。

② 「五ヶ年計画」、日蘇通信社、『蘇聯邦年鑑』（1943—1944 年）（第 1618 号）東京裁判資料刊行会編『東京裁判辯護側資料』（第三卷）国書刊行会、669—676 頁。

③ 〔苏〕ボリスラウィンスキー‐著、高橋実・江沢和弘訳『考証日ソ中立条約——公開されたロシア外務省機密文書』岩波書店、1996、173—175 頁。

第二次近卫文麿内阁成立后，德国已经侵占欧洲许多国家，尤其是对英法荷等国家以沉重打击，德国的暂时胜利极大地刺激了日本国内的亲轴心派，他们将其看成日本夺取南亚、东南亚及太平洋地区的石油、橡胶等战略资源的天佑良机。另外，为了解决中日战争胶着化状态，日本急于实施南进战略，不惜与英美两国开战。苏德战争爆发后，以松冈洋右为首的一些政府要员，认为日本应该趁苏联无暇东顾的机会，进攻苏联，夺取西伯利亚的矿产资源。但是，1941 年 7 月 2 日，日本御前会议再次重申了日本当前的国策基准是实行南进战略，并对苏联实行军事备战，以伺时机成熟时再进攻苏联。这就从战略决策上否定了松冈洋右等人进攻苏联的想法。其二，从日苏多年边境纷争的现实情况来说，日本关东军对进攻苏联取胜并不是十分自信。可以说，日本最初为了实行北进战略，同德国缔结了名为防共实为防苏的防共协定。日德防共协定缔结后不到两年时间里，日本关东军对苏联发动了两次试探性进攻，1938 年 7 月的张鼓峰事件和 1939 年 5 月的诺门坎事件都没有达到预期目的，而且日本关东军在这两次进攻中都受到很大的损耗。这也是日本进攻苏联采取慎重态度的主要原因。其三，苏德战争爆发后，苏联为了防备日本在背后下手，始终没有把驻扎在远东地区的大批苏联红军撤回，这也是日本不敢贸然进攻苏联的重要原因之一。

再次，德国对苏联进攻没有取得预期的成效，这是日本不敢贸然进攻苏联的重要原因。如上所述，日本对苏联发动进攻的前提条件，必须是德国对苏联的进攻取得预期成效，换言之，在德国要求日本从远东进攻苏联时，日本就表示必须在德国夺取苏联的重要城市之后，才能进攻苏联。但是，到了 1942 年下半年，德国进攻苏联的进程明显减弱，日本便对德国能否赢得苏德战争的胜利表示怀疑。

最后，日本同德国缔结军事同盟的最大目的，就是企图利用德国力量实现日本的侵略扩张计划。日本把对德军事同盟看成日本实现北进和南进战略的必要手段，但绝不是目的。所以，从功利主义目的出发而结成的同盟关系，结盟者必须审时度势，根据自己利益的需求决定是否采取必要的军事行动。当付出大于回报时，就意味着统一行动计划的破产。可以说，日本是否对德国进行支援，是由日本最终获得的利益多少而决定的。

另外，还有一点要着重说明，1941 年 4 月日苏中立条约的订立，也是日本在国际法上一个不肯进攻苏联的合理借口。

第二节　日德联合军事作战计划与战略分歧

日本和德国在进行军事同盟交涉过程中以及军事同盟缔结后，都涉及联合军事作战问题。日本和德国的联合军事作战计划，主要是针对苏联和太平洋地区英美两国的联合作战问题。1940 年 9 月，斯塔玛作为里宾特洛甫的特使到东京同松冈洋右进行谈判时，就曾谈到日德联合军事作战问题。当时，斯塔玛向松冈表示，为了使日本在太平洋地区有效地打击英法荷等殖民地势力，德国将尽全力对日本进行军事援助，如在军事装备方面，只要日本有所需，德国就可以提供飞机、战车、武器以及军事人员等。①

一　联合军事作战计划与“第二次军事同盟”

三国军事同盟缔结后，日德联合军事作战又进一步提到日程上。1941 年 3 月，在松冈洋右访问柏林时，希特勒和里宾特洛甫都向日本提出了日德联合军事作战计划，主要是在太平洋地区进行联合作战的计划。当时，里宾特洛甫向松冈洋右提示，如果日本想要在太平洋地区遏止英美联军，首先要进攻新加坡。② 松冈洋右认为，日本进攻新加坡时，担心英国在太平洋地区坚固的军事要塞会

① 「松岡洋右とスタ－マ－会談」（1940 年 9 月 10 日）極東国際軍事裁判所編『極東国際軍事裁判速記録』第 76 号、法廷書証 549 号、検察文書 1129 号、財団法人日本科学協会、1946、6—7 頁。

② 豊田穣『松岡洋右——悲劇の外交官』（下）新潮社、1979、244—247 頁。

阻止日本的进攻，并向里宾特洛甫询问，德国能对日本进行怎样的军事援助。里宾特洛甫立即表示，德国将采用秘密战术对日本进行支援，但要等到日本开始进攻新加坡时再进行协商。[①]

苏德战争爆发后，德国多次要求日本在远东进攻苏联，对德国进行军事支援。但是，日本此时把战略的重点放在南进上，所以不肯轻易出兵进攻苏联，只是将大批关东军驻扎在苏联边界，进行所谓的"关特演"，并未对苏联发动进攻。而且，日本同德国进行谈判时也表示，只有在德国占领苏联的重要城市后，日本才可以进攻苏联。

与苏德战场相反，日德两国在太平洋地区制定了严密的联合军事作战计划。在日本，以军部为首的轴心派强烈要求南下进攻英法荷等在太平洋地区的军事要塞。当时，白鸟敏夫是典型的代表人物。白鸟敏夫曾公开发表了《三国同盟与明日之世界》一文，阐述日本如果要实现南进战略目标，首先要进攻新加坡，这样才能使日本取得在太平洋地区的制海权。[②] 白鸟敏夫的看法，立即得到驻德大使馆人员的一致赞同。1941 年 1 月 31 日，日本驻德大使馆向东京发来一份调查报告，详细说明当前是进攻新加坡的大好时机。[③]

这样，日本在德国的援助下，不断地向法属印度、泰国进驻，并以仲裁者的身份插手法属印度和缅甸边境的纷争问题。为了在太平洋上有效地打击英国，里宾特洛甫和大岛浩制定了共同占领新加坡计划。1941 年 3 月，德国陆海军司令部同日本陆海军作战部联合发布了第 24 号作战命令，要求德国和日本联合进攻新加坡。该作战命令的具体内容为：①为了击溃英国在太平洋上的军事力量，并遏止美国，日本和德国制定共同的军事作战计划；②德国对日本

---

① 豊田穣『松岡洋右——悲劇の外交官』（下）新潮社、1979、244—247 頁。

② 極東国際軍事裁判所編『極東国際軍事裁判速記録』第 72 号、法廷書証 473 号、検察文書 1810 号財団法人日本科学協会、1946、10 頁。

③ 極東国際軍事裁判所編『極東国際軍事裁判速記録』第 72 号、法廷書証 473 号、検察文書 1810 号財団法人日本科学協会、1946、11 頁。

进行必要的经济和军事援助；③为了保证日德两国在军事进攻中所需原料的供应，两国联合对石油和橡胶产地进行控制；④两国将对英国在太平洋地区的重要据点新加坡，展开联合进攻。①

1941 年 11 月 29 日，里宾特洛甫向大岛浩再次表示，日本一旦同英美开战，德国将全力对日本进行援助。1941 年 12 月 1 日至 4 日，大岛浩同里宾特洛甫又进行了多次会谈，要求日本对美国开战时，德国也要对美国宣战，并且不得单独与美国缔结媾和条约。1941 年 12 月 11 日，也就是日本袭击珍珠港后的第四天，德国和意大利同时向美国宣战。这样，日本、德国和意大利在东西南三个方向形成环形攻势，开始了在世界范围内的法西斯战争。②

为了取得在太平洋地区的制海权，并有效地打击英美联军，1941 年 12 月 11 日，日德意三国又缔结了《日德意共同行动协定》。该协定明确指出：“日本、德国和意大利为了在太平洋地区共同对英美进行联合作战，彼此相互协力，将采取一切手段打击英美两国的进攻，并不单独同上述两国缔结休战及媾和协定。”③

1942 年 1 月 18 日，为了在太平洋上彻底击溃英美联军，日本、德国和意大利又缔结了《日德意军事协定》。该协定的内容与 1940 年 9 月 27 日的《三国军事同盟》、1941 年 12 月 11 日的《日德意共同行动协定》相比具有明显的不同之处。为了与上述两个同盟条约进行区别，笔者将其称作“第二次军事同盟协定”。④ 该

① 「ドイツ陸海軍最高司令部、総統司令部密電」（1941 年 3 月 5 日）極東国際軍事裁判所編『極東国際軍事裁判速記録』第 77 号、法廷書証 573 号、検察文書 4003 号財団法人日本科学協会、1946、10—11 頁。

② 「対米英戦の共同遂行、単独不媾和及新秩序建設協力に関する日本国、ドイツ国及イタリア国間協定の件」（1941 年 12 月 10 日）日本外務省檔案（縮微胶卷）：WT27 号、1—6 頁。

③ 「対米英戦の共同遂行、単独不媾和及新秩序建設協力に関する日本国、ドイツ国及イタリア国間協定の件」（1941 年 12 月 10 日）日本外務省檔案（縮微胶卷）：WT27 号、1—7 頁。

④ 「日独伊軍事協定」（1941 年 1 月 18 日）日本参謀本部編『杉山メモ——大本営・政府連絡会議筆記』（下）原書房、1967、6—7 頁。

协定主要由作战地域分担、作战行动大纲、军事协力要领和条约文等四部分构成。在作战地域分担中，明确规定了日本和德意两国的主要作战范围，日本主要是在东经 70°以东到美洲大陆西海岸的海面、岛屿和大陆作战，同时也包括荷属印度、新西兰等地区，以及东经 70°以东的亚细亚大陆等地区；德国和意大利作战地域主要是东经 70°以西到美洲东海岸的大陆和岛屿，同时也包括阿弗利加和冰岛等地区，以及东经 70°以西的近东、中东和整个欧洲地区。①

作战行动大纲明确指出："日本将策应德意两国对美国实行作战，主要是在太平洋地区对英美荷的亚洲根据地及其领土进行有效打击，并努力消灭英美在太平洋、印度洋的陆海军兵力，确保日德意三国在太平洋上的制海权。另外，日本还承担在太平洋上破坏英美的通商航海的行动，并抽调一部分陆海军兵力派往大西洋直接同德意海军联合作战；德意为了策应日本在太平洋上的作战，实施对英美作战，以消灭英美在近东、中东、地中海及大西洋等地区的根据地为目标，并破坏英美在大西洋和地中海地区的通商航海活动，对英美两国在该地区的陆海空兵力进行有效打击。另外，德意将抽调一部分海军兵力派往太平洋地区同日本进行联合作战。"②

军事协力要领明确指出："日德意三国将在作战过程中相互通报作战计划，通报破坏战的情况，并交换所获取的敌方军事情报，同时，三国还就军用航海线路、交通航路和海上运输等进行协力。"③

协定的具体内容明确指出："日德意三国将运用一切手段对英

① 「日独伊軍事協定」（1941 年 1 月 18 日）日本参謀本部編『杉山メモ——大本営・政府連絡会議筆記』（下）原書房、1967、6—7 頁。

② 「日独伊軍事協定」（1941 年 1 月 18 日）日本参謀本部編『杉山メモ——大本営・政府連絡会議筆記』（下）原書房、1967、6—7 頁。

③ 「日独伊軍事協定」（1941 年 1 月 18 日）日本参謀本部編『杉山メモ——大本営・政府連絡会議筆記』（下）原書房、1967、6—7 頁。

美进行战争，三国约定不与英、美单独进行休战和媾和，直至将其彻底消灭，实现三国的共同目的。"①

以上就是日德意三国在太平洋战争爆发后，为了有效打击英美等国所制定的联合军事作战计划。该军事协定与 1940 年 9 月缔结的三国军事同盟、1941 年 12 月订立的共同军事行动计划相比，无论是战略目标还是联合军事手段都有明显的不同。战略目标主要集中在太平洋地区，重点打击的对象就是英美联军，并以彻底消灭英美两国在亚洲及太平洋地区的势力为最终目标。另外，日本和德意就作战的地域进行了详细划分。可以说，日德意"第二次军事同盟"的形成，是三国彻底进行世界性侵略战争的联合作战宣言书。正是该协定的缔结，使世界反法西斯同盟在战争初期出现了极为惨重的牺牲。② 同时，也正是这种联合军事作战计划的形成与实施，使三国的法西斯战争在整个世界范围内形成彼此呼应之势，使整个世界人民的生命和财产遭受巨大的损失，也给世界反法西斯同盟统一战线的形成制造了种种障碍。③

二　日德两国战略分歧

日本和德国虽然结成了轴心军事同盟，并缔结了"第二次军事同盟协定"，还制定了严密的分担区域作战计划和联合军事作战计划，但是，日德意法西斯直至最后投降，最终都没有进行实质性的联合军事作战。对此，我们应该从以下几个方面进行分析。

首先，日德对外侵略扩张目标和打击的对象不同，这是日德最终未进行联合军事作战的根本原因。如上所述，从 1936 年 11 月日

---

① 「日独伊軍事協定」（1941 年 1 月 18 日）日本参謀本部編『杉山メモ——大本営・政府連絡会議筆記』（下）原書房、1967、6—7 頁。

② 武向平：《日本对德政策研究（1936—1941）》，博士学位论文，东北师范大学，2018 年，第 129—130 页。

③ 武向平：《日本对德政策研究（1936—1941）》，博士学位论文，东北师范大学，2018 年，第 129—130 页。

德缔结防共协定，到 1942 年 1 月"第二次军事同盟"的形成，日本和德国始终存在战略分歧。具体表现为，对德国来说，同日本缔结防共协定的最初目的是借助日本的力量在远东牵制苏联，其最终目标是实现称霸欧洲的战略梦想。因此，德国始终主张日德军事同盟的防卫对象既要包括苏联，也要包括英法等国，并且要求日本在亚洲及太平洋地区运用武力对上述国家在太平洋地区的殖民地势力进行打击，使其不能对本土进行有效支援。

对日本来说，同德国订立防共协定的最初目的是利用德国力量牵制苏联，实现日本的北进战略。所以，日本同德国在防共协定交涉的整个过程中，要求防卫对象要以防共为掩护，防卫对象仅限于苏联和共产国际，其主要原因是此时军部势力并未完全控制整个日本外交中枢，以有田八郎为首的传统外交思想仍然在日本外交思想中占据主导地位，主张尽量同英美等国保持有限协调，主张对德外交策略停留在"薄墨"关系的层面上。这是日德军事同盟被限定在防共框架内的主要原因。但是，在 1938 年 7 月和 1939 年 5 月，日本对苏联进行的两次试探性进攻失败后，日本的对外侵略扩张战略开始发生转变，即由积极北进向消极北进转换。于是，为了摆脱中日战争的胶着化困境，攫取南亚、东南亚及太平洋地区的战略资源，实现南进战略，把英美的势力从亚洲驱逐出去，日本急于同德国缔结军事同盟。但是，日本却不打算卷入欧洲战争，这是苏德战争爆发后，日本不肯在战略上策应德国的主要原因。

其次，日本和德国在结盟过程中的竞争、对抗意识和利益至上原则，是日德最终未进行联合军事作战的根本原因。日本和德国之所以能够订立防共协定并缔结军事同盟，其根本原因在于彼此都需要利用对方来实现自己的侵略和扩张目标。但是，这种以利益至上为原则而结成的军事同盟，当面临具体利益纷争时，竞争、对抗意识就骤然冒头作祟，使双方都不肯牺牲各自的利益，为对方提供有效的军事援助。所以，从三国军事同盟形成到太平洋战争爆发，日本和德国虽然围绕联合军事作战问题，曾进行了周密计划，并制定了联合军事作战计划，并且日本国内以陆军为首的亲轴心派对此也抱有很大期待，但是在联合作战顺序方面，日本海军认为日德联合军事作战的顺序首先应该从夏威夷开始，然后逐步向印度洋推进，以占据太平洋上的澳大利亚和新西兰为最终目标，并由日本占领马达加斯加，德国却主张日本应该首先控制整个印度洋，在太平洋和印度洋上与德意两国进行协同作战，马达加斯加则必须由德国进行控制。

另外，1936 年至 1941 年，日德两国在技术和经济方面的协作力也非常有限。从日德缔结防共协定到军事同盟形成的过程中，日本和德国虽然都承诺在具体的侵略扩张中，彼此要为对方提供有效的技术和经济支援，但对德国来说，为日本提供技术援助的前提条件是日本必须在太平洋和印度洋上不断扩大战争规模，并对德意进行有效的战争援助。而且，由于英法美等国联合在大西洋至太平洋海域内对日德意三国进行全面军事封锁，对日德两国之间的物资援助进行打击，日德在物资的远程运送上也需要耗费大量的人力和物力资源，并需要通过潜水艇在水下进行运送，加之德国和日本在技术上也有所保留，所以这种经济和技术的援助也是非常有限的。可以说，在联合军事作战上，正是由于日德两国始终考虑自己的利益得失，这种结盟中的竞争、对抗意识和利益至上原则，才是日本和德国最终未进行联合军事作战的根本原因。[1]

再次，日本和德国在 1941 年 12 月订立的《日德意共同行动协定》和 1942 年 1 月订立的《日德意军事协定》中，制定了严密的分担区域作战计划。按照规定，日本主要是在东经 70° 以东到美洲大陆西海岸的海面、岛屿和大陆作战，同时也包括荷属印度、新西兰等地区，以及东经 70° 以东的亚细亚大陆等地区；德国和意大利

① 工藤章·田嶋信雄編『日独関係史 1890—1945 Ⅲ』東京大学出版会、2008、73 頁。

作战地域主要是东经 70°以西到美洲东海岸的大陆和岛屿，同时也包括阿弗利加和冰岛等地区，以及东经 70°以西的近东、中东和整个欧洲地区。实际上，这种分担作战区域的划分，对联合军事作战起到了制约作用。

最后，英美联军对日德意三国形成的包围战略，以及世界反法西斯军事同盟的形成，使日本和德国最终根本无法实现联合军事作战。可以说，日本的独霸中国和太平洋地区扩张政策遭到英美等西方列强的遏制与反击。为了遏制日本的侵略扩张战略，美国联合英国等一些国家，通过召开华盛顿会议使日英同盟解体，并不断地对日本在亚洲及太平洋地区的侵略扩张政策进行遏制。全面侵华战争爆发后，美国总统罗斯福于 1937 年 10 月发表对日隔离演说。随着日本对华侵略战争的不断升级，美国也不断加大对日经济制裁，1939 年 7 月，废除了《日美通商航海条约》，对日实行全面经济封锁。为了进一步打击日本在亚洲及太平洋地区的经济势力，1939 年 8 月，英国同新加坡缔结了《英新相互援助协定》，在南太平洋地区对日本形成包围之势。[①] 1940 年 9 月，在日德意尚未缔结三国军事同盟时，为了防御日本在太平洋地区扩张势力，美国对英国反击德国侵略的战争进行支援。同时，为了有效在太平洋地区对日形成包围之势，美英两国还缔结了军事协定，美国向英国无偿转让 50 艘老牌驱逐舰，以及一些重要的军用物资和军事技术。同时，为了策应美国的对日包围战略，英国也向美国提供了一定的军事协力。英国曾向美国提供芬兰、圭亚那、巴哈马和牙买加等诸岛屿的海上空军基地。对此，罗斯福指出："这是应对重大危机而采取的防御美洲大陆所进行的划时代准军事行动。"[②] 太平洋战争爆发后，

---

① 「英國、ポーランド國間相互援助協定」（第 151 号）東京裁判資料刊行会編『東京裁判辯護側資料』（第四卷）国書刊行会、1995、53 頁。

② 「三国國同盟當時の諸事件——駆逐艦を基地と交換」（第 401 号 – 33）東京裁判資料刊行会編『東京裁判辯護側資料（却下）』（第四卷）、国書刊行会、1995、53 頁。

英美更加强化对日包围战略和加强联合军事行动。1942 年 1 月，以美国为首的 26 个国家在华盛顿举行会议，签署了《联合国家宣言》。与会国一致保证，将运用全部军事和经济力量，反对日德意法西斯的侵略和扩张，并保证在反法西斯战争中相互协作，不单独同敌人缔结停战协定和和约。可以说，该宣言的发表，标志着世界反法西斯统一战线的形成，同时也预示着日德意法西斯轴心同盟即将面临世界性的挑战。[①]

小　结

综上所述，日本为了实现独霸中国和太平洋地区扩张计划，于 1940 年 9 月同德意缔结了三国军事同盟。可以说，日本同德国结盟的真正目的是实现日本的战略目标，三国军事同盟对日本来说，只是手段而不是目的。所以，尽管日本信誓旦旦地向德国表示日本将忠于同盟国的利益，但当盟国的利益同日本的利益冲突时，日本就会背信弃义地不履行盟约，如苏德战争爆发后，日本就没有履行盟约帮助德国进攻苏联。当然，1941 年 4 月，《日苏中立条约》的订立的确在国际法上对日本进攻苏联是个障碍，但是，日本在骨子里，却在对南进和北进做出利益权衡的抉择后，决定继续采取南进战略。所以，日本同德国结盟的根本目的就是实现和达到日本的战略目标，即对外侵略扩张战略。

另外，在日本看来，德国未必能够取得苏德战争的彻底胜利。从苏德战事的情况来看，日本对德国在苏德战场的估计也并不十分乐观。日本认为，即使德国向苏联发动了整体攻势，也很难给苏联

---

① 吴于廑、齐世荣：《世界现代史》（上卷），高等教育出版社 1994 年版，第 358—360 页。

以致命的打击，战术上也很难取得决定性胜利。① 所以，日本向苏联边境出动了大批关东军，以及众多的马匹、飞机和大炮等武器装备，等待苏军在远东兵力减少一半后，再做对苏开战的决定。但是，日本此计划很快就被以佐尔格为首的情报人员破获，情报人员向苏联进行汇报，使苏联并没有把整个兵力投入到西线对德作战中。这样才导致日本只是在苏联边境备战，并没有真正地进攻苏联。但是，正是这种强大的对苏备战状态，使苏联并没有把整个兵力集中于西线对德作战，使德国赢得了苏德战场的初期胜利。

另外，还要重点指出，日本和德国虽然在苏德战争问题上发生了意见分歧，并拒绝站在德国立场上进攻苏联，但是，日本和德国在太平洋地区进攻英美等国方面，制定了周密的联合作战计划。这个计划从 1940 年 9 月松冈同斯塔玛会谈时就已经开始预谋。三国军事同盟缔结后，日本又同德国多次密谋，使德意两国于 1941 年 12 月 11 日对美国宣战，三国于 1942 年 1 月 18 日又缔结"第二次军事同盟"。这样，以偷袭珍珠港为起点，日本把侵华战争变成名副其实的大东亚战争。

所以，在对日本对德结盟政策进行评价时，不应该单以结果作为评价的基准，而应该将作用于该结果的全过程和各种因素都考虑在内，只有这样，才能对 1936—1941 年日本对德同盟政策做出全面、公正的评价。②

---

① 〔日〕服部卓四郎：《大东亚战争全史》（第四卷），张玉祥等译，商务印书馆 1984 年版，第 819 页。

② 武向平：《日本对德政策研究（1936—1941）》，博士学位论文，东北师范大学，2008 年，第 132 页。

结　语

　　帝国主义之间结成政治和军事同盟有很多原因，但在诸多的原因当中最为重要的是缔约国之间在对外侵略扩张中具有共同的利益需求，这也是国家间政治和军事同盟能够形成的重要基础，在对外侵略扩张中谋求利益的最大化是结盟者所要达到的最终目标，[①] 1936—1941 日本对德结盟政策的最终目标就是在对外侵略扩张中获得最大化的利益。

　　明治维新后，日本确立的战略目标是实现独霸中国和太平洋地区扩张计划，但该战略目标在推行的过程中受到了英法美等西方列强的压制。第一次世界大战后，日本在凡尔赛－华盛顿体系下通过所谓的协调外交，把与西方列强之间的竞争侵略变成了协调侵略。但是，在无限膨胀的侵略扩张欲望的驱使下必然无法实现与西方列强之间的永久克制，日本便通过发动侵华战争、退出国联和世界裁军条约等一系列行动，向凡尔赛－华盛顿体系发起严厉挑战。德国为了摆脱第一次世界大战后西方列强的严厉制裁也不断地向凡尔赛－华盛顿体系发起挑战，要求通过侵略扩张来获得新的生存空

---

　　① 〔苏〕H. H. 伊诺泽姆采夫主编《列宁的帝国主义论与当代现实》，张承辉译，中国社会科学出版社 1980 年版，第 339 页。

间。正是日德两国在对外政策上都有强烈的侵略扩张欲望，最终导致两国结成了以发动世界性侵略战争为目标的法西斯军事同盟。对日本来说，与德国缔结军事同盟的中心目标就是完成对外侵略扩张计划，最终实现所谓的大东亚共荣新秩序。因此，从广田弘毅内阁时期的对德防共协定交涉到第一次近卫文麿内阁时期对德谋求防共伙伴构想及利用其充当对华政治诱降的中介，以及从平沼骐一郎内阁时期对德以强化防共协定为名进行的军事同盟的公开交涉到第二次近卫文麿内阁时期正式与德国缔结军事同盟，都是围绕着对外侵略扩张目标而展开的。因此，本书把 1936—1941 年日本对德同盟政策与日本对外侵略扩张战略有机结合起来，全面考察从九一八事变爆发到日本发动太平洋战争这段历史时期，日本对德同盟政策的外交思想、战略目标、决策定位和利益需求等变化过程，从而揭示日德同盟关系的真实状态。通过对 1936—1941 年日本对德同盟政策的深入研究，可以进一步了解第二次世界大战期间东北亚国际关系的发展变化过程，为深入研究近代中日关系史和日本外交提供历史借鉴。从整体来看，1936—1941 年日本对德同盟政策体现出了阶段性的不同变化特点，具体可以从以下几个方面进行分析。

首先，在对外侵略扩张中谋求利益最大化，这是日本对德同盟政策的总体战略思想。明治维新后，日本确立了"开拓万里波涛，布国威于四方"① 的对外侵略扩张政策，该政策的中心目标则是实现独霸中国和太平洋地区扩张计划。对该侵略扩张政策起到统领作用的则是"八纮一宇"② 的皇国思想，而明治维新时期所制定的殖产兴业、富国强兵和文明开化三大政策都是在该思想的指导下逐步推进的。

_____

① 「億兆安撫の宸翰」（1868 年 3 月 14 日）歴史学研究会編『日本史史料［4］・近代』岩波書店、1997 年、83 頁。

② 日本外務省档案（縮微胶卷）：WT7 号、松岡洋右「興亜の大業」、「興亜大業の意義」、106 頁。

第一次世界大战后，为了在凡尔赛－华盛顿体系下获得新的侵略利益，日本开始了外交新图谋。于是，日本一方面通过所谓的协调外交与西方列强在对华侵略上进行自我克制，另一方面又以委任统治的形式攫取了原德国在太平洋地区各岛屿的领有权。在凡尔赛－华盛顿体系的束缚下，日本把对外侵略扩张目标由与西方列强之间的竞争侵略变成了协调侵略。但是，在无限膨胀的侵略扩张欲望的驱使下，日本不可能真正与英美等国在对华利益角逐及太平洋地区扩张中达到永久的协调。当对外侵略扩张欲望无法满足时，日本便通过发动侵华战争、退出国联和世界裁军条约等一系列行动，向凡尔赛－华盛顿体系发起严厉挑战，并最终完全脱离这一体系，形成了太平洋地区的"无条约时代"。日本在加大对中国侵略的同时，对英美两国在中国及亚洲的利益也进行了一定的侵害。于是，英美两国不断在经济上对日本进行遏制，并在太平洋地区开始对日本展开经济封锁，日本也逐步陷入了国际孤立的局面。为了打破这一局面，寻求德国作为战略盟友成为日本外交新课题。

法西斯政权在德国的建立，为日本对德同盟政策的实施提供了重要契机。1934年3月，日本陆军省派武官大岛浩赴柏林进行日德同盟交涉事宜，于是日本对德同盟政策拉开序幕。从1936—1941年日本对德同盟政策的整个过程来看，不同内阁时期的对德同盟政策呈现出不同的阶段性变化特点，而且在不同内阁时期对德外交思想和角色定位也并不相同，但在整个变化过程中日本对德同盟政策的战略目标始终未偏离独霸中国和太平洋地区扩张这一主线，只不过是在具体的对德同盟政策中所实施的手段和方法存在差异而已。广田弘毅内阁时期，在外相有田八郎对德"薄墨外交"思想的主导下，对德同盟政策被设定在防共协定的范畴内，从表面上看日德防共协定的防卫对象主要是针对苏联及共产国际的活动，即把日德同盟的对象设定为具有共产主义性质的国家或区域这种广义范畴。第一次近卫文麿内阁时期的日本对德同盟政策同广田弘毅内阁时期相比，有了明显的变化。这一时期的对德同盟政策虽然并未脱离防共协定的限制，但日本对德同盟的战略目标明显地向侵华战争方面转换，于是谋求防共伙伴关系和寻找对华政治诱降的中介成了第一次近卫文麿内阁对德同盟政策的主要目标，并与德国开始了强化防共协定交涉，企图在对德同盟政策上突破防共协定的限定，向公开的军事同盟过渡。平沼骐一郎内阁时期，日本对德同盟政策虽然也打着强化防共协定的旗号，但已经非常明显地要把同盟的防卫对象范围扩大到英法美等国，平沼骐一郎内阁时期虽然因陆军、海军和外务三省在防卫对象和参战义务上存在意见分歧导致三国军事同盟没有实现，但整个交涉过程已经明显地体现出军事同盟的性质。第二次近卫文麿内阁成立后，日本对德同盟政策突破了以往历届内阁所受到的限制，这一时期不但制定了一系列对德交涉方针及纲要，还使陆军省、海军省和外务省在对德同盟政策上意见趋同。

从广田弘毅内阁到第二次近卫文麿内阁时期，日本对德同盟政策虽然在不同内阁时期的角色定位不同，但最终的目的就是企图借助日德同盟的力量实现日本的对外侵略扩张目标。所以，日德缔结防共协定是为了在远东地区牵制苏联，达到在对外侵略扩张中实现各自利益需求的目的。日德两国进行的强化防共协定交涉，也是为了实现在侵略扩张中的利益需求。对日本来说，无论是日德防共伙伴关系的提升还是希望德国充当对华政治诱降的中介，以及同德国进行强化防共协定交涉并最终缔结三国军事同盟，日本的最终战略目标就是在对苏联进行牵制的同时，也能够在太平洋地区与英美势力相抗衡，从而实现对外侵略扩张目的。

因此，1936—1941 年日本对德同盟政策所显示出的一个明显特征，就是为了实现独霸中国和太平洋地区扩张计划，不惜与英美开战。

其次，企图借助法西斯军事同盟的力量来实现对外侵略扩张目标，并不惜在太平洋地区与英美开战，这是日本对德同盟政策的冒险心理。可以说，侵略中国和太平洋战争的失败除了给战后日本民族心灵留下无法愈合的伤痛，更多的是日本应该深刻地检讨这种以屠戮邻国生灵为手段的侵略扩张政策给被侵略的东亚国家产生的深刻影响。战后初期，日本在反思第二次世界大战失败的原因时除了对侵华战争和侵略历史进行自辩，更多地认为日本企图通过与德意缔结军事同盟来称霸亚洲的战略是充满着极大冒险的外交政策，尤其是企图利用三国军事同盟在太平洋地区与美国开战更是一种自焚式的外交决策。这种冒险的外交心理之所以能够在对外政策中付诸实施，主要是第二次近卫文麿内阁时期的外交政策在外相松冈洋右的主导下与军部的对外侵略扩张战略相结合，并最终使陆军、海军和外务三省在对德同盟政策上意见趋同。因此，从军部的扩张战略与松冈洋右外交思想入手可以全面地解读这种冒险外交心理的发展脉络。

日德防共协定缔结后，松冈洋右就主张要尽快同德国缔结军事同盟，并且主张要同德国缔结生死同盟。1936 年 12 月，松冈洋右在满铁协和会馆发表演讲时指出："日本只有同德国结成生死同盟，才是解决中日战争胶着化状态、实现独霸中国和太平洋地区扩张战略的唯一出路。"[①] 1940 年 7 月在没有担任外相之前，松冈洋右就多次向外务省课长安东义良询问日德军事同盟的交涉情况。当安东将外务省草拟的对德同盟案向松冈洋右进行说明时，松冈洋右认为，在防卫对象和参战义务上极力回避英美两国，实在是非常愚蠢的做法。松冈洋右当即表示，"不入虎穴焉得虎子"，并提出为了实现对外扩张目标应该与德国有一种"相拥相抱，共赴情死的结盟决心"。[②] 松冈洋右这种主张对德缔结生死同盟的外交理念，不但没有受到当时日本外务省、陆军省和海军省的其他省首脑反对，相反还得到以首相近卫文麿为首的其他阁僚的大力支持。在荻窪会谈时，准首相、外相、陆相和海相等四巨头已经在对德同盟问

---

①　豊田穣『松岡洋右——悲劇の外交官』（下）新潮社、1979、185 頁。

②　細谷千博『両大戦間の日本外交 1914—1945』岩波書店、1988、157 頁。

题上达成了统一意见，而且松冈洋右所主张的与德国缔结生死同盟的想法得到了与会所有人员的同意。当时，近卫文麿也表示，为了实现对外扩张战略，誓死与英美开战。[①]

从上述内容可以看出，日本为了实现独霸中国和太平洋地区扩张计划，放弃了对英美协调的外交路线，这就充分表明日本已经做好了利用三国军事同盟，在太平洋地区同英美开战的准备。所以，1936—1941 年日本对德同盟政策所体现出来的一个明显特征就是，极端的冒险心理在日本外交决策中占据一定的位置，而这种冒险心理的最终来源是实现对外侵略扩张战略。正是在这种对外侵略扩张欲望的驱使下，从广田弘毅内阁到第二次近卫文麿内阁都不断地进行对外战略调整，即不断地进行北进政策和南进政策的调整，这才导致 1936—1941 年日本对德同盟政策呈现出不同的阶段性变化特点。

可以说，第二次近卫文麿内阁时期日本对德军事同盟政策的冒险心理达到了最高点，这一时期不但撕下了防共的假面具向公开的军事同盟转变，还在同盟条约中明确了三国军事同盟针对的是英法美等国。所以，1940 年 9 月 27 日三国军事同盟的形成，表明日本为了夺取亚洲及太平洋地区的战略资源，不惜对英美发动战争，这是日本对德结盟过程中冒险心理的集中显现。关于日本对德同盟政策中冒险心理产生的主要原因，可以从以下几个方面进行分析。

其一，日本把实现南进战略作为对外扩张政策的主要目标，必然要突破防共框架内的日德同盟关系，把日德同盟关系向公开的军事同盟转变，这是日本对德同盟政策中冒险心理产生的主要原因之一。1936 年 8 月，广田弘毅内阁按照陆军省和海军省的国防策略，制定了南北并行的二元外交路线，即把海军省所提倡的南进论作为国策的同时，又承认陆军省的北进论。这种南北并行的二元外交路线的制定，标志着南进和北进政策正式作为日本的

---

① 豊田穣『松岡洋右——悲劇の外交官』（下）新潮社、1979、205 頁。

对外侵略扩张政策。同时，又把"粉碎苏联侵犯亚洲的企图，特别是清除军备上的威胁，阻止共产主义的发展"[1] 作为当前外交的重点。这进一步表明日本为了在亚洲地区牵制苏联，实现以中国大陆为腹地的北进战略，同德国缔结防共协定的迫切性和目的性。于是，企图借助德国力量，实现称霸亚洲的梦想，是日本需要解决的外交新课题。

但是，1938 年 7 月和 1939 年 5 月对苏联两次试探性进攻失败后，日本的对外侵略扩张战略不得不发生改变。在张鼓峰事件和诺门坎事件中，日本不但没有达到预期北进的目的，还使关东军受到严重的打击。这样，也使日本陆军省极力主张的北进战略不得不进行转变。于是，日本开始调整对外侵略扩张政策，由积极北进向消极北进转换。[2] 另外，促使日本进行战略调整的又一客观原因，是 1939 年 8 月苏德缔结了互不侵犯条约。对日本来说，从 1936 年广田弘毅内阁成立到 1939 年诺门坎事件的发生，日本对外侵略扩张政策的中心目标都是实现以中国大陆为腹地的北进战略，在该政策具体的推行过程中，苏联不但是日本重点防卫的对象，也是日本企图利用德国力量进行压制的对象。《苏德互不侵犯条约》的缔结给日本的打击是沉重的，也迫使日本在对外侵略扩张政策上开始向南进战略转换。

1940 年 7 月，第二次近卫文麿内阁制定了《适应世界形势时局处理要纲》。该文件的发表，标志着日本把与德国缔结军事同盟和南进战略作为其基本国策。可以说，日本与德国缔结军事同盟的根本目的，就是希望借助日德军事同盟力量实现对太平洋地区的扩张，并企图利用三国军事同盟力量实现日德意苏"四国同盟"构想，并借助日德意苏"四国同盟"力量压制美国，阻止美国参战，

---

① 「帝国国防部方针・用兵綱領第三次改訂」島田俊彦・稲葉正夫編『現代史資料 8・日中戦争 1』みすず書、1962、356 頁。

② 中西治「関東軍と日ソ対決」三宅正樹編『大陸侵攻と戦時体制——昭和史の軍部と政治②』第一法規出版株式会社、1983、149 頁。

实现所谓的大东亚共荣。

其二，企图利用三国同盟的力量，打破英美两国在亚洲及太平洋地区对日本的包围阵线，并把英美两国的势力从亚洲和太平洋地区驱逐出去，从而实现独霸中国和太平洋地区扩张战略目标，这是日本对德同盟政策中冒险心理产生的主要原因之二。可以说，日本在亚洲及太平洋地区的侵略扩张，必然要触动英美两国在亚洲及太平洋地区的利益。为了维护在中国和亚洲地区的各项权益，英美两国必然要对日本的侵略扩张进行遏制。而且，这种遏制行动，从第一次世界大战结束后就已经付诸实施了。在凡尔赛－华盛顿体系下，日本也曾试图通过与西方列强的协调，来维护在一战中所获得的各项权益。但是，在无限膨胀的侵略欲望的驱使下，这种有限的协调和克制必然要被强硬政策所取代。于是，日本急于与有着同样侵略欲望的德国缔结军事同盟，来对抗英美等国在亚洲及太平洋地区对日本的遏制与反击。

但是，随着日德同盟关系的进一步扩大，英美两国对日本的遏制和反击也不断加深。尤其是随着对华侵略战争的不断升级，日本同英美两国的关系也不断发生变化。从 1937 年 10 月罗斯福发表对日隔离演说，到 1939 年 7 月美国通告废止《日美通商航海条约》，都进一步显示出美国对日本侵略扩张政策的不满和反击。[1] 三国军事同盟形成后，美国更加大了对日本的经济封锁和军事包围。到太平洋战争爆发前，美国在军事战略物资、工业原料和生活必需品等方面对日实行全面封锁和禁运。美国还联合英法荷等国，切断缅甸到中国的所有运输路线，断绝日本的一切外援。1941 年 10 月，美国又联合英荷两国，冻结了日本在南亚和东南亚的所有资产，并使日本在该地区的企业纷纷破产。[2] 另外，美国还加大了在太平洋地

---

[1]　細谷千博『日米関係通史』東京大学出版会、1995、134—137 頁。

[2]　「資産凍結令、日本を破産に」（1941 年 10 月 9 日）東京裁判資料刊行会編『東京裁判辯護側資料』（第四卷）、206－E－103 号国書刊行会、1995、609 頁。

区的军事防御措施。1941 年 3 月，美国又通过《军事援助法》，对反法西斯同盟国进行军事援助。该援助法公布后，美国首先向英国提供了大量的航空器材、船舶器械，以及一些重要的战略物资。正是美国不断地在军用物资和器材等方面对英国进行援助，才使英国有足够的战略资源在太平洋地区与日本进行对抗。①

可以说，为了反击和遏制日本在亚洲和太平洋地区的侵略扩张，英美两国不断地进行合作，并在亚洲及太平洋地区联合对日本展开经济封锁和军事遏制。因此，从一定意义上来说，日本企图借助三国军事同盟力量，在亚洲及太平洋地区同美英两国相抗衡的战略，确实充满着极大的冒险心理。对英美两国来说，对日本进行遏制与反击的行动，充分地体现出美英两国在自身实力方面充满着自信。这种自信的本身，也是日本与美国力量对比和实力强弱不对称的真实反映。

其三，日美两国在太平洋地区海军实力的悬殊反差，更能体现日本企图借助三国军事同盟的力量，来对抗美英两国遏制和反击的冒险性。第一次世界大战后，在凡尔赛 – 华盛顿体系下，日本的海军实力同美英两国相比，一直处于劣势。至 1936 年 1 月，即使退出了世界裁军条约，日本大型军舰的建造也没有达到美英两国的规模。1940 年 7 月至 9 月，美国又一次性建造了 8 艘航空母舰。至苏德战争爆发时，美国还有 10 艘主力舰即将完成。对日本来说，航空母舰和大型主力舰建造速度都远远落后于美国。所以，对日美两国在军舰建造方面的巨大差异，海军大臣及川古志郎和军令部长永野修身都表现出了惶恐和不安。但是，在侵略扩张利益的驱使下，为了对抗美英两国的遏制和反击，日本最终也只能冒着自焚的危险来挑战自身的极限。②

其四，对德国在欧洲侵略战争中的胜利做出过于自信的估计，

---

① 鳥居民『日米開戦の謎』草思社、1991、41 頁。
② 鳥居民『日米開戦の謎』草思社、1991、57—59 頁。

这是日本与德国缔结军事同盟的又一冒险心理，而且其冒险心理表现得特别明显。如上所述，在日本与德国进行军事同盟交涉的最初阶段，陆军、海军和外务三省在对德同盟政策上态度并不完全同调，尤其是在同盟国的防卫对象和参战义务上，还存在着严重的意见分歧。外务省和海军从传统的对英美协调的外交政策出发，不主张日德军事同盟的防卫对象包括英美两国，更不打算过分地刺激美国。但是，当德国攻陷巴黎后，又向大不列颠岛大举入侵时，这种暂时的胜利极大地鼓舞了日本国内的亲轴心派。这也是日本海军最终同意与德国缔结军事同盟、在太平洋地区与英美两国相抗衡的根本原因之所在。①

因此，从某种意义上来说，在帝国主义分割世界的斗争中，当世界领土已经被老牌的强国所占据，而后进的强国企图从老牌强国手中分得一杯羹时，在此基础上所发生的冲突和势力变动，都预示着将会有更可怕的战争爆发。②

再次，在结盟过程中首先考虑的是各自的利益得失，这是日本对德同盟政策中所体现出来的竞争对抗心理，正是在这种利益至上原则的作用下，日德意虽然制定了联合军事作战计划，但最终也没有进行大规模的联合军事作战，这也是苏德战争爆发后日本并未从西伯利亚有效地策应德国的主要原因。19 世纪末期，日本和德国因争夺中国山东问题积怨很深。德国因作为三国干涉还辽之一国，与日本产生了矛盾。第一次世界大战中，因争夺山东等问题日德两国的矛盾不断激化，加之日本对德宣战，并在战后从德国手中夺取了辽东半岛的各项权益，并以委任统治形式从德国手中攫取了太平洋地区诸岛屿的领有权，可以说，这一时期日本和德国存在严重的利益冲突，但在对外侵略扩张利益驱使下日德两国成了战争盟友。

---

①　大橋忠一『太平洋戦争由来記』要書房、1952、55—56 頁。
②　中共中央马克思恩格斯列宁斯大林著作编译局编《列宁选集》第二卷，人民出版社 1995 年版，第 806 页。

这种以利益需求为目的所结成的军事同盟，在面临具体利益纷争时同盟国间的对抗和竞争就显而易见，这也是日本最终不可能向西伯利亚出兵进攻苏联的主要原因。

苏德战争爆发后，日本和德国在具体战略上已经发生微妙变化。对德国来说，同日本缔结军事同盟的最大目的是企图利用日本在远东地区牵制苏联，并借助日本强大的海军实力对英法荷等国在亚洲及太平洋地区的殖民地势力进行牵制，使德国可以在本土对上述国家进行有效打击，从而实现称霸欧洲的梦想。对日本来说，同德国缔结军事同盟的最终目的并不是要参加欧洲战争或帮助德国完成对外侵略扩张任务，而是要实现独霸中国和太平洋地区扩张战略。正是这两种不同的战略目标，导致了在对外侵略扩张中日本和德国只有联合军事作战计划，而没有进行实质性联合军事作战。关于这一点，可以从以下方面进行分析。

第一，苏德战争爆发后，日本没有站在德国立场进攻苏联的原因，主要体现在以下几个方面。其一是在 1938 年 7 月和 1939 年 5 月日本对苏联进行的两次试探性进攻均遭到了失败，并使关东军受到沉重打击，这迫使日本把对外侵略扩张政策由积极北进向消极北进转换。其二是 1940 年 7 月第二次近卫文麿内阁制定了《适应世界形势时局处理要纲》，该文件的制定标志着日本已经把南进战略作为日本今后对外侵略扩张政策的重点。[①] 其三是 1941 年 4 月日苏两国缔结了中立条约，使日本与苏联之间以条约的形式暂时确保了北方的安全。其四是日本对德国在苏德战争中的胜利不做过高期待。对日本来说，进攻苏联的最终目的是攫取西伯利亚的战略资源，主要是北库叶岛的石油、煤、铁等战略资源，所以，除非德国对苏战争取得决定性胜利，否则日本不会轻易进攻苏联。其五是苏联并未将大批军队从中苏边境撤走，这也是日本最后未

---

① 「世界情勢の推移に伴ふ時局処理要綱」日本外務省編『日本外交年表竝主要文書』（下）原書房、1965、437—438 頁。

进攻苏联的主要原因之一。

第二，日本和德国虽然制定了联合军事作战计划，但也制定了地域分担作战计划，这在一定程度上削弱了联合军事作战的可能性。1941 年 12 月，《日德意共同行动协定》明确规定了日本、德国和意大利三国的分区域作战范围。日本主要是在东经 70°以东至美洲大陆西海岸的大陆、海洋和岛屿作战，以及东经 70°以东的亚洲地区，同时还包括荷属印度尼西亚、新西兰南北二岛等地区。① 德国和意大利作战地域主要是东经 70°以西到美洲东海岸的岛屿和大陆，以及东经 70°以西的整个欧洲、近东和中东等地区，同时还包括冰岛和阿弗利加等广大地区。② 从上述日德意的分担作战区域来看，实际上日本的作战区域被限定在东南亚和太平洋地区，而德国和意大利的作战区域主要被限定在欧洲。这种分担作战区域的划分，在一定程度上对联合军事作战起到了限制和制约作用。

第三，日德两国在军事同盟的缔结过程中始终优先考虑各自的利益得失，这是日德两国最终并未进行联合军事作战的根本原因。太平洋战争爆发后，日本和德国为了有效地打击英美两国，曾试图在太平洋和印度洋地区实行联合军事作战。但是，在具体协商过程中，日本认为应该由夏威夷开始再向印度洋扩展，并由日本控制整个印度洋地区。德意两国却认为应该从马达加斯加开始向太平洋推进，并首先由德国占领马达加斯加。正是由于日德两国在具体的联合军事作战中存在战略分歧，并始终僵持不下，日德意三国最终也没有进行统一的联合军事作战。

最后，在战略资源的供应上日德意三国之间也没有进行有效的

---

① 日本外務省档案（縮微胶卷）：WT27 号、「対米英戦の共同遂行、単独不媾和及新秩序建設協力に関する日本国、ドイツ国及イタリア国間協定の件」（1941 年 12 月 10 日）、1—3 頁。

② 日本外務省档案（縮微胶卷）：WT27 号、「対米英戦の共同遂行、単独不媾和及新秩序建設協力に関する日本国、ドイツ国及イタリア国間協定の件」（1941 年 12 月 10 日）、4—7 頁。

援助。三国军事同盟形成后，日本制定了周密的计划以掠夺南亚、东南亚和太平洋地区的战略资源。同时为了防止德国和意大利夺取上述地区的战略资源，日本制定了南洋资源供应规则向德意两国进行提交。1941 年上半年，日本制定了《关于南洋产品对德供应之件》。该文件明确规定："法属印度的重要战略资源如钨、锰、锡等不向德国提供任何供应。"① 正是由于日本在南洋地区的战略资源上，不向德国提供任何的供应，德国在技术上对日本的支持也非常有限。关于这一点，希特勒曾重点进行强调："到 1944 年为止，我们只能在煤炭液化技术上让日本无偿获得。"② 从上述的内容来看，日本和德国虽然缔结了军事同盟并制定了联合军事作战计划，但在具体的侵略战争中首先考虑的是各自的利益得失，正是在同盟关系中始终保持各自的竞争和对抗意识，才使日德两国始终不肯为对方无偿地提供任何帮助与协作，最终导致每次协作计划都以失败而告终。

综上所述，日本和德国在第二次世界大战中之所以没有进行大规模的联合军事行动，主要是由于两国虽然缔结了防共协定和军事同盟，并且在联合军事作战计划上都进行了严密的部署并制定了周密的分区作战计划，但当具体利益发生冲突时，彼此在结盟过程中所体现的对抗意识便骤然冒头作祟，正是由于存在这种结盟中的竞争和对抗意识，日德两国之间不可能进行真正的联合军事作战。这也充分说明，帝国主义间的合作是暂时的，而竞争对抗才是永恒的原则。

---

① 日本外务省档案（縮微胶卷）：WT44 号、「松岡外務大臣発来栖大使宛電報」（別電極秘第 95 号）、「南洋産品対獨供給に関する件」（1941 年 2 月 6 日）、16—17 頁。

② 工藤章・田嶋信雄『日独関系史 1890—1945』東京大学出版会、2008、74 頁。

参考文献

一　档案类

（一）吉林省社会科学院满铁资料馆所藏缩微胶卷

1. WT7：松岡洋右『世界大変局に直面』、『興亜の大業 大陸日本への道』、1941。

2. WT14：『上海事件ニ関スル聯盟代表ヨリノ重要電報』、1932年2月。

3. WT27：『対米英戦の共同遂行、単独不媾和及新秩序建設協力に関する日本国、ドイツ国及イタリア国間協定の件』、1941年12月。

4. WT44：『日本外務省電報集』、1940—1941。

5. WT48：『日独秘密軍事協定 』、1940—1941。

6. S1：『欧洲情勢変化に我が国南方政策』、1940。

7. S26：『支那内政関係雑纂』、1919。

8. S487：『独逸政府ヲ仲介トスル日支平和交渉経緯』、1937。

9. S500：『国際聯盟ニ於ケル日市支事件討議関係文書』（第一卷）、1931年9月22日—1932年3月4日。

10. S501：『国際聯盟支那調査員関係』（第一巻）、1931 年 11 月 14 日—1932 年 3 月 14 日。

11. S502：『国際聯盟調査員来華調査ノ件』、1932 年 3—4 月。

12. S503：『国際聯盟支那調査員関係』（第四巻）、1932 年 6 月 1 日—30 日。

13. S504：『満洲国の支那側参與顧維鈞の入国拒否問題』、1932 年 3—6 月。

14. S505：『支那調査準備委員会作成資料』（第一巻）、1932 年 8 月。

15. S506：『国際聯盟支那調査員関係 報告書関係』（日支両国意見書を含む）、1932 年 8—10 月。

16. S507：『満洲事変ト帝国責任、調査委員ノ見解トこれニ對スル意見』、1932 年 10 月。

17. S508：『支那実情調査資料蒐集関係』（第一巻）、1931 年 11—12 月。

18. S509：『聯盟調査委員ニ對スル北平日本居留民会会頭説明資料』、1932 年 4 月。

19. S510：『満洲事変善後措置関係 交渉関係』、1931 年 11 月—1934 年 7 月。

20. SP142：『帝国議会に於ける首相と外務大臣演説集』、『近卫文麿演説集』、1937 年 6—9 月。

21. SP144：『漢口攻略後ニ於ケル将介石政権ノ動向ト我方対策』、1938。

22. REEL106：『日独伊枢軸強化ニ伴ウ軍ノ態度』、1940。

23. MT515：『日独戦独属南洋領地処分問題』、1919。

24. 満铁档案：『田中清手記：国際聯盟調査委員の満洲視察』、1932。

25. 満铁档案：『満鉄国聯調査記録』、20275 号、1932。

26. 満铁档案：『満蒙問題に對する個人的関係及私見』、1932 年 5

月 28 日。

27. 满铁档案：『内田満鉄総裁国際聯盟調査員会見記録』、1932
年 5 月。

28. 满铁档案：『北満ホテルニ於ケル聯盟側ト満鉄トノ会見』、
1932 年 5 月 17 日。

（二）亚洲历史资料中心（アジア歴史資料センター）档
案资料

国立公文书馆

1. 『日独伊鼎形協定成るか』（A03023931000）。

2. 『日、伊、独防共協定迫る』（A03023943200）。

3. 『日伊防共協定』（A03023943400）。

4. 『日独伊海軍共同作戦説』（A03023944800）。

5. 『極東に於ける日独伊経済提携』（A03023963500）。

6. 『日独秘密協定説』（A03023980800）。

7. 『独逸国会ニ於ケル「ヒットラー」総統ノ演説』
（A03023985500）。

8. 『ドイツの対日態度憶測』（A03024324900）。

9. 『有田外相評』（A03024371800）。

10. 『日独伊三国軍事同盟問題説』（A03024381500）。

11. 『日独伊軍事同盟説』（A03024425400）。

12. 『南進策と日独密約説』（A03024425900）。

13. 『日独伊西秘密軍事同盟説』（A03024435400）。

14. 『日独伊協力強化と独逸』（A03024457900）。

15. 『日独協定締結ノ件』（A03033217700）。

16. 『日本国、伊太利国及独逸国間議定書締結ノ件』
（A03033438600）。

17. 『日独協定締結ノ件』（A0303375630）。

18. 『南洋諸島日独航空基地』（A0303375630）。

外务省外交史料馆

1. 『帝国諸外国外交関係雑纂/日独間』（B03030320700）。

2. 『帝国外交方針案 昭和十五年七月』（B02030011100）。

3. 『日独伊防共協定関係一件』（B04013487300 – B04013487900）。

4. 『日独伊防共協定関係一件/防共協定ヲ中心トシタ日独関係座談会記録』（B04013489000 – B04013489300）。

5. 『日独伊同盟条約関係一件』（1—3巻）（B04013489400 – B04013491400）。

防卫省防卫研究所

1. 『支那航空日独提携に関する独側の提案並之に関する意見の件』（C01004224200）。

2. 『欧亜航空協定に関する件』（C01004330400）。

3. 『日独両陸軍間に於ける協定に関する訓令の件』（C01004591500）。

4. 『日独航空連絡に関する関係文書の件』（C01004635100）。

5. 『日独航空提携問題に関し大島少将と打合せの為連絡者上京の件』（C01003283300）。

6. 『購入器材に関する件』（C01004668600）。

7. 『「ソドウ」3軍参謀副長との会談要旨の件』（C01004832700）。

8. 『陸軍大臣訓示送付の件』（C01005118000）。

9. 『陸軍大臣訓示の件』C01005155300。

二　外交文书、日记、回忆录及资料集类

1. 日本外務省『日本外交文書・日独伊三国同盟関係調書集』外務省、2005。

2. 笹川良一記念文庫『極東国際軍事裁判速記録』（1—10巻）財団法人日本科学協会、1946。

3. 東京裁判資料刊行会編『東京裁判辯護側資料（却下）』（第

三、四卷）国書刊行会、1995。

4. 衆議院事務局『帝国議会衆議院議事速記録』（67—77 回）東京大学出版会、1985。

5. 内閣制度百年史編纂委員会『歴代内閣総理大臣演説集』大蔵省印刷局、1985。

6. 日本外務省『日本外交年表竝主要文書』（上、下）原書房、1978。

7. 北博昭『海軍法務資料』（十五年戦争極秘資料集 20 巻）不二出版、1988。

8. 東郷茂徳『時代の一面——東郷茂徳外交手記』原書房、1985。

9. 武藤章『軍務局長武藤章回想録』芙蓉書房、1981。

10. 日本参謀本部『杉山メモ——大本営・政府連絡会議筆記』（上、下）原書房、1967。

11. 原奎一郎『原敬日記 首相時代』（第五巻）、福村出版株式会社、1963。

12. 佐藤尚武『回顧八十年』時事通信社、1963。

13. 有田八郎『馬鹿八と人は言う—— 一外交官の回想』光和堂、1959。

14. 大橋忠一『太平洋戦争由来記』要書房、1955。

15. 斎藤良衛『欺かれた歴史——松岡と三国同盟の裏面』読売新聞社、1955。

16. 有田八郎『人の目の塵を見る——外交問題回顧録』講談社、1948。

17. 〔意〕加莱阿佐・齐亚诺：《齐亚诺日记（1939—1943 年)》，武汉大学外文系译，商务印书馆 1983 年版。

18. 〔美〕约瑟夫・C・格鲁：《使日十年（1932—1942)》，沙青青译，商务印书馆 1983 年版。

19. 〔日〕重光葵：《重光葵外交回忆录》，天津市政协编译委员会译，知识出版社 1982 年版。

20. 〔日〕吉田茂：《十年回忆》（第一卷），韩润棠、阎静先译，世界知识出版社 1963 年版。

三 著作类

日文著作

1. 工藤章・田嶋信雄『日独関係史 1890—1945』（Ⅰ、Ⅱ）東京大学出版会、2008。

2. 井上寿一『日本外交史講義』岩波書店、2003。

3. 三宅正樹『日独政治外交史研究』河出書房新社、1996。

4. 細谷千博『日米関係通史』東京大学出版会、1995。

5. 鳥居民『日米開戦の謎』草思社、1991。

6. 大畑篤四郎『日本外交の発展と調整』成文堂、1989。

7. 細谷千博『両大戦間の日本外交 1914—1945』岩波書店、1988。

8. 大畑篤四郎『日本外交史』成文堂、1986。

9. 額田垣『陸軍に裏切られた陸軍大将——宇垣一成伝』芙蓉書房、1986。

10. 戸川猪佐武『東条英機と軍部独裁』（昭和の宰相第 3 巻）講談社、1985。

11. 三宅正樹『昭和史の軍部と政治』第一法定規出版株式会社、1983。

12. 戸川猪佐武『近衛文麿と重臣たち』（昭和の宰相第 2 巻）講談社、1982。

13. 読売新聞社『昭和史の天皇 日独防共協定』（第 20 巻）読売新聞社、1981。

14. 白鳥令『日本の内閣』新評論、1981。

15. 日本防衛庁防衛研究所戦史室編『戦史叢書』（第 8 巻）、『大本営陸軍部〈1〉』（第 31 巻）、『海軍軍戦備〈1〉』朝雲新聞社、1980。

16. 鈴木健二『駐独大使大島浩——ナチス傾斜の急先鋒』芙蓉書

房、1979。

17. 豊田穣『松岡洋右──悲劇の外交官』（上、下）新潮社、1979。

18. 三宅正樹『日独伊三国同盟の研究』南窓社、1975。

19. 鹿島平和研究所編『日本外交史 日独伊同盟・日ソ中立条約』（第21巻）鹿島平和研究出版会、1973。

20. 日本国際政治学会太平洋戦争原因研究部編『太平洋戦争への道 三国同盟・日ソ中立条約』（第5巻）、『別巻 資料編』朝日新聞社、1963。

21. 田中直吉『世界外交史』有信堂、1959。

22. 芦田均『第二次世界大戦外交史』時事通信社、1959。

23. 信夫清三郎『近代日本外交史』中央公論社、1952。

24. 堀川武夫『日本外交百年史』三教書院、1951。

25. 丸山国雄『現代日本外交史』三笠書房、1951。

26. 芦田均『第二次世界大戦前史』中央公論社、1942。

27. 景山哲夫『獨逸の戦争目的』大同印書館、1941。

28. 樋山光四郎『最近極東外交史』偕行社、1931。

29. 芦田均『最近世界外交史』明治図書株式会社、1934。

30. 鎌田澤一郎『宇垣一成』中央公論社、1937。

31. テオ・ゾンマ‐著、金森誠也訳『ナチスドイツと軍国日本──防共協定から三国同盟まで』時事通信社、1964。

32. フオン・フライタ‐ク・ロ‐リングホ‐フエン『独逸外交政策』日本電報通信社、1941。

33. フオン・フライタ‐ク・ロ‐リングホ‐フエン『ナチス・独逸外交政策論』外務局調査処第二科、1940。

34. P・リソフスキ‐『戦争と外交政策』白揚社、1939。

35. ボリスラウインスキ‐『考証日ソ中立条約──公開されたロシア外務省機密文書』岩波書店、1996。

译文著作

1. 〔美〕柯伟林：《德国与中华民国》，陈谦平等译，江苏人民出版社 2006 年版。

2. 〔美〕布里吉特·斯塔奇等：《外交谈判导论》，陈志敏等译，北京大学出版社 2005 年版。

3. 〔挪〕托布约尔·克努成：《国际关系理论史导论》，余万里等译，天津人民出版社 2004 年版。

4. 〔美〕詹姆斯·多尔蒂等：《争论中的国际关系理论》，阎学通等译，世界知识出版社 2003 年版。

5. 〔美〕格哈特·温伯格：《希特勒德国的对外政策》（下编），何江译，商务印书馆 1997 年版。

6. 〔日〕升味准之辅：《日本政治史》，董果良等译，商务印书馆 1997 年版。

7. 〔英〕阿诺德·托因比等：《第二次世界大战史大全》第 3 卷《轴心国的初期胜利》，许步曾等译，上海译文出版社 1995 年版。

8. 〔日〕法眼晋作：《二战期间日本外交内幕》，袁靖等译，中国文史出版社 1993 年版。

9. 〔苏〕斯米尔诺夫、扎伊采夫：《东京审判》，李执中等译，军事译文出版社 1987 年版。

10. 〔德〕瓦尔特·胡巴奇：《希特勒战争密令全集》（1939—1945），张元林译，军事科学出版社 1989 年版。

11. 〔日〕粟屋宪太郎：《东京审判秘史》，里寅译，世界知识出版社 1987 年版。

12. 〔日〕服部卓四郎：《大东亚战争全史》，张玉祥等译，商务印书馆 1984 年版。

13. 〔日〕信夫清三郎：《日本外交史》，天津社会科学院日本问题研究所译，商务印书馆 1980 年版。

14. 〔法〕让－巴蒂斯特·迪罗塞尔：《外交史》，李仓人等译，上海译文出版社 1982 年版。

15. 〔苏〕H. H·伊诺泽姆采夫：《列宁的帝国主义论与当代现实》，张承辉译，中国社会科学出版社 1980 年版。

16. 〔德〕瓦·巴特尔：《法西斯专政时期的德国》（1933—1945），肖辉英等译，中国社会科学出版社 1979 年版。

17. 〔美〕马士、宓亨利：《远东国际关系史》，姚曾译，商务印书馆 1975 年版。

中文著作

1. 沈予：《日本大陆政策史（1868—1945）》社会科学文献出版社 2005 年版。

2. 李工真：《德意志道路——现代化进程研究》武汉大学出版社 2005 年版。

3. 熊沛彪：《近现代日本霸权战略》社会科学文献出版社 2005 年版。

4. 陈晖：《1933—1941 年的苏德关系》南京大学出版社 2005 年版。

5. 包霞琴、臧志军：《变革中的日本政治与外交》时事出版社 2004 年版。

6. 陈仁霞：《中德日三角关系研究（1936—1938）》，生活·读书·新知三联书店 2003 年版。

7. 何兰：《政治游戏中的一张王牌——德国对伪满洲国政策研究》，吉林人民出版社 2001 年版。

8. 周颂伦：《近代日本社会转型期研究》东北师范大学出版社 1998 年版。

9. 张忠绂：《德义日三国同盟》国民出版社 1940 年版。

10. 姜季辛：《现代德国政治外交史》中华书局 1935 年版。

四 论文类

日文论文

1. 大淵仁右衛門「日独提携の基礎」『外交時報』1944 年第 952

号。

2. 木村鋭市「三国共通の厄難——日独伊三国同盟の根本原因」（上、下）『外交時報』1941 年第 874、875 号。

3. 三宅哲一郎「松岡外相に期待するもの」『外交時報』1941 年第 874 号。

4. 直海善三「事変終結策としての 南方策実践論」『外交時報』1941 年第 867 号。

5. 東郷実「世界三分説と南進論」『外交時報』1941 年第 867 号。

6. 木村鋭市「日独伊三国同盟の特色と由来」『外交時報』1940 年第 870 号。

7. 井村薫雄「日独伊三国同盟と東亜共栄圏」『外交時報』1940 年 862 号。

8. 池田林儀「日独伊三国条約上新体製」『外交時報』1940 年第 861 号。

9. 直海善三「日独伊新秩序建設同盟の意義」『外交時報』1940 年第 861 号。

10. 半澤玉成「独蘇不可侵条約と日本」『外交時報』1939 年 834 号。

11. 西澤英一「日・独・伊防共協定の波紋」『外交時報』1937 年第 792 号。

12. 直海善三「日独防共協定の将来とその国際的功過」『外交時報』1937 年第 792 号。

13. 藤澤親雄「日独防共協定と思想国策」『外交時報』1937 年第 787 号。

14. 松波仁一郎「日独防共協定と日本皇道」『外交時報』1937 年第 771 号。

15. 松島肇「日独防共協定と蘇連邦」『外交時報』1937 年第 771 号。

16. 神川彦松「日独防共協定の本質とその特異性」『外交時報』

1937 年第 770 号。

17. 中村常三「日独伊の接近と日支交渉の決裂」『外交時報』
    1937 年第 770 号。

18. 直海善三「日独・日伊新協定の政治的意義」『外交時報』
    1936 年第 769 号。

中文论文

1. 黄生秀：《中国抗战与日本北进、南进政策》，《青海师专学报》
   （教育科学）2003 年第 3 期。

2. 陈仁霞：《反共产国际协定背后的中德日角逐》，《民国档案》
   2003 年第 3 期。

3. 黄光耀：《中国抗战与日本南进政策的选择》，《南京师大学报》
   （社会科学版）2001 年第 11 期。

4. 李广民：《松冈洋右与三国同盟关系浅析》，《山西师大学报》
   （社会科学版）1998 年第 1 期。

5. 罗志刚：《三国同盟条约缔结后德日对苏政略之分歧》，《史学
   月刊》1995 年第 4 期。

后　记

　　当校对完最后一页书稿时，晨曦已透过窗隙洒向书案，温柔地将我近乎僵直的身体拥在其中。

　　庚子年，对每个国人来说都是记忆深刻的不寻常之年。在几乎一个半月不能走出房间的日子里，每天必修课是认真地校对书稿。这部书稿在博士学位论文基础上获得了国家社科基金青年资助项目，今年又有幸获得中国历史研究院的出版资助。近十年来，一直不断地发掘补充新资料，不断凝练修改框架，有时会在肯定与否定中不断地苦苦思索、徘徊，更多时候是以一种执着的心志去克服惰性，以一种喜爱的心情去化解苦闷。让我欣慰的是，几轮外审专家都对这部书稿予以肯定，并有"填补了二战历史一个局部的缺口""是日本外交史研究的新的探索"的评价。

　　更为有趣的是，这部书稿经历了在东北师范大学确立博士学位论文选题与初步写作、在吉林省社会科学院获得国家社科基金青年资助项目与不断完善、在苏州大学获得中国历史研究院出版资助与问世三个阶段。这些经历是我人生中最值得珍惜的财富，它将永远激励我在学术的道路上向前。

　　感谢我的授业恩师周颂伦教授。自 2002 年硕士入学至 2008 年博士毕业，六年来一直得到先生的言传身教。先生严格的专业指导使我不敢倦怠，有时也会因为一句专业日语翻译不到位，被先生大声怒斥。正是在先生的苦心栽培下，我的专业日语水平不断提高，在驾驭日文原始资料上能够做到准确、严肃。每每想到此处，总以"无须扬鞭自奋蹄"而自勉。感谢李小白教授自入师门以来给予的关爱与帮助。感谢孙志鹏、孙雁师弟帮我校对稿件。

感谢东北师范大学韩东育副校长，从博士论文答辩到国家社科基金申报，韩老师都提出了宝贵的意见。感谢中国社会科学院近代史研究所王建朗所长、金以林副所长在申报出版资助中给予的大力推荐。感谢南京大学历史学院张生院长，对书稿的写作提出了宝贵意见。感谢吉林省社会科学院丁晓燕副院长在申报出版资助中给予的大力支持。

最后，我要感谢社会科学文献出版社人文分社宋月华社长的大力支持与帮助。更感谢责编李建廷老师、胡百涛老师为本书的出版所付出的辛苦劳动。

武向平

2020 年 3 月 26 日于长春

图书在版编目（CIP）数据

1936—1941 年日本对德同盟政策研究 / 武向平著 . ——
北京：社会科学文献出版社，2020.3
中国历史研究院学术出版资助项目
ISBN 978 - 7 - 5201 - 6470 - 2

Ⅰ.①1… Ⅱ.①武… Ⅲ.①侵略战争 - 军事同盟 -
研究 - 日本、德国 - 1936 - 1941 Ⅳ.①K313.46②K516.5

中国版本图书馆 CIP 数据核字（2020）第 051728 号

中国历史研究院学术出版资助项目
1936—1941 年日本对德同盟政策研究

著　　者 / 武向平

出 版 人 / 谢寿光
责任编辑 / 李建廷　胡百涛

出　　版 / 社会科学文献出版社·人文分社（010）59367215
　　　　　　地址：北京市北三环中路甲 29 号院华龙大厦　邮编：100029
　　　　　　网址：www. ssap. com. cn
发　　行 / 市场营销中心（010）59367081　59367083
印　　装 / 三河市东方印刷有限公司

规　　格 / 开　本：787mm × 1092mm　1/16
　　　　　　印　张：21.25　字　数：294 千字
版　　次 / 2020 年 3 月第 1 版　2020 年 3 月第 1 次印刷
书　　号 / ISBN 978 - 7 - 5201 - 6470 - 2
定　　价 / 148.00 元